●内蒙古中长期经济社会发展研究工程 2016 年度重点课题

内蒙古新型城镇化与特色城镇化研究

天莹 等◎著

远方出版社

图书在版编目（CIP）数据

内蒙古新型城镇化与特色城镇化研究 / 天莹等著
. -- 呼和浩特：远方出版社，2020.5
ISBN 978-7-5555-1404-6

Ⅰ.①内… Ⅱ.①天… Ⅲ.①城市化—研究—内蒙古
Ⅳ.① F299.272.6

中国版本图书馆 CIP 数据核字（2020）第 054449 号

内蒙古新型城镇化与特色城镇化研究
NEIMENGGU XINXING CHENGZHENHUA
YU TESE CHENGZHENHUA YANJIU

著　　者	天莹 等
责任编辑	云高娃　王福
责任校对	云高娃　王福
版式设计	王改英
封面设计	李鸣真
出版发行	远方出版社
社　　址	呼和浩特市乌兰察布东路666号　邮编 010010
电　　话	（0471）2236473 总编室　2236460 发行部
经　　销	新华书店
印　　刷	内蒙古爱信达教育印务有限责任公司
开　　本	170mm×240mm　1/16
字　　数	350千
印　　张	24.5
版　　次	2020年5月第1版
印　　次	2020年11月第1次印刷
标准书号	ISBN 978-7-5555-1404-6
定　　价	60.00元

如发现印装质量问题，请与出版社联系调换

目录

引 言 ··· 1

第一章 国内外城镇化研究综述 ·· 4
第一节 国外城镇化研究 ·· 4
第二节 国内城镇化研究 ·· 6
第三节 内蒙古城镇化研究 ··· 14

第二章 自治区成立以来至20世纪末的城镇化 ································ 19
第一节 改革开放前的城镇化 ·· 24
第二节 改革开放至20世纪末的城镇化 ·· 30

第三章 21世纪以来城镇化的特点、影响因素及存在的问题 ················ 37
第一节 城镇化的演进及特点 ·· 39
第二节 城镇化的影响因素分析 ··· 51
第三节 城镇化过程中存在的主要问题 ··· 61

第四章 城镇化质量的定量评估·············69
第一节 城镇化质量评价指标体系的构建与完善···········69
第二节 城镇化质量的地区差异评估················75
第三节 内蒙古城镇化质量与全国的比较··············88

第五章 城镇化转型发展战略················95
第一节 发展方式的转变——从传统城镇化到新型城镇化······96
第二节 新型城镇化发展战略··················100

第六章 特色城镇化研究·················113
第一节 牧区城镇化研究····················113
第二节 林区城镇化研究····················147
第三节 垦区城镇化研究····················160

第七章 户籍制度和土地制度的改革创新研究········174
第一节 深化户籍制度改革研究·················174
第二节 城镇化进程中的土地制度创新研究···········188

第八章 新型城市建设及可持续发展研究··········204
第一节 水资源的合理利用与城市可持续发展··········204

第二节　智慧城市建设现状及对策 ································· 235

　　第三节　大中城市交通拥堵问题及绿色出行研究 ················· 252

第九章　区域城镇化协调发展研究 ································· 263
　　第一节　东部地区城镇化问题研究 ································· 264
　　第二节　小城镇发展与县域城镇化研究 ···························· 289

第十章　城市公共服务承载力与市民化问题研究 ················· 309
　　第一节　提升农牧业转移人口就业能力研究 ······················ 309
　　第二节　城镇化过程中的农牧民子女义务教育均等化研究 ····· 327
　　第三节　城市常住人口养老保障水平研究 ························· 340

第十一章　提高城市规划管理和治理能力研究 ···················· 352
　　第一节　提高城市规划管理水平研究 ······························ 353
　　第二节　城市管理向治理转变的对策研究 ························· 366

参考文献 ·· 379

后　记 ·· 385

引 言

城镇化是经济社会发展到一定阶段的产物,是现代化的重要标志。内蒙古城镇化经过70年的发展,取得了令人瞩目的成就。尤其是21世纪,内蒙古的城镇化进入加速发展的新时期。特别是党的十八大以来,根据《国家新型城镇化规划(2014—2020年)》的总体要求和中央、自治区城镇化工作会议的部署,全区城镇化发展方式开始从传统粗放型向质量型转变,开启了城镇化新阶段。2017年,内蒙古城镇化率达到62.0%,在西部十二省区排第2位,在全国排第10位。全区有城市20个,其中大城市2个,中等城市3个,Ⅰ型小城市7个,Ⅱ型小城市8个,镇496个(表1–1)。20个城市提供了50%的非农就业岗位,地区生产总值占全区的62%,呼包鄂城市群和盟市中心城市在区域发展中的辐射带动作用愈来愈大。同时,地区间的城镇化差距不断缩小,城市功能和宜居性增强。但快速的城镇化,也带来诸多问题:大城市的交通拥堵,城市土地扩张过快而导致土地利用集约化程度低,小城镇户口吸引力不强,西部城市人口规模扩大与水资源的矛盾突出,东西部城镇化的差距仍然较大,城市和城镇基础设施建设不平衡等等,这些都影响着城镇化的健康发展和可持续发展。因此,转变城市发展方式,推进以人为核心的新型城镇化,才能化解诸多问题,让城市生活更美好。对于促进区域协调发展,加快现代化进程,建设更加亮丽的内蒙古具有重要意义。

表 1-1　内蒙古大中小城市和镇的数量[1]

城市规模（五类七档）			数量
1	超大城市（1000万人以上）		0
2	特大城市（500—1000万人）		0
3	大城市 （100—500万人）	Ⅰ型（300—500万人）	0
		Ⅱ型（100—300万人）	2
4	中等城市（50—100万人）		3
5	小城市 （50万人以下）	Ⅰ型（20—50万人）	7
		Ⅱ型（20万人以下）	8
镇			496

2013年以来，随着中央城镇化工作会议的召开，新型城镇化受到广泛关注并成为研究热点。相比较而言，内蒙古新型城镇化的系统研究成果相对比较有限，系统化的较全面的深入研究不足，与城镇化快速发展及城镇化过程中亟待解决的问题的现实需求不相适应，因此，开展本研究显得十分迫切，十分必要。

本研究主要包括以下内容：

第一章对国内外城镇化和内蒙古城镇化的相关研究做了详细梳理与总结。

第二章对内蒙古自治区成立以来至20世纪末的城镇化发展历程进行了梳理概括。

第三章重点对21世纪以来内蒙古城镇化发展的特点、影响因素和问题进行归纳分析，指出内蒙古城镇化在发展阶段、城市规模和空间分布、地区差异方面的特点，提出内蒙古城镇化过程中存在的主要问题：一是户籍城镇化率偏低，户籍制度、农村土地制度、行政管理体制改革与转移进城农牧民实现市民化的

---

[1] 大中小城市是按《关于调整城市规模划分标准的通知》（国务院2014年11月20日发布）制定的新标准划分为五类七档。不同规模城市数量依据《中国建设年鉴2016》数据整理得出。建制镇数量来自《中国统计年鉴2016》。

要求还不同步不配套；二是城市间合作意识不强，产业错位发展差异化不够，产业与就业的偏离度不断扩大，导致对城镇化带动力不足；三是城市与城镇市政建设发展的不平衡问题突出；四是城市规划建设管理水平不高，各部门缺乏有效的协调机制、管理机制和监督机制；五是土地利用弹性系数偏高，浪费较严重；六是大城市的交通拥堵、环境污染等城市病尚未得到根本解决。

第四章对内蒙古城镇化质量进行综合评价。根据内蒙古发展现状构建城镇化指标体系，包括了5个层面的19个指标，采用定量分析，重点对内蒙古不同地区的城镇化水平和整体水平进行了评价，划分为4个层级和城镇化程度双高、双低、高低3种类型，为制定差异化的新型城镇化策略和确定下一步发展重点提供了可靠依据。

第五章在前面四章的研究基础上，从宏观层面提出内蒙古新型城镇化发展战略方向和重点，阐述了国外城镇化发展的经验与教训及内蒙古实施新型城镇化面临的挑战，结合内蒙古城镇化面临的若干问题，从7个方面提出了内蒙古新型城镇化战略重点和发展思路。

第六章至第十一章是对内蒙古新型城镇化战略重点的进一步深化细化研究。坚持以人为核心，坚持新发展理念，从内蒙古地域特色、民族特色出发，对内蒙古的牧区、垦区、林区特色城镇化、新型城镇化的户籍和土地制度创新、新型城市建设、区域城镇化协调发展、城市公共服务承载力与市民化、提高城市规划管理及治理能力等进行更为深入的研究，为内蒙古新型城镇化高质量发展提出具体的思路和措施。

按照世界上城镇化发展规律，内蒙古城镇化率达到世界上75%—80%的较高水平还需要时间，继续推进城镇化和提升城镇化质量仍然是今后一定时期内的重点任务，期望本研究为推进内蒙古新型城镇化高质量发展提供一定价值的理论参考，为推动内蒙古新型城镇化更为深入的研究起到抛砖引玉的作用。

第一章 国内外城镇化研究综述

第一节 国外城镇化研究

一、国外城镇化研究概述

从18世纪下半叶工业革命开始，社会经济结构的大变革，推动了欧美发达国家大规模的城市化，然而由于经济发展水平和工业化过程长短不一，发达国家城镇化发展的时间和发展模式也不一致。欧洲国家中，英国的城镇化进程最早，从1760年到1851年，英国城市人口超过总人口的50%，包括英国在内的西欧国家大多依靠工业的繁荣吸引农村剩余劳动力推进城镇化，但西欧发达国家的城镇化不仅是建立在市场经济基础上，政府充分发挥其调控职能，在其城镇化过程中起着不可替代的作用，通过法律、行政和经济手段引导城市建设和土地开发利用。例如，二战后，伦敦等大城市开始向城市外围迅速扩展，使得农业用地大量减少，为此伦敦郡通过了"绿带开发限制法案"，由政府收购土地作为"绿化隔离带",保护生态环境。[1]而美国的城镇化是从1860年到1920年飞速发展的,且美国实行"三权分立"和联邦制,主张以市场调节经济,其城镇化道路是市场主导的放任型城镇化,这使美国政府基本上不插手城市的管理及规划,结果是城市不断向外低密度蔓延,导致1970年美国郊区人口超过中心城市人口,过度郊区化,但美国的开放自由式的城镇化模式,打破区域间的封闭状态,建立了不同层次的城镇体系,分别以区域性的、全国性的、国际性的大都市作为增长极,形成都市圈、城市带,其特点是都市圈、城市带主要通过小城镇的集聚,而不是靠中心城市规模的扩张形成。[2]受西方殖民统治的长期影响,拉美国家与非洲大部分国家的城镇化呈现出独特的发展模式,主要为外来资本主导下的工业化与落后的传统农业经济并存,致使这些国家现有的工业化发展落后于城镇化,政府调控乏力,造成过度城市化。

由于各国人口、土地资源以及发展历程不同,人口城市化与土地城市化的发展方式也不同,以西欧和日本为代表的国家由于人多地少,人口与土地城市化集约式发展;而以北美和大洋洲为代表的国家人少地多,人口与土地城市化分散式发展,人均城市用地水平较高;而北欧和南欧介于集约和分散之间。[3]

二、国外城镇化经验教训及启示

通过借鉴国外成功经验和失败教训,可以起到借他山之石,推进我国城镇化的功效。通过对上述国外城镇化的简单概括,也可得出一些启示,包括城镇

---

[1] 张玉,李蓓蓓. 国外城镇化发展模式对我国城镇化发展的启示 [J]. 安徽农业科学, 2013 (30):12178—12180.

[2] 苏小,金彦平. 国外城镇化发展经验与中国新型城镇化建设 [J]. 世界农业, 2013 (10):36—38.

[3] 新玉言. 国外城镇化——比较研究与经验启示 [M]. 北京:国家行政学院出版社, 2013.

化的发展应该制定并实施完善的公共干预政策，形成合理的城镇体系[1]等等。王七苟[2]针对国外城镇化建设经验对中国发展新型城镇化提出建议：加快户籍、土地管理制度改革，着力提高城镇化水平；建立多元化的投融资体制，活跃地区经济发展；推动城乡产业化，奠定城镇化建设的经济基础。

第二节　国内城镇化研究

一、城镇化发展历程、模式、影响因素

姜爱林关于中国城镇化研究比较多[3][4][5]，他在总结前人如何划分和确定中国50年来城镇化历程的基础上，提出无论是三分法、四分法还是五分法，都是从不同的角度，根据不同的标准划分，并无优劣之分，所以中国城镇化发展历程的划分应视具体需要而定。同时，他对我国城镇化水平做了一个基本论断，即从发展模式判断中国是一个低度城镇化的国家，从发展程度判断中国的城镇

---

[1] 徐君，张娜，王育红. 国外城镇化建设模式及对中国的启示 [J]. 工业技术经济，2014，33（4）：137—142.

[2] 王七苟. 国外城镇化建设经验对中国的启示 [J]. 商业经济研究，2015（36）：39—40.

[3] 姜爱林. 加速发展阶段的中国城镇化——对中国城镇化水平的实证分析 [J]. 天府新论，2004（6）：42—45.

[4] 姜爱林. 论对中国城镇化水平的基本判断 [J]. 江苏社会科学，2002（6）：56—60.

[5] 姜爱林，蔡珞珈. 试析对中国城镇化水平的基本判断 [J]. 绵阳经济技术高等专科学校学报，2002，19（3）：29—34.

化水平明显滞后,从发展阶段判断中国城镇化发展正处在加速发展时期,从发展后果判断中国城镇化滞后制约经济发展,从发展速度判断中国城镇化发展年均增长1.0至1.5个百分点为宜。

关于优先发展大城市还是小城镇一直是城镇化研究的主要纷争,有些学者认为发展大城市,有些认为应该重点发展小城镇,此外还有一部分学者,如朱铁臻先生[1]认为不同类型的城市具有不同的功能和吸引力。大城市具有中小城市不可替代的作用,而中小城市和小城镇也具有大城市所没有的特色。不能一味地追求城市的盲目扩大,并且城市做"强"做"大",不是搞圈地运动,关键在于提高城市的实力和竞争力,完善城市功能。本研究认为我国地域广大、类型多样,城镇化道路应该大、中、小城市和小城镇共同并举,协调发展,单纯强调发展"大"或"小"都不符合城市化规律。

城镇化进程的影响因素是研究城镇化进程的一个主要问题,而不同时期、不同地理区域,对城镇化发展的影响因素也不同。孙国华[2]指出"十二五"时期影响城镇化的主要因素:区域开发步伐加快、主体功能区规划、经济增长内需拉动、加快现代农业发展步伐、引导生产要素的跨区域合理流动政策、体制机制的改革创新。叶裕民[3]和温铁军[4]都对中国城镇化进程中相关的制度问题提出研究,认为中国城市化发展存在六大直接的制度障碍:户籍制度、社会保障制度、土地制度、公共住宅、教育、城市设置。

---

[1] 张贡生. 中国特色城镇化——一个关于文献的综述 [J]. 山西财经大学学报,2005 (2):51—56.

[2] 孙国华. "十二五"时期我国城镇化水平探讨 [J]. 宏观经济管理,2010 (5):36—37.

[3] 叶裕民. 中国城市化发展存在六大直接的制度障碍 [J]. 经济研究参考,2006 (71):34.

[4] 温铁军. 中国的城镇化道路与相关制度问题 [J]. 开放导报,2000 (5):21—23.

二、新型城镇化建设

随着城镇化对我国经济社会的影响不断深入，在对"传统城镇化"进行反思与建构，梳理、总结后，2014年，国务院出台《国家新型城镇化规划（2014—2020年）》，新型城镇化正式成为我国城镇化的新方向。同时，在学术界也掀起研究新型城镇化的热潮，在中国知网上查到关于新型城镇化的相关研究共25954篇，其中硕博论文2526篇。从2014年开始研究成果增多，是2013年的近2倍，2015年研究成果最多，共7606篇。按研究层次分，基础研究（社科）10283篇，行业指导（社科）7347篇，政策研究（社科）4515篇。从这些研究的关键词，可以判断研究内容为城镇化2447篇、新型城镇化489篇、户籍制度改革365篇、农民工364篇、整合性乡村更新264篇、城中村改造244篇。其中，济南社会科学院王征发表相关文章最多，主要探讨了新型城镇化过程中城市产业布局问题。其次是国家发展和改革委员会徐绍史发表相关文章25篇，其中《坚定不移走中国特色新型城镇化道路》分析了"以人为本、四化同步、优化布局、生态文明、文化传承"的内涵，并提出新型城镇化涉及人、地、钱、房和生态环境等诸多重点领域的体制机制改革，需要加强顶层设计，尊重市场规律，统筹推进相关领域改革。国家行政学院张占斌发表相关文章24篇，其中《新型城镇化的战略意义和改革难题》被多次引用。简新华发表的《新型城镇化与旧型城市化之比较》指出新型城镇化的主要特征和优势：以人为核心；以提高质量为关键；以农民工市民化为首要任务；城镇化与工业化、信息化、农业现代化、服务化协调推进；工农城乡协调发展等。张荣天、焦华富认为新型城镇化在逻辑上是传统城镇化发展的自然结果，是对传统城镇化的发展扬弃，传统城镇化更多地强调"硬件城镇化"，而新型城镇化向"软件城镇化"转型，更关注"人的城镇化"。[1]因此新型城镇化强调的是城镇内涵增长及其质量持续升级，是依托于新型工业化的发展，以现代新兴技术为主要动力，以城乡一体化和城市现代化为目标的可持续发展的集约型城镇化。党的十八大报告中提出建设新型城镇化的方向，主要从户籍制度改革、土地制度改革、公共服务均等化和农业现代化入手，这四方面存在的问题也成为后期研究的主要方向。中国人口与发展研究中心课题组[2]指出"十二五"期间，中国人口城镇化发展方向将由单纯速度向速度与质量并重转变，要把人口城镇化作为深化改革的主导力量，以扩大城镇就业、户籍制度改革为基本导向，大力提高人口城镇化水平和质量，推动城乡公共服务均等化，走出一条中国特色人口城镇化道路。

张双悦、张贡生[3]对新型城镇化的本质进行了总结，包括"人的全面发展论""可持续发展论""农民市民化论""城乡一体化论""转型论"，并提出走新型城镇化的路径主要有：一是坚持用"创新、协调、绿色、开放、共享的发展理念"指导新型城镇化建设；二是加快"农民市民化"进程；三是有效增加城镇供给，并逐步消除不同级别城镇之间公共产品供给的差异；四是稳步推进"城乡一体化"。

关于新型城镇化与特色文化的研究，主要是依托特色文化开展新型城镇化建设。赵芳媛在《特色文化在新型城镇化进程中的支撑作用研究》中提出，未来新型城镇化的竞争将是文化软实力的竞争，因此应注重传统优秀文化的保护和传承，延续城镇的历史脉络，塑造城镇特色的品格与形象，突出文化特色，

---

[1] 张荣天，焦华富. 中国新型城镇化研究综述与展望[J]. 世界地理研究，2016，25(1)：59—66.

[2] 中国人口与发展研究中心课题组. 中国人口城镇化战略研究[J]. 人口研究，2012(3)：3—13.

[3] 张双悦，张贡生. 新型城镇化之本质：文献综述及路径选择[J]. 广西财经学院学报，2016，29(2)：34—41.

避免城市病等问题的产生。孙凤毅在《特色文化资源视阈下的新型城镇化发展策略研究》中提出,用特色文化资源促进特色城镇化建设。借助都市经济文化圈的网络经济效应推动新型城镇化建设,有利于形成区域内部要素市场,降低社会资源的配置成本,促使区域内企业聚集提升到产业集聚。相似研究还有纪芬叶的《特色文化资源保护利用与新型城镇化》。

三、城镇化水平的综合评价与前景预测

城镇化发展水平包括城镇化发展速度和城镇化发展质量,如何以合理的发展速度保证其发展质量,使城镇化速度与资源环境承载力相适应,达到城镇化发展水平的整体提高,是学术界研究的热点。目前我国城镇化已经进入快速发展阶段,但是由于我国南北地理环境、经济发展状况不同,因此各地区城镇化发展速度不同,城镇化水平差异较大,所以本研究认为不同的地区应该根据各自的实际条件制定相应的城镇化发展目标及计划。王德利等人[1]认为目前理论研究方面已从多元视角诠释城市化发展质量的内涵,但至今尚未形成对"质量"的共识,缺乏对城市化发展质量影响机理及演变规律的系统探讨。从发展趋势来看,今后应注重城市化发展质量的内涵及机理、时空(时间、空间)演变规律及城市化发展水平与质量的协调性研究。

城镇化水平是表征城镇化发展的定量指标,它表现在人口职业构成的转化、人口居住地的转化、城镇经济结构的转化和城镇基础设施的社会化与现代化等几个主要方面。城镇化水平度量指标有单一指标和复合指标两种,单一指标是选择对城镇化表征意义最强的、又便于统计的个别指标来描述城镇化达到的水平,例如,人口比例指标和土地利用状况。然而单一指标只能反映城镇化水平的某一方面,不能全面反映各地城镇化水平的丰富内涵。新型城镇化提出

---

[1] 王德利,方创琳. 城市化发展质量研究进展及展望[J]. 现代城市研究,2012(7):15—21.

后，不少学者对城镇化水平的综合评价进行了相关研究，但目前尚无通用的、理想的、在时空上可比的、大家都能接受的复合指标。关于城镇化水平的综合评价，首先是评价指标体系的构建，一般是从人口结构、经济发展、基础设施、社会发展和生态景观等方面来设计评价指标。在确定了综合评价指标体系后，确定指标权重也至关重要，目前研究中使用的评价方法包括因子分析法、主成分分析法、熵值法、复相关系数法、聚类法、层次分析法等。

城镇化水平预测是城镇体系规划的核心内容之一，城镇化水平预测方法也是研究重点之一。关于总人口的预测包括综合增长法、一元线性回归、对数回归和指数回归预测法。对于城市化水平常用的预测方法一般有城镇化率平均增长法、城镇人口平均增长率法、联合国法、时间趋势外推法、与经济发展水平相关分析法、劳动力转移法、系统动态学法、目标优化法等模型方法。目前的研究中，有些单独使用一种研究方法，有些将几种方法一起应用。基于时间因素的趋势回归法，包括简新华[1]、李宏芸[2]等的研究。马军[3]、汤茂林[4]、单晓刚[5]等人对应用更为广泛的相关分析法进行研究。利用Logistic模型法研究的有刘

---

[1] 简新华，黄锟. 2010中国城镇化水平和速度的实证分析与前景预测 [J]. 经济研究，2010 (3): 28—39.

[2] 李宏芸，龙春江. 对内江市城市化水平的修补建议和预测分析 [J]. 内江科技，2006, 27 (6): 84, 94.

[3] 马军. 城镇化水平的度量、评价和预测 [J]. 浙江统计，1999 (12): 18—21.

[4] 汤茂林，姚士谋. 江苏省城市化特征及发展趋势研究 [J]. 城市规划，1999 (6): 28—36.

[5] 单晓刚，孔维琳，陈隆诗. 贵州省城镇化水平分析与预测 [J]. 贵州科学，2007 (A1): 282—289.

晓平[1]、王远飞[2]等。此外，还有神经网络模型。

四、城镇化发展水平与经济社会发展的协调程度

城镇化发展水平与社会经济发展的协调程度，一是从整体论的角度出发，研究城镇化发展与经济社会各方面的步伐是否一致，包括与工业化水平、经济发展水平、产业结构、非农业就业水平、小城镇的配套设施水平、城镇化发展动力、就业增长、旅游业等是否一致；二是通过对比评估城镇化发展水平是否落后，或者与当前城镇化发展相匹配的其他方面是否应该提高。

衡量一个国家或地区城镇化水平与社会经济发展的协调程度，普遍采用的方法是把人口城镇化的指标与工业化率、人均收入指标和就业非农化率等进行比较，其中最为著名的是美国经济学家霍利斯·钱纳里运用统计分析和数学回归方法建立一套发展模型。陈寿才[3]和武亮[4]利用霍利斯·钱纳里的模型，分别对茂名和晋中城镇化水平进行检验，结果证明城镇化水平明显滞后工业化水平、经济发展水平，影响城镇化水平的因素为城乡收入水平二元特征明显、工业结构中轻重比例不协调、三次产业结构发展不均衡、区域性城镇发展水平差异极大。王珺[5]以河北省11个乡镇为研究样本，对城镇化水平变量与小城镇配套设施水平变量进行相关性分析，结果表明以教育和卫生为代表的公共服务设

---

[1] 刘晓平. 基于Logistic模型的青海省农村人口城镇化水平的预测[J]. 青海大学学报：自然科学版，2010（2）：73—77.

[2] 王远飞，张超. Logistic模型参数估计与我国城市化水平预测[J]. 经济地理，1997（4）：8—13.

[3] 陈寿才. 茂名2010年城镇化水平检验[J]. 商品与质量，2012（6）：52—53.

[4] 武亮. 晋中城镇化发展水平与战略选择[J]. 山西建筑，2010（25）：28—29.

[5] 王珺. 小城镇配套设施与城镇化水平的相关性研究——基于河北省涿州市小城镇的实证分析[J]. 昆明理工大学学报：自然科学版，2011（1）：25—30.

施的建设对于小城镇的城镇化水平提高贡献最大。张国玉[1]把新疆城镇化发展水平与城镇化发展动力相比较,归纳出导致新疆城镇化发展存在"超前性"的原因:行政区划调整使得其新建城市数量大幅增加;工业结构偏重重工业的失衡使工业吸纳就业能力有限。刘爱英[2]、黄玉竹[3]和叶磊[4]利用计量经济学中的方法,例如,协整理论、误差修正模型、Granger 因果检验理论对城镇化水平与经济增长之间的关系进行了研究,结果都表明:经济增长第一、二产业与城镇化水平之间的关系为单向因果关系,而第三产业与城镇化水平之间是双向因果关系。简新华等人也认为,中国城镇化水平从总体上讲是滞后的。这种滞后不仅仅表现为滞后于国内经济发展水平、工业化或非农化进程,也表现为滞后于国外同等发展水平国家或同样发展阶段的城市化水平。目前在城镇化发展水平滞后的认识上,已经形成共识,但在哪些方面滞后、为什么滞后还有分歧。

---

[1] 张国玉. 新疆城镇化水平"超前"的原因分析 [J]. 城市问题,2012 (7):54—58.

[2] 刘爱英,姚丽芬,李庆辰. 我国城镇化水平和经济发展关系的协整分析 [J]. 安徽农业科学,2011 (14):8710—8712,8715.

[3] 黄玉竹. 安徽省城镇化水平与第三产业互动发展关系研究 [D]. 兰州大学硕士学位,2010 (4):1—44.

[4] 叶磊. 延边州城镇化水平与产业结构相关性研究 [J]. 吉林金融研究,2011 (2):68—69.

第三节 内蒙古城镇化研究

一、关于内蒙古城镇化的研究

近些年内蒙古城镇化快速发展，关于内蒙古整体或内蒙古某一个地区的城镇化研究也随之不断增多。朱晓俊[1]总结了内蒙古城镇化历程中的一些特点：一是城镇发展以行政力量为支撑，城镇化水平滞后于经济发展水平；二是城镇化水平存在"虚高"现象，并且掩盖了实际发展水平的不足；三是城镇化推进速度慢于全国；四是城镇基础设施滞后于城镇发展。张秀清[2]也分析了内蒙古城镇化的成就、特点、存在的问题，最后提出加快城镇化建设推进农民工现代化进程的对策建议。梁振民等人[3]利用城镇人口占总人口的比重与全国各省市、自治区及直辖市做一个横向比较来衡量内蒙古地区城镇化发展速度，得出：内蒙古城镇体系发育不健全，在城镇化进程中，就业结构不合理。李秀荣[4]使用Eviews软件对内蒙古地区的各个主要经济社会指标与城镇化率进行回归分析，得到各指标与城镇化率的相关关系，并用SPSS软件对各指标进行因子分析，继而得出

---

[1] 朱晓俊. 正确认识内蒙古城镇化水平 [J]. 北方经济，2002 (1)：39—40.

[2] 张秀清. 城镇化与现代化 [D]. 内蒙古大学硕士论文，2006 (4)：1—45.

[3] 梁振民，刘新智，冯维波. 内蒙古城镇化水平阶段性评价与对策 [J]. 内蒙古农业大学学报：社会科学版，2008 (5)：98—100.

[4] 李秀荣. 内蒙古城镇化发展影响因素研究 [D]. 西安电子科技大学硕士论文，2011 (1)：1—68.

影响内蒙古地区城镇化发展的主要因素：经济发展和资源禀赋。牛草林等人[1]针对内蒙古新型城镇化进程中面临的问题，提出内蒙古新型城镇化发展模式应该走绿色集约化、城镇体系发展集群化、城镇产业发展高级化和城镇人口发展市民化的道路。天莹[2]提出提升内蒙古城镇化水平的对策：通过划分不同层次，科学确定各城市发展重点和规模；积极发展县城；统筹产业发展和城镇就业；促进城市规模、布局与水资源合理配置等一系列对策措施，不断提高城镇化的质量和整体水平。杭栓柱等人[3]分析了"十三五"时期城镇化在内蒙古自治区的重要地位。浩毕斯、史含宇[4]依据内蒙古城市基本情况统计及其他相关数据，每年对自治区9个地级城市的发展特征与现状进行综合分析。赵燕、赵秀清[5]从新型城镇化的视角分析了内蒙古城镇化存在的问题。

---

[1] 牛草林，张国芝，武丽娟. 内蒙古新型城镇化发展模式构建 [J]. 内蒙古财经大学学报，2015（6）：40—42.

[2] 天莹，武振国. 提升内蒙古城镇化水平的对策研究 [J]. 内蒙古社会科学：汉文版，2015，36（6）：168—173.

[3] 杭栓柱，朱晓俊，赵秀清，赵杰. "十三五"时期内蒙古推进城镇化发展的战略思考 [J]. 北方经济，2015（8）：16—19.

[4] 浩毕斯，史含宇. 内蒙古地级城市发展报告（2014年）[J]. 内蒙古统计，2016（2）：41—45.

[5] 赵燕，赵秀清. 新型城镇化指标体系的构建与评价研究——以内蒙古为例 [J]. 内蒙古科技与经济，2016（9）：22—24.

二、小城镇发展的相关问题研究

燕珍[1]、贾福平[2]、额尔敦乌日图[3]对内蒙古小城镇建设中存在的问题进行了系统分析：一是盲目建设。有些小城镇所在地并不是在资源适合的地区，不适合建设城镇。二是小城镇规模偏小人口少，质量不高；小城镇建设忽视与相关产业的协调发展；千镇一面，各个小城镇没有区别；小城镇建设缺乏必备的配套设施。三是建设资金缺乏。建设资金依靠土地获取收益的空间越来越小，信贷渠道不畅，民资后劲不足。四是土地管理存在不少问题。现行土地制度的滞后，土地规划与其他规划的衔接较差，农民承包地的流转问题，土地置换政策不明确等问题。燕珍在文中强调土地问题是小城镇建设中的主要问题。此外额尔敦乌日图还提出内蒙古小城镇各项行政职能较弱，基础设施无法满足城镇发展，交通不发达，水资源短缺，阻碍小城镇发展。李莹[4]总结内蒙古小城镇特色缺乏的原因：除了历史原因外，还有很多小城镇的建设发展屈从于"优先发展经济"的压力，忽视自然环境、人文环境的保护，不重视特色城镇的建设或对城镇特色的塑造，简单地停留在物质性层面上，主体认识的偏差、规划失

---

[1] 燕珍.内蒙古小城镇发展道路的选择 [J].北方经济，2005 (6)：61—62.

[2] 贾福平.浅析内蒙古小城镇建设 [J].内蒙古师范大学学报：哲学社会科学版，2006, 35 (S1)：333—335.

[3] 额尔敦乌日图.内蒙古农牧区小城镇建设现状及发展战略取向 [J].内蒙古财经大学学报，2015 (1)：1—4.

[4] 李莹.关于内蒙古小城镇特色缺乏及对策的研究 [J].内蒙古农业大学学报：社会科学版，2013, 15 (6)：135—138.

误。内蒙古师范大学的甄江红[1][2][3]对我区小城镇在规划中存在的问题、可持续发展的动力机制、模式等都进行了详细的研究。甄江红从小城镇可持续发展必备的地理环境、资源基础、经济条件、社会系统、科技优势、制度与政策6个基本条件出发，构建了包括环境、资源、经济、社会、科技和政策等要素在内的小城镇可持续发展评价指标体系。[4]从可持续发展的角度出发，提出内蒙古小城镇可持续发展的措施与对策。[5]

三、牧区城镇化的相关研究

内蒙古自治区共有49个牧业旗，其中33个典型牧业旗和16个半农半牧业旗，它们既不同于农业地区城镇，更不同于发达地区城镇。因此，牧区城镇是内蒙古城镇化过程中需要重点给予关注的。王建忠[6]选取了内蒙古20个典型牧业旗县为研究对象，提出牧区城镇发展中存在的问题：建设和发展的盲目性，走低附加值的产业化道路，导致草原生态的不可持续性、基础设施建设薄弱、制度性障碍比较突出等，并提出创造多元化城镇发展模式、加强草原牧区城镇

---

[1] 甄江红. 内蒙古小城镇规划问题的解决对策 [J]. 内蒙古师范大学学报：哲学社会科学版, 2003, 32 (2)：97—100.

[2] 甄江红. 内蒙古小城镇规划问题的解决对策 [J]. 内蒙古师范大学学报：哲学社会科学版, 2003, 32 (2)：97—100.

[3] 甄江红. 内蒙古小城镇规划问题的解决对策 [J]. 内蒙古师范大学学报：哲学社会科学版, 2003, 32 (2)：97—100.

[4] 甄江红, 赵明. 内蒙古小城镇可持续发展的问题与对策 [J]. 人文地理, 2006, 21 (1)：21—25.

[5] 甄江红. 内蒙古小城镇可持续发展评价指标体系初探 [J]. 内蒙古师范大学学报：自然科学汉文版, 2005, 34 (4)：493—497, 501.

[6] 王建忠. 内蒙古草原牧区小城镇发展问题研究 [J]. 内蒙古农业大学学报：社会科学版, 2007, 9 (2)：158—160.

的区域经济功能、加强"新牧区"公共管理、建立草原牧区生态移民管理机制,形成城镇聚集效应的建议。对于牧区城镇存在的问题,额尔敦其其格[1]与王建忠在某些观点达成共识。她还提出内蒙古地域发展也不平衡,乡镇企业布局分散;发展牧区城镇的关键在于繁荣城镇的经济,夯实经济功能。于艳君、高伟[2]认为城镇化要解决的是就业、环境保护、社会保障、产业发展等问题,而基础设施建设只是实现目标的手段。在乡镇财力不足的情况下,大搞形象工程,势必将投资全部转化为债务;要使城镇财政健康发展,必须实施分税制财政体制,明确财政收支,事权和财权相结合;为了有效利用公共产品,牧区城镇人口必须保持一定规模,否则会导致资源的浪费。

---

[1] 额尔敦其其格.内蒙古牧区小城镇建设与发展问题的对策研究[J].理论研究,2003(5):9—12.

[2] 于艳君,高伟.内蒙古牧业旗发展小城镇的探索[J].广播电视大学学报:哲学社会科学版,2003(3):104—106.

第二章　自治区成立以来至 20 世纪末的城镇化

自治区成立以来，城镇化经历了曲折的发展过程，城镇化水平不断提升。对城镇化发展阶段进行划分，指出不同时期的特点，对于了解城镇化发展进程，发现城镇化发展规律，促进城镇化高质量发展具有重要意义。

城镇化是指由农业为主的传统乡村社会向以工业服务业、高新技术产业和信息产业为主的现代城市社会逐渐转变的历史过程。[1]内蒙古地区曾在秦朝时设36县（城），汉朝时曾设61县（城），其他朝代也建了不少有特色的城镇，比如大夏建的统万城，辽代建的上京、中京，元朝的上都等城镇，都曾享誉一时。但是这些城镇的建立大都是由于军事的需要，另外由于生产力发展水平较低以及统治者重农抑商的思想，城市也仅仅是手工业产品的生产基地以及农牧产品的集散地[2]，缺乏现代化的工业服务业，更谈不上高新技术产业和信息产业，也就不能视作现代意义的城镇。

---

[1] 保罗·诺克斯，琳达·迈克卡西. 城市化 [M]. 顾朝林，汤培源，杨兴柱，等，译. 北京：科学出版社，2009：52.

[2] 严书翰，等. 中国城市化进程 [M]. 北京：中国水利水电出版社，2006：15—20.

内蒙古城镇化起步于自治区成立之后，得益于生产力的发展以及国家政策的扶持，像呼和浩特、包头、鄂尔多斯等这样的城市开始崛起，人口从农村、牧区向城市集聚。经过近70年的发展，内蒙古自治区城市、小城镇的数量和规模都有了一定的提升。城市、小城镇数目分别从1953年的6个、82个增加到2010年的20个、463个；城市、小城镇人口则分别从1953年的47.3万、46.1万增加到2010年的801.2万、570.9万（表2-1）。

表2-1 内蒙古自治区六次普查城镇数量及人口[1]

年份	城市数量（个）	城市人口（万人）	城镇数量（个）	城镇人口（万人）	市镇人口（万人）
1953	6	47.3	82	46.1	93.4
1964	10	143.3	95	98.4	241.7
1982	10	319.4	102	236.8	556.1
1990	16	655.0	211	437.8	1092.8
2000	20	567.2	416	428.7	995.9
2010	20	801.2	463	570.9	1372.0

[1] 资料来自内蒙古第1次至第6次人口普查。表中1982年、1990年城镇人口采用大口径，2000年将居住6个月以上流动人口计入城镇人口，并采用人口密度作为市辖区的甄别指标，对市辖区、不设区的市、建制镇所辖地域进行了细划。另外，由于本表直接采用人口普查中的统计数据，可能与统计年鉴中的数据有些微出入。

表2-2 内蒙古不同时期城镇人口变化[1]

人口（万人）	1953年	1964年	1982年	1990年	2000年	2010年
总计	47.3	187.4	319.4	655.0	567.2	801.2
呼和浩特市	14.8	46.1	74.2	94.8	99.1	143.7
包头市	14.9	72.1	107.0	124.8	141.0	187.6
乌达市		4.2				
海勃湾市		3.5				
乌海市			25.0	31.4	33.9	45.0
赤峰市		16.0	29.8	98.7	56.1	83.3
通辽市	4.7	10.4	22.5	68.9	37.6	57.2
东胜市				14.7	21.2	
鄂尔多斯市						51.0
海拉尔市	4.3	10.6	16.4	20.6	24.7	

[1] 表2-2中，1953年、1964年、1982年数据来自宋迺工主编的《中国人口（内蒙古分册）》，1990年、2000年、2010年数据来自人口普查资料。乌达市、海勃湾市设立于1961年，1975年，乌达市、海勃湾市被撤并被组建为乌海市。1955年12月之前，赤峰市属于热河省，之后热河省被撤，赤峰市归入内蒙古自治区。东胜市设立于1984年，2000年被撤，2001年，伊克昭盟改为鄂尔多斯市后，东胜成为鄂尔多斯市的辖区。海拉尔市于2001年10月被撤，成立海拉尔区，归属于同月设立的呼伦贝尔市。1984年，临河县升级为临河市。2004年，巴彦淖尔撤盟改市，临河市又更名为临河区。巴彦高勒于1956年设市，1964年撤市，改为镇。集宁市设立于1956年，2003年12月，改市为区，归属于当月设立的乌兰察布市。霍林郭勒市设立于1985年11月。牙克石市、扎兰屯市、锡林浩特市设立于1983年10月。1994年，额尔古纳右旗、额尔古纳左旗被撤销，同时分别被设为额尔古纳市、根河市。1990年，丰镇撤县设市，隶属于当时的乌兰察布盟。阿尔山原为兴安盟科右前旗的一个建制镇，1996年6月，经国务院批准，成为县级市。1947年，乌兰浩特市由王爷庙街升格，1964年7月，又降格为科右前旗的一个镇，1980年7月，国务院恢复乌兰浩特市建置。二连浩特市设立于1966年1月。

呼伦贝尔市						94.4
临河市				43.4	25.6	
巴彦淖尔市						34.4
巴彦高勒市		6.5				
乌兰察布市						44.1
集宁市		9.7	15.7	19.3	24.1	
霍林郭勒市				4.7	4.5	10.1
满洲里市	3.3	8.0	10.8	13.8	17.1	32.1
牙克石市				41.6	13.1	15.5
扎兰屯市				41.5	12.9	13.6
额尔古纳市					3.7	3.6
根河市					6.0	4.8
丰镇市					7.7	12.1
乌兰浩特市	5.1		17.3	22.9	21.5	27.5
阿尔山市					3.0	4.4
二连浩特市		0.4	0.7	1.2	4.7	7.1
锡林浩特市				12.7	14.3	21.4
城市数	6	11	10	16	20	20

截至 2010 年，内蒙古城镇人口已达到 1372.9 万，城镇化率上升至 53.4%，比全国平均水平高 3.7%，在全国 31 个省、市、自治区中，仅次于北京、天津、上海 3 个直辖市及广东、辽宁、江苏、浙江、黑龙江 5 省，排名第 9 位。

以国家政策的转变为标志，结合内蒙古城镇化增长速度、变化趋势，可将自治区城镇化过程分为以下 5 个阶段：起步阶段、波动阶段、基本停滞阶段、

第二章 自治区成立以来至20世纪末的城镇化

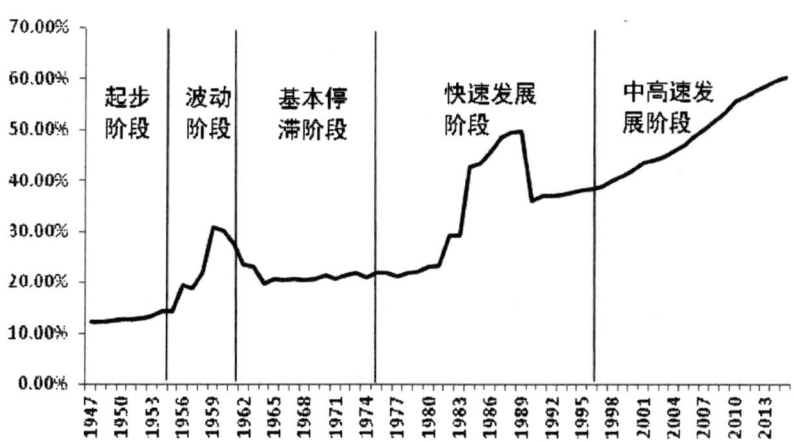

图2.1 内蒙古自治区城镇化变化趋势和发展阶段

快速发展阶段、中高速发展阶段。本章主要对前4个阶段进行简要论述。第5个阶段在下一章中论述。

第一节 改革开放前的城镇化

一、城镇化起步阶段（1947—1957年）

表2-3 自治区城镇化率及增速（1947—1957年）[1]

年份	总人口（万）	城镇人口（万）	城镇化率（%）	城镇化率比上一年增长（%）
1947	561.7	68.4	12.18	
1948	576.2	70.2	12.18	0
1949	608.1	75.2	12.37	0.19
1950	659.9	83.5	12.65	0.28
1951	686.7	87.4	12.73	0.08
1952	715.9	91.9	12.84	0.11
1953	758.4	101.9	13.44	0.6
1954	801.5	115.3	14.39	0.95
1955	843.0	121.9	14.46	0.07
1956	896.6	176.1	19.64	5.18
1957	936.0	175.4	18.74	-0.9

1947年，我国成立了第一个民族自治区——内蒙古自治区。自治区刚成立时，全区人口仅有561.7万人，城镇人口粗略统计为68.4万人，城镇化率仅为12.18%。1949年，中华人民共和国成立时，全区人口总数为608.1万，城镇人口

---

[1] 资料来自《内蒙古统计年鉴2016》。

则达到75.2万人，比1947年城镇人口增加近7万人，城镇化率上升为12.37%。到1952年时，城镇化率也仅为12.84%，5年时间仅增加0.66%。

1947年，内蒙古自治区成立之初，仅辖呼伦贝尔、锡林郭勒等少数几个盟市，现在的呼和浩特、包头等城市尚属于绥远省，处于国民党管控下，直到1948年11月才被解放。到1953年，全区市、镇已有88个，其中6个市，82个镇，城市及集镇人口总计933560人。[1]

到1954年3月，绥远省与内蒙古自治区合并，撤销绥远省建制。原来绥远省所辖的归绥市、包头市、乌兰察布盟、伊克昭盟、集宁专员公署、绥东4旗中心旗、陕坝亦随之划入内蒙古自治区。因此，在这一时期，内蒙古主要是恢复政治、社会、经济秩序。

1953—1957年，我国实施了第一个五年计划。在全国156项重点建设项目中，内蒙古就有5项，包括包头钢铁公司、内蒙古第一机械厂、内蒙古第二机械厂、包头第一热电厂、包头第二热电厂。除了这5个重点项目，还从北京、天津、山东等地迁入一些工厂，有机床厂、动力机床厂、电动工具厂、电机变压器厂、阀门厂等等。迁入工厂的同时，也迁入成千上万的技术工人。以包头市为例，5年间净迁入22.4万人。与此同时，工厂的建立与迁入也吸引大量农牧区人口向城镇聚集，5年间国民经济各部门新增职工29.2万人。[2]基于此，内蒙古城镇人口自1952年的91.9万增加到1957年的175.4万，5年间增加83.5万人，年均增长16.7万人，城镇化率上升到18.74%。

---

[1] 82个镇是包含县城关镇的数据，许多书籍采用59个镇，是未包含县城关镇的数量。

[2] 中共内蒙古自治区委员会党史研究室.内蒙古百年大事回眸[M].呼和浩特：内蒙古人民出版社，2008：244—249.

表 2-4　1953 年内蒙古城市及人口 [1]

城市（万人）	呼和浩特	包头	通辽	乌兰浩特	海拉尔	满洲里	合计
人口	14.84	14.94	4.72	5.15	4.32	3.32	47.28

表 2-5　1953 年内蒙古各盟、行政区集镇数量及人口 [2]

名称	集镇数量（个）	人口（万）
呼伦贝尔盟	11	6.94
哲里木盟	14	4.91
昭乌达盟	10	5.01
察哈尔盟	2	1.70
锡林郭勒盟	1	0.29
伊克昭盟	7	1.36
乌兰察布盟	3	1.15
平地泉行政区	25	19.73
河套行政区	9	4.98
合计	82	46.07

1947—1957 年，内蒙古自治区经历了从无到有，从战火纷飞到社会稳定，从民生维艰到实现温饱。社会的稳定为经济的恢复提供了保障，国家重点项目和一大批工厂的迁入又为自治区经济的起飞提供了动力，也带动了城镇化发展，城镇化率从 12.18% 提升到 18.74%。

---

[1] 1953 年人口普查时，户籍制度尚未出台，没有农业人口与非农业人口的区别，城镇人口按行政区划来统计。资料来自内蒙古自治区第1次、第2次人口普查。

[2] 资料来自内蒙古自治区第1次、第2次人口普查。

二、城镇化波动阶段（1958—1964年）

表2-6　自治区城镇化率及增速（1958—1964年）[1]

年份	总人口（万人）	城镇人口（万人）	城镇化（%）	城镇化率比上一年增长（%）
1958	986.1	216.9	22.00	3.26
1959	1062.5	327.4	30.81	8.81
1960	1191.1	359.8	30.21	-0.6
1961	1163.1	319.7	27.49	-2.72
1962	1171.8	277.3	23.66	-3.83
1963	1215.4	281	23.12	-0.54
1964	1253.7	249.1	19.87	-3.25

1958年开始，内蒙古城镇化率呈现先上升后下降的趋势。1958年，城镇化率为22%，1959年为30.81%，达到了历史最高点，但随即逆转而下，连续5年下滑，到1964年下降至19.87%，基本回到1956年的城镇化水平。基于短时间内出现的大起大落，我们将其定为城镇化的波动阶段。在1964年的第2次人口普查中，全区共有105个城镇，其中城市10个，集镇95个（表2-7）。

---

[1] 资料来自《内蒙古统计年鉴2016》。

表 2-7　1964 年内蒙古城镇数量及人口 [1]

城市	人口（万人）	盟	集镇数量（个）	人口（万人）
呼和浩特市	30.13	呼伦贝尔盟	35	53.70
包头市	58.49	哲里木盟	10	5.96
集宁市	8.65	昭乌达盟	10	5.49
通辽市	8.55	锡林郭勒盟	7	7.09
赤峰市	11.60	乌兰察布盟	19	15.28
海拉尔市	0.72	伊克昭盟	7	3.92
满洲里市	7.46	巴彦淖尔盟	7	6.98
巴彦高勒市	2.55			
乌达市	3.90			
海湾市	3.21			
合计	135.27	合计	95	98.43

内蒙古城镇化在这一时期出现较大的波动，与人口大量迁入迁出有关，1958—1960 年，迁入人口分别为 30.43 万、56.15 万、106.08 万[2]，3 年间总计迁入 192.66 万人，导致内蒙古城乡人口增加迅猛。而后由于国民经济调整、自然灾害等原因，一部分城市人口返乡，一部分迁出到区外，1961 年、1962 年分别迁出 43.87 万、25.32 万人，到 1964 年城镇化率达到低谷。

---

[1] 在 1964 年的人口普查中，城镇人口采用小口径，即只包含城镇中的非农业人口，若采用大口径，内蒙古城镇人口则为 3065479。资料来自内蒙古自治区第 1 次、第 2 次人口普查。

[2] 宋迺工. 中国人口（内蒙古分册）[M]. 北京：中国财政经济出版社，1987：167.

三、城镇化基本停滞阶段（1965—1978年）

经过调整，1965年，自治区经济状况开始好转，城镇人口数量扭转了下降的态势，开始出现回升，城镇化率从1964年的19.87%上升至20.7%。之后从1966—1978年的10年间，城镇人口缓慢增长，1978年达到397.5万人，比1965年增加129.2万人，城镇化率达到21.8%。

表2-8 内蒙古城镇人口、城镇化率及增速（1965—1978年）[1]

年份	总人口（万人）	城镇人口（万人）	城镇化率(%)	城镇化率比上一年增长（%）
1965	1296.4	268.3	20.70	0.83
1966	1329.6	273.3	20.56	−0.14
1967	1371.0	282.8	20.63	0.07
1968	1411.0	290.7	20.60	−0.03
1969	1460.0	302.2	20.70	0.1
1970	1491.0	320.8	21.52	0.82
1971	1555.0	322.4	20.73	−0.79
1972	1602.0	343.4	21.44	0.71
1973	1651.0	360.3	21.82	0.38
1974	1705.0	359.1	21.06	−0.76
1975	1737.9	379.3	21.83	0.77
1976	1769.0	389.1	22.00	0.17
1977	1796.0	379.5	21.13	−0.87
1978	1823.4	397.5	21.80	0.67

---

[1] 资料来自《内蒙古统计年鉴2016》。

导致内蒙古1965—1978年城镇化发展缓慢主要基于户籍制度的严格限制、优先发展重工业、知识青年下乡等多种原因。自1958年我国颁布了《中华人民共和国户口登记条例》起，严格限制了人口从农村向城市的流入。在户籍制度约束下，内蒙古城镇化的提高主要依靠城镇人口的自然增长。1968—1979年，内蒙古累计有来自本区及京、津、沪、宁等地的43.1万城镇知识青年（其中31.78万来自内蒙古城镇）迁往各地农村牧区插队落户。[1]内蒙古下乡知识青年的数量甚至占到了1978年内蒙古城镇人口的8%。

第二节 改革开放至20世纪末的城镇化

以改革开放为节点，20世纪70年代末开始，在一系列政策推动下，自治区城镇化进入快速发展阶段（表2-9）。

---

[1] 中共内蒙古自治区委员会党史研究室. 内蒙古百年大事回眸[M]. 呼和浩特：内蒙古人民出版社, 2008: 292—293.

表 2-9　内蒙古城镇化率及增速变化（1979—2000 年）[1]

年份	总人口（万人）	城镇人口（万人）	城镇化率（％）	城镇化率比上一年增长（％）
1979	1851.8	408.5	22.06	0.26
1980	1876.5	433.1	23.08	1.02
1981	1902.9	445.2	23.40	0.32
1982	1936.9	565.2	29.11	5.71
1983	1969.8	573.8	29.13	0.02
1984	1993.1	847.1	42.50	13.37
1985	2015.9	874.1	43.36	0.86
1986	2040.7	932.2	45.68	2.32
1987	2066.4	1004.5	48.61	2.93
1988	2093.9	1033.8	49.37	0.76
1989	2122.2	1055.8	49.75	0.38
1990	2162.6	781.1	36.12	−13.63
1991	2183.9	807.4	36.97	0.85
1992	2206.6	817.1	37.03	0.06
1993	2232.4	831.8	37.26	0.23
1994	2260.5	849.3	37.57	0.31
1995	2284.4	873.1	38.22	0.65
1996	2306.6	887.2	38.46	0.24
1997	2325.7	905.6	38.94	0.48
1998	2344.9	936.7	39.95	1.01
1999	2361.9	967.8	40.98	1.03
2000	2372.4	1001.1	42.20	1.38

[1] 根据《内蒙古统计年鉴 2016》数据整理得出。

1982年时，内蒙古有城市10个，镇102个，城镇人口565.2万人。到2000年时，城市增加到20个，镇增加到416个，城镇人口上升至1001.1万人，城镇化率由1982年的29.11%，提高到了2000年的42.20%，增长了13.09个百分点。

一、改革开放初期（1979—1991年）

1979年，内蒙古城镇化率为22.06%，到1983年时已增加到29.13%，3年间增长了7.07%。1984年之后，由于对城镇人口的统计采用了大口径[1]，城镇化率一跃上升为42.5%，1989年城镇化率达到49.75%。1990年之后，对城镇人口的统计再次进行了调整，设区的市用大口径，不设区的市和镇用小口径[2]，当年城镇化率为36.12%。1992年，城镇化率上升至37.03%。

这一时期，城镇化率以每年一个百分点的速度提升，是基于以下原因：

首先，农村经济体制改革极大解放了生产力。党的十一届三中全会，出台了《中共中央关于加快农业发展若干问题的决定（草案）》，开启了农村改革的新进程。1979年9月，十一届四中全会通过了《关于加快农业发展若干问题的决定》，允许农民因时因地制宜，自主经营。1980年，又进一步肯定了包产到户的合法性。与此同时，自治区发出《内蒙古自治区人民政府关于农村牧区若干经济政策问题的布告》，决定全面建立生产责任制。不久，内蒙古党委、政府发出农村牧区政策问题的补充规定，要求扩大包产到户责任制。政策上的利好，促进了农牧业生产率的提高，解放了被束缚在农业上的劳动力，进而为工业化和城镇化的发展提供了保障。

其次，户籍制度的松动使得农牧区人口可以向城镇流入。在20世纪六七十年代，由于户籍制度的严格限制，城市生活所需要的柴米油盐都是凭户口凭票证供应，农业户口的公民没有票证，也就意味着无法在城镇生存。1984年，国

---

[1] 大口径：市镇辖区的总人口作为城镇人口。

[2] 小口径：市镇辖区的非农业人口作为城镇人口。

家开始允许农民自带口粮进城，农村富裕的劳动力开始向城镇转移。

第三，通过"县改市（区）""市管县"和增加建制镇，实现了农业人口就地城镇化。1980年，全国城市工作会议确定了"控制大城市规模，合理发展中等城市，积极发展小城镇的方针"。随后的1984年，民政部根据发展小城镇的方针，下调了建制镇的标准。内蒙古自治区也于当年完成人民公社体制改革，建制镇由1982年的102个上升到170个，增加了68个小城镇，这也是1984年城镇人口飙升的一个原因。另外，在此期间自治区还设立了乌兰浩特市、牙克石市、扎兰屯市、锡林浩特市、临河市、丰镇市，在大规模的"县改市（区）"和增加建制镇的过程中，带入大量的城镇人口。到1990年，小城镇数目达到211个，小城镇区域内覆盖人口437.85万人。

表 2-10 小城镇及其人口数 [1]

指标[2]	1953年	1958年	1964年	1982年	1990年
小城镇数量（个）	59	66	93	102	211
小城镇人口（万人）	66.85	91.76	117.74	236.78	437.85

第四，乡镇企业的快速发展在一定程度上推动了内蒙古的城镇化。1980年，全区乡镇企业总收入只有4亿多元，到1988年，总收入猛增到43.56亿元，8年内增长9.89倍；乡镇企业发展到28.81万个，从事乡镇企业的人数占到农村劳动力总数的19%。[2][3] 到1992年时，全区有5个盟市的乡镇企业总产值超过10

---

[1] 宋迺工.中国人口（内蒙古分册）[M].北京：中国财政经济出版社，1987：239.

[2] 根据内蒙古城建局和内蒙古民政厅提供统计资料计算。

[3] 林蔚然，郑广智.内蒙古自治区经济发展史[M].呼和浩特：内蒙古人民出版社，1990：182—186.

亿元，28个旗县区超过亿元，53个乡镇超过3000万元。[1]乡镇企业的快速发展促进了就业，也促进了劳动力从农业向工业的转移。1992年，全区乡镇企业从业人员达到116.2万人，占当时城镇总人口的12.5%。

除了上述原因，国家调整政策，大量知识青年自农牧区返回城镇，也使得城镇人口在1980年后的几年内快速增加。

二、全面建立社会主义市场经济体制的新时期（1992—2000年）

1992—2000年，内蒙古城镇人口从817.1万增加到1001.1万，城镇化率自37.03%提升至42.2%，8年间城镇化率增长了5.17%。与改革开放初期相比，这样的增长速度显然不能算高，但这一时期有着重要的历史意义。

这一时期，内蒙古城镇化得到进一步发展，主要得益于以下几个方面：

第一，市场经济政策的进一步深化。在20世纪80年代，中国开始从计划经济向市场经济过渡，人民在解决温饱的同时，也开始追求更高的物质享受。1993年，十四届三中全会通过《中共中央关于建立社会主义市场经济体制若干问题的决定》，明确了建立社会主义市场经济体制的基本任务和要求，这一决定成为当时推进经济体制改革的行动纲领。以此为契机，1993年3月，内蒙古第一家股份有限公司——内蒙古民族商场股份有限公司宣告成立。这标志着自治区城镇化开始由政府带动向政府与市场协同推动转变。

---

[1] 王美萃．内蒙古乡镇企业的发展[J]．内蒙古大学学报：哲学社会科学版，1994，26（3）：48—63．

表 2-11 内蒙古非农产业与城镇化的变动趋势[1]

年份	非农产业占比（%）		非农就业占比（%）		城镇化率(%)
	工业	二三产业	工业[2]	二三产业	
1978 年	37.63	67.33	18.45	32.9	21.13
1982 年	34.7	64.26	18.38	34.22	29.11
1987 年	27.45	70.69	21.1	44.97	48.61
1992 年	28.66	69.91	22.24	45.55	37.03
1993 年	30.22	72.12	21.86	46.9	37.26
1994 年	29.63	70	21.78	48.08	37.57
1995 年	29.74	69.64	21.85	47.85	38.22
1996 年	29.79	69.42	21.5	47.37	38.46
1997 年	30.78	72.04	20.3	48.15	38.94
1998 年	30.29	72.94	19.72	48.34	39.95
1999 年	30.82	75.14	17.55	47.44	40.98
2000 年	31.46	77.21	17.1	47.8	42.20

第二，非农产业带动内蒙古城镇化发展。改革开放之后，从产业结构、就业结构的变化看，城镇化与二三产业发展有一定的相关性。1992年之后，二三产业比重提升了7.21%，非农就业比重提高了2.2%，城镇化率提高了5.2%，而工业本身的带动力却不足，工业产值占比有所提高，而就业占比下降，因此，城镇化主要依靠工业之外的非农产业带动。

第三，民营经济在这一时期的发展强有力地推动了内蒙古城镇化。从图2.2中可以看出，改革开放初的1979年，城镇私营个体劳动者仅有0.2万，到1992

---

[1] 资料来自《内蒙古统计年鉴2016》。

[1] 该列数据为第二产业从业人员占比。

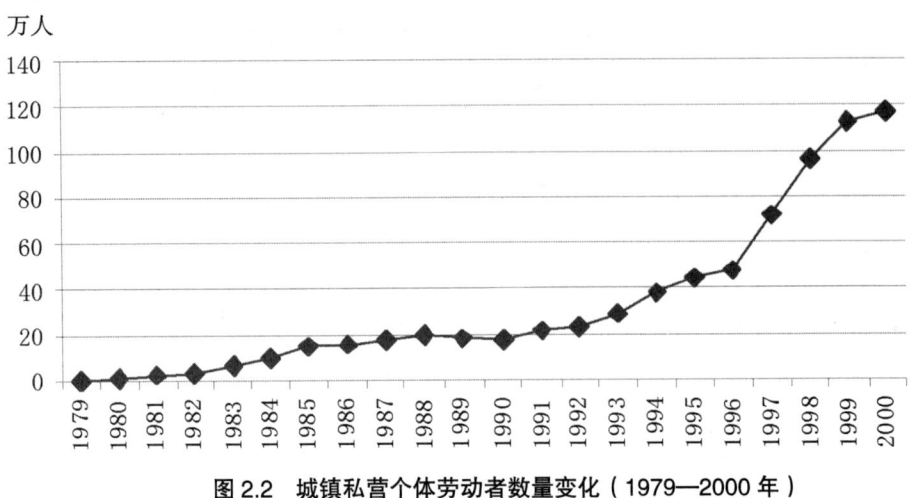

图 2.2 城镇私营个体劳动者数量变化（1979—2000 年）

年时已增长至23万。从1992年起，城镇私营个体劳动者增速加快，尤其是1997年、1998年，每年以百分之五十的速度增长，2年间城镇私营个体劳动者翻了一番，增长至96.25万人。至2000年，城镇私营个体劳动者已有116.8万人。城镇私营劳动者数量的增加说明了这一时期民营经济的快速发展。

第四，自治区对基础建设持续性投入。这一时期，自治区固定资产持续增加地投资对内蒙古工业化与城镇化的发展产生了重大影响。1992年固定资产投资149.24亿，1993年增加到216.55亿，到2000年已增加至430.42亿，同时城市建成区的面积也增加到了593平方千米。强有力的投资不仅使得城镇基础建设不断完善，为经济发展提供了支撑，也为农牧民向城镇转移，寻求更好就业机会创造了条件。

1999年，我国西部大开发战略正式出台，内蒙古自治区被列入此开发战略之中，国家开始在建设资金的投入、项目建设、财政转移支付、金融信贷、税收、土地使用等方面给予扶持。西部大开发战略的实施支持了内蒙古工业化、城镇化的快速发展，也开启了内蒙古城镇化的新篇章。

第三章 21世纪以来城镇化的特点、影响因素及存在的问题

21世纪以来，内蒙古经济的高速发展为城镇化提供了强大的动力，在工业经济的带动下，内蒙古城镇化进入快速发展时期；2004年，由快速发展转入高速发展，平均每年有48万人口实现城镇化，城镇化率快速提升；2007年，城镇化率超过50%；2015年，城镇化率超过60%，已经进入城镇化中期阶段的后半程，在西部排第2位（表3-1），在全国排第10位。城镇化快速乃至高速发展，主要表现为人口快速向城市和城镇集聚，尤其是向大城市集聚，城市市政建设日新月异，建成区面积成倍增长等等，同时，也带来一系列问题，东西部城镇化发展不平衡、人口城镇化快于土地城镇化、市镇建设和公共服务承载力不足、体制机制创新滞后于城镇化发展需要等问题，影响着城镇化的发展质量。对此时期的城镇化特点进行归纳，对面临的问题进行分析，对于促进城镇化的健康发展十分必要。

表 3-1　2015 年内蒙古城镇化率在西部及全国的排名[1]

地区	城镇化率（%）	西部排位	全国排位
重庆	60.94	1	9
宁夏	60.94	1	9
内蒙古	60.30	2	10
陕西	53.92	3	17
青海	50.30	4	22
四川	47.69	5	23
新疆	47.23	6	24
广西	47.06	7	25
云南	43.33	8	27
甘肃	43.19	9	28
贵州	42.01	10	29
西藏	27.74	11	30

[1] 资料来自《中国统计年鉴2016》。

第一节 城镇化的演进及特点

一、城镇化的发展阶段及特点

21世纪以来，内蒙古城镇化进入中高速发展阶段，城镇化发展方式、城镇化整体水平也发生着变化，并呈现不同特点。

（一）城镇化经历了中速—高速—中速的变化过程

2000—2004年为中速发展阶段。城镇化率年平均提高0.92个百分点，低于1.3，高于0.7，城镇人口由2000年的1001.1万人增加到2004年的1097.3万人，城镇人口平均每年增加24.1万人，城镇化率达到45.86%，比2000年提升3.66个百分点。

2005—2010年为高速发展阶段。城镇化率年平均提高1.7个百分点，超过1.3。城镇人口从2005年的1134.3万人增加到2010年的1372.9万人，平均每年增加47.7万人，2007年城镇化率达到50.15%，2010年城镇化率达到55.53%，比2005年提升8.33个百分点，是城镇化最快的时期，此阶段也是经济高速增长时期。

2011—2016年为中速转型发展阶段。城镇化率年平均提高0.91个百分点，低于1.3，高于0.7。城镇人口从2011年的1405.2万人增加到2016年的1542.1万人，平均每年增加27.4万人，城镇化率达到61.19%，比2011年提升4.57个百分点。此阶段，城镇化推进速度比前一时期明显放缓，与前两个发展阶段不同的是，城镇化的重心开始逐步向提升城镇公共服务承载力转变，加快农牧业转移人口的市民化进程是此阶段的重点。

20世纪90年代中期以来，中国城镇化率年均增长1.4个百分点，进入高速发展阶段。[1]与全国相比，内蒙古城镇化进入中高速发展阶段大致在2004年之后，要比全国晚大约10年的时间。21世纪以来，在国家西部大开发、东北地区等老工业基地振兴战略推动下，自治区经济创造了新的辉煌，连续8年经济增速全国第1，从工业化初期迈向工业化中期阶段，工业发展、产业集聚带动了第三产业的发展，对劳动力的需求增长，促进了农村牧区劳动力向非农产业和城镇转移，加快了城镇化。同时，退牧还草、退耕还林、生态移民工程的实施、农村土地流转和规模化经营及农村机械化程度的提高，也进一步促进了农村牧区人口的转移，2000—2010年，城镇人口增长371.8万人，城镇化率年平均提高1.3个百分点，尤其是"十一五"期间，超过全国城镇化率年增长幅度，城镇化率每年增长在1.34%—2.13%，每年增幅均超过1.3%，进入城镇化的高速发展阶段。2011年之后，受全球经济环境变化的影响及我国我区经济转型升级的需要，内蒙古经济增速放缓，与之相关联的城镇化率增幅也随之下降，从过去的每年增长1个百分点以上下降到1以下，2013年比上一年增长0.97个百分点，全区以党的十八大精神为指导，不再追求速度，按照《国家新型城镇化规划（2014—2020年）》和中央城镇化工作会议及全区城镇化工作会议精神，加快新型城镇化建设的要求，以人为核心，积极推进城镇化从速度型向质量型转变。

---

[1] 陶新桂. 我国城市化进程的判断及应注意的问题 [J]. 特区经济，2008（1）：158—159.

第三章 21世纪以来城镇化的特点、影响因素及存在的问题

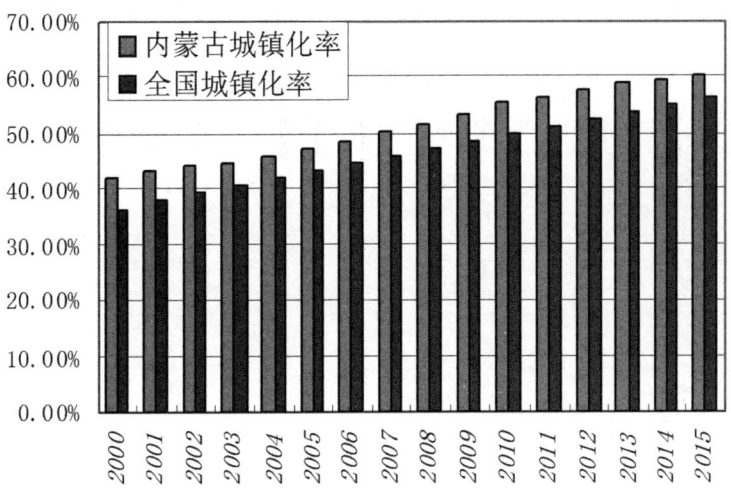

图 3.1 内蒙古城镇化率与全国城镇化率比较

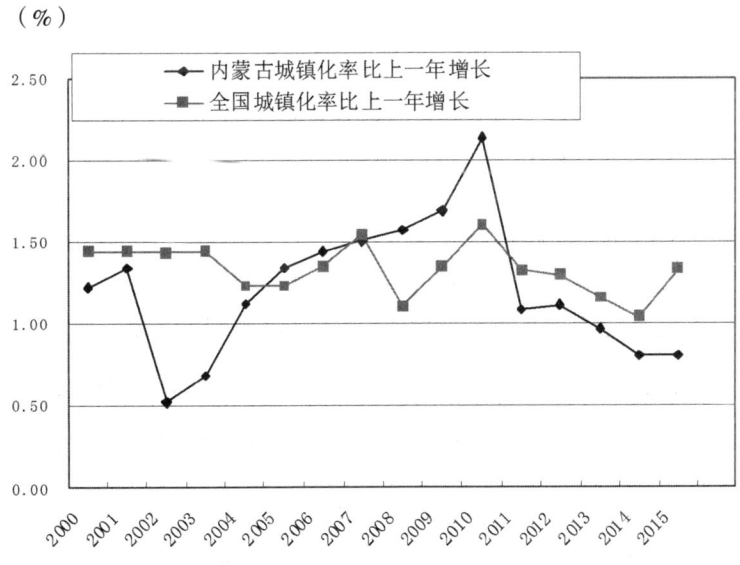

图 3.2 内蒙古城镇化率与全国城镇化率年增速比较

（二）多数地区进入城镇化的第二阶段：加速发展阶段的后半程—成长阶段

表 3-2　内蒙古各盟市所处的城镇化阶段[1]

盟市名称	城镇化水平得分	城镇化阶段
呼和浩特市	0.34	成长
包头市	0.40	成长
呼伦贝尔市	0.00	成长
兴安盟	-0.42	起飞
通辽市	-0.25	起飞
赤峰市	-0.26	起飞
锡林郭勒盟	-0.05	成长
乌兰察布市	-0.29	起飞
鄂尔多斯市	0.47	成长
巴彦淖尔市	-0.30	起飞
乌海市	0.12	成长
阿拉善盟	0.24	成长

经过多年的建设和发展，内蒙古城镇化水平不断提升。据蒋贵凰对城镇化的阶段划分，将城镇化划分为5个阶段，城镇化率为30%之前为启动阶段；30%—50%为起飞阶段；50%—70%为成长阶段；大于70%，分为成熟阶段和衰退阶段，就是对诺瑟姆的S型曲线的城镇化初期、加速、成熟3个阶段中的加速阶段和成熟阶段进一步细分。我们参考蒋贵凰的研究，利用城镇化率、人均国内生产总值、二三产业占国内生产总值的比重和建成区面积4个指标对内蒙古城镇化所处

---

[1] 将2015年内蒙古城镇化率、人均国内生产总值、二三产业占国内生产总值的比重和建成区面积4项指标带入公式 $Ui=0.3×UNi+0.3×GNi+0.2×INi+0.2×CNi$ 计算得出城镇化综合水平得分（公式引自蒋贵凰《我国发展中地区城镇化的动力机制研究》）。数据来自《内蒙古统计年鉴2016》。

的阶段进行判断,结果发现呼包鄂等7个地区(盟市)已经处于成长阶段,此阶段进入诺瑟姆城镇化加速发展阶段的"后半程"。其他5个地区(盟市)尚处于起飞阶段,也就是诺瑟姆的加速阶段的"前半程",到达城镇化最终阶段也就是成熟阶段还需较长时间。5个地区盟市中,3个分布在东部地区,分别为通辽市、赤峰市、兴安盟;2个分布在西部地区,分别为巴彦淖尔市、乌兰察布市(表3-2)。

二、城镇数量、规模结构、空间分布及特点

(一)城市和镇数量、规模结构及特点

2016年,内蒙古有城市20个,其中地级市9个,县级市11个,建制镇496个。而21世纪初的2000年,内蒙古有城市20个,其中,地级市5个,县级市15个,建制镇377个。与2000年相比,2016年城市总的数量没有变化,地级市数量增加了4个,建制镇增加118个。

1.城市等级不高,规模不大,2/3以上的城市人口居住在大中城市

表3-3 内蒙古城市类型、数量和规模[1]

城市类型	数量和规模		
	数量(个)	城市平均规模(万人)	城市名称和城市人口数量(万人)
Ⅱ型大城市(100—300万人)	2	188.3	包头市188.5、呼和浩特市188.08
中等城市(50—100万人)	3	68.9	赤峰市98.21、乌海市56.07、鄂尔多斯市52.33
Ⅰ型小城市(20—50)万人	7	31	通辽市45.1、巴彦淖尔市41、呼伦贝尔市32.06、乌兰察布市31.93、乌兰浩特市25.24、满洲里市21.2、锡林浩特市20.72
Ⅱ型小城市(20万人以下)	8	9.4	丰镇13.65、扎兰屯市13.2、牙克石市13.16、霍林郭勒市12.66、根河市7.11、二连浩特市6.76、阿尔山市4.85、额尔古纳市3.63

---

[1] 资料来自《中国城市建设统计年鉴2015》。城市人口=城区人口+城区暂住人口。

按照最新城市规模划分标准,将城市分为五类七档。由于自然条件的限制,内蒙古人口总量少,密度低。2015年,内蒙古没有城区人口超过300万以上的超大城市、特大城市和Ⅰ型大城市,有300万以下人口的Ⅱ型大城市2个,100万以下人口50万以上人口的中等城市3个,50万以下人口20万以上人口的Ⅰ型小城市7个,20万以下人口的Ⅱ型小城市8个,呈现小城市为主的扁平型的金字塔形结构。城市平均规模:Ⅱ型大城市188万人,中等城市69万人,Ⅰ型小城市31万人,Ⅱ型小城市9万人。四类城市人口占城市总人口比重分别为43%、24%、22%、11%,2/3以上的人口居住在大中城市,1/3以上的人口居住在小城市。

2.大城市人口持续增长,中等城市和Ⅰ型小城市人口有增有降,Ⅱ型小城市人口普遍下降

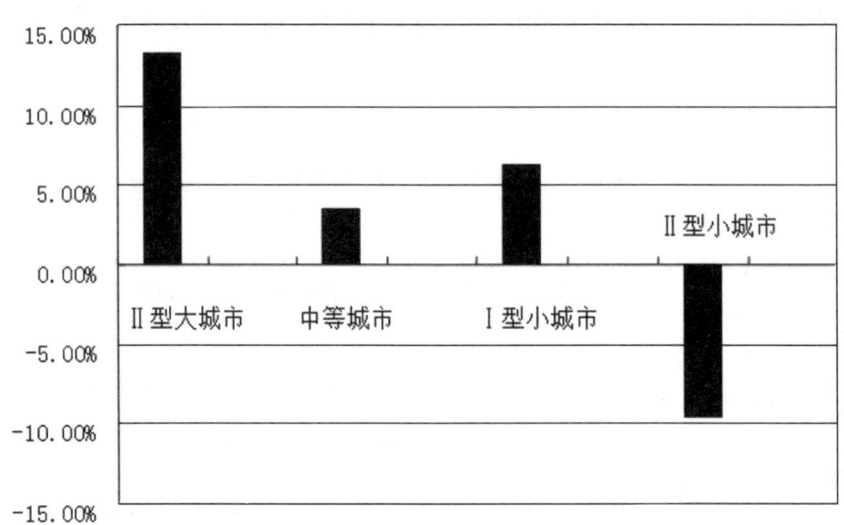

图3.3 不同规模城市人口增幅(2010—2015年)

城市人口规模的变化因城市的等级不同而不同,总体表现为100万以上人口的大城市对人口的吸引力明显大于中小城市,20万以下人口的小城市总体上对人口的吸引力偏弱(图3.3)。依据《中国城市建设年鉴2015》将内蒙古2015

年与2010年的城区人口数据进行比较得出，20个城市有10个城市的人口增加，其余10个城市的人口减少，其中，呼和浩特市、包头人口增长量排前两位，分别增加13.5万、31万，合计44.5万人，增幅13.3%，赤峰市、巴彦淖尔市、乌兰察布市、乌海市、锡林浩特市等7个城市人口有所增长，但总体上增幅不大，其余10座城市，如鄂尔多斯市、通辽市、霍林河市、二连浩特市、根河市等人口负增长。据第5次、第6次人口普查资料显示，2010年与2000年相比，呼和浩特市、包头市、鄂尔多斯市、赤峰市4个城市人口绝对量增长排前4位，总量为148.2万人，占城市人口增量的63.3%。城市规模决定着城市的经济效益，影响着人口吸引力。据王小鲁研究，100—400万人的城市效益最佳，而10万人以下的城市基本没有集聚效益，25万以上人口的城市才能保证自我增长。[1]20世纪90年代中期，联合国区域发展中心一项研究也指出，城市存在一个人口规模为25—30万的最低临界值。[2]内蒙古城区达到100万以上人口的城市只有呼和浩特市和包头市，25万以上人口和以下人口的城市各有10个，各占一半，10万以下人口的城市有4个，占20%。总体上，大多数城市规模不够大，影响了城市的集聚效益，对人口吸引力不够强。低于10万以下人口的城市，大多成为人口流出区。

而大城市人口持续增加和小城市人口普遍下降，根本上与产业发展水平、人口规模状况有着密切的关系。比如，2011年后，鄂尔多斯市、霍林河市为产业单一的资源型城市，煤炭、冶金、化工产业产能过剩，经济增速下降，部分企业处于停产半停产状态，导致人口外流。根河市人口下降，与天然林商品性采伐量大幅减少直致停伐有关，而新产业尚未发展壮大起来，导致就业岗位减少，人口吸纳能力不足。

总体看，大城市吸纳人口的能力大于中小城市，是与经济发展水平、经济

---

[1] 王小鲁. 城市化与经济增长[J]. 经济社会体制比较，2002(1)：22—32.

[2] 徐和平，李明秀，等. 公共政策与当代发达国家城市化模式——美国郊区化的经验与教训研究[M]. 北京：人民出版社，2006：365.

结构、城市规模等密切相关，产业多元化、抗风险能力强是决定城市吸引力的重要因素。

（二）城镇空间分布及特点

1.城市和城镇密度低，布局较分散

内蒙古大城市占比10%，中等城市占比15%，小城市占比75%，以小城市为主，大中城市为辅。内蒙古地区，平均5.9万平方千米有1个城市，而全国1.5万平方千米有1个城市，内蒙古城市密度明显低于全国平均水平。内蒙古还有建制镇496个，其中，县域内城镇434个，镇区常住人口超过10万人的只有2个，5—10万人的有22个，2—5万人的有37个。2万以上人口的镇仅仅占建制镇的12.3%，可见，绝大多数镇人口在2万人以下。内蒙古城镇密度为每万平方千米4.2个，全国城镇密度为每万平方千米21个，自治区城镇密度排在全国25位之后。因此，内蒙古地区不论是城市还是城镇，都具有规模小、布局分散的特点。

2.呼包鄂城市群的极化效应不断增强，核心作用突出

内蒙古城市布局分散，城市空间形态从点状分布，向呼包鄂城市群为核心、盟市中心为增长点、交通干线为轴线的点线结合的形态转变。进入21世纪之前，内蒙古地区主要以点状模式为主，通过以中心城市为核心的多极带动来推进城镇化，人口主要向各盟市中心城市集聚。进入21世纪之后，在煤炭、化工、电力等产业的带动下及城市基础设施投入的增长，呼包鄂地区工业经济迅猛发展，带动了建筑业和第三产业的快速发展，成为推进西部城市发展的根本动力，呼包鄂城市率先崛起，迁入人口数量规模明显超过其他地区，吸引力、辐射力逐渐增强，进一步促进了周边小城镇迅速成长，成为自治区的重要增长极，形成呼包鄂城市群，带动了西部整体的发展，使得西部城镇化率大幅提升，远高于自治区东部地区。

2010年，呼包鄂地区创造了占全区58.3%的地区生产总值，城镇化率达到

70.5%，城镇化率高于全区15.27%，其他地区中心城市规模也呈现不断扩大趋势。进入"十二五"，内蒙古以点线结合为主，通过城市群、多个中心城市带动和交通干线发展轴相结合的形式推进城镇化。2014年，自治区制定了《呼包鄂城市群规划》，积极打造呼包鄂城市群，使其辐射带动作用进一步增强。2015年，呼包鄂城市群土地面积占比19.3%，建成区占比达46.7%，地区生产总值占比达到61.9%，城镇人口占比39.0%，城镇化率为74.4%，高于全区17.1%，比2000年大幅提高，西部地区已经基本形成呼包鄂城市群为主要形态的城镇化发展空间格局。

表3-4 呼包鄂城镇群的发展情况（2000—2015年）[1]

指标	2015年 呼包鄂地区	2015年 占全区比重（%）	2010年 呼包鄂地区	2010年 占全区比重（%）	2000年 呼包鄂地区	2000年 占全区比重（%）	2015年比2000年增长	2015年比2010年增长
区域土地面积（万平方千米）	13.19	19.3	13.18	19.3	4.7	14.6	180.6%	0.07%
建成区面积（平方千米）	572.21	46.7	462.27	44.5	248.4	41.9	130%	23.8%
年末常住人口（万人）	793.4	31.6	747.92	30.3	613.07	25.8	29%	6.1%
生产总值（亿元）	11038.58	61.9	6969.74	59.7	557.6	39.8	1880%	58.4%
工业生产总值（亿元）	4398.85	56.8	3136.95	55.8	267.26	58.6	1546%	40.2%
第三产业生产总值（亿元）	5644.6	78.3	3179.28	75.5	183.88	94.8	2970%	77.5%
就业人员（万人）	443.54	30.3	405.21	34.2	287.58	27.1	54%	9.5%
城镇化率（%）	74.4		70.5		54.43		39%	5.5%
城镇人口（万人）	589.89	39.0			343.07	33.8%	71.94%	

[1] 根据《内蒙古统计年鉴2001》《内蒙古统计年鉴2011》《内蒙古统计年鉴2016》数据整理得出。

与此同时，内蒙古积极加快推进东部盟市中心城市的建设以及出区通道和区域内交通的建设，沿着交通干线和出区通道分布的城市和城镇发展加快，城镇间的交流和联系日益频繁，东部中心城市及县城的人口集聚力也不断增强，形成呼包鄂城市群和区域中心城市为核心，各旗县城关镇、建制镇为节点，交通干线为骨架的"点轴型"城镇体系。"十二五"时期末至"十三五"时期，西部呼包鄂城市群中的县城、小城镇将进一步扩容提质，与中心城市的联系日益紧密，尤其是西部呼包鄂地区网络化的面状结构正在形成，全区城镇化体系进一步优化。

三、城镇化的地区差异及特点

（一）西部和东部城镇化发展不平衡，西部城镇化率明显高于东部

由于历史自然经济社会条件的差异，我区东西部经济发展和东西部内部都形成明显差异，由此也导致东西部之间和各个地区间的城镇化差距，具体表现为西部城镇化率高于东部。2015年，全区城镇化率低于50%的4个盟市中，3

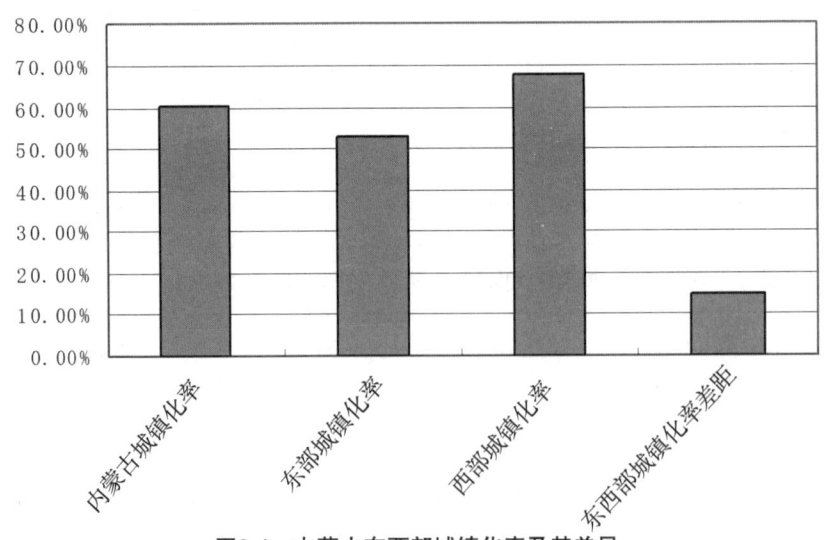

图3.4 内蒙古东西部城镇化率及其差异

个在东部,导致东西部城镇化的明显差距,东部城镇化率比西部低14.75%(图3.4)。

(二)西部各盟市之间城镇化发展差距明显高于东部

再从东西部内部看,西部城镇化率最高的是乌海市,城镇化率最低的是乌兰察布市,二者相差48.0个百分点,东部城镇化率最高的呼伦贝尔市与最低的兴安盟相差24.6个百分点(图3.5)。西部盟市之间城镇化差距十分明显,西部盟市间的城镇化差距远大于东部。西部地区城镇化差距巨大,主要原因之一是由于呼包鄂城市的极化效应,呼包鄂经济发展带动了城市发展,创造了大量工作岗位,吸引东西部人口,尤其是西部的乌兰察布农牧业人口大量流入,导致乌兰察布总人口持续下降,而乌兰察布市城镇人口虽然呈现增加态势,但城市人口相对于总人口增长较缓慢,城镇化率在西部仍然最低。

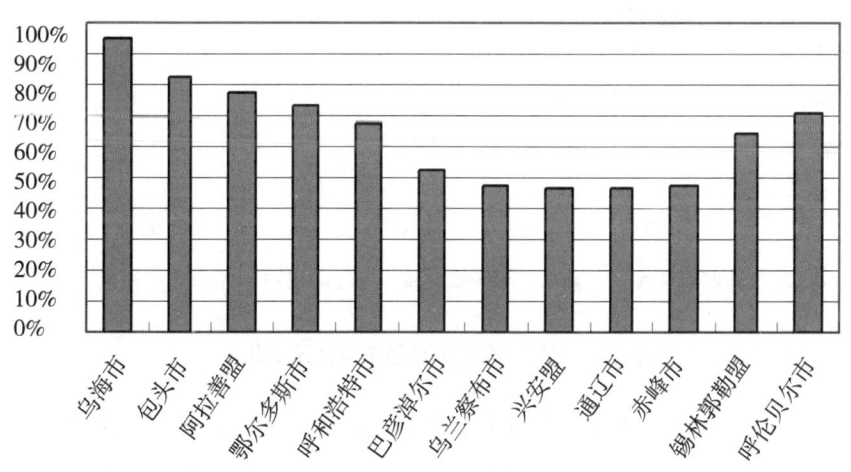

图3.5　2015年内蒙古12个盟市城镇化率

(三)东西部城镇化差距呈现先扩大再缩小的趋势

从2000—2015年变化来看,东西部城镇化差距前10年呈现扩大趋势,后5

年趋于缩小。2000年，东西部城镇化率差距为11.03%，2010年扩大到15.97%，2015年缩小为14.75%（图3.6）。为了缩小东西差距，"十二五"时期以来，自治区加大对东部地区的投入和对口支援，增加基础设施建设投入，加快区域内和出区通道建设及产业园区的建设，不断提升城市功能，促进产业集聚和人口集聚，努力实现区域间经济的协调发展，东部城市经济发展和城市建设速度明显加快，带动了城镇化的发展。东部人口最多的赤峰市和通辽市，2010—2015年城镇化率增幅超过全区城镇化平均水平，在全区12个盟市中排前两位，进而带动东部城镇化水平的整体提升。

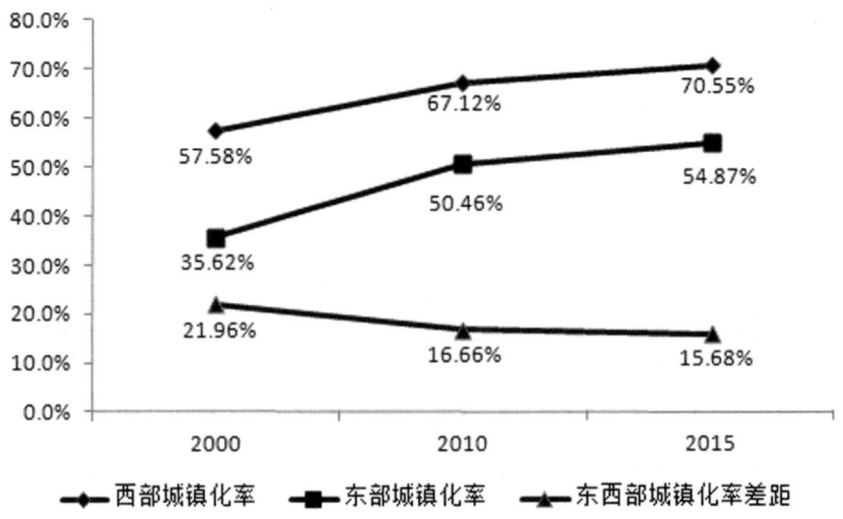

图3.6　内蒙古东西部城镇率差距及变化

而从东西部内部分别看，总体上东西部内部各盟市之间城镇化差距正在趋于缩小，东部盟市间差距从38.29%缩小为24.9%，西部盟市间差距从64.63%缩小为47.46%。

第二节　城镇化的影响因素分析

城镇化的发展是经济社会发展的结果，推动城镇化的因素包括产业集聚和工业化的发展、收入差距、制度创新、城市功能提升等等。对于内蒙古进入21世纪的第一个10年，主要是工业经济发展对城镇化的强力推动，而进入"十二五""十三五"时期，户籍制度、教育制度、社会保障等制度的创新和完善对城镇化发挥了更重要的作用，可以说制度创新是这一时期的主要推动力，同时，城市基础设施条件的改善及区域间交通的快速发展，缩短了时空距离，降低了交易成本，也为城镇化创造了便利的条件。总体来说，城镇化发展主要来自于城市发展的拉力，尽管也有农村机械化程度提升，对农业劳动力的需求减少而释放了大量的剩余劳动力的推力在起作用，但城市的拉力还是主要的，农村推力在发挥作用方面是次要的。

一、经济发展因素

经济高速发展，为城镇化提供持续内在动力。进入21世纪以来，内蒙古依托自身丰富的煤炭、矿产、粮食、家畜等资源，工业经济强劲发展，形成能源、化工、电力、农畜产品加工等六大优势产业，工业发展进一步带动第三产业的发展，而二三产业发展增加了就业，促进了就业结构的优化，为城镇化注入强大动力。2000—2012年，内蒙古经济增长率始终保持在10%以上，2005年，达到23%。在经济发展的带动下，城镇化速度也不断加快，在经济增长率达到23%、城镇化率增幅也超过1.3%进入高速增长的阶段，2010年，城市化增长率达到最高。2012年，经济增速降低到10%以下，城镇化率增长幅度也随之逐步下降，2013年降到0.96%，之后保持在0.8%左右，城镇化率增幅与经济增速之间，虽然表现为一定的时间差，但总体上相关性较强（图3.7、3.8）。

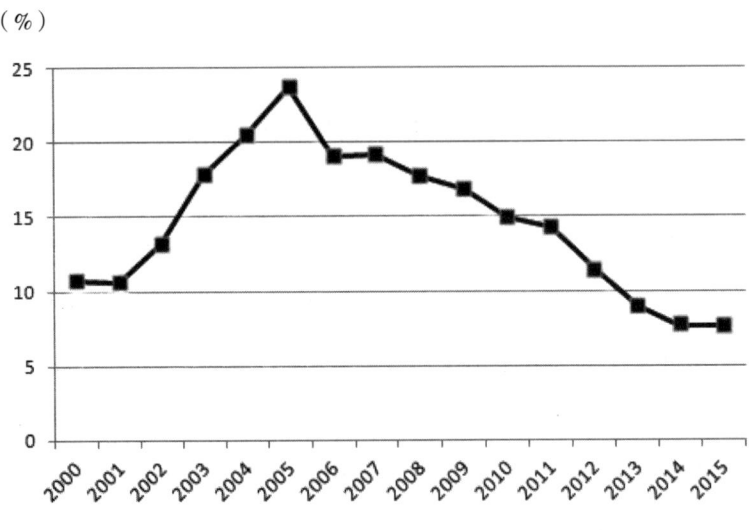

图3.7 内蒙古经济增长率变化（2000—2015年）

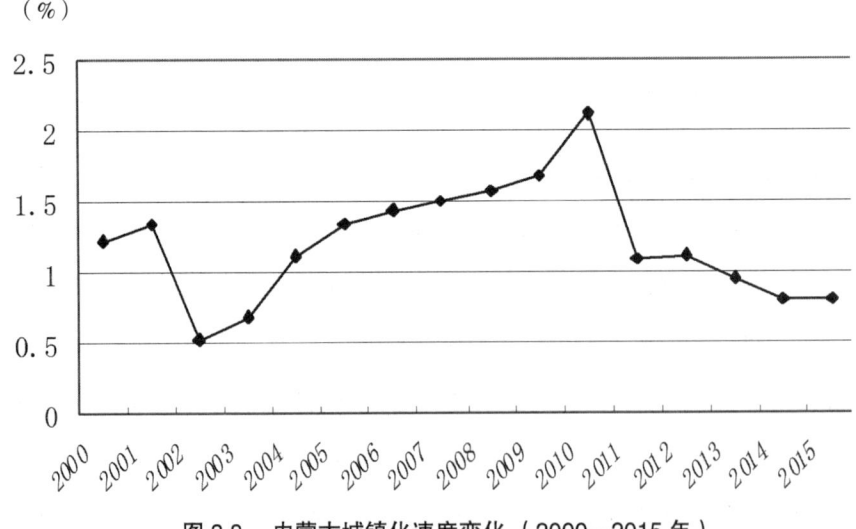

图3.8 内蒙古城镇化速度变化（2000—2015年）

党的十八大以来，全区以科学发展观为指导，加快传统产业改造和转型升级，大力发展新产业、新业态，云计算、现代装备制造、新能源、新材料等产业获得较快发展。"十二五"时期末，全区装备制造、高新技术、有色金属和农畜产品加工业贡献率由31.7%上升到49.0%。经济结构不断优化，经济发展质量不断提升，地区生产总值从2000年的1539.12亿元增加到2015年的17831.51亿元，人均地区生产总值由6502元提高到71101元，在全国排名提升了6位，产业结构从24.9∶37∶38.1演变为9.1∶50.5∶40.4，城镇居民收入从5129.1元增加到30594元。经济的发展带动了就业，二三产业就业占比从2000年的47.8%提高到60.9%，城镇就业从440.0万人数增加到725.7万人，增加了285.7万人，占全区就业人数的49.6%。其中，城市地区生产总值达到11094.55亿元，占全区的62.2%，产业结构与就业结构不断优化，产业结构达到3.6∶41.1∶55.3，就业结构达到17.9∶23∶59，城市第二产业、第三产业就业占全区二三产业就业的比重分别达到51.1%和51.2%，大量农村牧区劳动力进入城市，从事建筑、加工业、服务业，实现了从农业向非农产业的职业转换。城市人口的增长和城镇居民收入的增长进一步促进了消费的增长，2015年，城市全社会消费品零售总额占全区比重的70.5%（表3-5），而消费增长又进一步促进了产业的结构优化。

表 3-5 2015 年内蒙古城市经济指标及占全区比重[1]

经济指标名称	数值	占全区比重
全社会从业者人数（万人）	555.43	37.90%
第一产业（万人）	99.12	17.30%
第二产业（万人）	127.59	51.10%
第三产业（万人）	328.71	51.20%
生产总值（亿元）	11094.6	62.20%
第一产业（亿元）	405.93	25.10%
第二产业（亿元）	4556.79	50.60%
第三产业（亿元）	6131.83	85.00%
固定资产投资额（亿元）	6344.3	45.90%
社会消费品零售总额（亿元）	4307.49	70.50%

二、政策和制度因素

政策和制度因素是影响推动城镇化的关键因素。21世纪以来，我国区域在发展战略上做出了调整，由东部优先向区域协调发展转变，国家先后提出实施西部大开发战略、振兴东北老工业基地战略，把内蒙古列入西部大开发的12省市之一，东部五盟市列入东北老工业基地的建设范围，为自治区经济发展提供了前所未有的机遇，为城镇化提供了根本性动力，促进了城镇化发展。自治区党委和政府以科学发展观为指导，积极落实国家政策，经济发展实现了新飞跃，同时，加快东部地区发展，积极推进呼包鄂一体化发展，进行城镇化的相

[1] 数据来自《内蒙古统计年鉴2016》。

关政策和制度创新，使得内蒙古城镇化水平明显提升。2000—2005年，自治区先后出台了《内蒙古自治区党委政府关于促进全区小城镇健康发展的意见》《内蒙古党委、政府关于加快城镇化进程的决定》《内蒙古党委、内蒙古人民政府关于完善城镇体系推进城镇发展的意见》等政策文件。2011年，第九次党代会提出积极构建有利于生态保护的多极支撑城镇体系。特别是2014年，在我国提出的新型城镇化发展战略进一步推进自治区城镇化由粗放型速度型向集约型质量型的转变。2014年，在中央城镇化工作会议之后，内蒙古新型城镇化工作会议召开，进一步明确了内蒙古新型城镇化的目标、原则和重点任务。截至2016年，已经编制完成《内蒙古自治区城镇体系规划纲要（2014—2030）》《呼包鄂城市群规划》《内蒙古自治区"十三五"新型城镇化规划》及250个自治区重点镇、90个一般建制镇的镇域等若干规划。这些规划和政策措施为切实加强对城镇化的指导，有序稳妥推进全区新型城镇化建设起到了重要作用。

加快户籍制度改革和配套政策的创新，为城镇化发展提供了制度保障。长期以来户籍制度成为阻碍农村牧区人口进入城市的一大障碍，导致城乡二元结构。随着改革开放和市场经济的发展，农牧民进入城市就业的人越来越多，在实现职业转变的同时，身份没有发展转变，影响了其享受与城市居民平等的公共服务的权利，为此，国家陆续出台户籍改革政策，加快推进转移进城农牧民的身份转换。在国家政策框架下，2012年，发布《内蒙古自治区人民政府办公厅关于深化户籍管理制度改革的实施意见》的文件，依据此文件要求，各地根据本地城市规模和城市经济社会发展情况相继出台户籍改革的政策文件。比如，2013年，呼和浩特市发布《呼和浩特市户籍管理办法》《呼和浩特市户籍管理办法实施细则》，最大突破是实现了本市农业人口向城市、城镇的自由迁移，并进一步降低了非呼和浩特市本地农牧民进入呼和浩特市的门槛。2013年，包头市出台了《包头市常住户口登记管理和居民身份证管理实施细则》和

《户籍管理工作便民利民二十项措施》，促进了常住人口登记管理的制度化、规范化、常态化。特别是在2014年，内蒙古召开了全区城镇化工作会议，提出推行居住证制度和完善公共服务，把促进农牧区转移人口的市民化作为提升城镇化水平的重点。2015年，内蒙古自治区人民政府出台了关于深化户籍管理制度改革的实施意见，按照大中小城市类型，制定了更加细致具体的落户政策，尤其是全面放开了除呼包中心城区的城区100万以下人口的中小城市和城镇的落户限制，全区城镇化迈出了实质性一步。

在户籍制度改革推进的同时，与之相关的公共服务政策也在不断调整完善，发布了《内蒙古自治区人民政府关于进一步加强和完善城镇保障性住房建设和管理的意见》《内蒙古自治区人民政府关于深入推进义务教育均衡发展的实施意见》等文件，为转移进城农牧民和外来务工人员市民化提供了制度保障。并将绿色发展理念融入城镇化建设，促进城市可持续发展，先后出台了《内蒙古自治区人民政府办公厅关于推进海绵城市建设的实施意见》。在国家发展改革委发布《关于加快美丽特色小（城）镇建设的指导意见》之后，自治区发布《内蒙古自治区人民政府办公厅关于特色小镇建设工作的指导意见》，提出加强生态保护，打造生态优良、清洁舒适、风景优美的宜居小镇。

三、城市功能和环境因素

（一）城市市政基础设施容量的扩大

城市基础设施建设是城市功能的重要内容，决定着城市承载力的大小和宜居性。进入21世纪以来，全区固定资产投资大幅增加，尤其向大中城市投入更多，基础设施建设力度加大，老百姓深切感受到城市基础设施完善带来的巨大变化，马路变宽，生活和出行更加方便，信息更加畅通，公园绿地增加，城市环境更加清新舒适。据统计，2005—2015年，全区9个地级市投资增长呈现上升趋势，投资总额从1111.17亿元增长到5386.42亿元，是2005年的4.8倍，其中，"十一五"期间投资增幅最高的为鄂尔多斯市，其次是呼伦贝尔市，第三是赤峰市。进入"十二五"时期，2010—2015年，投资增幅最高的为呼伦贝尔市，其次是乌兰察布市，第三是通辽市。

表3-6 投资规模变化（2005—2015年）[1]

城市名称	投资规模（亿元）			投资增长（%）	
	2005年	2010年	2015年	2010—2005年	2015—2010年
呼和浩特市	224.8	516.34	860.37	129.69%	66.63%
包头市	421.62	1311.4	2017.18	211.04%	53.82%
呼伦贝尔市	22.07	77.1	230.59	249.34%	199.08%
通辽市	112.89	270.1	570.96	139.26%	111.39%
赤峰市	82.24	282.34	518.60	243.31%	83.68%
乌兰察布市	51	58.35	138.71	14.41%	137.72%
鄂尔多斯市	65	500.03	492.79	669.28%	1.45%
巴彦淖尔市	41.28	125.51	158.58	204.05%	26.35%
乌海市	90.27	238.72	398.64	164.45%	66.99%
总计	1111.17	3379.89	5386.42	204.17%	59.37%

在投资的拉动下，基础设施建设水平大幅提升。2015年，自治区城市人均公园绿地和城市人均道路面积分别达到19.28平方米和22.61平方米，分别比2005年增加11.5平方米和12.47平方米，高于全国平均水平，而且名列全国第1位和第4位；万人拥有公共汽车数达到7.8辆，比2005年增加2.2辆，公共

---

[1] 数据来自《中国城市统计年鉴2005》《中国城市统计年鉴2010》《中国城市统计年鉴2015》。

交通分担率明显提升；用水普及率、燃气普及率分别为 98.5%、94.1%，分别比 2005 年增长 14.62% 和 25.92%；建成区绿化覆盖率达 39.18%，比 2005 年提高 15.87%，生活垃圾处理率和污水处理率分别为 97.96%、93.14%，比 2005 年分别提高 55.29%、42.04%；在各项建设指标中增幅最为明显。近 10 年，提高最快的是城市人均道路、城市人均公园绿地、生活垃圾处理率和污水出率。同时，国家采用新的空气质量标准，加大对一些大中城市空气质量进行监测，尤其是近几年国家开始实施更加严格的环境保护制度，大中城市基本实现了集中供热，工业污染治理措施加强，一些工业城市空气污染得到有效控制，空气质量得到明显改善。城市市政基础设施的完善，提升了城市的宜居性，进一步吸引了人口向城市迁移。

表 3-7　内蒙古城市市政建设水平变化（2005—2015 年）[1]

统计指标	2005 年	2015 年	2015 年比 2005 年增长百分比
每万人拥有公共汽车（标台）	5.61	7.79	38.86%
人均道路面积（平方米）	10.14	22.61	122.98%
污水处理率（%）	51.1	93.14	82.27%
人均公园绿地面积（平方米）	7.78	19.28	147.81%
建成区绿化覆盖率（%）	23.31	39.18	68.08%
建成区绿地率（%）	19.63	36.23	84.56%
生活垃圾处理率（%）	42.67	97.96	129.58%
每万人拥有公厕（座）	6.57	4.76	−27.55%

---

[1]　数据来自《中国城市建设统计年鉴 2005》《中国城市建设统计年鉴 2015》。

（二）城市公共服务承载力的提高

2014年，国家大力推进新型城镇化，内蒙古逐年加大民生投入。2014年、2015年、2016年，内蒙古各级财政民生支出2400亿元、2600亿元、2900亿元左右，占一般公共预算支出的60%以上，加快了转移人口的市民化进程。就业方面，各盟市通过经济发展拉动就业、创业带动就业的倍增效应，加大培训，大力发展家庭服务业，完善就业的政策、体制、机制等措施，促进外来务工人员在城市就业。比如，包头市通过对家庭服务业企业实行7项补贴政策，建立促进就业联系会协调机构，成立家庭服务网络信息呼叫中心等多项措施，促进家庭服务业发展。鄂尔多斯市强化培训，建立了以职业技术学校为主体，社会力量办学为补充的职业培训体系，打造"鄂尔多斯产业工人"品牌。呼和浩特市积极跟进重点项目建设和服务业发展扩大就业，新开发公益性岗位安置就业等。教育方面，各地采取了进城务工子女与当地城镇居民子女在免补政策、划片招生政策上享受同城待遇及就近原则入学等措施，促进教育均等化。比如，鄂尔多斯市东胜区教育局印发《外来人员子女就学暂行管理办法》，放宽入学条件，在外来人员集中区增建学校，实行强弱联合，阳光入学，落实同城待遇，尽量让外来务工子女就近入学，实现教育公平。养老方面，全区规定农民工与企业签订合法有效的劳动合同，就可申请当地城镇职工养老保险。2014年，全区实现城乡养老保险并轨，城乡养老覆盖面扩大。在保障性住房方面，自治区加快了各类棚户区、农村牧区危房改造和公租房及廉租房的建设，实施"百姓安居工程"。2015年，全区棚户区改造新开工23.5万套，完成投资623.4亿元，棚改货币化安置比例高于全国平均水平26.5个百分点。公共服务水平的提升，使转移进城农牧民和外来务工人员更多地分享到改革发展的成果。

（三）城市形象的提升

城镇化不仅是农村人口向城市的转移，还包括生活质量、生活环境的提升。随着越来越多的人生活在城市，不仅要满足他们在就业、教育、医疗等公共服务方面的需求，还需要更蓝的天、更安全清洁的饮用水、更清洁优美的环境，以满足高层次的需求，使生活更宜居。而城市品牌建设是满足城市居民高层次需要的有效途径，是提升城镇化质量的有效方式。通过园林城市、森林城市、节水型城市、卫生城市、文明城市、宜居城市的建设，使城市面貌焕然一新，极大提升城市发展层次和水平，彰显城市魅力。

表3-8 内蒙古各城市获得的荣誉称号

城市称号	城市名称
国家新型城镇化综合试点城市	扎兰屯市、包头市、赤峰市元宝山区、鄂尔多斯市准格尔旗、呼和浩特市和林格尔县、通辽市科尔沁左翼中旗、巴彦淖尔市乌拉特中旗、呼伦贝尔市鄂伦春旗大杨树镇
国家园林城市	包头市、呼和浩特市、乌海市、扎兰屯市、乌兰察布市、通辽市、鄂尔多斯市
国家森林城市	包头市、呼和浩特市、鄂尔多斯市、呼伦贝尔市
全国文明城市	包头市、满洲里市、鄂尔多斯市、通辽市、鄂尔多斯市鄂托克前旗
全国智慧城市试点	乌海市、呼伦贝尔市、鄂尔多斯市、包头市石拐区、呼和浩特市
全国卫生城市	赤峰市、鄂尔多斯市、包头市
全国节水型社会建设示范城市	包头市、呼和浩特市、鄂尔多斯市、二连浩特市
城市设计试点城市	包头市、呼伦贝尔市

赤峰市、呼伦贝尔市、包头市、呼和浩特市等4个城市获得国家森林城市的荣誉称号；包头市、呼和浩特市等7个城市获得国家园林城市称号；包头市多次

获得全国文明城市称号；鄂尔多斯市正在为创建国家环保城市而努力；扎兰屯市、包头市、赤峰市元宝山区、鄂尔多斯市准格尔旗等8个城市被列入国家新型城镇化试点城市；包头市、呼和浩特市、鄂尔多斯市、二连浩特市被水利部列入全国节水型社会建设试点，并通过试点验收；还有7个城市建设项目获得中国人居环境范例奖；有4个城市成为创建国家智慧城市试点。2012年，自治区开始实施为期3年的"城市管理年活动"，推动了城市管理水平的提高。在全区20个城市中，包头市、呼和浩特市、鄂尔多斯市获得的荣誉称号最多，反映出城市综合竞争力的提升。通过各类城市建设和加强管理，极大地提升了城市形象，增强了城市吸引力。

第三节 城镇化过程中存在的主要问题

一、户籍城镇化率偏低，户籍制度、农村土地制度、行政管理体制改革与转移进城农牧民实现市民化的要求还不同步不配套

自治区常住人口城镇化率为60.3%，而户籍城镇化率仅为44.2%，比常住人口城镇化率低16.1%（图3.9），还有将近400多万转移进城的农牧民未实现真正城镇化。随着城镇化推进，深化户籍制度改革正在进行，各地根据国家要求，正逐步放开户籍限制，但是经济条件好的一些县城由于医疗水平、社保等待遇高于经济条件差的县城，愿意落户的人多，而当地政府出于大量人口涌入可能会给财政带来压力的考虑，尚未全部放开落户政策，设置了一定的门槛，全面放开户籍还存在实际困难。大城市市辖区同样面临教育资源分布不均和不足的问题，外来务工子女享受优质教育资源，还存在政策落地难的问题，主要是因为优质教育资源非均衡性限制，比如班容量限制，教学质量高的学校数量有限，因此，大城市还不能保证农民工子女全部进入公办学校或者公办的教学质量高的学校，只能就近入学，实现教育均等化还存在困难。

农村土地制度改革还处于试点阶段，当前主要是处在确权登记发证阶段，尚有很多不确定性，农民对于是否进城转户，存在顾虑，相当一部分人处于观望之中，提高户籍城镇化率还需在土地制度上破题。国家已经提出建立农村宅基地退出机制，但具体的措施尚未出台。

以扩权强县为主要形式的行政体制改革正在推进，其中，财税体制改革尚未同步跟进，同时，人员数量、设备及相关条件与改革不匹配，影响改革的顺利推进，下放的61项权利，还有部分没有落实到位，特别是关键性的财税方面的权利落实滞后，这必然影响到城镇的发展和县域城镇化进程。

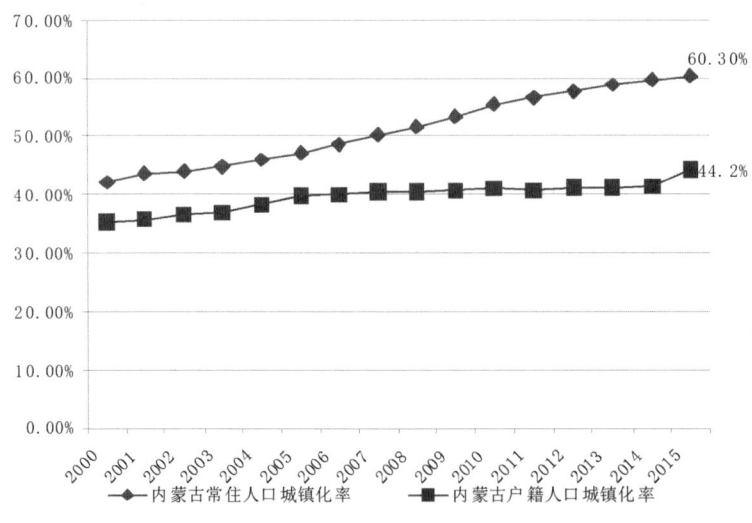

图3.9 户籍城镇化率与常住人口城镇化率比较

二、城市间合作意识不强，产业错位发展不够，产业与就业偏离度较大

产业是城市发展的重要支撑，城市因产业而兴，没有产业的发展和集聚城市也很难发展壮大。当前自治区针对产业单一化带来的弊端，提出多元化发展模式，以利于产业互补和协调发展，防止出现经济的大起大落。各地区产业设置上虽然各有侧重，但实际引进项目往往有求全倾向，特色优势产业不够突出，对于产业多元化发展理解不到位，求多求全。比如，多个地区都在搞煤化工，每个城市都要建设云计算中心，多个地区要把生物制药作为主导产业，不止一个地区把生产重型汽车作为重要产业等等，而不是集中在一个地区重点发展，导致土地资源浪费、资金浪费，而产业又很难做大做强，重复建设比较突出，导致"十二五"期间产能过剩。因此，应明确城市职能定位，坚持可持续发展，科学设置产业，准确理解多元发展的内涵十分必要。重复建设导致产能过剩，效益下滑，直接影响就业，一些企业出现半停产、停工，用工减少，就业压力增大。

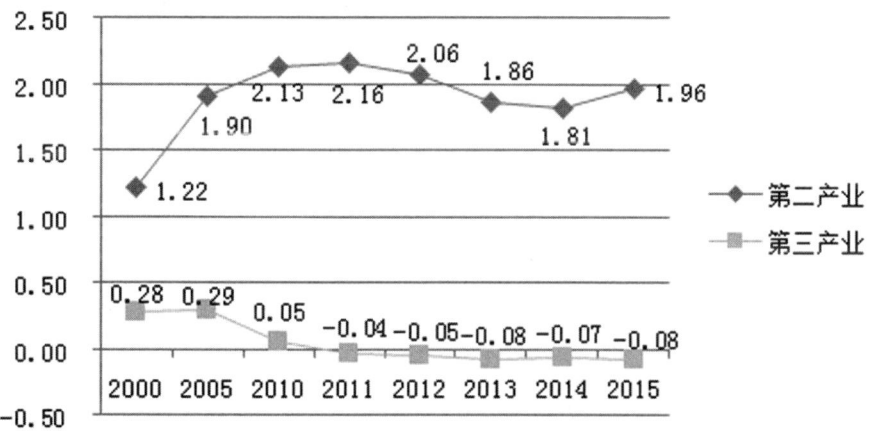

图 3.10　内蒙古产业结构与就业结构偏离度

产业结构与就业结构的偏离度高，制约城镇化的发展。城镇化根本上是要转移人口在城市实现在非农产业的就业，如果只是进入城镇，没有实现职业转移，也就不是真正的城镇化。2002年之前，自治区城镇化滞后于非农化。2002年之后，城镇化率超过非农就业比重。这与自上而下的城镇化推动、城镇吸引力增强以及县改市、撤乡并镇有关。城镇人口中，一部分人虽然被统计为城镇人口，但仍然从事农业或者没有实现稳定就业。这与自治区非农产业对劳动力的吸纳能力不高有关。自治区城镇化不像发达国家那样城镇化与工业化协调发展，而是以重工业为主，且有不断强化趋势。随着重工化，资本和技术对劳动力的替代作用越来越明显，第二产业对农牧区转移人口吸纳能力有限，就业人数占全社会就业人数的比重保持在16%—18%，产业结构偏离度呈现不断扩大趋势，从图3.10中看出，第二产业偏离度从2000年的1.22扩大到2011年的2.16，然后下降到1.81，2015年又提高到1.96，总体在2.0上下波动。加上此时工业化整体水平偏低，制造业占比不高，对服务业的带动力不够强，导致非农就业相对不足和第三产业劳动生产率偏低。而产业结构与就业结构偏离，影响了就业，进一步制约了城镇化水平的提高。

三、市政建设不平衡，尤其是城市与城镇间的不平衡问题突出

基础设施是城市发展的基础，决定着城市居民的出行是否快捷、日常生活是否便利和居住环境是否优美干净等问题。目前，自治区城市基础设施比21世纪初已经有了显著改善，但发展不平衡问题仍然较突出。

一是城市内部各项建设的不平衡。比如，人均公园绿地、人均铺装道路、万人拥有公厕在全国排前4位，而燃气普及率、公共交通、生活垃圾处理率等指标却排在17位之后（表3-9）。

表 3-9　2015 年内蒙古城市公用设施水平与全国的比较[1]

内容	全市用水普及率（%）	全市燃气普及率（%）	每万人拥有公共汽车（台）	人均道路面积（平方米）	污水处理率（%）	人均公园绿地面积（平方米）	建成区绿化覆盖率（%）	建成区绿地率（%）	生活垃圾处理率（%）	每万人拥有公厕（座）
内蒙古	98.47	94.09	7.79	22.61	93.14	19.28	39.18	36.23	97.96	4.76
全国	98.07	95.3	13.3	15.6	91.9	13.35	40.12	36.36	97.95	2.75
差距	0.4	-1.21	-5.51	7.01	1.24	5.93	-0.94	-0.13	0.01	2.01
排名	16	19	26	4	9	1	16	13	17	1

二是地上与地下建设的不平衡。一些城市的管理者注重形象工程，不惜投巨资大力修建马路、广场，甚至修建利用率很低的各类场馆，而地下供水、排水工程建设滞后，质量偏低，导致排水不畅，小雨、中雨积水，大雨就成河；老旧小区管网老化，无法加压，导致上不去水，给居民生活带来不便。城市建设注重硬件建设，软件建设滞后。比如，在城市交通方面，注重扩路和增加公交车数量，但对于公交车的服务质量提升重视不够，公交车在不同线路上的配置不够科学，有的线路公交车数量少，导致乘客数量过多拥挤不堪，有的线路公共车数量过多，空座率高，导致浪费。还有的城市在创建文明城市时注重外在形象，忽视对市民在公共场所行为规范的要求和管理。

三是城市与县城、建制镇建设的不平衡。区域中心城市基础设施水平远高于县级市和城镇，有的大城市路段铺设了不止一次，而有的小城市（县级市政府所在地）至今还有很多路段高低不平，破损严重，得不到修缮。县城市政建设多项指标中，除了人均道路、人均公园绿地面积2项指标高于城市，其他6项

---

[1] 数据来自《中国统计年鉴2016》《中国城市建设统计年鉴2015》。

指标均低于城市。

建制镇市政基础设施建设与城市、县城相差甚远（图3.11），尤其是燃气普及率、污水处理率、生活垃圾处理率3项指标差距高达39.4%、64.2%、44.5%。因此，加强县城，尤其是建制镇的市政建设，是今后的重点工作。

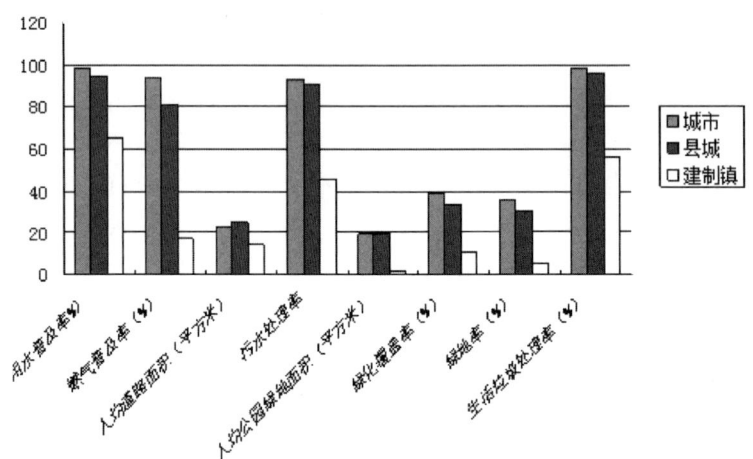

图3.11　2015年内蒙古城市、县城、建制镇市政公用设施水平及其差距

四、城市建设管理水平不高，存在多头管理，各部门缺乏有效的协调机制、管理机制和监督机制

市政建设管理水平不高，导致资金利用效益不高，浪费比较严重。近些年，每年在市政建设方面投入巨大，由于统筹协调管理不到位，重视上项目，忽视项目中期实施和后期评估的有效管理机制、监督机制，导致马路拉链不断，道路重复铺设时有发生，绿化投入大效果不佳，部分公园街道垃圾桶、牌匾设置过度，资金浪费严重。

五、土地利用弹性系数偏高，浪费较严重

随着城镇化的推进，建成区和建设用地不断拓展，征用城市周边的大量农牧业用地转变为城市建设用地，导致大量优质耕地、菜地、草地消失。据统计,2000年以来,城镇建成区面积在"十五""十一五""十二五"时期分别增长7.42%、5.19%、17.99%,同期,城镇人口分别增长2.66%、4.21%、10.29%。由此可见,土地扩张明显快于人口增长,"十五"时期末用地弹性系数最大,为2.79;"十一五"时期末下降为1.23,但仍然大于1—1.12这个合理数值;"十二五"时期又扩大到1.75,大于"十一五"时期,小于"十五"时期(图3.12)。这说明与"十五"相比,"十一五""十二五"时期土地城镇化过快的趋势得到一定控制,但仍然偏高。

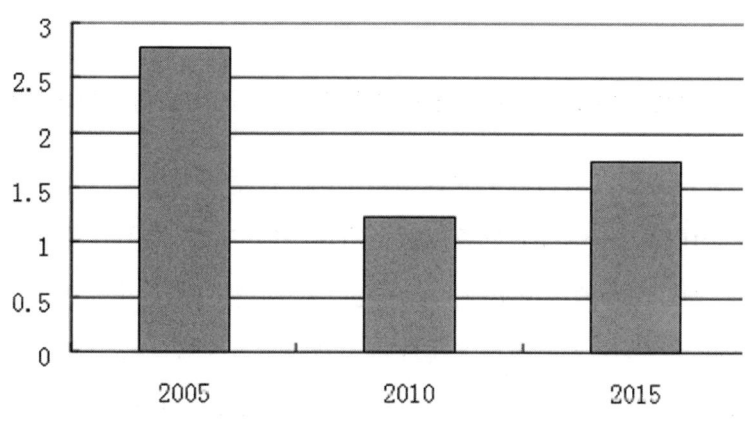

图3.12 城市土地利用弹性系数

城市建设规模的快速拓展。据《中国城市建设年鉴2015》数据计算,有的地区城市人均建设用地突破国家规定的最高限120平方米的标准,如鄂尔多斯市;有的县级市、超过150平方米,如二连浩特市。而世界发达国家人均城市用地仅为82.4平方米,发展中国家为83.3平方米[1],由此可见,自治区部分城市人均建设用地明显偏高。城市的建设用地扩张的速度远远快于人口增长的速度,造成土地资源的浪费和低效利用。城市土地的扩张,占用了城市周边的耕地和草原,对农牧业和生态保护产生不利影响。

[1] 中国城市和小城镇改革发展中心课题组. 中国城镇化战略选择政策研究 [M]. 北京:人民出版社,2013:303.

自治区不仅城市土地扩张过快，而且土地利用的结构也不够合理。绿地分布不均衡，中心地带绿地少，而周边多。有的城市城区公园数量、面积与人口不匹配，存在过度建设问题。过分追求公园数量，公园数量超过人口需求，导致公园利用率低，有的有园无人，浪费投资和土地资源。相比之下，自治区有的小城镇由于长期投入不足，建设滞后，甚至还没有可以供市民活动锻炼的小广场。因此，需要改变现有财政管理体制，把更多的市政建设投资用于城关镇和重点镇的建设，而不是大城市和区域中心城市，缩小城镇与区域中心城市的差距。

六、大中城市的交通拥堵、环境状况不佳等问题尚未得到根本解决

随着人口集聚，城市的扩大，私家车的快速增长，住宅商品化、市场化，城市居民居住和工作单位的分离以及城市道路的空间布局不合理等原因，在呼和浩特市、通辽市等地出现交通拥堵问题，尤其是呼和浩特市尤为突出。同时，由于人口集聚，生活污水和垃圾排放量不断增加，在城乡接合部，垃圾的收集和处理不够及时，导致环境污染。城市小街小巷的污水排放设施不健全，加上居民缺乏环保意识，沿街店铺随意排放污水现象十分普遍，导致小街巷环境卫生差，影响生活质量。2006年，呼和浩特市私家车数量为6.8万辆，2015年为62.3万辆，每百户家庭拥有私家车65.9辆，每天上牌照的车辆，最多时达到700多辆，这是导致交通拥堵的根本原因。

第四章　城镇化质量的定量评估

城镇化以农村牧区人口向城镇转移为主要特征，城镇化水平包括数量增长和质量的提升。本文根据内蒙古实际构建城镇化指标体系，包括4个方面的19个指标，采用熵值法和线性加权综合模型进行定量分析，对内蒙古不同地区的城镇化水平和整体水平进行评价，并与全国进行对比分析，以便于准确认识内蒙古城镇化，找出短板，为有针对性制定对策提供了可靠的依据。

第一节　城镇化质量评价指标体系的构建与完善

当前，我国城市发展已经进入新的发展时期，新型城镇化战略下，区域发展的外部环境和内在动力正在发生变化，城市在区域经济社会发展中的作用越来越大，成为决定区域发展的重要增长极，区域发展的水平很大程度上取决于城镇化的水平。因此，对区域城镇化发展水平差异进行定量评价与分析，揭示城镇化发展水平与经济发展、人口城镇化、土地城镇化、社会服务水平、生态环境建设的内在机理,对推动区域协调发展、优化产业结构、促进现代化建设具有重要意义。内蒙古城镇化发展总体上呈现小城市小城镇占比高、城镇布局分散、城镇密度低的特点。在经济快速发展的带动下,内蒙古城镇化率逐年提升,2015年,城镇化率达到60.3%,较上一年度提高0.8个百分点,高于全国4.2个百分点。与单一的城镇化率指标相比,本章选择能够全面反映内蒙古城镇化各方面特征和丰富内涵的复合指标,评估全区城镇化质量及各盟市的城镇化质量差异,这也更加符合城镇化的实际情况。

一、评价指标体系构建

我们通常采用城镇人口比重、非农人口比重、城镇土地利用比重等单一指标,即一个最具象征意义或最能反映问题的指标,来反映一个区域城镇化水平。由于传统的单一指标法难以全面准确地反映一个地区的经济发展水平、产业结构演变及人民生活质量的提高,因此学术界多已使用综合指标法来测度区域城镇化水平。近年来,众多学者针对不同区域、不同地理特征的各级城镇的城镇化评价的指标体系及计算方法进行了探讨。例如,王慧认为城市化是持续动态且不断深化的多维过程,从人口、经济、空间及生活方式4个方面选取14项指标对比分析了陕西省各地级市城市化水平,得出单位空间非农经济活动强度、城镇规模及基础设施水平是决定城市化水平的主要因素。[1]李爱军采用人口、经济、社会和居住环境等指标所构成的参评因素因子体系测度了江苏省无锡市和泰州市1996—2000年的城市化水平,指出综合指数法在测度城市化水平

---

[1] 王慧. 区域城市化发展水平的综合分析——以陕西省为例[J]. 地理学与国土研究,1997,13(4):15—21.

的同时，还揭示了城市化所面临的薄弱环节和限制因素。[1]孔凡文通过广泛深入研究，认为我国城镇化质量评价指标体系应包括四级指标：一级指标是总体指标，即城镇化质量评价指标综合指数，反映城镇化质量整体水平；二级指标是单项指标，包括经济发展、社会发展、基础设施、生活方式、人居环境、城镇管理等六大方面，可从不同的角度对城镇化质量进行评价；三级指标是群体指标，即每一个单项指标由若干个群体指标组成；四级指标是基础指标，是反映每一个群体指标的具体指标。[2]张春梅等在界定城镇化质量内涵的基础上，从经济、民生、城乡统筹和可持续发展等方面，构建发达地区城镇化质量综合测评指标体系，运用熵值法，对江苏省13个地市进行测评。[3]王洋等从人口、经济和社会三方面，构建中国县域城镇化水平的综合评价体系，利用熵值法对县级单元的综合城镇化水平及其子系统水平进行评价，构建城镇化类型区，结合空间自相关方法对综合城镇化水平进行分区。[4]王富喜等在明确城镇化质量内涵的基础上，从经济发展、社会发展、人口发展、生态环境、城乡协调、城镇化效率等6个方面构建了城镇化质量评价指标体系，利用熵值法对山东省城镇化质量进行了综合测度。[5]魏后凯等在对城镇化质量内涵进行界定的基础上，从城市发展质量、城镇化效率和城乡协调程度3个维度构建了包含34个指标的城镇化质量综

---

[1] 李爱军，谈志浩，陆春锋，张一飞. 城市化水平综合指数测度方法探讨——以江苏无锡市、泰州市为例 [J]. 经济地理，2004（1）：43—47.

[2] 孔凡文，许世卫. 中国城镇化发展速度与质量问题研究 [M]. 沈阳：东北大学出版社，2006：40—62.

[3] 张春梅，张小林，吴启焰，李红波. 发达地区城镇化质量的测度及其提升对策——以江苏省为例 [J]. 经济地理，2012（7）：50—55.

[4] 王洋，方创琳，王振波. 中国县域城镇化水平的综合评价及类型区划分 [J]. 地理研究，2012（7）：1305—1316.

[5] 王富喜，毛爱华，李赫龙，贾明璐. 基于熵值法的山东省城镇化质量测度及空间差异分析 [J]. 地理科学，2013，33（11）：1323—1329.

合评价指标体系,对286个地级及以上城市的城镇化质量进行了评价。[1]由于学科背景、研究的空间地域和统计数据获取的难易程度差异较大,学术界还没有公认的城镇化发展质量评价体系或模型。[2]

在借鉴上述相关城镇化水平评价的研究成果基础上,对新型城镇化内涵与特征进行理解与把握,根据可操作性、系统性、典型性、合理性等原则,充分考虑内蒙古城市现状发展条件、基础数据和资料、发展面临的主要矛盾等差异性因素,因地制宜、合理取舍相关因子,选取提炼出经济发展、人口城镇化、土地城镇化、社会服务水平、生态环境建设5个方面的19个具体指标,构建出内蒙古城镇化水平评价指标体系(表4-1)。

(一)经济发展水平

经济发展的内涵体现在新型工业化的快速发展推动经济发展建设,实现二三产业的就业比重逐渐增加和第三产业产值比重扩大,人们生活水平提高则是经济发展的深入表现。所以从经济产出总量、均量以及经济结构等角度选用人均地区生产总值(X_1)、城镇居民人均可支配收入(X_2)、第三产业产值比重(X_3)和非农产业就业比重(X_4)4个指标反映内蒙古盟市的经济发展水平。

(二)人口城镇化水平

人口城镇化是城镇人口规模比重不断增加的过程,承载着拉动消费、调整结构的责任,人口城镇化的速度对于促进农村剩余劳动力转移、实现城乡经济集约式发展有重要的战略意义。因此,从农村人口向城市人口转移情况以及城区人口承载能力的角度,选择城镇人口比重(X_5)、城镇人口规模增量(X_6)和建成区人口密度(X_7)3个指标来反映内蒙古各盟市人口城镇化水平。

---

[1] 魏后凯,王业强,苏红键,郭叶波.中国城镇化质量综合评价报告[J].经济研究参考,2013(31):3—32.

[2] 陈明.中国城镇化发展质量研究评述[J].规划师,2012(7):5—10.

（三）土地城镇化水平

土地城镇化是城市用地扩张，非建设用地向城镇建设用地的过程。当前，我国的土地城镇化快于人口城镇化是一个突出问题。本文选择人均建设用地面积（X_8）、每平方千米土地创造的地区生产总值（X_9）、建成区用地规模增量（X_{10}）3个指标来衡量内蒙古各盟市土地城镇化水平。

（四）社会服务水平

作为城镇化过程的有机组成部分，城镇的社会服务能力决定着城镇功能完善水平和城镇化质量，诸如教育、医疗、公共交通及市政设施等民生工程建设方面。这些指标从一定程度上可以反映城镇社会公共服务的城镇化水平，故选取万人医生数（X_{11}）、万人拥有公共汽车数量（X_{12}）、民生支出占公共财政预算支出比例（X_{13}）、建成区路网密度（X_{14}）、人均城市道路面积（X_{15}）5个指标来衡量内蒙古各盟市城镇社会服务水平。

（五）生态环境建设水平

城镇化过程必然伴随着原有生态环境的改变，如何在经济发展的过程中推动生态环境逐步优化、向好的方向改变，是新型城镇化的建设要求，选用人均公共绿地面积（X_{16}）、污水集中处理率（X_{17}）、生活垃圾无害化处理率（X_{18}）、单位地区生产总值耗水量（X_{19}）4个指标反映内蒙古各盟市城镇生态环境建设水平。

表 4-1　城镇化发展水平综合评价指标体系

功能层	指标层	单位
经济发展	人均地区生产总值	元
	城镇居民人均可支配收入	元
	第三产业产值比重	%
	非农产业就业比重	%
人口城镇化	城镇人口比重	%
	城镇人口规模增量	万人
	建成区人口密度	人/平方千米
土地城镇化	人均建设用地面积	平方米
	每平方千米土地创造的地区生产总值	元
	建成区用地规模增量	平方千米
社会服务	万人医生数	人
	万人拥有公共汽车数量	辆
	民生支出占公共财政预算支出比例	%
	建成区路网密度	平方米
	人均城市道路面积	平方米
生态环境	人均公共绿地面积	平方米
	污水集中处理率	%
	生活垃圾无害化处理率	%
	单位地区生产总值耗水量	立方米/万元

二、评价思路及步骤

综合上述研究团队和学者的观点及研究步骤，在梳理、凝练城镇化水平评价指标体系现状研究的基础上，本文提出（图 4.1）城镇化水平评价思路。

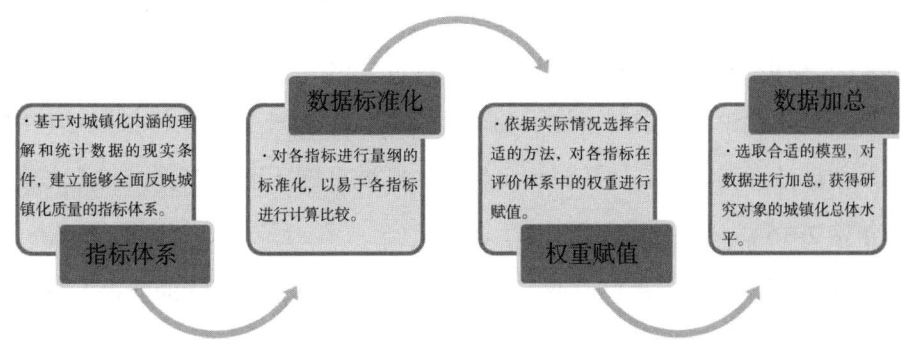

图 4.1 内蒙古城镇化质量评价思路

第二节 城镇化质量的地区差异评估

一、数据来源与数据处理

本研究以内蒙古自治区的盟市为研究对象，由于阿拉善盟驻地巴彦浩特镇的行政区划级别原因，阿拉善盟的部分数据缺失，考虑到统计口径的不同，故不对阿拉善盟的城镇化水平进行评价。

评价指标体系所涵盖的具体指标均来自《中国城市统计年鉴 2016》《中国城市建设统计年鉴 2015》和《内蒙古统计年鉴 2016》，或依据其经过计算处理的二次指标，为保证数据获得的一致性与系统性，在计算过程中对源指标的选择优先采用中国城市统计年鉴市辖区的数据，城镇居民人均可支配收入等个别未收录的数据采用全市的数据。其中，建成区人口密度（X_7）采用《中国城市建设统计年鉴 2014》，运用（城区人口 + 暂住人口）/ 建成区面积计算获得；民生支出占公共财政预算支出比例（X_{13}）是根据（一般公共服务支出 + 教育支出+科学技术支出+社会保障和就业支出+医疗卫生支出+节能环保支出+农林水事务支出）/公共财政预算支出计算获得；城市人口规模增量和城镇建成区用地规模增量由《中国城市建设统计年鉴2015》和《中国城市建设统计年鉴2006》数据计算获取；其他数据均来自《中国城市统计年鉴2016》和《内蒙古统计年鉴2016》。

由于各项指标的计量单位彼此不同，而各指标在量纲不同的前提下难以进行综合汇总和统计分析，为避免评价结果出现偏差，在计算综合指标前，本文采用如下方法对数据进行去除量纲。

正向指标：$X_{ij}\hat{}=X_{ij}/MaxX_{ij}$

反向指标：$X_{ij}\hat{}=MinX_{ij}/X_{ij}$

其中，$X_{ij}\hat{}$为第i个城市的第j个指标的无量纲化数值（处理结果见表4-2），（i=1，2…，n；j=1，2，…，m）；X_{ij}为指标实测值。

表 4-2 内蒙古各盟市城镇化指标标准化数据[1]

城市 指标	呼和浩特市	包头市	呼伦贝尔市	兴安盟	通辽市	赤峰市	锡林郭勒盟	乌兰察布市	鄂尔多斯市	巴彦淖尔市	乌海市
X_1	0.40	0.57	0.18	0.00	0.16	0.07	0.37	0.07	1.00	0.12	0.40
X_2	0.95	1.00	0.28	0.00	0.19	0.18	0.51	0.14	0.96	0.12	0.74
X_3	1.00	0.52	0.27	0.18	0.17	0.24	0.00	0.22	0.32	0.06	0.35
X_4	0.69	0.82	0.34	0.01	0.07	0.11	0.31	0.04	0.59	0.00	1.00
X_5	0.44	0.75	0.51	0.00	0.00	0.02	0.36	0.01	0.56	0.13	1.00
X_6	1.00	0.44	0.14	0.05	0.08	0.40	0.10	0.00	0.31	0.18	0.18
X_7	0.53	1.00	0.17	0.40	0.56	0.95	0.09	0.16	0.00	0.69	0.88
X_8	0.43	0.09	0.72	0.36	0.10	0.00	0.81	0.55	1.00	0.30	0.06
X_9	0.42	1.00	0.13	0.08	0.59	0.32	0.14	0.00	0.37	0.19	0.48
X_{10}	1.00	0.02	0.17	0.00	0.14	0.19	0.03	0.10	0.36	0.03	0.10
X_{11}	0.89	0.77	0.95	0.45	0.33	0.70	0.90	0.00	0.48	0.71	1.00
X_{12}	1.00	0.39	0.95	0.55	0.93	0.47	0.28	0.91	0.83	0.00	0.65
X_{13}	0.30	0.43	0.94	0.88	0.73	1.00	0.70	0.90	0.00	0.91	0.41
X_{14}	0.00	0.34	0.22	0.27	0.39	0.28	0.31	0.27	0.54	0.70	1.00
X_{15}	0.00	0.04	0.41	0.14	0.30	0.21	0.36	0.34	1.00	0.26	0.28
X_{16}	0.17	0.00	0.35	0.27	0.32	0.23	0.19	1.00	0.89	0.33	0.26
X_{17}	0.39	0.25	0.95	0.23	0.93	0.29	0.00	0.55	0.90	1.00	0.71
X_{18}	1.00	0.37	0.00	0.73	0.13	0.62	1.00	0.25	0.11	0.96	0.16
X_{19}	0.86	0.88	0.60	0.00	0.71	0.15	0.70	0.54	1.00	0.68	0.62

[1] 数据来自《中国城市统计年鉴2016》《中国城市建设统计年鉴2015》《内蒙古统计年鉴2016》。

二、评价方法选择

（一）熵值法确定权重

目前，确定城镇化各项指标权重的方法主要有主观法和客观法，其中，主观法主要有层次分析法、综合评价法、功效系数法、指数加权法和模糊评价法等，客观法主要有熵值法、主成分分析法、变异系数法、聚类分析法和判别分析法等。本评价体系涉及19个具体指标，熵值法作为一种客观赋权方法，能够深刻地反映出指标信息熵值的效用价值，所给出的指标权重值比层次分析法和专家经验评估法有更高的可信度，适合对多元指标进行综合评价，故本研究采用熵值法对各指标进行权值（表4-3）。

①计算第 j 项指标下第 i 个城市占该指标的比重：

$$p_{ij} = \frac{X_{ij}}{\sum_{i=1}^{n} X_{ij}}, \quad (i=1, 2\cdots n, j=1, 2\cdots m) \quad ①$$

②计算第 j 项指标的熵值：

$$e_j = -k \sum_{i=1}^{n} p_{ij} \ln(P_{ij}), \quad 其中 k=1/\ln(n) > 0, \ e_j \geq 0 \quad ②$$

③计算第 j 项指标的差异系数：

$$g_j = \frac{1-e_j}{m-E_e}, \quad 式中 E_e = \sum_{j=1}^{m} e_j, \ 0 \leq g_j \leq 1, \ \sum_{j=1}^{m} g_j = 1 \quad ③$$

④求权值：

$$w_j = \frac{g_j}{\sum_{j=1}^{m} g_j}, \quad (1 \leq j \leq m) \ ④$$

表4-3 指标层权重值

内容	功能层	权重	指标层	权重
城镇化水平综合指数（U）	经济发展（Y_1）	0.1621	人均地区生产总值（X_1）	0.1000
			城镇居民人均可支配收入（X_2）	0.0124
			第三产业产值比重（X_3）	0.0199
			非农产业就业比重（X_4）	0.0299
	人口城镇化（Y_2）	0.2284	城镇人口比重（X_5）	0.0213
			城镇人口规模增量（X_6）	0.1853
			建成区人口密度（X_7）	0.0217
	土地城镇化（Y_3）	0.2327	人均建设用地面积（X_8）	0.0381
			每平方千米土地创造的地区生产总值（X_9）	0.0742
			建成区用地规模增量（X_{10}）	0.1204
	社会服务（Y_4）	0.1355	万人医生数（X_{11}）	0.0053
			万人拥有公共汽车数量（X_{12}）	0.0346
			民生支出占公共财政预算支出比例（X_{13}）	0.0073
			建成区路网密度（X_{14}）	0.0228
			人均城市道路面积（X_{15}）	0.0656
	生态环境（Y_5）	0.2413	人均公共绿地面积（X_{16}）	0.0353
			污水集中处理率（X_{17}）	0.1456
			生活垃圾无害化处理率（X_{18}）	0.0003
			单位地区生产总值耗水量（X_{19}）	0.0600

（二）多指标综合测度

多指标综合测度是广泛用于经济社会发展水平等方面的综合比较研究方法，目前较为常用的方法模型主要有线性加权综合模型、引力模型、三维指标球模型和重力模型等。鉴于该指标体系的指标相互独立性较强，本文选择线性加权综合模型进行多指标评价，以便19个指标值可以线性补偿，获得内蒙古各盟市较为客观的城镇化水平综合指数以及各盟市的经济发展水平、人口城镇化水平、土地城镇化水平、社会服务水平和生态环境建设水平。

$$P = \sum_{i=1}^{m} w_j \cdot x_{ij} \qquad ⑤$$

式中，P为城镇化健康发展水平得分，W_j为各指标的权重值，X_{ij}为各指标值。

三、内蒙古城镇化水平综合指数

根据多指标综合测度模型（公式5）对无量纲化数值和权重进行计算，得到内蒙古自治区各盟市的城镇化水平综合指数及子系统得分（表4-4）。

表4-4 内蒙古城镇化发展水平综合评价结果

盟市	经济发展	人口城镇化	土地城镇化	社会服务	生态环境	综合水平
呼和浩特市	0.5731	0.9217	0.6896	0.3018	0.2426	0.5642
包头市	0.9232	0.9547	0.7482	0.2713	0.4231	0.7034
呼伦贝尔市	0.0918	0.1245	0.1924	0.5625	0.6431	0.2981
兴安盟	0.2912	0.0630	0.1277	0.3087	0.2468	0.2019
通辽市	0.1274	0.1761	0.2985	0.4619	0.8022	0.3622
赤峰市	0.1157	0.4803	0.2865	0.3343	0.4266	0.3220
锡林郭勒盟	0.8242	0.0446	0.1654	0.3961	0.2328	0.3420
乌兰察布市	0.0297	0.0926	0.1203	0.3620	0.8907	0.2909
鄂尔多斯市	0.3869	0.1893	0.4487	0.8521	0.9859	0.5471
巴彦淖尔市	0.0817	0.1930	0.2599	0.3489	0.7777	0.3273
乌海市	0.8930	0.3510	0.2431	0.4287	0.7139	0.5476

评价结果显示，内蒙古盟市间城镇化水平指数存在一定差距，最高的是

包头市，得分0.7034，其次是呼和浩特市0.5642、乌海市0.5476、鄂尔多斯市0.5471、通辽市0.3622、锡林郭勒盟0.3420、巴彦淖尔市0.3273、赤峰市0.3220、呼伦贝尔市0.2981、乌兰察布市0.2909，最低的是兴安盟，得分0.2019。

从分项得分来看，内蒙古各盟市在各项指标上得分差距都较大。经济发展指标中，包头市、乌海市、锡林郭勒盟得分最高，乌兰察布市、巴彦淖尔市、呼伦贝尔市得分最低。鄂尔多斯市、乌兰察布市、通辽市的生态环境城镇化指标得分最高，锡林郭勒盟、呼和浩特市、兴安盟得分最低。可见，内蒙古地区生态环境敏感脆弱，容易受到城镇经济发展活动带来的干扰、污染或破坏的影响，且系统自我修复能力弱，经济快速发展的同时，加强保护并及时反哺生态环境建设的话将大大提高城镇化水平。社会服务城镇化指标中，鄂尔多斯市、呼伦贝尔市、通辽市得分最高，包头市、呼和浩特市、兴安盟得分最低。一般来说，经济欠发达盟市的社会公共服务功能建设完善程度弱，经济发展较好的盟市在对社会公共服务投资力度加大的前提下服务能力不断完善成熟，需要注意的是作为全区流入人口最多的大城市，其发展均存在承载力不够、公共资源配置和公共服务供给不足等问题，需要创新管理方式，等比例增加医疗、教育等社会服务设施。人口城镇化指标中，包头市、呼和浩特市明显处于高位，表明该地区人口较为集中、城镇建设集聚度高、迁入人口规模较大，其他城市得分不高，尤其是锡林郭勒盟、兴安盟、乌兰察布市得分低。土地城镇化指标中，包头市、呼和浩特市、鄂尔多斯市得分最高，表明该地区土地开发强度大、建设用地规模及地均产值最为突出，乌兰察布市、兴安盟、锡林郭勒盟得分较低。

四、盟市城镇化质量的地区差异与协调性分析

（一）城镇化发展水平指数层级划分

依据得分情况，基本上可以划分为3个层级（图4.2）。

1. 第一层级

第一层级主要是包头市。包头市是典型的再生型资源型城市，具有资源开发及工业化起步早的优势，其经济发展指标、人口城镇化指标、土地城镇化指标得分都位列第 1，总得分为 0.7034，排名第 1。同时，由于包头市是工业城市，人口集聚度高，但污染较为严重，在以后的发展过程中应加大对城市生态环境建设、污染防治的投入，重视城市生态环境的改善、自然资源的节约、环境的保护以及人口素质的提高等问题，大力发展服务业，逐步完成产业结构的调整，提升产业科技含量，为城市的低碳可持续发展继续前行。

2. 第二层级

第二层级包括呼和浩特市、乌海市和鄂尔多斯市。呼和浩特市、乌海市和鄂尔多斯市是内蒙古城镇化水平较高的 3 个盟市。呼和浩特市是自治区的首府城市，作为自治区政治、经济、文化中心，其区位交通条件优越，对科技人才、投入资金等的吸引均具有明显的优势。从图 4.2 可以看出，呼和浩特市城镇化水平总得分 0.5642，排名第 2，人口城镇化和土地城镇化指标得分也均名列第 2，经济发展指标排名第 4，但生态环境城镇化和社会服务城镇化的指标得分较低，依然有较大的提升空间。因此，呼和浩特市在今后的发展过程中需增加对环境治理的投资力度，制定出台一系列改善城市环境和交通条件的政策措施，加强与流入人口规模相适宜的基础设施与社会服务设施配套建设，同时以文化旅游、商贸物流、电子商务为重点，加快现代服务业发展，积极发展高新技术产业。

乌海市的经济发展指标和人口城镇化指标得分相对较高，分别排在第 2 位和第 4 位，总得分 0.5476，排名第 3。因此，乌海市应坚守发展底线和生态底线，转变发展模式，在资源型城市转型建设成为宜业宜游宜居的开放服务型城市上实现新突破，以更大力度推进项目建设和投资，把环境保护提高到前所未有的高度来认识和推进，正确处理好经济发展同环境保护的关系，以改善居民的生活环境，提高人民生活水平，维持社会安定，实现美丽与发展双赢。

鄂尔多斯市是我国的煤炭城市，具有得天独厚的资源优势，其社会服务城镇化指标和生态环境城镇化指标得分最高，分别为0.8521和0.9859，经济发展和人口城镇化指标处于中等水平，总得分0.5477，排名第4。由于鄂尔多斯市在经济高速发展的同时注重生态环境的改善与公共服务设施的建设，使其生态环境城镇化与社会服务城镇化同步居于领先地位。在今后的发展中，鄂尔多斯市应该继续提升公共服务水平，不断优化产业结构，改变一煤独大的产业结构，把新型产业做大做强，实现转型，促进现代服务业融合配套，繁荣发展文体旅游事业，提供更多就业岗位，聚集吸引周边人口。

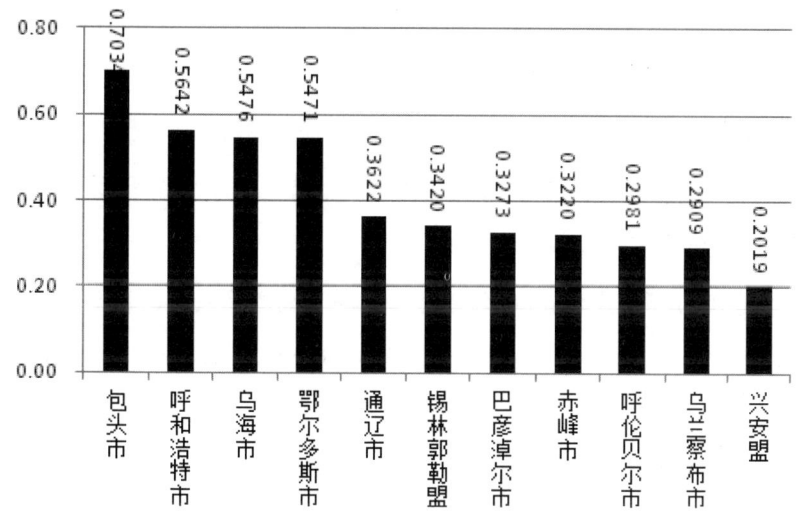

图4.2 内蒙古各盟市城镇化水平指数位序图

3. 第三层级

第三层级包括通辽市、锡林郭勒盟、巴彦淖尔市、赤峰市、呼伦贝尔市和乌兰察布市。这些地区城镇化水平都比较低，总得分也相差无几。从表中数据可获知，上述3个盟市的城镇化水平得分在全区的排名最低，其城市经济发展水平滞后，对城镇化的带动力不足。

从总体来看，通辽市生态环境城镇化指标得分较高，为0.8022，排名第3，但经济发展和人口城镇指标得分较低，排名靠后。通辽市今后应该重视发挥在东部区经济发展中的增长极的作用，将其发展为东部地区的大城市，积极引进资金，加快产业结构调整的速度，使其经济建设再上一个新的台阶，加大城市基础设施的投入，增强城市服务功能，注重城镇化水平质的提高。

锡林郭勒盟的4个一级指标得分都比较均匀，总得分0.3420，排名第6。锡林郭勒盟应继续稳步推进城镇化建设，深入推进农牧业供给侧结构性改革，大力发展绿色生态高端农牧业，加快建设形成结构合理、保障有力、持续发展的绿色农畜产品生产加工产业，追求经济高速发展的同时，努力提高社会服务水平，提升人口聚集度，妥善解决牧民进城再就业问题。将锡林浩特市和二连浩特市的发展作为重要增长极，带动并辐射整个地区经济的发展，发挥其矿产、旅游等资源的独特资源优势，加快发展全域旅游、四季旅游和商贸物流业，推动全盟城镇化健康有序发展。

巴彦淖尔市经济发展指标得分较低，排名倒数第2，其他指标分布相对均匀，均处于中等水平。该市是典型的传统农业地区，第一产业在整个地区生产总值中所占比重比较大，经济基础薄弱，吸纳解决农村剩余劳动力的能力较弱，在发展壮大传统农业的基础上，还应重视工业经济的发展，采取措施促进就业，在公共服务方面加大社会保障建设的投入，优先发展公共交通。

赤峰市各项指标得分分布相对较为均匀，但除人口城镇化指标外，其余得分较低，排名中等偏后。赤峰市今后应加快经济发展的步伐，逐步完善以设施农业和肉食品加工为主的工业体系，促进产业前向一体化，充分发挥市内各大工业园区、物流园区的主导作用，通过政策倾斜引进国内外大型企业，以大企业的良性发展推进工业化进程，以工业化促进城镇化。

呼伦贝尔市的社会服务城镇化指标得分名列前茅，排名第2，人口城镇化、经济发展和生态环境城镇化指标都处于中等以下水平。今后应该重视呼伦贝尔市在东北部地区经济发展中的增长极的作用，将其重点培育和发展成东北部地区的大城市和名片城市，重点开发旅游资源和口岸资源市场的潜力，培育发展林下经济，壮大农垦绿色农畜产品品牌，吸引外来资金的投入，加快产业结构调整的速度，使其经济建设再上一个新的台阶，完善城市基础设施，增强城市服务功能。另外，利用农牧林生态多样性，以绿色为引领，推进生态保护与建设，加大森林抚育力度，创造森林碳汇。

乌兰察布市的经济发展和人口城镇化指标得分最低，因此今后应以现代化农牧业的发展为重点，加大设施农业的发展，加强对农畜产品深加工的投资力度，转变农牧民的生产和生活方式，加速城镇化进程。乌兰察布市还应利用其区位优势突出的特点，尤其是依托距京津冀都市圈和呼包鄂城市群近的独特区位优势，最大限度地接受大城市的能量辐射和科技依托的便利，以乌大张区域合作为契机，壮大物流、机电、化工、农畜产品、能源等工业产业，继续稳步发展集宁区、丰镇市，促进企业集聚，加大市政基础设施的投入，努力提高社会服务城镇化水平。

4. 第四层级

兴安盟除经济发展指标得分排名第6，其余城镇化各项指标得分排名均为倒数。兴安盟今后应该加快经济发展的速度，以经济发展带动城镇化的发展，积极培养第三产业，提高社会服务水平，吸纳更多的人口聚集，利用丰富的农林牧资源优势，以特色农副产品深加工为主，依托独具特色的旅游资源促进旅游业向更高层次发展，优化旅游业发展空间布局，坚持旅游开发、资源利用和环境保护并重的原则，促进社会、经济和环境效益三者协调发展及新型城镇化的健康有序发展。

（二）城镇化水平与城镇化速度协调性分析

以人口城镇化率代表城镇化速度与城镇化水平评价得分进行比较，乌海市的人口城镇化率最高，为94.6%，其城镇化水平评价得分位于内蒙古各盟市的第3位；兴安盟的人口城镇化率最低，为45.3%，其城镇化水平评价得分位于内蒙古各盟市的第11位；包头市的城镇化水平评价得分最高，其人口城镇化率排第2位；兴安盟的城镇化水平评价得分最低，其人口城镇化率排第11位。由此可见，多数盟市的城镇化水平评价得分与人口城镇化率呈现一定的正相关性。

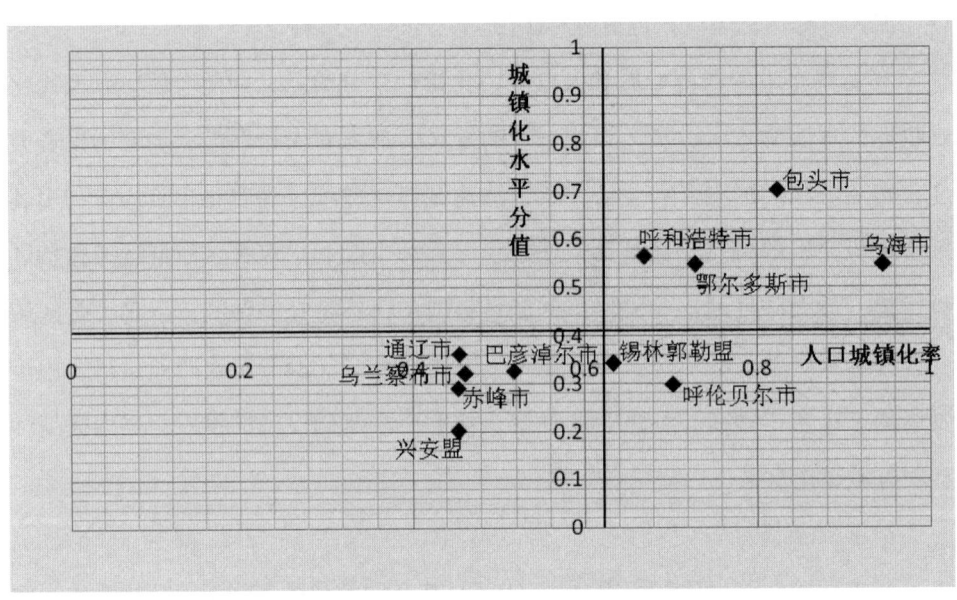

图4.3　内蒙古各盟市城镇化水平与城镇化率散点关系

以内蒙古自治区人口城镇化率与城镇化水平评价指数的均值（0.62，0.41）为正交坐标轴，绘制散点图描述各盟市的相对水平（图4.3）。该图很明显地显示出内蒙古各盟市以人口城镇化率和城镇化发展水平为对比，呈现双高、双低及高低3种类型。双高型：城镇化速度与城镇化水平指数均高于盟市平均水平，呈高水平协调的城市，包括包头市、呼和浩特市、鄂尔多斯市、乌海市；

双低型：城镇化速度与城镇化水平指数均低于盟市平均水平，呈低水平协调的城市，包括通辽市、巴彦淖尔市、乌兰察布市、赤峰市；高低型：协调水平较差，人口城镇化水平高于盟市平均水平，而城镇化水平指数相对盟市平均水平较低，包括锡林郭勒盟、呼伦贝尔市，各盟市不存在城镇化水平指数高于盟市平均水平但人口城镇化速度低于盟市平均水平的情况。对于双高型盟市城镇化的发展，今后重点应当是在城镇化质量不降低的前提下，继续稳步推进城镇化进程；双低型盟市相对具备进一步吸纳人口的空间与潜能，应加快工业化步伐，提高经济综合实力，积极推进城镇化进程；高低型盟市则应重视城镇化的质量与内涵，逐步完善区域的功能并提升能级水平，在提升城镇化质量与水平的前提下不断优化产业经济结构。

第三节　内蒙古城镇化质量与全国的比较

一、内蒙古城镇化质量总体评价

依据上文构建的包含经济发展、人口城镇化、土地城镇化、社会服务水平、生态环境建设5个方面19个具体指标的内蒙古城镇化水平评价指标体系，选择《中国城市统计年鉴2016》《中国城市建设统计年鉴2015》和《中国统计年鉴2016》获取数据（表4-5），以国家统计数据均值为参考值对内蒙古自治区城镇化总体水平进行评价。

表 4-5　2015 年内蒙古及全国城镇化发展水平指标统计数据[1]

指标	内蒙古统计数据	全国统计数据	单位
人均地区生产总值（X_1）	71101	49992	元
城镇居民人均可支配收入（X_2）	30594	31194	元
第三产业产值比重（X_3）	40	50	%
非农产业就业比重（X_4）	61	72	%
城镇人口比重（X_5）	60	56	%
城镇人口规模增量（X_6）	164.61	281.50	万人
建成区人口密度（X_7）	7129.06	8828.66	人/平方千米
人均建设用地面积（X_8）	98	62	公顷/人
每平方千米土地创造的地区生产总值（X_9）	14.55	13.16	万元/平方千米
建成区用地规模增量（X_{10}）	395.12	594.92	平方千米
万人医生数（X_{11}）	25.58	22.11	人
万人拥有公共汽车数量（X_{12}）	9.64	10.66	辆
民生支出占公共财政预算支出比例（X_{13}）	0.61	0.61	%
建成区路网密度（X_{14}）	7.58	7.01	千米/平方千米
人均城市道路面积（X_{15}）	22.61	15.60	平方米
人均公共绿地面积（X_{16}）	19.28	13.35	平方米
污水集中处理率（X_{17}）	93.14	87.97	%
生活垃圾无害化处理率（X_{18}）	97.72	94.10	%
单位地区生产总值耗水量（X_{19}）	4.19	8.18	立方米/万元

[1]　数据来自《中国统计年鉴2016》《内蒙古统计年鉴2016》。

同样，对自治区和国家统计数据进行标准化处理，采用上一节利用熵值法获得的权重值，并再次运用加权线性和法进行计算，得出如下结果（图4.4）。

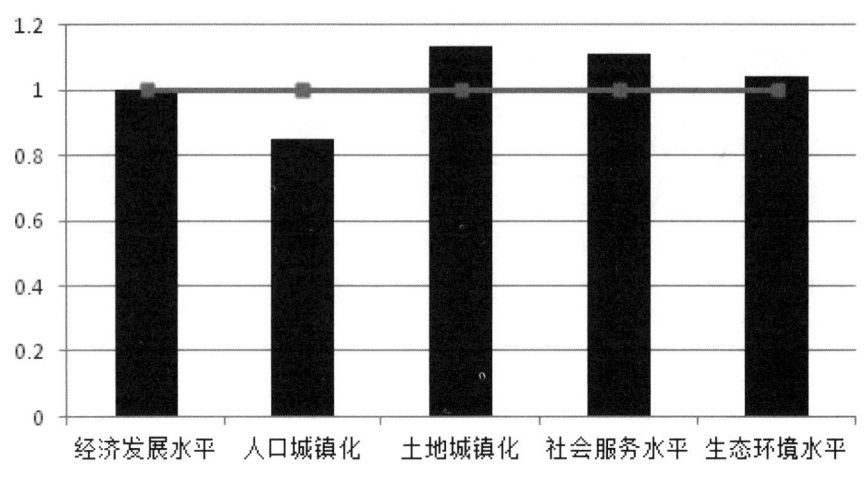

图4.4　内蒙古和全国城镇化发展水平分系统得分比较

由此可以看出，自治区城镇化水平综合指数值为1.0274，自治区在城镇化水平建设的各个功能层上的分值为：经济发展水平1.0026，人口城镇化0.8489，土地城镇化1.1378，社会服务水平1.1114，生态环境水平1.0401。

二、评价结果分析

总体来说，与我国城镇化质量平均水平相比较，自治区的城镇化水平建设程度较好，综合分值为1.0274，略高于全国城镇化水平均值，但各个系统发展水平存在一定差异。其中，土地城镇化、社会服务水平、生态环境水平、经济发展水平的指标实现度大于1，这表明自治区城市经济发展水平基本处于我国经济发展平均水平；城市生态环境相对较好，一方面是由于自治区环境容量大，另一方面也说明与内蒙古近10余年经济快速发展的同时重视环保节能、绿地建设的实际相符；自治区近年在社会服务方面的投入量不断增加，民生支出占公共财政预算支出比例基本与全国均值持平，城市道路交通设施、医疗社会服务水平提升明显。而只有人口城镇化指标的实现度小于1，这与内蒙古地域辽阔、城市人口密度低、城市规模不大有关，导致城市布局分散，城市人口聚集程度不高，加之产业发展还处在工业化中期，产业结构偏重化，对服务业的带动力不够，一定程度影响了非农就业，城市扩张速度与吸纳人口市民化速度不成比例，故城市人口规模增量远小于全国均值。

从评价结果来看，内蒙古呈现出经济、社会、生态等各领域发展不均衡，土地城镇化明显快于人口城镇化等主要特征。第一，人口城镇化水平是唯一低于全国平均水平的均值，城市人口规模增量和建成区人口密度均远低于全国均值，在经济发展指标中的非农产业就业比重低于全国平均水平15.3%，说明自治区城镇化进程中，人口集聚能力和提供就业能力明显不足。第二，尽管内蒙古城镇化进程中的人口规模增量与建成区用地规模增量均小于全国平均水平，分别是全国水平的58.48%、66.42%，但是以城市用地增长弹性系数来衡量，2006—2015年，内蒙古城市建设用地面积扩大49.59%，城镇人口仅增长23.22%，城市用地增长率与城市人口增长率之比达2.14，远远高于国际公认的合理阈值1.12。第三，在城镇化进程中，生态工程和城市绿化工程的深入实施、垃圾处理和污染防治工作的有力推进下，生态环境建设呈现出持续改善的状况，优于经济建设进程，尤其是单位地区生产总值耗水量仅仅是全国平均水平的1/2，但是，不同城市之间存在一定的差距，特别是资源型城市的生态差异较为明显。

所以，为了提升全区新型城镇化的总体水平，各城市需要在薄弱环节加强投入和建设，促进城市经济建设、社会建设、生态建设等同步协调，避免互相拉抬、掣肘，从集约节约利用土地、提高公共服务能力保障农牧民有序市民化、加强环境保护和生态建设等方面全方位均衡提升。

(一) 合理设定与人口规模相宜的建设底线，紧凑发展城镇空间

促进城镇化健康发展需要优化布局，依据环境资源承载能力构建科学合理的城镇化布局，引导发展中小规模的城市，根据人口规模与控制最宜人口密度的需求划定城镇开发边界控制线，对存量土地进行科学规划与开发，确保永久基本农田耕地红线及生态保护红线不被突破，形成密度适宜、空间紧凑、用地集约的健康城市形态与格局。内蒙古整个地区由东北向西南斜伸，地域狭长，尤其东部和西部地区之间的空间联系相对较弱，分别在东部和西部以中心城市为内核培育地区增长极，通过扩散效应带动周边城镇和地区的发展，形成以大带小、布局合理、功能各异、产业互补的区域性城镇群。将城镇群作为优先发展形态，促进中心城市和周边中小城镇功能互补、结构合理、科学分工、协同发展。一方面提高城市空间密度，有效避免城市摊大饼式无序蔓延发展，充分发挥中心大城市在促进可持续发展、城乡融合发展、集约节约利用土地方面的示范带动作用；另一方面选择历史文化深厚、民族特色鲜明、宜居宜业的小城镇重点发展，实现就地、就近城镇化，建设成独具特色的紧凑城镇，推动内蒙古城镇化质量的整体提高。

(二) 注重发展第三产业并提高公共服务承载能力，有序吸纳农牧民市民化

在未来城镇化进程中，抓住自治区面临的多重叠加的发展机遇，加快在发展中推动产业结构转型升级，将创新创业政策落到实处，鼓励支持小微企业繁荣发展并注重在服务业领域培育支柱产业，拉动经济增长的同时提供大量就业岗位。杜绝片面追求城市规模的扩大，而是要坚持以人为本、统筹兼顾、空间正义的原则，以提升城市的文化、公共服务等内涵为中心，高标准投入城市基本公共服务能力建设。加强重视包括保障基本民生需求的教育保障、就业保障、社会保障、医疗卫生保障、住房保障、文化体育资源保障等领域的公共服

务均等化，逐步将基本公共服务建设成为无歧视性、普惠性的城镇公共服务体系，不断形成有效的共治共享的社会治理格局，进而消除农牧业转移人口享受公平同质公共服务面临的障碍，实现大量农牧业人口真正融入城市，为有序吸纳农牧民市民化提供坚实的基础保障。

（三）加强环境保护和生态建设，注重资源的集约化利用

面对生态环境依然脆弱、节能减排和资源环境节约利用压力不断增大的形势，内蒙古城镇化发展要摒弃传统城镇化建设思路及"先污染后治理"的发展模式，选择环境友好型发展道路。新型城镇化进程中必须统筹人与自然的关系，尊重自然、顺应自然、保护自然，以创新、协调、绿色、开放和共享的五大发展理念促进城市社会与自然的共生共存，推动城市现代化、城市集群化、城市生态化协调发展，探索节约优先和保护优先的农牧区城镇化、新型工业化、特色产业品牌化的绿色发展之路。尤其是资源型城市，需要出台相应的政策，鼓励各城市各企业探索转型升级道路，发展绿色经济和循环经济，注重资源集约化利用，倡导简约适度、绿色低碳的生活方式，树立环境保护的前瞻性，加大力度保护生态环境，实现物质生产和社会生活共同生态化。通过内蒙古各城镇节约资源和保护环境的空间格局的建设，全面提升城镇化质量，形成高品质的宜居宜业之所，实现城镇持续、健康发展。

三、小结

本章通过构建评价体系，采用多指标综合测度对内蒙古城镇化水平进行评价，内蒙古各盟市间的城镇化水平指数存在一定差距，基本上可以划分为4个层级，呈现出人口城镇化率和城镇化发展水平双高、双低及高低型3种类型，且内蒙古的城镇化质量略高于全国城镇化水平均值。该研究采用在多指标综合评价中具有较强实用性的熵值法进行赋权，可信度较高，但由于目前城镇化发

展评价指标的目标值或理想值难以找到统一标准,本研究仅仅基于评价对象实际发展水平差异进行了相对比较研究和静态研究,在体系指标选取和反映时间维度的动态研究方面依然有较大的探索空间。

第五章　城镇化转型发展战略

进入"十二五"时期，尤其是党的十八大进一步明确走中国特色的新型城镇化道路，给内蒙古城镇化指明了方向。同时，国外发达国家和发展中国家的城镇化既有经验，也有教训，对自治区城镇化具有借鉴作用。我们应该按照新型城镇化的要求，坚持以人为本，坚持新发展理念，坚持适度规模、坚持生态文明、坚持民族特色和地区特色、坚持城乡一体化的原则，不断提高城镇化质量，走一条符合内蒙古实际的新型特色城镇化道路。

第一节 发展方式的转变——从传统城镇化到新型城镇化

城镇化是一个国家和地区文明程度和经济发展水平的重要标志。有学者指出，城镇化至少包括4个方面的内容：农村人口空间上的转移、职业上的变化、城市建成区的扩大、生活方式的城市化。城镇化不仅包括上述4个过程，还包括城市职能转变、基础设施完善、功能的增强。[1]最常用的评价城镇化水平的指标是城镇人口比重指标，即通过统计某一个国家或地区的城镇人口占总人口的比重来判断其城镇化水平。这一指标虽然简单，可操作性强，但也容易导致对城镇化水平认识的片面性，甚至在不少地方出现了单纯追求城镇化率，提高政绩的做法，引起城镇化率"虚高"，农民进城后不能实现稳定就业，不能享受与城市居民同等的公共服务等一系列问题。针对这些问题，城镇化质量被提上日程，受到学术界和政府的高度重视。对于城镇化质量内涵的研究几乎扩大到城市发展的方方面面，有的学者从经济、社会、基础设施、人居环境、城镇管理等6个方面进行概括，有的学者则强调城镇化的动态过程以及各个方面的"协调性"以及"城镇化不能以牺牲农村为代价"等等。

在进入21世纪之后，自治区城镇化问题逐步得到关注，沈冰华认为，"城镇化水平不仅表现为城镇化率和速度上，更为重要的是表现为质量和效上。"[2]

---

[1] 易善策. 产业结构演进与城镇化 [M]. 北京：社会科学文献出版社，2013：30.

[2] 沈斌华. 城镇化应重视质量——内蒙古城镇化进程反思 [J]. 广播电视大学学报：哲学社会科学版，2004 (1)：62—65.

这说明城镇化水平包含了城镇化质量问题。朱晓俊认为内蒙古城镇化水平存在"虚高"现象。[1]

因此，我们认为城镇化水平不仅体现在城镇化率的高低，还体现在城镇化质量的优劣。也就是说，在空间上实现人口从农村牧区到城市和城镇的转移，职业上要让进城农牧民能够在二三产业实现稳定就业，在社会服务上能够享受与城市居民同等的基本公共服务，在生活环境上能够做到出行便利、住有所居、环境清洁，保证进农牧民真正融入城市，成为名副其实的城镇人口。所以，城镇化水平的内涵界定包括城镇化率的提高和城镇化质量的提升双重含义，而不是简单的城镇化率。

2015年，内蒙古常住人口城镇化率已经超过60.3%，户籍城镇化率为44.2%，根据世界城镇化发展规律，如果按照城镇化人口城镇化率衡量，距离城镇化的成熟阶段还差10%左右，如果按照户籍人口城镇化率衡量，还差26%左右。同时，城镇化地区间不平衡和盟市间不平衡的问题仍然比较突出，因此，一方面，农牧业人口向城镇转移还会持续一段时间，尤其是城镇化率偏低的地区还要持续更长时间；另一方面，已经进入城市或城镇的农牧业转移人口的市民化任务仍很艰巨，需要的时间更长，这也是今后一段时期内城镇化的重点。

一、国外城镇化经验与教训之借鉴

（一）欧盟国家的经验

德国注重职业教育，建立多样化的教育体制，形成择业倾向多样化。德国既有世界上一流的大学，也有多种职业教育形式，大型企业拥有自己的培训学校——厂校，行会活动鼓励成员接受更高级别的教育，高等学校、职业学校和厂校多层次的教育体系，有助于择业分散化。采取中小城市为主的均衡发展、

---

[1] 朱晓俊. 正确认识内蒙古城镇化水平 [J]. 北方经济, 2002 (1): 39—40.

多中心模式，注重小城市特色。德国从立法、规划、资源分配、职业教育到治理机制，推动城乡无差别化发展[1]，"遵循小的即是美的"，小城镇特色鲜明。

英国以工业化促进城镇化，工业化和城镇化同步发展。英国是世界上最早开始工业化和城镇化的国家，创造了多个城市化的第一：第一个提出建立"花园城市"等科学理念；第一个制定以公共政策干预引导城镇化发展方向的《城市规划法》；第一个实行维护社会公平正义的城市（镇）社会保障体系；第一个立足统筹城乡发展，较为成功地治理了"城市病"[2]，特别是注重规划执行的刚性要求。在工业革命的推动下，英国的城镇化进程十分迅速，曼彻斯特、伯明翰、利物浦等一大批工业城市迅速崛起和成长。

注重生态环境保护，低碳交通。德国人交通出行更多地选择公共交通，而非美国式的小轿车，德国交通能源使用效率高于美国50%。鼓励混合居住区的开发，减少出行距离和次数。欧盟国家对公共交通实行财政补贴，将燃油税用于支持公共交通建设，而不像美国主要支持公路建设。

（二）美国和日本的经验

非均衡发展模式，优先发展大都市，建设都市圈。美国建立了以大都市为主体的城镇体系。1940年，大都市区的数量增加到140个，大都市区的人口比例上升到48%[3]，大都市数量比30年前增加了82个，人口比例增加17%，全国形成三大城市群：大纽约区、五大湖区、大洛杉矶区。三大城市群成为美国的政治、经济、文化中心。1998年，日本东京、大阪、名古屋三大都市圈囊括了日本全国总人口的46.8%，2007年进一步上升到50%。[4]

[1]蒋尉. 欧洲工业化、城镇化与农业劳动力流动 [M]. 北京：社会科学文献出版社，2013，207—210.

[2] 刘恩东. 英国推进城镇化建设的主要经验 [N]. 中国经济时报，2013-4-2（4）.

[3] 刘恩东. 美国推进城镇化的经验 [J]. 江苏农村经济，2013（4）：27—28.

[4] 宋迎昌. 发达国家城镇化的经验与启示 [J]. 中国报道，2013（3）：38—39.

日本城市化主要采取政府干预政策。针对大城市发展过于集中而中小城市和农村地区出现"过疏化"的现象，日本政府在工业化成功后投入大笔资金在全国进行基础设施建设，促进了中小城市和农村地区的发展。从1962年开始，日本先后制定和实施了4次全国综合开发计划，形成包括城市规划等在内的较为完善的规划体系，较好地解决了各地区发展不平衡的问题，并大大促进了全国城镇化的发展。

（三）拉丁美洲、非洲及印度的教训

拉美国家城市化过程中出现的贫民窟城市，即过度城市化，是值得我们吸取的教训。主要是大量农村人口涌入城市，但缺乏产业支撑，也就是工业化严重滞后于城镇化，失业率高居不下，形成贫民窟，成为城市不稳定因素。[1][2]

（四）美国的教训

美国城市发展初期、中期，完全按照市场需求自由放任地推进城镇化，导致过度郊区化，造成城镇发展规划结构性失衡、城市无序扩张蔓延、土地资源浪费严重、中心城市衰落、生态环境破坏等一系列问题。为此，政府为基础设施建设付出高额成本，对此进行反思后，提出城市要实现"精明增长"的理念，倡导混合型城市功能。

二、我国新型城镇化的提出

针对我国传统城镇化面临的城市病、土地利用不集约、半城市化、水资源短缺、环境恶化、千城一面、城乡发展不协调等突出问题，借鉴国外城镇化的经验教训，学者们对城镇化进行了大量研究，并提出要从粗放型向集约型、外延式

---

[1] 顾朝林. 国外城镇化主要经验启示 [J]. 城市，2010（10）：6—8.

[2] 肖万春，肖泽群. 国外城镇化的风险防范经验对我国城镇化发展的启示 [J]. 武陵学刊，2011（2）：31—36.

向内涵式发展的思路,认为过去城镇化的发展方式必须进行改革,才能实现科学发展,才能实现可持续发展。理论界的研究引起国家的高度重视。党的十八大提出走中国特色的新型工业化、信息化、城镇化、农业现代化道路。2014年,《国家新型城镇化规划(2014—2020年)》发布,明确提出走以人为本、生态文明、"四个同步"、优化布局、文化传承的中国特色新型城镇化道路。与传统粗放的城镇化不同,新型城镇化以人为核心,而不是以物为核心,以提高质量为重点,而不是片面追求城镇人口数量增长,在促进人口向城市集中的同时,更加注重农牧业转移人口的市民化,更加注重城乡一体化发展,基础设施和公共服务向农村延伸,更加注重产业支撑作用,更加注重城市土地集约利用,更加注重文化的传承、保护及城镇特色个性,更加注重生态文明和宜居性。

第二节 新型城镇化发展战略

一、内蒙古新型城镇化面临的挑战

(一)水资源约束

全国共有600多个城市,其中400多个城市缺水,而内蒙古除了呼伦贝尔市和兴安盟,其他盟市人均水资源偏低,尤其是西部城市属于严重缺水地区,水资源成为城市发展的最大约束。比如,呼和浩特市属严重缺水城市,地下水因超采已经形成巨大的漏斗,40%以上的城市居民用水来自黄河。政府为解决缺水问题,已经实施了二期黄河饮水工程,即便如此,在降雨量偏少的情况下,老旧小区居民楼上不去水的问题日渐明显,给居民生活带来极大不便。包头市人均水资源400立方米，也低于世界公认的标准，水资源承载力最大为2020年可承载280万人，而2014年已经达到279万人。[1]乌海市人均水资源严重不足，人均水资源仅为全区平均水平的1/5，乌兰察布市人均水资源不足，仅为全区的1/3，鄂尔多斯人均水资源虽然可满足现在的需要，但未来潜力不大。目前看，自治区有的城市在总体规划时对水资源的承载力考虑不足，城市规划的人口规模主要服从于用地规模的扩大，深层次的原因是为地方土地财政和政绩服务，而不顾长远的可持续的发展。而城市水资源是木桶的短板，决定人口规模、产业发展和城市可持续发展，所以未来水资源将是城市发展的重大约束，不可不认真对待，适度控制大城市人口增长规模、有序扩大中等城市规模、积极发展县城，才能合理利用水资源，实现城市长远发展。因此，未来水资源将对西部城市的发展形成约束。特别是黄河也不是取之不尽的，它要为全流域的城市提供水源和维护生态平衡。目前，黄河水已经超过国际公认的可允许开发利用的警戒率。按照国际惯例，一条河流可被允许开发利用的警戒率为40%，而黄委会的资料显示，目前黄河流域内水资源的开发利用率已经高达70%以上。最新水资源统计数据显示，目前黄河天然河川径流量已经由20年前的580亿立方米，下降为535亿立方米发。[2]由此可见，黄河也是有限的，国家黄委会不可能无限增加某个地区的用水指标，因此，要把水资源承载力作为重要因素，确定城市发展的人口规模、产业规模，进而确定城市建设用地规模，而不是反其道而行。自治区东部水资源较丰富，为自治区城市化发展提供了比较良好的水资源条件，发展潜力较大。

---

[1] 刘忠梅，赵明，等. 包头市水资源承载力分析及持续利用研究 [J]. 内蒙古师范大学学报:自然科学汉文版，2005，34（2）：223—227.

[2] 马纪朝. 黄河沿岸城市的水资源争夺战：决定GDP增长 [N]. 第一财经日报，2014-3-5.

（二）市民化带来的成本压力

在城镇化发展中，民生改善、转移人口的市民化都需要财政支持。据中国社科院《城市蓝皮书》显示，每个农牧民进入城市市民化的公共成本将达到13万元，其中，东部、中部、西部分别为17.6万元、10.4万元、10.6万元，自治区有400万农民需要转化，成本巨大，在财力增长减缓的情况下，财政对民生的投入大幅增长困难较大。2014年，自治区地方一般公共财政预算收入增长7.1%，比2013年的10.7%有所下降，2015年增长6.6%，比2014年进一步下降。因此，自治区存在着财政压力和市民化的成本之间的矛盾，这对我们来说也是挑战。

（三）产业转型对城市就业的影响

经济发展与就业存在着正相关。自治区经济从2002年以来连续8年高速增长，稳居全国第1。在经济发展的带动下，自治区就业和城镇化加快，尤其是"十一五"时期更快，就业人数从2005年的1041万人，增加到2010年的1184.7万人，城市就业岗位增加，带动了农村牧区人口的转移，城镇化速度不断攀升，到2010年达到最大，城镇化率达到55.5%。2010年之后，受全球经济危机影响和我国经济下行压力的加大，经济增速放缓，城镇化速度也开始放慢，2013年，城镇化率增速降到0.8个百分点。煤炭、冶金、煤化工等资源能源产业产能过剩，尤其是煤炭、建筑行业下行压力大，停产企业增多，一些地区出现了减员、裁员、待岗，一些城市，如鄂尔多斯市东胜区人口流出趋势十分明显，由此导致餐饮、住宿、零售业等服务业不景气。2015年，国家提出供给侧改革，以加快经济转型和升级，去产能、去杠杆，发展新产业、新业态，但短时间取得重大进展，还面临资金、人才发展的瓶颈。在产业转型中，对高技术人才和管理人才等高端人才的需求增加，而对低端人才的需求减少，转移农牧民文化和技术水平相对较低，无法满足现代产业用人的需要，导致结构性失业，城市就业压力增加，一定时期内减缓城镇化进程。

二、新型城镇化战略重点和发展思路

新型城镇化是自治区实现现代化的重要引擎。在决胜小康，进入新时代的关键时期，要坚持以人为中心，从速度型城镇化阶段转向质量型城镇化阶段，必须坚持适度规模原则、特色原则、城乡一体化融合发展原则，坚持五大发展理念，走一条富有地区特色、民族特色的新型城镇化道路。

（一）以提升城镇化质量为重点，促进城镇化健康发展

按照发达国家经验，英国城镇化用了200年，美国用了100年，日本用了50年时间，自治区城镇化率从30%到60%，用了大约不到40年的时间，也就是再提升24%，就完成中期阶段。按照发达国家城镇化的经验，城镇化率一般达到65%—85%，就进入成熟阶段，也就是再用10—20年的时间，我们常住人口城镇化率可达到75%。我们的城镇化速度要比英美等发达国家快，接近日本，但我们的城镇化水平还不高，户籍城镇化率与常住人口城镇化率相差14个左右的百分点。因此，参照国外经验，结合内蒙古人口密度低、城市规模偏小的特点，城镇化率的中期阶段的目标保持在75%—80%，并对城镇化速度做出适当调整，不再追求速度、增量，而是突出解决好已进城的农牧民市民化问题，即存量问题，提高城镇化发展质量，并形成经济与城镇化协调共进的发展格局，否则产业支撑不足，吸纳不了那么多人，即使农牧民进了城，如果无事可干，有可能出现过度城市化。所以，要调整城镇化发展速度，与经济发展和城市功能相适应，将城镇化速度从过去的1.3以上转换为每年0.7—1个百分点。由于各地经济发展和城镇化水平不平衡，自治区各盟市城镇化率最高和最低的相差50个百分点，乌兰察布市、通辽市、兴安盟、赤峰市、巴彦淖尔市的城镇化水平低于全区平均水平，因而不能整齐划一，城镇化率高于全区水平的地区以提升城镇化质量为主，而低于全区城镇化平均水平的地区，农村人口向城镇转移还得持续

较长一段时间，要因地制宜，不盲目攀比。东部地区城镇化水平明显滞后，要存量和增量并举。

不论西部还是东部，加快经济发展，提升产业发展层次仍然是城镇化的根本。为此，要进一步提高城市产业发展层次和水平，通过产业发展促进就业，进而带动城镇化发展。提升创新能力，强化产业支撑。我国第三产业已经超过第二产业成为最大产业，中国经济结构发生了根本变化，服务业将成为城镇化发展的后续动力。而自治区则不同，第二产业比重高，第三产业比重偏低，产业发展与就业严重偏离，一定程度上制约了城镇化质量的提升。因此，自治区经济需要加快转方式，调结构，从工业为主向工业和第三产业并重转变，通过技术创新、管理创新、体制机制创新，加快煤炭、钢铁、冶金、化工等传统产业改造升级及新材料、高端装备制造产业、节能环保、煤清洁高效利用等新兴产业的培育和规模的扩大，延长产业链，促进工业和信息化的结合、第二产业和第三产业的融合发展。同时，要抓住国家"一带一路"倡议、"京津冀一体化"机遇和我国居民消费层次提升的需要，积极发展对俄、蒙贸易，提升具有资源优势的草原、森林、沙漠旅游业的发展层次，不断为城镇化发展提供新动力，从而实现产业发展与新型城镇化的互促共进。为此，优化投资结构，加大对创新的投入，而非简单地扩大投资规模，不断提高投资效益。增加对新兴产业、新技术以及人才引进培养的投入，加快科技研发速度、科技成果的转化和产业化，引进科技人才和管理人才，促进产业结构向更高层次发展，不断提升投资经济效益。随着产业链的延伸，工业化与信息化、第二产业和第三产业的融合，产业的集聚度不断提高，产业支撑能力不断增强，就业渠道也会不断拓宽，可以提供更多的就业机会，吸纳不同层次的劳动力到城镇就业。

（二）以优化城镇体系为重点，扩大中小城市规模，加快城市群和赤峰通辽一体化进程，实现城市发展与水资源合理配置、大中小城市和小城镇协调发展

城市发展到底是以大城市为主还是以中小城市为主，不同的国家有不同的模式。美国、日本主要以城市圈为主要城市形态，日本东京、大阪、名古屋三大都市圈的生产总值占全国的70%[1]，人口占比达到了65%。德国与美国、日本不同，以中小城市为主，最大城市柏林的人口也不过340多万人，第二大城市汉堡人口仅170多万人，大部分人口相对均衡地分布在中小城市。我国在21世纪之前，限制大城市，主要以中小城市和小城镇为主。21世纪之后，城市群在区域发展的作用越来越大，目前已经形成十大城市群，长江城市群、珠江三角洲城市群、京津冀城市群等在区域发展中的地位已经无法替代。对于内蒙古自治区而言，目前主要以中小城市为主，而且比较分散，西部呼包鄂城市群已经形成，但在产业集聚力上，与我国其他城市群还存在巨大的差距，属于松散型的城市群，加上地域狭长，也很难对东部地区起到辐射带动作用。自治区东部地区总人口与西部接近，但城镇人口占比只有46%，明显低于西部，除了赤峰市、通辽市2个规模较大的城市，其余全部为小城市，与人口总量不匹配，农业人口比重偏高，无疑需要加快人口的城镇化。

城市规模大小，既要考虑经济规模效益，更要考虑可持续发展，鉴于西部水资源的限制及自治区森林草原肩负的生态服务功能，不宜发展更多的大城市，而应把100万以上人口大城市的数量控制在3个左右，积极发展100万以下人口中等城市和50万以下人口20万以上人口的小城市，扩大人口规模，增加中等城市数量，提高中等城市和小城市人口占比，同时，把城市建设发展与水资源状况、生态功能区的空间布局结合起来。鉴于自治区中西部人均水资源量偏

---

[1] 范恒山，陶良虎.中国城市化进程[M].北京：人民出版社，2009：179.

低的制约,以及在呼和浩特这样的大城市已经出现严重交通拥堵的城市病问题,只能适度扩大中心城区规模,把重点放在积极发展呼包鄂城市群中的县城,如和林格尔新区、察素齐、萨拉齐、薛家湾、树林召等城关镇,增强人口吸引力,进一步增强呼包鄂城市群辐射带动作用。就东部而言,扩大东部中小城市规模和增加中等城市数量为重点,打破行政界线,加强赤峰市、通辽市一体化,将赤峰市、通辽市与京津冀城市群、以沈阳市为中心的辽东南城市群联系起来,主动融入周边城市群。加快满洲里市到扎兰屯市城市带及大通道沿线城市、城镇建设,不断优化城镇体系结构。加快通辽市、赤峰市铁路建设,在沈阳市至赤峰市、沈阳市至通辽市高铁建设的基础上,应该争取将连接通辽市、赤峰市的高铁纳入全国高铁未来发展规划,使全区形成西部以呼包鄂为核心和东部以赤峰市、通辽市为中心,大通道、集通线、绥满铁路交通干线为发展轴的大中小城市协调发展的城镇体系,建成人口规模适度的宜居的可持续发展的城镇体系。

(三)以提升城市公共服务承载力为重点,促进市民化

新型城镇化的核心就是坚持以人为本,坚持人民城市为人民,积极推进公共服务常住人口全覆盖,加快农牧业转移人口的市民化。为此,优先促进就业和教育均等化,让进城农牧民、外来务工人员实现稳定就业,农牧民随迁子女与城市里的孩子一样接受同等的学前教育、义务教育、高中教育。要增加国家、自治区义务教育的投入,提高国家和自治区在教育上的投入比重,不断改善办学条件,提高教学质量。加快城镇化相配套的改革,顺应城镇化过程中城市人口规模不断扩大的趋势,重新核定城区和县域教师编制,增加城区教师编制,改变城市教师短缺问题。降低入学门槛,按照"以就近入学为主,以进入公办学校为主"的要求,尽可能做到让农牧业转移人口和外来务工人员子女与城市户籍人口子女同等入学。加强宣传,增强主动性,加强培训机构与企业和用人单位的联合培养，提高就业技能培训质量，增强农牧业转移人口就业能力，适应产业发展对高素质劳动力需要的增长，增加就业率。统筹城乡就业，将当前主要面对城市的就业培训向农村拓展，对城乡全体劳动者开展培训，实现培训均等和就业均等。加强督促检查，提升企业社会责任感，增强企业为农民工保险的主动性，同时提高农民工自身参加城镇职工基本养老保险、医疗保险、工伤保险的意识，不断提高参保率。稳步推进城市住房改革，完善保障房建设体系建设，不再把保障房申请条件限制在本地城市或城镇户口，推进居住证制度，将农牧业转移进城人口纳入城市保障房体系，实行购租并举，分类解决。建立和加强保障房申请、审核机制，建立动态的退出、监督机制，保证保障房公平性，使进城农牧民和外来务工人员住有所居，乐业安居。

（四）以规划编制、基础设施建设、公共服务、社会治理为重点，促进城乡协调融合发展

当前城镇化已经从高速发展进入中速稳步发展阶段，从速度型向质量型转变，要从过去偏重城市向城乡统筹协调发展转变。研究显示，健康发展的城镇化必须由以城市为中心向城乡统筹发展转变。通过城乡规划、产业发展、基础设施、市场管理、社会管理、社会保障等一体化联动发展，促进城乡统筹发展，将基础设施和公共服务向农村牧区延伸，让农民在农村也能享受到畅通的信息，小病不出村，大病有保障。注意保持乡村特色，房屋院落既要整齐整洁，又不能失去特色，对农村道路和基础设施进行统一规划，但不要对农民房屋院落的布局整齐划一，搞一张图纸，防止农村房屋一样化，保护农村原有的自然风貌，对于湖泊、河流、古树进行保护，适度绿化。杜绝因城市建设，挖土挖沙，引进污染企业而污染农村环境、破坏自然风貌的现象再度发生；杜绝为了农村短期经济利益，毁林开荒，破坏农村美丽景观的现象再出现。加快新型职业农民培育，鼓励农村大学毕业生回乡，成为建设现代化新农村的主力军,逐步缩小城乡之间的发展差距,实现城乡一体化融合发展。

(五)以强化城市规划管理及治理为重点,建设富有民族特色、地区特色的城市和城镇

要坚持规划统筹的理念,加强城乡规划编制或修编、审批、监督管理工作,做到建设管理有法可依,有法必依,增强城市规划的刚性和权威性,维护规划的稳定性和连续性,避免一任领导一张蓝图。进一步加强内蒙古城镇体系规划、城市规划、小城镇规划的有机衔接,建立起统筹城乡发展的规划管理体系,达到城乡规划全覆盖,真正实现城市的高质量建设、高水平管理。试点先行,优先在小城市或城镇率先推行"多规合一"。建立由主要领导牵头的"多规合一"领导小组,加强部门协调和合作,统一标准和体系,逐步实现城市、城镇科学发展。在规划前期的调研、编制、审批过程中,要吸收生态学、经济学、文化、历史等多学科专家参与城市规划的全过程,突破城市规划师的学科限制,加强市民对规划的知情权、参与权,摒弃传统工业化城市建设思维,将文化特色、绿色发展理念、信息化建设融入城市规划之中,建设富有文化特色的绿色、智慧的现代化宜居城市。

立足地区特色,建设各具特色的牧区、林区、垦区小城镇。自治区地域辽阔,既有特色鲜明的草原牧区,又有林区、垦区,这些地区的城镇建设要尊重当地的自然条件、文化特色,适度收缩,但也不宜过分集中,应该借鉴国外小城镇建设经验,建设功能完备的特色小城镇。无论牧区,还是国有林区和垦区,坚持生态保护优先,依靠特色畜产品加工业、林产品加工业、有机农产品加工业、旅游业、特色养殖等产业为支撑,注重文化特色,建设旅游休闲型、工贸型、生态型、综合型等各具特色的城镇;既不能把农场、林场局址都变为城市型的住宅小区,也不能盲目克隆国外建筑,避免千城一面,重复性跟风建设,同质化竞争;加快小城镇基础设施和公共服务建设,尤其要加强小城镇的垃圾处理和污水设施的建设，保护好小城镇环境，缩小与城市在基础设施方面的差距，让当地居民在小城镇也能享受城市文明。

加强城市治理，统筹政府、社会、市民三大主体，促进城市更好发展。大力推进管理模式改革，构建政府、社会、市民共同治理、相互协调、高效规范的城市治理新格局，从而减轻政府的负担，提高工作效率，提升公共服务质量、效率。加强城市精细化管理，提高城市居民整体文明素质，弘扬正能量，赋予市民在城市建设中更多的参与权和监督权。加强干部培训和学习，定期开展城市管理、城镇化发展理论、城市经济、城市生态环境保护等相关知识培训，培养既懂管理又了解城市的干部，按照城市发展客观规律来管理城市，做出科学决策，把城市建设得更加美好，增强市民的幸福感。

做好顶层设计，遵循信息安全优先原则，加强智慧城市建设，实现民生服务智慧建设。综合运用互联网、物联网、云计算等新一代信息技术，在国家智慧城市试点工作的基础上，以数据安全为前提，加强部门合作和数据资源共享，防止重复建设，优先在电子政务、城市交通管理、城市旅游、城市医疗、饮用水安全监测、供气供热服务、智慧社区建设方面推行智慧建设，逐步将智慧融入城市管理、城市生活和城市产业发展之中。要立足当地历史文脉，将草原民族的建筑风格、色彩、纹饰、结构设计融入现代城市建筑之中，在草原地区的小城市、小城镇不建高楼大厦，以低层为主，大中城市也不应该效仿一线城市建设超过建筑，而要将草原文化核心理念贯穿城市生态建设、企业经营、文化活动、人与人交往之中，尤其是小城市和小城镇建设更要突出特色，尤其是文化特色，建设草原特色城市。

（六）以制度创新为重点，加快农村土地、城市住房、行政管理制度改革，完善城镇化的体制机制

单纯依靠投资规模的无限扩大和建成区的无序扩张推进城镇化的模式是

不可持续，要依靠体制机制创新来促进城镇化发展。因此，要深化户籍制度改革，按照新型城镇化规划要求，进一步放宽户籍政策，在大城市积极推进居住证制度，在中小城市彻底放开落户条件，逐步消除户籍背后附着的各项利益，使得户口逐步回归人口登记的本来功能，让农民和外来务工人员与城市居民享有同等的权和利。

将城市住房制度改革和农村宅基地退出机制联动进行改革。加快农村集体土地和宅基地确权发证，制定合理的利益分配和补偿机制，为农民进城购房或者租房提供资金。同时，将农村牧区转移进城人口等非户籍人口纳入保障房体系当中，有条件的鼓励其在城市购置商品房，实现转移人口和非户籍人口住房的购租并举，促进其市民化，根据转移进城农牧民的具体情况和条件，分类解决他们在城市的住房问题，实现住有所居。

加快行政体制改革，将有条件的县升级为市，增加西部小城市数量，完善西部城镇体系。建设服务型政府，消除体制机制障碍。加快行政体制的改革，简政放权，减少行政层级，在扩权强县试点的基础上，积极探索自治区直管县，扩大县级城镇和市的权限，激发发展活力。重点推进财政体制实质性改革，增加县级财力，完善城镇功能，引导产业向县城和县级市转移，增强人口吸引力和产业集聚力，提升县域城镇化水平，促进大中小城市与县城协调发展。

（七）以绿色、节约、低碳为重点，切实将生态文明理念融入城市建设与发展之中，建设美丽宜居城市

要树立人与自然和谐共生理念，转变发展方式，建设资源节约、环境友好的绿色生态城市。城市发展规模要统筹考虑最佳经济规模、资源承载力，尤其是水资源承载能力，呼包二市要适度控制城区人口规模，划定城市边界，积极发展周边的县城，实现呼包鄂城市群的可持续发展。城市产业发展走循环经济和绿色化道路，按照环保要求，引进项目和企业，严格限制高耗能、高污染企业进入；加强城市水源地的保护，绝不允许以任何理由在水源地搞建设和开发，切实保护好水源地，从源头上保障为城市居民提供安全饮用水，特别要加强城市污水处理厂提标改造、城镇污水处理厂建设、运营管理以及垃圾无害化处理设施建设，加强商场、饭店和沿街商铺环境管理，对于随意倾倒垃圾和排放废水的用户必须加以严厉惩罚，减少废水和废弃物的排放，改善城市和城镇生态环境。要加强基础设施建设，建设海绵城市，加快棚户区改造和危房改造，让老百姓既能乐业，又能安居。城市人均绿化面积建设标准应该设立一定的上限，针对中西部城市水资源人均量普遍偏少的现实，绿地发展要有限度，要量水而行，而不是越高越好，以满足西部城市的可持续发展需要。即使发展绿地，也要尽量使用再生中水，提高城市水资源的循环利用率。同时，加快海绵城市建设，充分利用雨水、雪水等非常规水，铺设透水地面，加强城市土地的蓄水、净水能力。

加快低碳城市建设，优先从加强大型商场、机关单位办公楼、公共场所等的低碳运行管理开始，设定合理的温度，既要让人们感到舒适，又不至于造成能源浪费，建立经常性的检查监督机制，保证资源合理利用；逐步推进低碳建筑的建设，制定强制执行标准，实行政策引导和适当补贴的方式，不断提高低碳建筑比例，提高建筑节能水平。合理规划城市空间布局，坚持公共交通导向，因地适度发展轨道交通，大力发展公共汽车为主的公共交通，加强公共交通的科学管理，合理设置线路和每条线路的公交车数量，提高服务水平，缩短公交车运行和等待时间，提升乘车的舒适感，将大城市公共交通出行比例提高到40%—60%；倡导绿色出行，打造适宜步行和自行车出行的城市慢行系统，改变当前机动车停车位挤占人行道和机动车道侵占自行车道的倾向，科学选址修建地下停车场和地上立体停车场，为自行车和行人留出更多空间，鼓励更多人绿色出行。

集约利用土地，发展紧凑型、功能混合的城市，提高城市土地的利用率。严格控制城市无序扩张和蔓延，集约利用城市土地，优化城市土地利用结构。城镇化是人的城镇化，而不是土地城镇化。在自治区城镇化过程中，2000—2013年，城市用地增长弹性系数达到2.16，2014年下降为1.65，但还是超出合理区间（1—1.12），土地城镇化快于人口城镇化。针对城市、城镇蔓延的问题，要合理划定城区边界，保留城市内的绿芯和城市间的绿带，做到城市发展绝不突破耕地红线、生态底线，保持城市和乡村区各自特色，遏制城市蔓延趋势。同时，要集约利用城市内的土地，彻底扭转过去一些城市和城镇不顾规模大小、财力多少、资源环境承载力如何，彼此盲目效仿建大广场、大马路、大场馆、豪华办公楼的不切实际确定超大建成区目标的粗放建设方式，不搞形象工程，多搞民生工程，如老城区地下管网改造、水资源节约利用和循环利用设施建设、大力发展公共交通等关乎城市居民切身利益、城市长远发展的民生工程。合理配置工业用地、居住用地、公共设施用地、绿地广场用地，控制广场用地、工业用地，增加教育用地，优化城市土地利用结构，提高建设用地的利用效率。严格执行国家标准，将城市人均建设用地指标控制在120平方米之内，县级城市和小城镇可适当放宽，控制在150平方米的合理范围之内，防止出现有城无人的"空心城市"。对于城市住宅建设，要严格容积率要求，确定强制性标准，确定合理的小户型建设比例，学习德国经验，多建小户型房屋，控制大户型房屋数量和比例，尽快出台房产税，对大户型住房征收更多的税，节约利用土地，保证城市建设用地的高效和人人有房住。

第六章 特色城镇化研究

内蒙古作为边疆少数民族地区，不仅有城市和广大农村，还有赋有地区特色和民族特色的广大牧区、林区及垦区。这些地区肩负着生态保护及保障国家粮食安全的重任，有其自身的特点，在推进城镇化过程中应有别于其他地区，不能盲目效仿其他地区，应走特色城镇化、绿色城镇化之路。

第一节 牧区城镇化研究

我国牧区面积占全国国土面积的40%以上，牧区在我国经济社会发展大局中具有重要的战略地位。2011年6月，发布的《国务院关于促进牧区又好又快发展的若干意见》指出，草原是我国面积最大的陆地生态系统，是主要江河的发源地和水源涵养区，生态地位十分重要；草原畜牧业是牧区经济发展的基础产业，是牧民收入的主要来源，是全国畜牧业的重要组成部分；牧区矿藏、水能、风能、太阳能等资源富集，旅游资源丰富，是我国战略资源的重要接续地。内蒙古牧区作为全国五大牧区之一，自然资源丰富，草原生态敏感脆弱，推动其又好又快发展，必须注重生态环境保护与自然资源利用的协调，选择生态优先的城镇化道路，开发清洁能源资源，发展绿色经济，按照自治区发展思路，将其建成"绿色农畜产品生产加工输出基地、体现草原文化独具北疆特色的旅游观光休闲度假基地、我国北方重要的生态安全屏障和祖国北疆安全稳定屏障"，推进新型城镇化。

一、牧区城镇化研究综述

国外关于游牧社区的社会变革与治理的研究视野开阔、内容广泛、历史悠久，当代较早的研究可以追溯到20世纪40年代，埃文思·普里查德在其著作《努尔人》中分析了苏丹的努尔人部落游牧社会的生产、生活、内部组织。而国内对牧区城镇化的研究起步较晚，21世纪初陆续有学者、专家对该领域进行关注研究。

对牧区城镇化进行关注研究的国内学者较多，研究的内容主要围绕牧区城镇化的空间组织模式、必要性和意义、思路和政策、牧民向城镇的流动、草场退化等问题。

一是对牧区城镇化的必要性和意义进行的研究。闵文义、才让加、戴正于2003年在对河西走廊阿克塞县草原牧区的调查报告中指出，草原牧区实行承包责任制后，牧民分散居住在自己的牧场上，因而导致乡级管理组织在面对相隔千里、极度分散的牧户家庭经营时，鞭长莫及，使得牧业生产责任制之前实行县、乡、村到牧户的管理层次严重失效，导致政府宏观调控能力和作用大大降低，政府的规章制度难以真正落实，牧民生产和生活过程中存在的问题难以及时解决等现象发生。他们将这种现象称为牧业自然村的"解体"，认为这种"解体"是草原牧区"有增长而无发展"的根本原因，解决这一问题的基本途径是草原牧区必须实现城镇化战略。[1]因为城镇化可以重新将牧民集中组织在一起，以克服自然村"解体"带来的发展困境。戴正、闵文义、才让加、邓艾认为西部民族牧区城镇化道路不同于其他地区，不能简单地从经济效益来评价其成本收益。西部民族牧区生态地位特殊、民族关系复杂、少数民族文化多样、人稀地广，这些客观原因使得这一地区的城镇化面临较多的困难，如果仅从经济效益来看，城镇化效果也许不如其他地区，如果从牧区现代化建设、可持续发展以及少数民族地区和谐社会的构建等多角度评价其城镇化投入所取得的效益，其城镇化有益于提高整个牧区的社会发展指数和牧民的国民幸福指数。因此，从民族牧区的长远发展和现实情况来看，民族牧区实现现代化、可持续发展以及牧区和谐社会的构建，都需要以牧区城镇化建设为依托。[2]

二是对牧区城镇化的思路和政策取向进行的研究。2008年，闵文义、戴正在对青藏高原牧区城镇化的特殊性进行研究后，认为青藏高原牧区的城镇化应充分考虑其特殊性，进而制定城镇化的相关政策。他们指出，由于青藏高原的特殊性，青藏高原牧区应以政府为主导进行"自上而下"的城镇化，以城镇为依托，以畜牧业为主导产业，以人口聚集和产业聚集为发展目标，对畜牧业进行同心圆扩展布局，加强交通、信息等基础设施建设，有区别地进行牧区城镇化建设，才能摆脱不利因素，逐步引导牧民融入牧区城镇化的进程中。[3]同年，闵文义、关春玉研究了牧区的城镇化与畜牧产业化的互动模式。他们认为应以牧业产业化为切入点，在政府主导的规划和建设中推进牧区城镇化，争取以最

---

[1] 闵文义，才让加，戴正.城镇化：西部民族地区草原牧区可持续发展的必由之路阿克塞县草原牧区可持续发展模式调研报告[J].西北民族研究，2004（3）：188—195.

[2] 戴正，闵文义，才让加，邓艾.西部民族牧区现代化、可持续发展的现实选择——牧区城镇化建设[J].西北民族大学学报：哲学社会科学版，2006（6）：99—103.

[3] 闵文义，戴正.对青藏高原牧区城镇化特殊性与政策取向的研究[J].中国藏学，2008（1）：139—144.

小代价提高牧民组织化和社会化程度,推动牧区公共服务均等化进程,促进牧区市场发展,在经济社会的发展中更好地解决牧区的生态环境问题。[1]厉以宁认为,牧区城镇化应坚持一个基本观点:"听从牧民的选择,如果他们愿意留在所承包的牧场,那就尊重他们的意愿,不能强制他们移往城镇。至于地区城镇人口的增长以及地区城镇化率的提高,则主要依靠本县(旗)和外地农民前来务工、开店开作坊或从事其他工作,进而在本县(镇)城镇安家落户。"[2]这一观点与其他学者倡导的"自上而下"对牧区城镇进行定居工程和城镇化建设有根本的区别,可谓是一种新思路。

三是对牧区城镇化的空间组织模式进行的研究。北京大学城市与环境学院博士生王利伟等人以内蒙古自治区锡林郭勒盟为例,对草原牧区城镇化空间组织模式进行了理论与实践的探索。文章认为,草原牧区由于生态环境脆弱、地理区位边缘、发展基础单一、人口密度较低等特征,其城镇化必须从草原本地特征出发,探索建立适合草原牧区自身特色的城镇化模式,并从基本目标、城镇化导向、驱动机制、空间结构、基础保障等5个方面对比草原城镇化与传统城镇化的差异,指出草原牧区城镇化要高度重视中心镇或苏木对牧民聚集点的统筹引领作用,坚持从牧民生产生活方式变迁的实际情况出发,合理引导基本公共服务设施的配置,将国家战略功能支撑和本地城镇化进程有机融合在一起,科学组织草原牧区城镇化进程。[3]

四是对牧区城镇化的主要困难进行的研究。2011年,厉以宁对内蒙古赤峰

---

[1] 闵文义,关春玉.西部民族牧区城镇化与畜牧产业化互动模式研究[J].西北第二民族学院学报:哲学社会科学版,2008(3):74—78.

[2] 厉以宁.牧区城镇化的新思路[J].北京大学学报:哲学社会科学版,2012,49(1):5—10.

[3] 王利伟,赵明.草原牧区城镇化空间组织模式:理论与实践——以内蒙古自治区锡林郭勒盟为例[J].城市规划学刊,2013(6):40—46.

市牧区进行了调研，并在随后发表的论文中指出牧区城镇化主要有3个方面的困难：第一，牧区地广人稀，城镇本来就比较少，而且除盟市所在地以外，规模也都不大；第二，新迁入城镇的居民就业困难；第三，在牧区城镇化过程中，为扩建城镇或新建城镇，往往缺乏土地指标，即使是"有限的指标，首先向旗县政府所在地城关镇倾斜"；第四，可能这是最重要的，就是牧民中大多数人不愿意迁往城镇，认为城镇生活不如在牧场生活舒适。[1]另外，厉以宁认为，农业生产承包责任制推行后，对草场的改善是有益处的，因为牧民对于超载放牧对草场的负面影响十分清楚。

二、内蒙古牧区城镇化现状及特点

牧区是利用天然草原并主要采取放牧方式经营饲养草食性家畜为主的地区（以畜牧业为主，兼营种植业的地区为半农半牧区），是商品牲畜、役畜和种畜的生产基地。中国牧区集中分布在北部和西北部干旱、半干旱及西南部青藏高原地区，通常称内蒙古、宁夏、新疆、青海、西藏为五大牧区。此外，甘肃、四川西部草场面积大，畜牧业历史悠久，也是重要牧区。全国共有120个牧区县（旗）和146个半农半牧区县（旗），土地面积共计360多万平方千米，占全国土地总面积的37%。内蒙古目前共有33个牧业旗县和21个半农半牧业旗县，牧区土地面积共计80.36万平方千米，大约占全区土地面积的68%。

（一）内蒙古牧区城镇化现状

1. 牧区城镇化率较低

内蒙古牧区属于地广人少地区，城镇化速度较慢，城镇化率低。2015年，内蒙古33个牧区旗县域总人口为514.44万人，其中，城镇人口178.36万人，乡

---

[1] 厉以宁. 牧区城镇化的新思路[J]. 北京大学学报：哲学社会科学版，2012，49(1)：5—10.

村人口336.08万人，城镇化率只有34.67%。同期，内蒙古城镇化率为60.3%，牧区城镇化率较全区城镇化率低25.63个百分点，与全区旗县（80个旗县域城镇）城镇化率比较，高了1.92个百分点（表6-1）。

表6-1 2015年牧区旗县土地面积、人口对比表[1]

指标	33个牧区旗县	内蒙古自治区	占比	80个旗县域地区	占比
土地面积（万平方千米）	81.32	118.3	68.74%	117.24	69.36%
年末总人口（万人）	514.44	2511.0	20.49%	1759.61	29.24%
城镇人口（万人）	178.36	1514.2	11.78%	576.38	30.94%
城镇化率	34.67%	60.30%	-	32.76%	-

2.经济发展水平不断提升

近几年，在全区经济发展的带动下，牧区经济增长逐渐提高，产业结构趋于合理化。2007年，33个牧业旗的地区生产总值总量为1152.5亿元，而全区地区生产总值总量为6091.1亿元，牧区经济总量占全区地区生产总值的18.9%。2015年，33个牧业旗的地区生产总值总量达到4093.04亿元，全区地区生产总值总量为17831.51亿元，牧区占其22.95%，与2007年相比，牧区经济总量在全区经济总量中的比重提高了4.06个百分点。2015年与2007年相比，全区地区生产总值增长了2.9倍，而牧区地区生产总值增长了3.6倍，牧区经济总量整体上升较快；从三产比重来看，牧区三次产业增加值分别占生产总值的11.36%、61.57%和27.08%，与2007年相比，第一产业下降5.20个百分点，第二产业和第三产业分别提高4.19、10.16个百分点。人均生产总值7.96万元，分别比全区人均生产总值和80个旗县域人均生产总值高11.95%和20.50%，比2007年的人

---

[1] 根据《内蒙古统计年鉴2016》数据整理得出。

均生产总值增加 5.62 万元。

表 6-2　牧区旗县主要经济指标对比 [1]

指标	33 个牧区旗县	内蒙古自治区	占比	80 个旗县域地区	占比
生产总值（万元）	40930428	178315100	22.95%	116180957	35.23%
第一产业产值（万元）	4648013	16174200	28.74%	14460224	32.14%
第二产业产值（万元）	25199164	90005800	28.00%	63166857	39.89%
第三产业产值（万元）	11083253	72135100	15.36%	38553879	28.75%
人均生产总值（元）	3646340	711010000	0.51%	6805961	53.58%
全社会固定资产投资（万元）	33326303	138247600	24.11%	76790047	43.40%
地方财政收入（万元）	2951519	19644800	15.02%	7183925	41.09%
地方财政支出（万元）	8016405	42529600	18.85%	21181836	37.85%
城镇居民人均可支配收入（元）	910650	305940000	0.30%	2102730	43.31%
农牧民人均纯收入（元）	437025	107760000	0.41%	883889	49.44%

牧区居民收入水平增长明显。33 个牧区旗县城镇居民人均可支配收入 27595.45 元，为全区城镇居民人均可支配收入的 90.19%，为全区 80 个旗县域城镇居民人均可支配收入的 104.99%；农牧民人均纯收入 13243.18 元，为全区农牧民人均纯收入的 122.89%，为全区 80 个旗县域农牧民人均纯收入的 119.86%。

3. 牧区基础设施进一步改善

随着西部大开发战略的不断深入，国家对于内蒙古牧区的基础设施投入力

---

[1]　根据《内蒙古统计年鉴 2016》数据整理得出。

度也不断加大,各级政府也增加牧区基础设施的投资力度,使长期制约牧区可持续发展的基础设施有了明显改善。据统计,到2015年,内蒙古牧区公路总里程达到80348千米,牧区公路网络密度为9.88千米/百平方千米。2012年,内蒙古牧区通电话用户129.6万户,比2007年增长了21.5%。

4. 牧区公共服务有所提高

基础教育方面,内蒙古在2006年就已经实现了普及义务教育的任务,并且提前4年实现了国家"两基"(基本普及九年义务教育和基本扫除青壮年文盲)达标。内蒙古牧区与其他地区(新疆、西藏等地牧区)相比,基础教育发展较为迅速,而且内蒙古各地牧区正在积极实现"校安工程"和"两免一补"(免杂费,免书本费,逐步补助住宿生生活费)。"十一五"期间,内蒙古各级财政累计对基础教育投入1040亿元,年均增幅高达33%,属于增幅较大地区。2009年,内蒙古提高了对于牧区基础教育学校公用经费补助标准,小学由每年的265元提高到300元,初中由每年的395元提高到500元。2010年,内蒙古对牧区家庭困难寄宿学生提高了补助标准,其中汉授小学生提高至750元/年,汉授中学生提高至1000元/年,蒙授小学生提高至1000元/年,蒙授中学生提高至1350元/年。民族教育也得到较快发展,并且得到了优先重点安排,基本建立了从幼儿教育到高等教育的民族教育体系。近些年,内蒙古牧区在基础教育方面取得了明显进步。2011年9月,全区实现了全区高中阶段的免费教育。

医疗卫生方面,2002—2015年,内蒙古牧区医疗卫生事业快速发展。2015年,牧区每万人拥有床位数为39.76床,每万人拥有医生数量为26.11人,卫生机构床位和卫生机构人员都取得显著增长。与2002年相比,牧区卫生机构床位数增长了84.2%,每万人口拥有床位数增长了45.7%,卫生机构人员增长了65.3%,每万人口医生数量增长了24.3%。从以上数据可以看出卫生机构床位、每万人口拥有床位数和卫生机构人员增长幅度都较大,均高于40%,内蒙古医疗卫生基础设施和人员配备取得较快增长。

表 6-3 牧区旗县公共服务配置指标对比[1]

指标	33 个牧区旗县	内蒙古自治区	占比	80 个旗县域地区	占比
小学专任教师数（人）	34463	101730	33.88%	81139	42.47%
小学在校学生数（人）	255934	1313635	19.48%	799098	32.03%
小学生师比	7.43	12.91	—	9.85	—
普通中学专任教师数（人）	23778	93211	25.51%	64358	36.95%
中学在校学生数（人）	202628	1102685	18.38%	643471	31.49%
中学生师比	8.52	11.83	—	10.00	—
卫生机构数（所）	5818	23885	24.36%	16420	35.43%
床位数（张）	20454	105185	19.45%	65435	31.26%
卫生技术人员（人）	26658	162328	16.42%	79392	33.58%

（二）内蒙古牧区城镇化特点

1. 牧区城镇化水平东西部差异明显

内蒙古自治区牧区旗县横跨东北、华北、西北，地域辽阔，蒙东与蒙西区域城镇化差异大，发展不平衡，主要表现在牧区小城镇的人口、经济、服务、管理、基础设施等方面。东部牧区[2]的城镇数量107个，比西部牧区[3]的城镇数量多56个，而东部牧区和西部牧区的行政区域面积分别是39万平方千米和42万平方千米，可见东部牧区的小城镇数量多、密集度高。据《中国建

---

[1] 数据来自《内蒙古统计年鉴2016》。

[2] 包括呼伦贝尔市、赤峰市、通辽市、兴安盟、锡林郭勒盟范围内的牧区旗县。

[3] 包括阿拉善盟、鄂尔多斯市、巴彦淖尔市、包头市、乌兰察布市范围内的牧区旗县。

制镇统计年鉴2015》计算，东部牧区有城镇人口1361653人，西部牧区有城镇人口421965人，城镇化率分别是34.07%和36.78%，西部牧区的城镇化水平较高，东部牧区的生产总值22909069万元，一二三产业结构为15∶56∶29，就业结构为56∶14∶30，西部牧区的生产总值18021359万元，一二三产业结构为6∶69∶25，就业结构为45∶20∶35，可见西部牧区城镇的产业发展水平以及二三产业吸纳就业方面要优于东部牧区。

2.城镇密度与城镇人口规模普遍偏低

内蒙古牧区土地面积共计81.32万平方千米，分布有158个小城镇[1]，其中，镇区人口10万人以上的1个，5万人以上的6个，1万人以上的29个，5000人以上的10个，2000人以上的42个，2000人以下的70个。由此计算出，牧区城镇密度1.94/万平方千米，平均每5147平方千米只有一个牧区小城镇；全区80个旗县域城镇密度3.48/万平方千米，平均每2874平方千米分布一个建制镇；平均每一座小城镇人口规模为9127.78人。

3.政策助推牧区城镇化

基于改善和保护生态环境、发展经济的目标，我国在生态脆弱地区广泛实施生态移民政策。内蒙古于2001年开始实施生态移民工程，工程涉及72个旗县，自2002年起投资上亿元实施生态移民近65万人。[2] 牧区生态移民改变了牧民祖祖辈辈依赖草原生产生活的传统习惯，从而大量牧民开始进城或者外出务工，导致牧区小城镇人口开始增加，城镇化率上升，牧区人口下降。一定程度上讲，保护生态、教育等政策在牧区实施过程中，在改善生态环境和提高教育质量的同时也促进了牧区的城镇化的进程。

---

[1] 国家统计局农村社会经济调查司.中国建制镇统计年鉴2015 [M]．北京：中国统计出版社，2015：100—109.

[2] 初春霞，孟慧君.内蒙古生态移民面临问题及其对策思考 [J]．北方经济，2005 (6)：57—58.

三、内蒙古牧区城镇化问题分析

（一）内蒙古牧区城镇的发育过度依赖粗放型企业

近几年，内蒙古依托能源资源富集优势，经济迅猛发展，形成以能源、化工、冶金、机械装备等资金密集型企业为支柱的产业结构。伴随着内蒙古工业化进程，境内牧区为了抓住内蒙古经济发展机遇，加快经济发展，促进地区生产总值增长，逐步扭转以畜牧业为主的经济发展模式，将发展的重心向第二产业倾斜，提高工业经济在全区的比重。但是，牧区工业化的道路非常粗放，草原上矿厂遍地且破坏草原生态，一些旗县政府为了吸引投资，招商引资引入的企业多数是以当地资源为原料的加工企业，经营粗放、工艺落后，高耗能、高污染问题突出。另外，多数盟市旗县并不具备发展电石、硅铁合金所需的焦煤、硅石、石灰石等资源优势，要从其他地区购进。这些产业的发展能源消耗大，污染相当严重，给牧区的资源环境造成极大破坏，对于解决当地就业和提高当地人民收入水平方面发挥的作用不大。因此，目前牧区城镇第二产业快速发展，一方面是依靠固定资产的投入来拉动，另一方面以消耗大量的能源牺牲环境为代价，发展模式粗放。

（二）进城牧民就业困难

近年来，内蒙古牧区人口及劳动力转移的数量不断增加，初步统计，转移出牧业劳动力近30万。[1]但是，牧区人口转移过程中回流现象较为普遍，主要原因是转移出的牧区人口及劳动力就业竞争激烈，加之文化差异、无技术等多方面原因，有的少牧民难以就业，主要靠草场补贴来维持生活。有的进城牧区劳动力以体力劳动及技术含量很低的服务性行业，工作缺乏稳定性，收入水平

---

[1] 徐宏伟，许晓彬，刘丽莉. 内蒙古农牧区生态移民与小城镇建设探析 [J]. 中国科技信息，2007 (20)：172—175.

也较低,生活比较困难。

(三)产业结构与就业结构偏离度高

2015年,33个牧区旗县的第一产业增加值4648013万元,第二产业增加值25199164万元,第三产业增加值11083253万元,三次产业结构比为11∶62∶27;第一产业就业人员164.09万人,第二产业就业人员48.81万人,第三产业就业人员97.40万人,三次产业的就业结构比为53∶16∶31。可见,牧区三次产业的结构偏离度分别达到-0.79、2.88、-0.13。即第一产业以54%的就业人口创造了11%的地区生产总值,偏离度为负值,表明该产业有大量的剩余劳动力,随着第一产业向现代化、机械化方向转变,剩余劳动力的数量将会逐渐增加,这就为二三产业的发展提供了潜在的劳动力资源。第二产业62%的地区生产总值由16%的就业人数创造。目前牧区旗县的第二产业以资源密集型企业为主,所需的专业性从业人员数量较少。第三产业以31%的就业人数创造27%的地区生产总值。

(四)水资源短缺是内蒙古牧区城镇化的制约因素

内蒙古牧区面积为81.3万平方千米,可利用草原为53.50万平方千米,水资源量仅为199.35亿立方米,其中地表水总量39.77亿立方米,可利用量15.90亿立方米,地下水总量107.60亿立方米,可利用量52.73亿立方米。据统计,牧区现状用水量为32.1亿立方米,水资源开发潜力尚有37.30亿立方米。受下垫面和大气环流的综合作用,水资源分布呈明显的东多西少、丰枯不均的特征,与社会经济发展极不协调。东部呼伦贝尔市、兴安盟的国土面积约为31万平方千米,占自治区总面积的26%,水资源总量为325.18亿立方米,占全区水资源量的63.85%。通辽市以西10个盟市国土面积约为87万平方千米,占自治区总面积的74%,水资源量为184.4亿立方米,占全区水资源总量的36%,地区生产总值为 2126.46 亿元，占全区地区生产总值的 87.7%。以上情况说明，水资源尤其是地表水资源自然分布不均，与区域经济布局有明显差异，中西部资源性缺水严重。另外，内蒙古牧区水资源补给来源主要为大气降水，其特征是降水稀少，蒸发强烈，时空分布不均，大部分地区降雨不足 400 毫米，尤其西部牧区降雨量低于 100 毫米。

内蒙古是严重缺水省区，水资源形势十分严峻，干旱缺水及水环境恶化问题已成为牧区尤其是西部牧区城镇化发展瓶颈。水资源的分布与国民经济发展不相适应，资源性缺水严重，除东部呼伦贝尔市、兴安盟牧区水资源丰沛，其他牧区均存在不同程度的缺水问题，经常发生工业用水与生活用水及畜牧业用水矛盾。另外，内蒙古各种矿床、能源丰富，不少矿种储量居全国第一，但水资源的分布与这些矿产资源的分布不匹配，加大了资源开发利用的难度。内蒙古丰富的天然气和煤田大多分布于草原牧区，但这些地区多属于干旱缺水地区，也是经济社会落后地区，要大力发展这些资源型经济，需要供给稳定可靠的水资源，可是牧区无法提供充足的水资源。所以，牧区经济发展和日益增长的用水量之间的矛盾是牧区经济和城镇化发展的主要矛盾之一。

四、内蒙古牧区城镇化健康有序推进的对策与建议

（一）推行生态优先的牧区城镇化模式

近年，内蒙古禁牧、休牧、轮牧地区生态环境得到改善，部分牧区生态发展正朝着良性方向进行。生态是牧区城镇化的重要支撑，也是牧区可持续发展的底线，任何发展都不能破坏牧区的生态环境。草原牧区地广人稀，生态环境承载能力不适合大规模人口集聚，很难出现类似发达地区的大中城市规模，存量人口以牧业为主的生产生活方式，难以远距离管理牧区生产空间，所以牧区城镇化应该确立符合牧区生产生活特色的适度城镇化率导向，避免经济社会效率优先导向（我国传统城镇化模式在以地区生产总值考核政绩的驱使下，不惜以牺牲生态等为代价，以经济社会效率为中心追求高城镇化率），树立以生态为本的发展目标，坚持在草原生态可承载的范围内科学推进牧区城镇化进程，构建人草和谐共生的城镇化模式，建成我国北方重要的生态安全屏障。

（二）合理布局与发展重点城镇

内蒙古牧区属于欠发达地区，经济发展落后、财政收入少、资金有限，加上内蒙古人口数量和生态环境压力，也没有必要增加小城镇数量。全区小城镇应该从行政、经济、资源的角度，合理科学规划设置，避免小城镇过多，浪费经济资源，还造成环境压力。

合理布局重点小城镇、发展重点小城镇是符合内蒙古牧区城镇化发展的需要，只有先抓重点，才能使有限的资金用在刀刃上，避免浪费资源。设立重点城镇应该从以下几点考虑：一是旗县政府所在地城关镇。城关镇是全旗或县的政治、经济、文化中心，是旗县经济社会的心脏，应该成为该地重点建设的城镇。只要把33个牧区旗县所在镇建设好，对农牧区城镇化能起到示范和推动作用。二是除旗县所在地，还要注重一些资源（如旅游资源、矿产资源、交通枢纽）型的小城镇，扶持其成长和发展。内蒙古资源型小城镇很多，如锡林郭勒盟的巴音花和赤峰市的经棚镇、新城子镇等，可以根据它的特点重点开发。

（三）构建符合牧区自身条件的城镇化产业体系

基于水资源短缺的现实因素，统筹考虑牧区城镇产业发展方向，摒弃高耗能、高污染企业，培育壮大特色产业，各牧区应根据自身的产业基础和资源优势，扶持优势产业、特色产业，合理确定产业布局和发展方向，实现差位竞争，错位发展。加大产业基础设施规划、建设力度，根据产业定位和布局进行道路、给排水、供电、通讯网规划，从重点保障群众生活和分散经营，逐步转向保障生活和集中经营，为支柱、特色产业提供服务保障。

需要重视的是，一方面，要围绕畜牧业资源，加快畜牧业规模化经营，引导农畜产品精深加工，这样才有可能在将来成为牧区特色城镇，达到城镇化的预期目的；另一方面，要积极引导城镇充分挖掘和发挥当地的自然、经济、区位、地理、人文等资源优势，扬长避短，尽快选择和确立自己的主导产业及配套产业。同时，还要帮助已经初步形成产业体系的牧区城镇，不断发展壮大，真正形成有广泛影响、规模大、质量高、效益好、带动性强的特色产业体系。

（四）加快发展边境口岸小城镇

内蒙古自治区是以蒙古族为主体的少数民族自治区，也是祖国的北部边疆。33个牧区旗中，15个处于边境第一线，边境地区牧民的生产生活的状况直接关系边境的社会稳定和祖国边疆的巩固。因此，为了巩固国防战略的需要，在草原边境地区应杜绝实施撤村并点等行政区划调整，鼓励牧民在边境地区实行游牧，加大对边境地区的转移支付力度，满足边境国防和牧民生活的切实需求，把内蒙古牧区建成祖国北疆安全稳定屏障。为了改善边境牧区牧民的经济生活，有开放口岸的牧区旗县应该融合边境牧区二三产业，发展口岸加工业与口岸物流业，在有条件地区适度开发草原边境旅游产业；引导边境畜牧业实现分散化发展，扩大牧业在边境地区的覆盖范围，高度重视对游牧民基本公共服务的提供和补给，保障边境牧民的生活水平。

（五）重点发展草原特色旅游业

内蒙古牧区由于受到气候条件的影响，从东向西牧区差异明显，主要以植被差异为主，从东向西降水量逐渐减少，大致可以分为5种草原类型，即草甸草原、典型草原、荒漠草原、草原化荒漠和荒漠。这5种草原类型呈现多样的草原景观风貌，再加上不同牧区旗县的历史、文化、风俗各异，牧区拥有发展草原特色旅游业得天独厚的资源优势。

依托牧区高品质的旅游资源,结合民族文化特色旅游项目,创造适合牧区的旅游方式。比如,人口稀少的地区发展牧家乐,养马多的地区发展养生与马产业相结合的旅游,在游牧业保持较完好的地方发展游牧生活体验主题的旅游项目等,通过"点"和"片"相结合的旅游方式,促进牧区特色旅游业,扩大旅游业的发展规模,提升旅游业服务质量水平,让牧区城镇变为集自助游、住宿、餐饮、购物、文化参观和观光体验等服务的集散地。

五、典型牧区城镇化案例研究

为了充分研究发现内蒙古牧区城镇化的问题及其影响因素,报告分析选取具有代表性的2个牧区旗县——阿拉善盟阿拉善左旗和鄂尔多斯市乌审旗进行实地调研并加以分析。

(一)阿拉善盟阿拉善左旗

阿拉善左旗位于内蒙古自治区阿拉善盟东部,贺兰山西麓,东北与乌拉特后旗、磴口县相连;东与鄂托克旗、乌海市为邻;东南与宁夏回族自治区石嘴山市、银川市、青铜峡市相望;南与宁夏回族自治区中卫县、中宁县,甘肃省景泰县、古浪县接壤;西与阿拉善右旗,甘肃省武威市、民勤县毗邻;北与蒙古国交界。全旗南北长495千米,东西宽214千米,总面积80412平方千米。全旗总人口约17.35万(含阿拉善开发区及孪井滩生态示范区人口),是一个以蒙古族为主体的少数民族聚居区。阿拉善左旗是全盟人口和经济活动的集聚中心,呼包银榆经济带与陇海兰新经济带交汇处,蒙西能源重化工业基地的重要组成部分,西北和华北地区的重要环境屏障,与蒙古国开展经贸合作活动的重要基地之一。

阿拉善左旗下辖13个苏木镇,2个区,城镇密度1.87/万平方千米。巴彦浩特镇坐落于阿拉善左旗的东南部,贺兰山西麓,城市建成区面积约为25.6平方千米,城区人口8.78万人。巴彦浩特镇是阿拉善盟、阿拉善左旗、巴彦浩特镇三级人民政府所在地,是阿拉善盟的政治、经济、文化中心和对外联系门户,特色农畜产品加工基地。

1.城镇化发展现状调查

阿拉善左旗位于贺兰山西麓,阿拉善盟东部区域,设置有13个苏木(乡)镇,总面积80412平方千米,城镇密度1.87/万平方千米,镇化率78.16%(2010年全国第6次人口普查数据),是全区范围内城镇化率较高而城镇密度较低的地区。地处呼包银榆经济带与陇海兰新经济带交汇处,是与蒙古国开展经贸合作活动的重要基地以及服务"丝绸之路经济带"和"中蒙俄经济走廊"的重要通道。其城镇化现状主要概括为人口不断向城镇聚集、基础设施水平有所提高、社会服务水平逐步优化、经济总量规模不断扩大。

(1)人口不断向城镇聚集

阿拉善左旗现有7个建制镇和2个自治区级开发区。近年,小城镇在阿拉善左旗经济社会发展中的作用凸显,进而对周边牧区乃至全旗经济社会的全面发展产生明显的带动作用,全旗城市化水平不断提高,2014年年末,全旗户籍总人口143347人,其中非农业人口86995人,占户籍总人口60.7%,比2010年的非农人口比重64.1%降低了3.4个百分点。其中,第6次人口普查数据显示,2010年阿拉善左旗全旗总人口17.35万人[1],城镇人口13.56万人,城镇化率达到78.16%,可见外来人口和牧业人口向城镇聚集是其特征与趋势。

(2)城镇基础设施水平有所提高

2013年,阿拉善牧区人均城市道路面积30.63平方米,与上一年度相比增加6.37%;建成区绿化覆盖率23.95%,与上一年度相比增加2.09%;人均公园绿地

---

[1] 总人口统计的范围包括户籍总人口14.78万人,阿拉善经济开发区的1.88万人以及李井滩生态示范区的0.69万人。

面积25.30平方米，与上一年度相比增加0.78%；用水普及率、燃气普及率、污水处理率分别达到83.20%、66.27%、77.09%，生活垃圾无害化处理率达93.19%。而且，和内蒙古旗县区平均水平相比较，阿拉善左旗人均城市道路面积、人均公园绿地面积和生活垃圾无害化处理率3个指标分别高于内蒙古旗县区平均水平6.19平方米、9.55平方米和12.28个百分点[1]。

（3）城镇社会服务水平逐步优化

通过调研了解，义务教育学校及教学点实现优化集中布局，率先完成学前教育和高中教育免费的目标，基层卫生条件逐步改善，医疗、预防和保健三级网络体系基本健全。2014年，全旗范围内设置各级各类学校44所，28710个在校学生，专任教师2532人，生师比11.34，执业医师666人，新型农牧区合作医疗参合率达到97.3%。从统计数据可以看出，2010—2014年，阿拉善左旗的千人专任教师数、万人执业医师数以及新农合参合率均呈现缓慢增长的趋势。

（4）城镇经济总量规模不断扩大

从阿拉善左旗地区生产总值总量和年增长率变化数据可知，虽然生产总值增长率在逐年趋缓，2008—2014年，阿拉善左旗经济总量依然呈逐年上升趋势。自2004年起，阿拉善左旗地区生产总值占全盟比重均保持在70%以上，是全盟经济活动较为密集的城镇，是推动全盟经济快速增长非常重要的增长极。2014年，国内生产总值达到371.48亿元，依然居全盟第一位（2014年，阿拉善盟生产总值为456.03亿元），占81.46%。

2.城镇化特点及存在问题分析

（1）城镇沿交通线聚集、围绕绿洲分布，交通条件与水资源制约城镇发展

阿拉善左旗城镇依托公路在交通干道沿线集聚分布，并呈现流域布局的特点。绝大多数建制镇分布于省级和县级公路沿线，其中，吉兰泰镇、巴彦浩特

---

[1] 基础设施数据来自内蒙古住房和城乡建设厅发布的《内蒙古自治区城市建设管理年活动简报》（2014年第10期）。

镇、巴润别立镇均位于218省道沿线，乌斯太镇、呼鲁斯太镇、古拉本敖包镇位于314省道沿线，嘉尔嘎勒赛汉镇、腾格里斯镇位于571县道沿线，便利的对外交通条件对各城镇的发展具有重要的作用。阿拉善左旗有8座集镇和苏木连成的城镇相对密集区分布在贺兰山西麓山前地下水出露的绿洲上，这种特有的水资源及水系分布特征，成为各城镇赖以生存和发展的沃土，决定了绿洲的位置以及承载能力，而巴彦浩特便是腾格里沙漠边缘最大的生态绿洲城市，承载着阿拉善牧区约60%的人口与75%的经济活动。

但是，阿拉善牧区的骨干交通线较发达，次级交通网落后，二级公路不足3%，尚无高速公路及一级公路，这种头重脚轻的交通网结构大大降低了干线的辐射范围，导致干线沿线与远离干线的城镇经济发展存在较大差异。同时，阿拉善近年气候变干旱现象加剧，境内的地表水主要有东部的过境河（黄河）流经阿拉善85千米，地表水资源极其有限，加上人类建设活动的加剧，对地下水过度超采导致地下水位逐年下降，用水需求量的增多和水资源匮乏制约着阿拉善牧区各城镇经济和社会的发展。

（2）人口总量小且东西分布差异悬殊，推进城镇化人口基数小

阿拉善左旗占全区总面积近7%，人口数量占比不及全区总人口的1%，人口密度不足2人/平方千米，呈现出明显的地广人稀的特征。从城镇的空间分布和各乡镇的人口密度数据来分析，人口分布东西地域差异明显，以敖温一线（敖伦布拉格镇至温都尔勒图镇）为东西分界，东部地区以全旗面积的52%聚集了总人口的近95%，西部地区在近乎50%的面积上却承载着不足5%的人口；东部地域的人口流动呈现出向主要中心区集聚的明显特征和趋势，巴彦浩特和阿拉善经济技术开发区的人口密度分别达到84.05人/平方千米和228人/平方千米，这同样与上文所述的生态绿洲以及资源分布有关系，东部区域沙漠分布少，地下水出露的绿洲多、矿产资源储备丰富奠定了其承载能力强和人口密度较西部区域高

的环境基础。

人口城镇化是新型城镇化的核心，城镇化的稳步推进需要以人口的规模集聚为基础，阿拉善牧区农牧业人口基数相对较小，2010年第六次人口普查数据显示，阿拉善左旗全旗常住人口17.35万人，外来人口占到约30%，这主要由于区域内阿拉善经济技术开发区和腾格里、葡萄墩、吉兰泰工业园等产业密集，发展迅速，外来人口的增加也较为明显和迅速，可见，推进城镇化发展必须依赖外来人口流入。

（3）工业成为拉动经济增长的主力，产业结构层次低

2008—2014年，阿拉善左旗工业增加值从101亿元增加到295亿元，占总产值的比例从72.2%上升到79.5%，由此可预见未来仍有不断上升的趋势。2014年，阿拉善左旗三产比例达到2∶84∶14，其中工业增加值比上年增长9.9%，从其占第二产业的比重和对经济的贡献率分别达到95%、90%可以看出，该区域的经济发展与增长主要依靠工业经济效益的拉动。目前，工业产业已初步形成一批以金属钠厂、湖盐厂、染料生产基地、苯甲醚生产基地、优质煤出口基地、碱厂、金矿等大型矿产采掘化工加工的龙头带动企业。

不过，从上述主要生产企业类型来看，大多数属于高度资源依赖型工业企业，呈现出以重工业为主导、产业结构层次低的特点。二产比重高，工业结构过"重"，2015年阿拉善左旗轻重工业比为3.8∶96.2。其次，缺少循环经济发展理念，开采资源的加工利用链条短，矿产开采加工企业成为规模以上工业企业的主角，下游开发生产及再加工的产业极为有限，不仅产品附加值较低，而且产业发展中为地区提供的就业岗位相当有限。因此，拓展产业链、引入附加值高的企业进行产业转型、"调结构"依然是工业发展的首要难题。

（4）工业经济发展以资源型产业为主，生态效益亟须提高

通过对阿拉善左旗规模以上企业从业人员数量、区位商、产业发展速度的

数据统计与计算，对3项指标排位靠前的产业进行叠加分析，可以看出，从业人员数较多、区位商>1、增长速度快于全旗总体地区生产总值增长速度的行业主要是煤炭开采和洗选业、化学原料及化学制品制造业、电力热力的生产和供应业、黑色金属矿采选业等。从这4个行业的生产加工属性不难看出，资源型产业是支撑阿拉善左旗经济发展的主要产业。

但是这些优势较为明显的工业企业大部分属于高载能、高污染的企业门类，而且以采掘、化工、电力供应等产业为主的经济发展格局对资源能源的依赖度极高，高排放、高污染致使生态效益不佳。从统计数据来看，虽然其单位地区生产总值能耗在逐年下降，而且略低于阿拉善盟整体的单位地区生产总值能耗水平，但是和内蒙古自治区及全国的单位地区生产总值能耗水平来比较，还是处于较高值状态，分别是全区、全国的1.4倍和4倍左右，而高能耗的产业经济发展必然给环境造成巨大压力。

3.推进城镇化健康发展的思考与讨论

通过对阿拉善左旗城镇化现状、特点与问题的分析总结，结合社会经济发展指标数据计算并综合判断目前所处发展阶段，针对性地从城镇发展定位、产业结构体系等角度思考与讨论，认为阿拉善左旗牧区城镇化建设应该在明确发展定位的基础上构建符合本地条件的城镇化产业体系，调整产业结构、优化就业结构，全面建设生态优先的牧区城镇化。

（1）明确牧区小城镇规模及发展定位

阿拉善牧区属于欠发达地区，财政收入少、资金有限，加上该区域水资源短缺和人口数量少，小城镇的规模及发展定位应当从行政位、经济位、资源位等生态位考虑，进行科学合理的规划设计，杜绝目前小城镇发展普遍存在的求多求大现象，不仅浪费经济资源，还给生态环境带来很大压力。规划阶段要依托现状合理模拟小城镇规模，确定可承载的小城镇数量，并对重点小城镇进行合理发展定位，只有优先重点发展重点小城镇，才能保证有限的资金得到合理有效利用，避免资金资源分散而造成浪费。巴彦浩特镇是阿拉善左旗乃至整个西北牧区的政治、经济、文化中心，是带动区域经济社会发展的极核，无疑是阿拉善牧区的重点建设城镇之一，其发展必须重视生态环境容量，培育发展低耗水、低污染，绿色清洁的产业类型，注重产业发展与就业相协调，建设产城融合的小城镇，放眼全域，与其他城镇重点产业有机对接与联系，避免重复建设，形成阿拉善牧区持续发展的能量极，进而对西部牧区城镇化起到示范和推动作用。除此之外的各类资源（如旅游资源、矿产资源、交通枢纽）型城镇，需要依靠各自特色进行合理明确定位，建设以资源开发为基础的能源化工城镇、草原沙漠风光的特色旅游小镇和货物集散流通的枢纽小城镇等，制定相应规划和政策助其成长、发展。此外，对于没有明确特征的、自然形成的集镇，人口少，没有基础，没有产业，资源匮乏，几乎没有吸纳农牧民劳动力的能力，没有发展潜力，只是为周边农牧民提供服务而存在，该类小城镇最好让其自然发展，减少基础设施的投入，维持发挥它为农牧区服务的功能。

（2）构建符合牧区本地条件的城镇化产业体系

城镇化发展需要第二产业、第三产业同时推进，加快产业结构调整、构建融现代农牧业、现代制造业和现代服务业为一体的城镇化产业体系，才能从根本上提高城镇化发展质量。同样，阿拉善左旗城镇化建设必须以产业为支撑，依托资源要素禀赋，培育符合本地条件的具有特色鲜明的优势产业体系。农产品加工业要大力发展以草原和沙生植物保健产品加工业及衍生产品生产业，对本地生产的苁蓉、锁阳等中药材进行精深加工和再加工，以粮油食品加工业为辅助；畜产品加工业要依托区内已有的大型生产企业，重点扶持发展势头较好的龙头企业，将绒毛、皮革、肉、奶产品等牧区特色产品进行精细生产加工与包装，打造成地区的拳头产品；矿产品加工业要继续发展有一定基础的奇石、宝石加工业，引入最新生产工艺，提高加工档次，不断扩大知名度和美誉度，塑造阿拉善奇石宝石名品名牌，逐渐发展成国内较有影响的奇石宝石加工和销售基地，同时带动旅游业进一步繁荣发展；旅游业需要跳出行政区域限制，充分挖掘并利用西北牧区独有的自然资源和民族文化资源，促进文化资源在旅游产品中相互融合渗透，有效提升旅游产品的文化内涵，构建"以巴彦浩特旅游核心为枢纽，建设额肯呼都格和达赉湖旅游中心，以及贺兰山-格里旅游经济圈、巴丹吉林旅游经济圈、居延航天旅游经济圈、沿黄河为主的四大旅游经济圈"，着力突出区域特色和民族特色，推进旅游文化产业发展。

（3）优化提升产业与就业结构

依据阿拉善左旗2014年的地区生产总值的产业构成比重、就业的产业构成比重计算产业结构偏离度，获得的结果为-0.91、1.86、-0.71。可以看出，产业结构和就业结构的协调性较差，第一产业和第三产业的偏离度均为负值，说明行业内较多的就业人口创造的地区生产总值相当有限，未来发展中应该会有足够的剩余劳动力向其他行业转移，尤其是第一产业，随着牧业生产方式逐渐机械化和现代化，预计还会产生数量较大的可以向二三产业转移的剩余劳动力。而第二产业的正偏离以及较高的偏离度，说明其在吸纳第一产业剩余劳动力方面依然有充足空间。因此，通过延伸产业链、引入前沿生产技术、提高生产工艺等途径，实现阿拉善左旗以资源密集型企业为主向以现代制造业为主的第二产业转型，构建发展新型产业体系，不仅可以缓解环境压力，最重要的是可以在工业发展升级的同时为西部牧区创造更多的就业机会。提高商品零售业、服务业及旅游业的附加值，不断繁荣第三产业，在继续实现高度解决就业这一社会价值的同时提升其经济价值。最终通过对三次产业发展方向的调整与把控，逐步优化产业结构，实现劳动力由第一产业向第二产业、第三产业转移，吸引周边人口继续流入阿拉善左旗，对就业结构实现优化和提升。

(4) 推行生态优先的牧区城镇化

生态是牧区城镇化的重要支撑，也是牧区可持续发展的底线，任何发展都不能破坏牧区的生态环境。目前阿拉善牧区仍属于西北欠发达地区，地广人稀，草原、荒漠、沙地并存，尽管每年投入约2亿元治沙专项资金，但面对艰巨的治沙形势，在物资和人力上依然显得捉襟见肘，因此以吸引更多资金投入生态建设为重要任务的形势下，生态环境承载能力不适合大规模人口集聚，而存量人口由于牧民以牧业为主生产生活方式，难以远距离管理牧区生产空间，所以牧区城镇化应该树立符合牧区生产生活特色的适度城镇化率导向，避免经济社会效率优先导向发展，树立以生态为本的发展目标，坚持在草原生态可承载的范围内科学推进牧区城镇化进程，构建人地和谐共生的城镇化模式。同时，建立健全西部牧区各类生态元素的动态监测系统，根据草原、森林、沙地、水体和动植物资源的动态变化进行保护和合理的开发利用；科学调整天然草原放牧牲畜头数和圈养养殖数量，开发原生态草原畜牧生产的观光体验旅游业态，实现牧民转移转产，形成新的生产生活方式，并使草原资源得到最佳保护和有效利用。可见，政府提供基于生态的公共产品和服务并培养基于生态的新型消费方式与生活方式，是牧区城镇化进程中生态优先这一举措得以实现的保障。

4. 结论

内蒙古牧区尤其是西部牧区的生态环境敏感脆弱，城镇化健康发展须兼顾社会经济发展与生态环境保护的有机协调。从区域发展的实际出发选择人均地区生产总值、三次产业结构、城镇化率和第一产业就业比重等指标对牧区旗县的产业发展阶段，进行客观考量，根据每个牧区旗县目前的发展水平与发展阶段，正确选择城镇化发展方向、目标，合理确定城镇规模，构建符合牧区本底条件的城镇化产业体系，发展绿色经济，选择生态优先的城镇化道路。

（二）鄂尔多斯市乌审旗

1. 乌审旗概况

乌审旗地处内蒙古自治区鄂尔多斯市西南，毛乌素沙地腹部，与陕西省榆林市榆阳区、靖边县、横山县等地毗邻，处于蒙、陕、宁经济发展的"金三角"地带。全旗总面积11645平方千米，辖6个苏木镇59个嘎查村，总人口11.34万人，其中少数民族占30%。

乌审旗拥有得天独厚的资源优势，多种资源共生且利于配套开发，已勘探发现苏里格、乌审、长庆、大牛地4个超千亿立方米的大气田，天然气探明储量1.2万亿立方米，远景储量3.6万亿立方米，位居全国县级地区之首，被誉为"中国天然气之乡"；煤层气探明储量1.38万亿立方米；煤炭资源储量丰富、品质优良，预测储量1000亿吨以上；方沸石分布面积1200平方千米，远景储量可达2亿吨，填补了我国矿产品种的一项空白；陶土、泥炭、石英砂、白垩土等矿产资源储量也十分可观，极具开发价值。

乌审旗平均海拔1300米，地势由西北向东南整体倾斜，属温带大陆性季风气候，年平均气温7.9℃，年平均降雨量333.7毫米，年平均无霜期153天，年平均日照时数2902.4小时，年平均蒸发量为2220.7毫米。全旗基本草原1060万亩，森林资源面积567万亩，森林覆盖率32.4%，植被覆盖度80%以上。水浇地65万亩。水资源储量丰富，黄河一级支流无定河穿境而过，过境长度80千米。此外，境内还有纳林河、海流图河、白河。总水资源量为77513.37万立方米，水资源可利用总量为56829.92万立方米，其中地表水资源可利用量为17358.06万立方米，地下水资源可开采量为39575.42万立方米，重复量为103.55万立方米。

2. 近10年乌审旗城镇化变化

乌审旗地属内蒙古中南部，是传统的牧业旗。早期城镇化进程较慢，城镇化率较低。21世纪初，随着全旗经济结构的调整以及经济重点向工业经济转移,经济增长加快、财政收入增加、城镇基建投入增加、公共服务改善、城镇化率提高,综合实力在自治区33个牧业旗县中位居首位,进入全国县域百强。

(1) 城镇人口增加,城镇化率提高

乌审旗作为牧业旗总人口数量不多,2007年总人口103066人,到2016年总人口增加到113377人口,10年增长10311人,平均每年增长1031.1人,平均增长率只有1%。相比之下,城镇人口增长较快,2007年城镇人口只有46173人,到2016年时增长到65652人,10年增长19479人,平均每年增长1947.9人,年均增长4.2%,高于全旗总人口增长率3.2个百分点。同期城镇化率从2007年的44.80%提高到2016年的58.17%,提高13.37个百分点。

(2) 城镇基础设施投入增加,城镇功能不断提高

随着经济发展和财政收入的增加,城镇基础建设投资增加,城镇服务功能逐年改善,居民生产生活环境发生巨大变化。据乌审旗各年统计公报,2007年水利环境公共设施等方面的投资只有15199万元,2016年时达到97272万元(如图6.1)。

经过几年的投入,乌审旗城镇基础设施明显改善,城镇居民生产生活环境条件大幅提高。新建、改建市政道路40条191.8万平方米,人均道路面积达到23平方米,"七横八纵"城镇主干道路网体系基本建成;累计实施污水管网80.5千米、雨水管网84千米、供水管网375千米、供气管网171千米、供暖管网77千米,集中供水率达到98%、集中供热率达到69%、燃气普及率达到95%以上;建成污水处理厂和垃圾处理厂各一座,污水处理厂日均处理污水7000吨,水质排放达到城市一类B级标准;垃圾处理厂日均处理生活垃圾285吨,垃圾处理率达到98%。城镇园林绿化进一步提高。中心城区绿地面积达到11.95平方千米,其中建成区绿地面积达到8.42平方千米,公园绿地面积达到1.8平方千米,建成区绿化覆盖率达到45.35%,绿地率达到42.1%,人均公园绿地面积达33.33平方

米，人居环境得到持续优化。城镇环卫和公用设施的日常维护工作进一步加强，街面清扫率达到98%，公用设施维护率达到90%以上，建成水冲式公厕35座，给城镇居民提供了"洁齐美"的城镇环境。

随着城镇经济社会的发展，城镇居民生活水平和社会环境不断改善。2012年，城镇居民人均可支配收入30393元，2016年增加到38431元，增长26.45%；城镇居民人均住房从2014年的28.8平方米增加到2016年的35.1平方米，增长了21.9%；城镇每百户拥有家用车辆从2012年的60辆增加到2016年的67辆；城镇民政部门最低生活保障人数从2013年的27681人减少到2016年的778人。在城镇公共服务方面，2012年，幼儿园共计12所，2016年增加到43所，其中公办幼儿园从10所增加到27所，注册民办幼儿园从2所增加到16所；教职工和专任教师从2011年的2939人增加到2016年的3516人，增长20%，教学工作进一步加强。

（3）经济发展为城镇化提供动力

2000年之前，乌审旗是传统的农牧业旗县，农牧业一直是支柱产业，是经济基础，在旗县经济发展中占据重要地位。从21世纪初开始，随着工矿资源的探明以及开发，短期内以农牧业为主的经济迅速转变为以工业为支柱的产业，二三产业在全旗经济发展中显得越来越重要，对全旗经济发展贡献越来越大。

2007年，全旗国内生产总值只有70.01亿元，其中第一产业产值5.8亿元、第二产业产值54.01亿元、第三产业产值10.21亿元，分别占8.3%、77.1%和14.6%；2016年，国内生产总值达到412.46亿元，其中第一产业产值13.72亿元、第二产业产值307.83亿元、第三产业产值90.91亿元（表6-4），分别占3.4%、74.6%、22%。2007—2016年，国内生产总值翻了5.9倍，其中，贡献最大的是二三产业，增加值达到398.74亿元，占总量的81.1%。

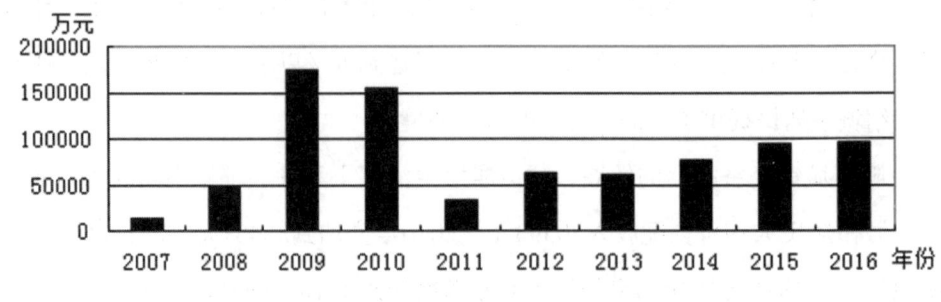

图 6.1　乌审旗环境公共设施管理投资

表 6-4　乌审旗总产值及三产总值（2007—2016 年）[1]

指标	2007年	2008年	2009年	2010年	2011年	2012年	2013年	2014年	2015年	2016年
生产总值（亿元）	70	119	153	189	240	310	358	384	399	412
第一产业（亿元）	6	6	6	8	10	12	12	13	13	14
第二产业（亿元）	54	84	111	139	179	241	301	313	301	308
第三产业（亿元）	10	16	36	43	51	58	64	78	85	91

2007年，第一产业比重较高，第三产业比重较低。经过近几年的经济调整，产业结构也越来越合理化，第一产和第二产业比重适当下降，以城镇服务为主的第三产业比重上升。与2007年相比，2016年生产第一产业比重下降4.9个百分点，第二产业下降2.5个百分点，第三产业增长7.4个百分点，第三产业产值明显提高（图6.2）。

---

[1]　数据来自乌审旗2016—2017年国民经济和社会发展统计公报。

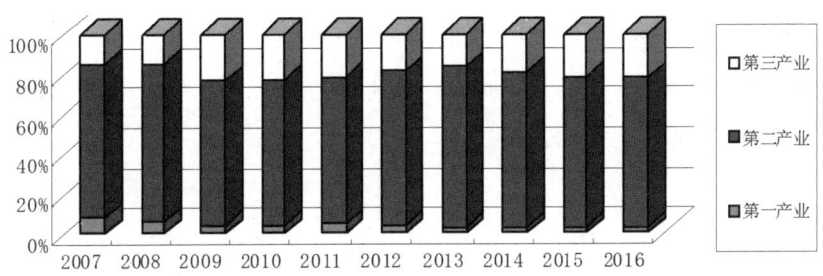

图 6.2 历年三次产业比例图

随着城镇化的发展,城镇居民收入增加,居民生活条件逐年改善。2012 年,城镇居民人均可支配收入 3.04 万元,2016 年时达到 3.84 万元,增长 0.8 万元;2016 年,城镇居民住房面积为 35.1 平方米,城镇每百户拥有家用车辆为 67 辆;有 15619 人参加城镇职工基本养老保险,有 38513 人参加城乡居民养老保险;城镇民政部门登记的最低生活保障的人数从 2013 年的 27681 人减少到 2016 年的 778 人。城镇居民收入提高,生活条件改善,居民中的返贫人数下降,养老和生病都有了保障,居民生活水平稳中提高。

3. 乌审旗城镇化发展中存在的问题

近几年乌审旗依托矿产资源优势,经济社会快速发展。在城乡经济和城镇基础建设等方面取得了较好的成效,在全区旗县经济排名中一直排在前列。但是受全国经济增速放缓、产能过剩以及经济调整的影响,经济增长有所放缓,一些问题逐渐凸现出来。

(1) 产业结构较单一,抗风险能力低

天然气是乌审旗的支柱产业,天然气开采和加工业在乌审旗的产业增加值中占绝对优势。截至 2016 年上半年,新打天然气井 272 眼,累计打天然气井 5301 眼;新铺设井网管线 282.93 千米,累计井网管线 8830.64 千米;天然气开发完成税费收入 8.33 亿元。2016 年,全旗规模以企业实现的总产值为 800.78 亿元,其中轻工业产值为 0.34 亿元,重工业产值 800.44 亿元;重工业中煤炭业产值14.74亿元，1.84%；天然气开采业产值为686.90亿元，占85.82%；石油产值5.63亿，占0.7%；化工业产值91.19亿元，占11.39%；电力、热力产值为1.40亿元，只占0.17%（图6.3）。

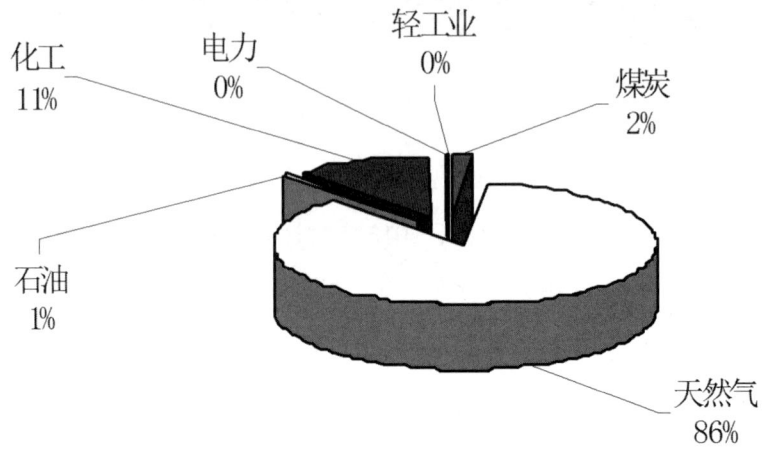

图6.3　乌审旗各行业产值比例

从三次产业比重看，工业企业产值仍然很高，占76.63%；第三产业受近几年的旅游业和城镇服务业影响发展较快，占22.04%；以农业为主的第一产业产值只占3.33%（图6.4）。

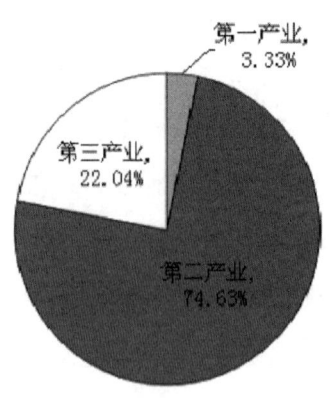

图6.4　2016年乌审旗地区生产总值构成图

不管从三次产业还是各行业角度看，天然气在乌审旗经济总量中独占鳌头。这种较单一的经济结构，存在抗风险能力较低的弱点，此产业受挫时区域经济下滑会很明显。

（2）矿产企业对就业贡献小，地方就业压力仍然很大

由于乌审旗属于后发展区域，引进的工业企业基本都是技术含量和自动化水平较高的企业，引进这些企业对本地区的就业并没有起到积极的影响。在我们调查中发现很多规模以上企业很少招聘当地农牧民，几乎所有企业职工基本都是从企业本部调进。由于乌审旗经济结构较单一，很多转移农牧民在城镇就业压力非常大。据统计，2012年以来城镇新增就业岗位数量有限，失业登记人数和失业率逐年递增（表6-5）。加上近几年很多农牧民离开农牧区，进城镇务工，很少回农牧区。这类人员在城镇劳动力中占较大比重，从而对城镇就业造成更大的压力。

表6-5 乌审旗就业失业情况表[1]

指标	2012年	2013年	2014年	2015年	2016年
新增就业岗位（人）	2552	2800	2132	2135	2321
年末城镇实有登记失业人口（人）	847	935	1105	1398	1521
城镇失业率（%）	2.58	2.51	2.45	3.11	3.08

（3）规划虚高，浪费资源

土地、人口、产业及其环境是影响城市发展的四大重要因素。改革开放以来，旗县经济体对国民经济的作用加大，使得地方政府对于资本的竞争相当激烈。所以，为了吸引更多的投资者，在制定规划的过程中往往出现虚高规划的

---

[1] 数据来自乌审旗2012—2016年国民经济和社会发展统计公报。

现象。比如，乌审旗某镇在城镇人口、土地使用以及环境治理方面都有高规格规划，一定程度上，这种规划浪费土地和人力、物力资源。以人口和土地近、中、远期规划（近期2011—2015年，中期至2020年，远期至2030年）为例，规划确定2015年该镇人口规模为9万人，2020年人口规模为11万人，2030年人口规模为15万人；规划用地规模近期控制在20.72平方千米，中期控制在21.26平方千米，远期控制在22.49平方千米。然而，2016年年底，乌审旗总人口11.34万人，城镇人口为6.6万人，远远没有达到近期规划要求。目前，小城镇在医疗卫生、就业、教育等基础服务方面不如大中城镇，农牧区人口往往向大城市转移的较多，小城镇的吸引力远不如大中城镇。这就使小城镇"宏伟"的中远期规划脱离全旗实际，在小城镇建设方面导致人力、物力、财力和土地等资源的浪费。

（4）水资源利用不合理，地下水位下降

乌审旗与内蒙古西部地区其他旗县相比较，属于水资源较多的旗县。由于，近几年生态环境的退化，自然补给量减少，矿产资源的开发以及工业企业用水量的增加导致地下水位下降。据2007年《乌审旗浩勒报吉水源地农牧民生产生活用水调查报告》显示，浩勒报吉水源地区因过度利用地下水资源导致地下水位下降，导致5967人、32240亩水浇地受到影响，不得不采取应急措施解决人畜用水问题。2011年，全旗总用水量2.62亿立方米，其中1.86亿立方米都是开采自地下水，占总用量的70.99%。从这能够看出全旗绝大部分用水都来自地下水。[1]目前，正处于"十三五"规划实施期。乌审旗规划2020年用水量预计2.7亿立方米，占全旗可利用水资源5.7亿立方米的47.36%，接近可利用水资源的一半。乌审旗已进入经济快速发展时期，各种工业大项目正在加速上马，用水量日益增加，合理开发地下水，服务地区经济发展是水资源发展的关键。

---

[1] 高海波. 乌审旗地下水开发利用项目风险管理研究 [D]. 中国科学院大学硕士论文，2013（6）.

4.对策建议

(1) 调整产业结构，促进经济持续发展

乌审旗是以矿产资源为主的经济结构，产业结构过于单一，在其支柱产业受挫时，该地区整体经济发展易受影响。乌审旗所属的鄂尔多斯市，过去依靠单一的矿产资源实现快速发展，但是当全国经济增长放缓，部分矿产需求不足时，失去往日的繁华景象，经济增长明显放缓，甚至出现了大幅度下滑。

目前，全国正在调整经济结构，进行供给侧改革，采取措施解决过剩产能。乌审旗作为产业结构较单一的地区，应借助国家调整经济结构的机会，对本地区的经济结构进行调整。一是以矿产资源为主的产业基础上，尽快提升农牧业等传统产业竞争力。乌审旗在农畜产业上有一定优势，在产业调整中应该加强农牧业的投入，改变经营模式，引导其向规模化、产业化方向发展，并提高农畜产品加工率，延长农牧业产业链。二是提高城镇功能，大力发展服务行业。近几年，城镇化比率虽然较高，但是城镇功能的发展较低。所以，加强城镇基础建设，提高城镇功能，发展物流、旅游业、居民服务、老年人服务等城镇服务业，提高服务产业产值。三是推进产业升级，延伸矿产企业产品加工链条。

(2) 增强引进企业对就业的带动作用

乌审旗的企业基本都是以资源开发型企业为主的经济体，对当地的经济发展做出了贡献。虽然这些企业对于带动当地经济有促进作用，但是对于当地劳动力就业的直接贡献并不是很大。随着矿产企业机械化程度的提高，所用的劳动力越来越少。而且引进的企业基本都是外地企业，对当地文化习俗不了解，不太愿意雇用当地农牧民甚至城镇失业人员。所以，地方政府在引进企业时要与企业签订合同，保证企业用工时优先考虑安排当地劳动力，如在一些非技术性岗位上安排当地劳动力，缓解本地就业压力。

（3）小城镇建设必须搞好科学规划

乌审旗是以天然气为主的资源型旗县，属于鄂尔多斯市，在人口、地理位置、城镇服务以及未来发展上都不及鄂尔多斯市，更不如较近的首府呼和浩特市。在乌审旗小城镇发展规划方面，不能过高标准规划，也不能过低标准规划，规划上应考虑以下几点因素。一是人口因素。随着城镇化的进程，农牧区需要转移的人口越来越少。从乌审旗近几年的城镇化率来看，城镇人口数量增加并不明显，未来也不会有太大的变化。城镇人口规划上应该考虑本地区的人口规模和外来人口预期规模，规划过多人口规模，会导致城镇土地建设的浪费。二是要考虑城镇空间位置。虽然乌审旗受经济发展影响，城镇功能提升较快，但是与地理位置上较近的鄂尔多斯市东胜区、康巴什区相比差距较大，而这一差距不可能短时间内获得解决。这种区域位置上的劣势决定人口的流向，乌审旗小城镇短时间内不可能吸引更多的人口。三是要考虑地方资源优势。煤和气是乌审旗的最大资源，是本地区的最主要的支柱产业。这种较单一的产业，导致地区经济的经济风险。所以，在规划时注重考虑上述因素，适宜规划是乌审旗城镇合理科学发展的关键。

（4）做好水资源勘探评价工作，合理利用地下水资源，为城镇提供持续水资源

乌审旗地下水资源比较丰富，平时用水绝大部分来自于地下水。近几年，天然气、煤炭开发以及以煤、气为原料的化工企业的投产，用水量日益增加。相反，本地区属于温带大陆性季风气候，而且近几年降水量减少，地下水位下降，给人们拉响警钟。所以，需要对本地区水资源进行系统勘探和评价，科学安排水资源与经济发展之间的关系。科学合理利用水资源，应该做好以下几点工作。一是要科学勘探和评价本地区水资源情况。水资源不仅是生命之源，也是地区经济命脉，经济规模以及发展都与水资源有着密切关系。因此，城镇和经济规划应该根据区域水资源的具体情况而定。二是加强工业监管，防止水资源污染，提高工业水资源重复利用率。工业用水量虽较大，如果这些水使用后经适当处理再重复利用，可节约大量水资源，实际消耗将大大减少。因此，应更加注重工业用水重复利用。三是科学开发地下水资源。在科学勘探的基础上，对于用水量、地理分布上要科学安排，既要讲经济、社会效益，也要保护好生态环境。四是提高居民节约用水意识。通过宣传和推广节水技术，提高居民节水意识，减少污染，提高居民水资源利用率。

总之，牧区小城镇建设是一项漫长的过程，其成长过程中有很多不确定的因素在起作用。内蒙古在小城镇建设方面，应遵循地方特点，合理科学规划，促进小城镇发展。

第二节　林区城镇化研究

内蒙古国有林区是我国北方重要的生态屏障，在保障我国的生态安全方面处于重要地位。中华人民共和国成立以来，国有林区为国家提供了大量商品性木材，对国家经济建设和人民生活做出了巨大贡献。为保护森林资源，更好发挥其生态服务功能，在实施天然林保护一期和二期工程的基础上，2015年4月，国家林业局做出在东北和内蒙古重点国有林区全面停止商业性采伐的决定，至此，林区经济转型进入关键时期，同时，经济转型和生态移民及棚户区改造，进一步推进了城镇化的进程。但在转型发展和城镇化过程中面临哪些困难和问题，本文对此进行研究，并提出相应对策，以提升林区城镇化发展质量，促进林区可持续发展。

一、内蒙古国有林区城镇化发展情况

内蒙古国有林区主要分布在呼伦贝尔市、兴安盟的9个旗市，由内蒙古大兴安岭森工集团的19个林业局和归属地方林业部门管理的红花尔基、免渡河等8个营林局组成。林业生态主体功能区面积10.67万平方千米，森林面积8.27万平方千米，活立木总蓄积量9.5亿立方米，居全国国有林区之首，国有林区面积辽阔，小城镇数量较多。本文以内蒙古大兴安岭森工集团为案例，进行国有林区发展和城镇化问题的研究。大兴安岭国有林区有19个林业局，涉林人口150万人，林业职工20万。每个林管局就是一个小城镇，随着近年来生态移民和棚户区改造的快速推进，林区人口呈现出从林场向林管局所在的小城镇和小城市集聚的态势，林区城镇化进程明显加快。

（一）林区产业多元化发展起步

从2000年天然林保护一期工程正式实施以来，内蒙古国有林区木材产量大幅削减，一期减幅39.7%，二期减幅52.7%，生态优先发展成为林区发展的主线。随着木材的削减，林业经济面临的转型发展的重大机遇与挑战，加快传统林业向现代林业发展成为必然趋势。"十二五"时期，林区根据自身实际确立了"3598"战略：分三个阶段，实现五大目标，实施九大发展战略，推进八大产业。特别是2012年以来，依据自治区"8337"发展思路的要求，为了加快产业转型，又进一步确定了"五大基地"和"三大龙头"。围绕发展思路，产业转型有了明显的起色，旅游业呈现上升势头，林下产业发展初具规模，不仅增加了就业，也给当地群众带来一定的经济收入。

森林、湿地、冰雪、河流是林区的自然特色，与当地的鄂伦春族等少数民族文化相结合，更具有独特魅力。目前，国有林区拥有阿尔山、莫尔道嘎、阿里河等8个国家级森林公园，汗马、额尔古纳两个国家级自然保护区，130多个旅游景区和景点。随着林区的宣传力度和景区建设力度不断加大,大大增强了游客对林区旅游的了解和吸引力,激发了更多游客的出游愿望,阿里河、根河、阿尔山、莫尔道嘎等地已经有了一定知名度,林区旅游人数明显增长。2013年,旅游业接待人数67.1万人,旅游综合收入3.57亿元,分别比2010年增长1.18倍,增长70.8%。

林下产业和特色产业在一些地区初具规模,成为当地林业人口的重要收入来源和富民产业。金莲花、水飞蓟、返魂草等中药种植,赤芍的野生驯化,蓝莓林果种植,樟子松、云杉等苗木培育,木耳、滑子菇、杏鲍菇等食用菌培植规模不断扩大,形成有一定影响力的品牌和中药加工企业。此外,北极狐养殖让养殖户获益较大。克一河食用菌养殖已经形成一定规模,养殖技术成熟,打造出"诺敏山"这一自治区著名商标和中国驰名品牌,木耳、滑子菇、猴头菇养殖已经成为当地群众的重要增收渠道。阿里河的滑子菇养殖也有一定规模,养殖技术相对成熟,养殖户受益不小。图里河依托原有的森健制药公司,推进中药种植,2013年,中药种植面积达到1600亩。

(二)生态移民和棚户区改造加快了人口向城镇和城市的集聚

2009年以来,国家全面实施林区棚户区改造项目,对于林区板夹泥房屋进行了大规模改造,使得林区居民的住房条件大为改观。在棚户区改造项目中,国家及自治区给予大力支持,通过国家、自治区、企业、职工个人共同承担建设资金,保障了工程的顺利进行。截至2013年,大兴安岭林管局棚户区改造工程完成投资59.39亿元,其中,国家投入16.85%,自治区配套11.34亿元,森工集团承担11.9亿元,职工个人13.3亿元,累计开工107938户,完工101021户。通过建设,很多林区人从板夹泥房中搬迁到楼房中,棚户区改造项目成为民生改善的一大亮点。林区棚户区改造不仅是在局址所在地就地改造和建设,还结合生态移民和林区职工方便教育、医疗的客观要求,进行了异地建设,将偏远林场的职工和家属实施生态移民,集中到林业局所在地的小城市和县级镇居住,使得居民居住条件大为改善,享受到城市较好的公共服务。同时,根据职工意愿,考虑年龄大的职工生活方便和为职工子女上学方便,在扎兰屯、牙克石、海拉尔等地实施棚户区改造项目,满足了职工的多元化需求。林区通过撤并部分林场,实施生态移民和棚户区改造,将部分职工和家属移居到条件比较好的林业局所在地的小城镇和建制镇及小城市,大大改善了林区职工的居住条件,减轻了对森林资源的压力,使林区从过去"先生产后生活"的艰苦状态,进入到生态保护优先,民生为先的新时期,推进了林区城镇化进程。

(三)林业职工收入与全区职工平均收入的差距缩小

1998年之前,林区工资水平较高,林业企业实力也较强。1998年之后,随着国家天然林保护工程的实施,林区木材生产量大量削减,尤其是2011年第二期天保工程实施后,林区木材削减的幅度更大,而林区经济转型较缓慢,林区经济面临诸多困难,林业职工收入总体水平偏低。针对这一情况,森工企业采取多种措施提高职工收入,职工收入增长速度加快,职工收入从2000年的4258元增长到2013年的32371元,增长了6.6倍,且增速加快。2000—2005年,平均增长12.67%,2005—2010年,平均增长18.23%,比前5年提高5.56个百分点,2010年之后,工资增速更快,增速高于自治区职工工资增速,2011年达到28.8%,2012年达到25.92%,2013年、2014年有所下降,但也超过10%(表6-6)。职工工资从2005年相当于自治区职工工资的48%提高到2014年的67%,差距不断缩小。

表 6-6　林业职工工资增长速度和全区比较（2000—2015 年）[1]

年份	大兴安岭职工年平均工资（元）	年平均增速（%）	全区职工工资年平均增速（%）
2000	4258		
2005	7733	12.67	18.0
2010	17873	18.23	17.2
2011	23021	28.80	16.8
2012	28988	25.92	13.7
2013	32355	11.62	9.2
2014	36335	12.30	6.0
2015	40000	10.09	6.3

（四）职工社会保障水平提高

民生改善是林区发展的出发点。内蒙古森工集团企业职工养老保险已全部纳入省级统筹，医疗、工伤、生育、失业保险实现属地统筹，社会保障水平不断提高。2011 年，启动了住房公积金制度。教育、医疗、卫生、广电等在 2008 年之后已经移交属地政府，教师、医疗卫生、广电部门职工待遇明显提高，林业职工子女主要在县级市牙克石市、根河市和海拉尔区的学校接受义务教育。

---

[1] 数据来自《中国内蒙古森工集团内蒙古大兴安岭林管局志（2000—2011）》《内蒙古统计年鉴2012》《内蒙古统计年鉴2013》《内蒙古统计年鉴2014》。2014 年、2015 年大兴安岭职工工资数据来自《林海日报》（2016 年 3 月 2 日）。

二、国有林区城镇化过程中面临的一些问题

(一)林区人口趋于减少,小城镇人口规模偏低

进入21世纪以来,林区总人口呈现不断减少趋势,一方面是由于人口自然增长率下降,另一方面是人口流出,导致林区人口的下降。2000年,内蒙古大兴安岭林区,人口自然增长率为0.81‰,2005年下降为-1.24‰,2011年为-5.02‰,每年出生人口数量从1882人减少至168人。同时,人口迁出的也不少,一些职工子女通过上学走出林区,在外地找到工作的一般也不会回来。林区人口主要集中分布在县级市和旗县政府所在地的城关镇以及林业局局址所在地的小城镇。鄂伦春、牙克石、额尔古纳、根河(旗、市)建制镇23个,其中22个总人口44.5万人,每个镇平均2万人,50%左右的建制镇常住人口在1万人以下。这样的人口规模很难产生集聚效益,对人口的吸引力也十分有限,导致人口流失。通过对第六次人口普查和第五次人口普查数据比较发现,呼伦贝尔市除海拉尔区和满洲里市人口呈现明显增长,扎兰屯市保持基本稳定,其他旗市人口都呈现减少趋势。而人口难以集聚又与产业支撑不足密切相关。

(二)新产业规模小,还不能在城镇化过程中起到支撑作用

转型发展需要产业具有一定的规模,才能具有竞争力,但是对于林下经济而言,多数地区规模不够大,分布较分散,难以吸引大的企业和销售商,也缺乏定价话语权,林产品的价格和收益难以提高;产品以简单包装为主,深加工能力不足,更缺乏有影响力的品牌,影响了林下产业和产品的竞争力;旅游业发展虽然呈现上升势头,但尚在培育当中,规模和层次都亟待提高。

导致转型过程中新产业规模小的原因之一是资金不足。林区从木材生产加工向其他产业转型,需要大量的资金支持,但企业负担沉重,能够投入到产业转型建设中的资金很少。随着一期和二期天保工程木材大幅削减,生产规模也

明显下降,而木材的市场价格也受需求的影响呈现下降趋势,由此导致企业木材生产收益下滑。同时,企业公共服务负担仍然很重,还承担着供暖、垃圾清理等公共服务职能,每年支出巨大。比如,取暖费成本是8元/平方米,向职工收取2.5元/平方米,其余5.5元需要企业补贴,2010—2013年,森工集团企业承担了41144万元,特别是在棚户区改造等民生建设方面,企业连续多年在棚户区改造中给予很大投入,而且还有大量银行贷款,再拿出用于产业转型发展的资金十分困难,支持林下经济、旅游经济的资金明显不足。林区现有职工文化水平整体偏低,也不适应转型发展的需要。据统计,2013年在岗职工中,初中以下人数为29257人,占林区在岗职工人数的50%;大学本科以上的人数占4.29%,大多分布在林业局和研究单位。特别是在经济转型发展中,技术人才、市场营销人才、管理人才都严重不足,进一步制约了产业转型的进程。

(三)林业职工收入普遍偏低,一线岗位吸引力弱

林区职工收入偏低,影响了林区职工的生产和工作积极性。从表6-6看出,大兴安岭森工集团职工平均工资虽然从2005年以来不断增加,与自治区职工工资的差距在不断缩小,但2014年仍然相当于自治区的67%。每年招收新职工困难较大,即使招进来,由于工资偏低,条件艰苦,一些年轻人不能安心工作,尤其是在一线工作的年轻人通过报考公务员或者到企业工作等途径跳槽的不少,导致一线职工年龄结构偏大,后备人才缺乏。老龄化问题成为制约林业发展的重要因素。从图6.5看出,2003—2013年,41岁以上的职工占比呈现增加趋势,而40岁以下的职工呈现不断下降趋势,2013年30岁以下职工占8.47%,31—40岁的职工占25.7%,41岁以上的职工占65.8%。随着老职工陆续退休,如果年轻人不能补充进来,对林业发展十分不利,同时,产业转型和林区现代化建设需要高技术人才和其他产业发展的各类人才,但林区条件艰苦,收入低,又缺乏足够吸引力。

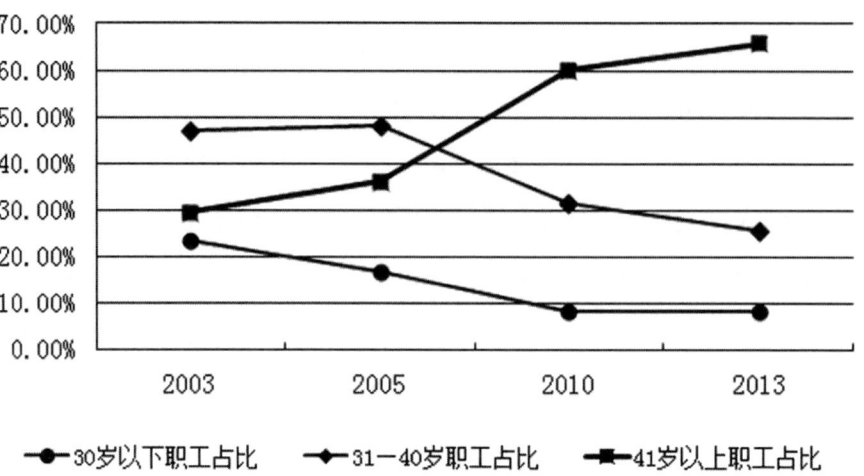

图 6.5　内蒙古大兴安岭森工集团职工年龄结构变化

（四）小城镇垃圾处理和生活污水处理等市政设施建设滞后，影响宜居性

林区小城镇都是因林而建，应林而兴的。小城镇从建立之初，主要是本着"先生产，后生活，边生产，边建设"的思路发展，生活条件改善方面和基础设施建设方面的投入与生产投入相比还是较少，历史欠账较多。2008年之前，公共服务基本由林业局负责和承担，2008年，随着一些公共服务的剥离，企业办社会的情况有所改变，但部分社会职能（如供热、垃圾清扫、物业等）还由林业局管理，而林业经济在天保工程之后又十分困难，收益下降，在小城镇建设投入上力不从心。同时，一些林业局所在的建制镇，地方政府由于人员不足、财力有限以及与森工企业的协调还不到位等原因，导致小城镇建设管理水平不高，在一部分林业职工和家属从山上转移到小城镇居住之后，虽然住房有保障，但小城镇的其他基础设施准备不足，宜居性不高。

（五）基本公共服务水平有待提高

随着教育、医疗等公共服务的剥离，有的林区小城镇医院撤并，使得一些本来具有较好医疗条件和水平的医院变为卫生所，技术水平高的医务人员流失，医疗水平下滑。同时，有的林业局职工要到离居住地较远的地方看病住院，看病住院成本较高，增加了经济负担。

三、提高内蒙古国有林区城镇化发展质量的思路

内蒙古国有林区是重要的生态屏障，其发展要把生态保护放在首位，要协调好生态保护与产业发展及民生改善的关系，通过创新管理体制机制、培育发展绿色生态产业、增强公共服务能力、建设生态特色小城镇等措施来解决城镇化发展中面临的问题，提升城镇化质量，实现林区可持续发展。

（一）加快培育绿色生态产业，促进林区产业转型发展

保护生态是林区的首要目标。良好的森林生态资源是林区未来发展的资源基础。紧紧围绕保护生态和保障职工生活两大目标，要培育生态绿色产业，使绿色生态产业成为林区发展的动力。一是要加快高端森林生态旅游业发展，将其培育成支柱产业，为城镇化提供动力。林区旅游业是林区最具潜力的产业之一，蕴含巨大价值。目前，相对于全国需求不断增长，旅游业从中低端向高端发展的势头，林区无论基础设施、接待能力、旅游产品，还是旅游人才都明显不足，开发的景区十分有限，道路等基础设施亟待完善，缺乏旅游策划、宣传等人才，旅游项目单一的状况急需改变。因此，要对林区旅游业进行合理规划，立足长远，把它定位为高端旅游和生态旅游，而不是普通观光旅游，更不能只顾收费不顾森林生态保护。这需要加强基础设施投入，加强道路、旅游景点设施建设，恢复开通森林小火车和旅游直通车，拓展旅游项目，开展体验式的高端旅游，增加游客停留时间，积极开发旅游新产品，根据植物花期不同，打造不同的旅游节，比如，杜鹃节、芍药节等等，改变当前旅游消费产品品种单一、包装简单、质量层次不高的问题，扩大游客购物欲望和参与度，增加游客消费，进而增加旅游收入。二是要加大导游培训，提高导游的素质，提高接待能力和服务质量。特别是要合理设置旅游线路，限定旅游人数，注重旅游业的长远发展，而不是眼前利益，在生态保护的前提下开展旅游业，实现旅游业的长远可持续发展。二是扩大种植和养殖规模，培育壮大龙头企业，促进林下经济和养殖业发展。加强木耳、菌类植物、蓝莓、药材等基地建设，提高技术含量，建立产业协会，搭建信息平台，加快产业协会与市场对接，扩大销售市场，使林下经济成为增加就业和当地职工的致富增收重要渠道。加强与高校和科研机构的联合，开发养生保健新产品、中草药产品、化妆品等等，延长产业链，注册自己的商标品牌，提升产品附加值；鼓励非公经济发展，支持加工、销售龙头企业的壮大，建立企业与种植户的订单式、合同式的紧密合作关系，减少种植养殖的盲目性和随意性，防止出现价格的大起大落，形成利益共同体，保证种植户获得稳定收入。

（二）严格禁止新的矿产开发，推进区域间生态补偿，提高生态补偿额度

国有林区，尤其是大兴安岭国有林区是额尔古纳河、嫩江、黑龙江、松花江的水源涵养地，是嫩江和额尔古纳河两大水系779条大小河流的发源地，是北方重要生态屏障和碳库，生态价值至关重要，生态服务价值巨大，具有不可代替性。所以，国有林区首要任务是保护和坚守好这片北方生态屏障，树立保护好森林就是对国家最大的贡献的观念。即便有丰富的矿产资源，也不能轻易开发，不能为了眼前的经济利益而牺牲长远的生态利益。还要在国家财力允许的情况下，提高森林生态补偿额度，适时推进区域间的横向生态补偿，改变单一的国家补偿的模式，进一步体现森林生态服务价值。

（三）完善城镇基础设施和公共服务功能，建设环境优良的绿色生态宜居小城镇

随着林区山上人口向山下不断集聚，小城镇人口不断增多，供水、排水、供气、垃圾处理、污水收集和处理等设施远远不能满足人口增长的需要，小城镇环境压力加大。借鉴国外小城镇建设经验，建设功能完备的特色生态小城镇，是林区发展的需要，是林区民生改善的需要。国外小城镇建设有很多成功经验值得借鉴。德国遵循"小的即是美的"原则，注重产业支撑，注重规划先行，注重环境保护；法国的小城镇生活便利度比大城市一点不差，城镇化的理念是"镇上的生活比首都好"；[1]美国则是注重改善小城镇的交通、通讯、公共服务等条件，处于农业地带的小城镇把吸引和促进农副产品加工业和储运业的发展作为发展小城镇的重点。因此，首先要把边远人少的林场适度撤并，结合棚户区改造，将部分林场职工和家属转移到条件比较好的林业局所在地的小城镇，促进人口的相对集中集聚。其次，国有林区自然生态环境与我国其他地区相比生态环境优良，应发挥森林生态产品的优势，以小城镇为载体，保持林区小城镇特色，建设旅游型、养生型、生态型等各具特色的城镇。林区小城镇建设要高标准，要有世界眼光，决不能效仿城市，建设高楼，而是要体现林区自身特色，彰显林区人吃苦耐劳的精神，保留一些具有林区特色的老建筑和房屋，发展旅游业，让游客了解林区发展历史。第三，加强城镇基础设施建设和环境保护。既要重视小城镇交通、通讯、道路、供水排水、供电等基础建设，也要同步建设城镇垃圾处理、生活废水集中处理等环保设施，保护小城镇的生态环境，不断增强城镇宜居性，使得小城镇成为夏季休闲度假养生的好地方。第四，提升医疗服务水平。加快推进林区职工医疗保险的更高层次的统筹，消除行政体制障碍，保障林区职工看病就医不受旗县界线的限制，能够就近看病

---

[1] 邱仰林. 可供借鉴的国外城镇化经验 [N]. 中国证券报, 2014-7-14.

就医，降低就医成本，加强林区医院的医疗服务水平，努力缩小林区小城镇、小城市与大中城市在医疗、养老等公共服务方面的差距，促进公共服务均等化。

（四）逐步扩大碳汇交易试点，建立森林生态服务价值的市场化补偿机制

2015年，国有林区逐步进入全部停伐的阶段。除了企业加快转型发展，提高经济效益，提高职工收入，还要探索林区碳汇交易试点，使得森林生态效益价值在市场上得到实现。森林生态价值巨大，是巨大的碳汇库。在温室气体排放大幅增加导致全球气候变暖的背景下，减少二氧化碳的排放，保护生存环境成为国际社会关注的重大问题。党的十八大以来，将生态文明建设纳入中国特色社会主义现代化建设"五位一体"总体布局当中，我国对高碳排放的企业实行减排的要求更加严格，未来对碳汇交易的需求也会增加。内蒙古大兴安岭国有林区碳汇总库为9亿吨，并保持年均3000多万吨增长规模。因此，首先要加强林业生态建设，提高现有森林的质量，加快育林造林和保护，增加森林的蓄积量和质量，不断增加碳汇。但目前我国碳汇市场还处于初级阶段，在国际市场上没有定价权，碳汇出售价格明显偏低。因此，需要在国家层面加快碳排放的法律和相关制度建设。引进先进技术，建立与国际接轨的计量、监测和评估机制，加深对碳汇交易国际规则的深入研究，降低交易成本，提高在市场上的定价权，增加森工企业的生态经济收益。要加快推进试点，在总结经验的基础上，加快推进更多的试点，尽快把内蒙古国有林区纳入其中，实现森林生态价值的转化，为生态保护争取资金，进而促进林区的可持续发展。

（五）重视人才引进和人才培养，增强内生动力

随着森林资源商品性采伐额度的不断消减，直至全面停止商业采伐，企业不能再依靠木材生产来获得收益，而是要通过产业转型和加快产业多元化发展寻找出路。要实现产业的发展，最重要的是人才，包括管理人才和技术人才。因此，要把培养、引进适合新林区产业发展需要的人才放在突出位置，采取联合培养、定向培养、大幅提高工资待遇、改善生活居住条件等方式，培养人才、留住人才、集聚人才，为林区发展增添内生活力。要增加林区职工子女的招聘比例，适当放宽条件，吸引林区职工子女大学毕业后回到林区工作；还要通过就地培训和送出去培养等方式，提高年轻林区职工的文化素质和技能，像父辈一样为林区做出新贡献。扩大招聘专业的范围，不仅局限于生态保护、生态工程、园林、植物保护等专业人才，还要根据经济转型发展需要，招聘新产业发展的管理人才、技术人才，比如，旅游人才、林产品研发人才、市场销售人才等等，为林区产业转型和新产业发展提供技术智力支持。

第三节　垦区城镇化研究

内蒙古国有垦区在保障国家粮食安全和主要农产品有效供给等方面发挥了重要的作用。建场以来，内蒙古国有垦区秉承"先生产后生活，先治坡后治窝"的精神，大力发展农业生产，为我国经济建设、内蒙古自治区的全面发展、当地经济的发展和人民生活质量的改善做出了巨大的贡献。当前，随着人口总量增长、城镇人口比重上升、居民收入水平提高和农产品加工业及能源用途拓展等，全社会对农产品数量、质量的需求进一步提升，基本保障农产品总量平衡、结构平衡和质量安全的压力越来越大，而农垦的生产优势和特点决定了它可以在保障国家粮食安全、农产品质量安全上发挥重要作用。当前，垦区正处在农业现代化、新型城镇化建设当中，城镇化速度在逐步加快，垦区的职工和群众虽然拥有城镇户籍，却没有完全享受到与城市居民同样的基本公共服务，城镇化率高，但城镇化质量偏低，在新型城镇化和现代化过程中还面临很多困难与问题。深入开展国有垦区发展与城镇化调查研究，对于促进垦区发展，改善民生，保障国家粮食安全，实现新型城镇化健康发展，全面建成小康社会具有重要的意义。

一、内蒙古垦区城镇形成发展历程

依据调研资料及相关文件梳理，内蒙古垦区城镇的形成和发展主要可以概括为开垦建场（20世纪50年代至80年代初期）、城镇发育（20世纪80年代至21世纪初期）、城镇形成（21世纪初期至今）3个阶段。

(一)开垦建场:20 世纪 50 年代至 80 年代初期

1954 年 8 月,中共内蒙古自治区东部区委员会和呼伦贝尔盟行署成立了国营牧场筹建委员会,先后建起 30 处牧场。1955 年 2 月 19 日,正式成立呼伦贝尔盟国营牧场管理局,并于同年更名为呼伦贝尔盟农牧场管理局,所辖国营农牧场 23 个,耕地面积约 22.5 万亩,成为国家农业部三个直供垦区之一,拉开了内蒙古垦区开荒建场的序幕。

在此时期,垦区秉承"先生产后生活,先治坡后治窝"的精神,大力发展农业生产,为我国经济建设、内蒙古自治区的全面发展、当地区域经济的发展做出了巨大的历史贡献。

(二)城镇发育:20 世纪 80 年代至 21 世纪初期

以邓小平南方谈话和中共十四大明确提出建设社会主义市场经济体制为标志,农垦系统进入全面改革。根据国家制定的家庭联产承包责任制政策和对农垦进行"统分结合"的双层经营体制的改革措施,海拉尔垦区和大兴安岭垦区在农业部和自治区政府的领导下,打破了以连队为基础的单一生产组织形式,实行了以联户家庭农场、职工家庭农场为基础的"两费自理,四到户"(生产、生活费自理,土地作物到户、盈亏到户、核算到户、风险到户)的经济承包责任制。

在这一时期,通过系列改革政策的落实,职工的生产积极性得到了发挥,职工的生活水平有了很大提高,部分剩余劳动力开始从事工商服务业,为垦区场部的经济和社会注添了活力,小城镇雏形开始自然发育。

(三)城镇形成:21世纪初期至今

2002年,内蒙古自治区做出了将海拉尔农垦集团公司和大兴安岭农垦集团公司交由呼伦贝尔市属地化管理的决定。2003年11月,大兴安岭农垦集团公司、海拉尔农垦集团公司开始"集团化、股份化、产业化"的改革之路，由国有农垦企业改制为集团公司。海拉尔农牧场在不断深化土地改革的基础上，在岭北11个农场和岭南5个农场的基础上，成立了11家农牧场分公司和5家农牧场子公司，整体实行了统一耕种的管理方式。在大兴安岭农垦集团公司与集团所属4家分公司和4家农场子公司的管理方式中，集团采取每亩收缴90斤黄豆并视情况相应增减的方式，对家庭农场进行承包式管理。

期间，随着市场的不断变化，农垦集团公司在当地建设和职工谋福利方面做了很多工作和探索，率先实现农业现代化建设，进一步提高农牧业生产力，为垦区城镇化建设提供了强有力的经济基础和剩余劳动力。再加上国家"一事一议""危旧房改造"等相关政策的促进，垦区小城镇正在初步形成规模。

二、内蒙古垦区城镇化发展现状与特点

内蒙古国有垦区分布在全区10个盟市，共有104个农牧场，总面积5.36万平方千米，总人口49.56万人，耕地面积6603.08平方千米，是我国重要的粮食产区，在保障我国粮食安全方面处于重要地位。垦区面积辽阔，小城镇数量众多，其中呼伦贝尔农垦集团下属的海拉尔垦区和大兴安岭垦区是全区耕地面积较大、耕地分布相对集中、粮食产量高、现代化水平高的两大国有直供垦区，两区总人口15.32万人，耕地面积3952.37平方千米，本文选择这两大垦区为调研对象进行深入调研，了解并探讨内蒙古国有垦区城镇化发展现状及问题，具有一定的典型性。

（一）垦区城镇化率虚高现象明显

由于垦区形成的历史所决定，垦区人口的划分不同于其他行政区，不论从事第一产业或二三产业，只要是农牧场人员，均为非农业户籍，所以农垦集团职工按照现行户籍制度属于城镇人口范畴，户籍人口城镇化率100%。按照呼伦贝尔农垦集团将垦区人口划分为农牧场人口和非农牧场人口的数据，2015年，内蒙古农垦城镇人口比重达89.7%，远远高于同期的内蒙古城镇化率（60.3%）。而农牧场人口当中，相当一部分主要从事农牧业生产，现阶段依然没有脱离原有的生活、生存方式，只享受有限的城镇化现代文明，且不具备城镇生活特征，这就导致垦区户籍人口城镇化率虚高的现象。

（二）农牧场人口呈现逐步向小城市流动的趋势

随着农垦的发展，尤其是"十一五"以来垦区农业机械化水平不断提高，对劳动力的需求降低，一些脱离农牧业岗位的人口近年正在逐步迁入场部或附近小城镇。经调研了解，创业的老一代农垦人大多进城或到场部中心区定居，新一代农垦独生子女大部分在城镇或场部就业、定居，目前在生产队居住的多数是50岁左右的第二代农垦人，在大兴安岭农垦的甘河、古里、诺敏河等农场场部，人口集中比例都在60%以上，均呈现人口向场部或中心城区等小城市集中的特点。

（三）农业经济现代化加速了城镇化进程

经济发展是城镇化发展的动力，经济结构非农化一般是城镇化水平评价的重要指标。2015年，海拉尔垦区的生产总值30.47亿元，与2009年相比，年均增长率达11.07%，第一产业增加值占比68.54%，相较2009年下降15.2个百分点，生产总值快速增长的背景下，第一产业增加值占比却呈现下降的态势，足以说明海拉尔垦区农业生产率不断提高的同时，二三产业有了长足的发展。农业生产率的提高，促使农畜产品逐年增长，为垦区城镇化奠定了经济基础和原料保障。同时提高了农业人口收入，为二三产业创造了需求，并且进一步繁荣了以农产品为原料的小城镇二三产业。农业生产机械化、现代化程度已经达到较高水平，为农业生产中转移一部分职工群众从事其他产业创造了条件。

(四)城镇基础设施和公共服务水平逐步提升

垦区城镇人口规模、用地规模处于中等偏下水平,随着农垦集团效益的提升,对场部及生产队的公共服务设施建设愈来愈重视,便民连锁超市、银行网点等基本覆盖,极大地提高了垦区城镇的公共服务能力,服务业营业网点数由2009年的11个增长为2015年的727个。近年在"一事一议"奖补、危旧房改造等政策的支持下,公共基础设施水平逐年加强,促进了小城镇发展。以大兴安岭农垦甘河农场场部为例,其城区面积为3.14平方千米,燃气普及率60%,排污管网6739米,人均绿地面积35.9平方米,年生活垃圾清运量2.92万吨,不仅吸引了农场生产队居民,也吸引了周围的农村居民向小城镇集聚。

(五)职工收入水平较高,增速较快

2015年,内蒙古垦区农垦总收入128.94亿元,比2009年增长42.66%,为农牧场职工收入的增加提供了保障。同时,农场职工除了从事农业生产,越来越多的家庭从事家庭畜牧业,在工资性收入的基础上有效提高了家庭经营性收入。以海拉尔农垦和大兴安岭农垦为例,2015年,海拉尔农垦职均收入48234元,年均增长率达19.89%;2015年,大兴安岭农垦职均收入53473元,年均增长率达21.94%;同期内蒙古职均收入的年均增长率是11.14%,两大垦区职工收入增长速度均高于全区职工收入增长速度。

(六)垦区生产模式维护了农业生态环境和农产品质量安全

农垦大力推行的组织化、规模化、标准化生产体系,特别是农垦建立的全程有效质量监控、覆盖面较大的农产品质量追溯体系,使得垦区的主要农产品生产,从投入品到生产环节再到产品销售已经实现全程标准化,严格按标准执行。与地方农业采用掠夺性经营,耕地基础肥力大幅下降,过度使用化肥农药相比,农垦单位面积的化肥、农药施用量严格按标准控制,均低于全国平均水

平，一些垦区通过退耕还林、还湿、还草，积极采用有机肥，探索绿色农业、生态农业、循环农业的发展模式。可见，农垦在确保主要农产品持续增长的前提下，实现了可持续发展，维护了农业生态环境，保证了农产品质量安全。

三、内蒙古垦区城镇化问题

长期以来，农垦的各项事业尤其是农业现代化和粮食安全保障事业都取得了长足的发展，为国家及自治区经济社会发展做出了重大贡献，在小城镇建设方面形成自己明显的优势与特点，但依然存在不少的困难和问题。从城镇空间布局与发展特色的角度看，小城镇空间布局分散，存在基础设施和公共服务重复投入而利用率不高、特色不够鲜明的问题；从农牧业、工商业等产业发展进程来看，农业现代化奠定了垦区城镇化的经济社会基础，而旅游业、商贸业起步较晚或刚刚培育，城镇缺乏集聚人口的产业支撑；从政策支持与管理体制机制角度看，在国家、自治区对农垦城镇发展的支持政策方面运用不足，城镇规划、建设与管理权责不清，企业依然承担部分社会功能；从牧业生产与生活环境协调发展角度看，人、家畜混居一个院落的饲养方式依然很普遍，人居生态环境较差，畜牧业生产方式与生活环境改善模式尚难破题。

（一）村镇布局分散，城镇化进程滞后于农业现代化

从布局角度看，垦区生产队、场部小城镇一直延续着建设之初的建制布局，每个农场场部所在地基本上就是一个小城镇，人口集聚度低，功能不健全、不完备。在农业生产和管理上，现行的生产队建制是基于建场之初的生产管理水平布局的，管理范围相对较小，场部、生产队彼此间距离远近不一，生产设施小而全，基础设施分散、重复投入的问题突出，不同程度存在资金浪费、利用率不高的现象。

据调研了解，呼伦贝尔农垦经过60余年的发展建设，在全国率先实现了

农业现代化，已经成为耕地规模最大、机械化程度最高、保障国家粮食安全的可靠的现代农业基地。在城镇建设方面，由于体制机制原因导致的垦区城镇建设欠账较多，尽管近年基础设施得到一定改善，但小城镇规划与建设的整体水平普遍偏低，基础设施薄弱，承载产业发展和居民生活的保障能力依然很低；公共服务水平滞后于相同规模的建制镇，教育与医疗资源相对匮乏，部分农场的学龄儿童在小学一年级就开始在附近的中心城区上学，住宿、陪读产生的一系列费用拉高了农场职工的教育支出，同样，在医疗方面也负担了更多的生活成本。由于垦区小城镇规模小、功能结构单一，且不完善、不健全，就业岗位少，缺少对剩余劳动力的接纳力，对经济的辐射带动作用不强，农业剩余劳动力向城镇转移的速度缓慢，制约城镇服务业的进一步繁荣，进而影响小城镇发展进程。可见，垦区城镇化水平的滞后，对于吸纳随着垦区农业现代化水平的提高而解放出来的大量剩余农业劳动力并解决就业是垦区城镇化面临的主要问题。

（二）城镇规划、建设与管理权责不清，企业依然承担部分社会功能

大部分农垦小城镇未列入国家建制镇序列，没有土地利用规划与管理、城镇发展与建设规划、税收和财政保障职能，无法进一步制定或落实吸引外来企业和人员的实质性优惠政策；城镇建设大多依靠自身投资，国家或上级人民政府对小城镇建设的政策支持和资金支持难以全面覆盖；社会公益事业建设缺少公共财政保障，除中小学义务教育、医疗卫生经费已全额纳入国家及地方公共财政保障，其他公益服务主要靠农场收益承担。以最为突出的大兴安岭农牧局为例，局址地区虽然已列入大杨树镇，但由于地方政府经济财力有限等原因，公益性质的费用基本上还得依靠垦区承担，小城镇依靠企业行为进行建设管理依然是常态。另外，垦区小城镇规划建设管理机制不健全，规划建设工作"缺位"现象较为严重，而且承担城镇建设、管理等具体工作的人员无法足额配备，行政人员实为企业编制，针对规划区内的违法占地、违法建筑等突出问题，相应管理部门缺乏执法权，使得城镇管理力度与效率大打折扣。

不同于一般的农村乡镇，农垦小城镇有的处于建制镇所在地，有的是农场场部所在地，没有列入建制镇。虽然国务院《村庄和集镇规划建设管理条例》规定，未设建制镇的国营农场场部及基层居民点的规划建设管理由国营农场的主管部门负责，但是城乡规划法明确的城市规划编制的组织方是相应一级的城镇政府部门，这就导致垦区同时存在两种情况，要么至今没有编制过城镇规划，要么农牧场管理局委托有资质的规划院做了完整的城镇建设规划，但是受编制主体不明、国家建设用地指标限制等因素的影响一直没有获得政府审批，规划应有的指导性、权威性和强制性作用难以发挥，建设随意性较为明显，重建轻管的现象突出。

（三）农牧场工商业发展缓慢，小城镇人口集聚能力弱

目前，垦区城镇化建设主要处于职工就近上楼或迁入场部居住的初级阶段，缺乏相应的产业为迁入人员提供新的就业岗位。尽管较高的农业生产效率和比较效益为垦区城镇化奠定了经济社会基础，但旅游业、商贸业起步较晚或刚刚培育，城镇缺乏集聚人口的产业支撑，无法吸引区外人口流入，退休、陪读人员是垦区小城镇最主要的流入人口，城镇规模难以壮大。目前，垦区范围内依然是种植业和养殖业等农业生产一业独大，场部工商业集聚较少，无法形成富集聚功能的商圈，更缺少一些大的农业产品延伸加工业项目，即使关乎农业发展的物流产业也欠发展。与黑龙江垦区相比，内蒙古农垦农畜产品加工企业规模小，效益不高，缺乏像北大荒、九三、完达山等高竞争力龙头企业。2015年，内蒙古农垦农副食品加工企业只有89家，总产值为38009万元，平均为427.07万元，黑龙江有499家，总产值为5473705万元，平均产值为10969.35万元。由此可见，加工企业少且规模小对垦区经济发展的带动能力弱。

此外，大部分垦区小城镇基础设施建设项目基本上以企业盈利的多少而定，资金投入不均衡甚至长期不足，缺乏长远规划和建设的连续性，造成总体投资效率不高、建设缓慢，即使建成后运行，依然存在很难按需落实运行经费而无法保障城镇基础设施正常持续运转，大大降低了垦区小城镇应有的人口吸引和接纳能力。

（四）畜牧业生产与环境改善模式尚未破题，小城镇特色不够鲜明

在垦区的各个生产队以及场部，人和家畜混居一个院落的饲养方式依然很普遍，院内路边粪便乱堆，泥泞不堪，人居生态环境恶劣，严重影响居民的生活质量。这种畜禽散养、人畜混居方式作为现在垦区最主要的生产生活方式，一定程度上满足职工兼顾生活起居与生产养殖，但是动物疫病的防控任务变得十分艰巨，极易导致常见病交叉感染、混合感染，人畜共患病的现象发生。现阶段，农垦正在积极探索有效的人畜分离的现代化养畜模式，以海拉尔农垦三河马场八队试点为例，划分出生活区和养殖区，统一规划、统一建设，在养殖区为每户人家配建一个杂物房，把牛从庭院迁到安置区一户一养，改变了过去养殖乱、圈舍小的问题。但是，很多职工为了生产方便，跟着牛住进了养牛场，居住区的环境问题虽然得到改善，却处于空置状态，终究还是没有改变原来人畜混杂的现状，人畜相处由"合"到"分"，又回到"合"。当然，还存在引进"奶联社、托管所"等其他几种人畜分离的试点模式，试图将人的生活区和牲畜养殖区分开，以改善农场职工的生活环境，提高养殖效益，但是或多或少存在一些问题，畜牧业生产方式与生活环境改善模式尚难破题。

垦区是在特定的历史条件下形成的，其60余年的开发建设过程形成独有的地域文化特色，但在垦区小城镇建设过程中，没能很好地把地域特色融入其中，就现已初具规模的小城镇来看，无疑是将农场场部建成一个"小微城市"，或者说建设一些具有城市配套生活基础设施和功能的居住区，即盖上楼房，硬化街道，供热通水，买卖有市，娱乐方便等等，严重缺乏将垦区特色落地生根，与城镇建设融为一体。

四、内蒙古垦区推进新型城镇化建设的对策建议

推进农垦新型城镇化建设是一项复杂的系统工程，必须立足于问题，在创新并健全规划管理体制、加快农牧业产业化建设、提升城镇环境与特色、优化村镇布局等方面精心组织实施，确保新型城镇化建设顺利推进，并在农牧林区特色小镇建设方面发挥示范引领作用。

（一）创新并健全垦区城镇规划管理体制，科学整合利用社会公共资源

垦区小城镇的新型城镇化建设存在一系列问题的重要原因是垦区小城镇不在国家建制镇序列这一体制弊端。因此，垦区需在灵活运用《关于加快转变东北地区农业发展方式建设现代农业指导意见的通知》《国家新型城镇化规划（2014—2020年）》《内蒙古自治区特定地区规划管理办法（试行）》等政策中国家、自治区对农垦城镇发展的支持条文的基础上，健全和完善垦区城镇政府职能，在垦区较大的农场设立建制镇，由垦区自行管理，解决体制不畅的问题，避免重复建设、多头管理、责任不清，并给予相应的资金支持，保证垦区与其他乡镇农村一样享受同等的政策待遇；对于垦区局址处在建制镇的，尽快剥离其承担的社会职能，交给当地政府管理，各司其职，将工作重心放在监督市场运行，维护公平竞争，提供信息服务上，为农垦企业发展提供一个良好的环境。[1]企业要以生产为主，重点是培育和延伸农产品加工产业链，避免包揽过多的社会事务，配合政府进行城镇的有序建设。同时，当地政府需切实履行职责，对垦区和城镇进行统一规划，统一建设，规划制定要同企业协商，保证规划符合

---

[1] 李静，张平宇. 三江平原垦区城镇化特征和发展对策 [J]. 农业现代化研究，2013，34（3）：50—53.

实际,推进小城镇和垦区一体化发展(图6.6)。

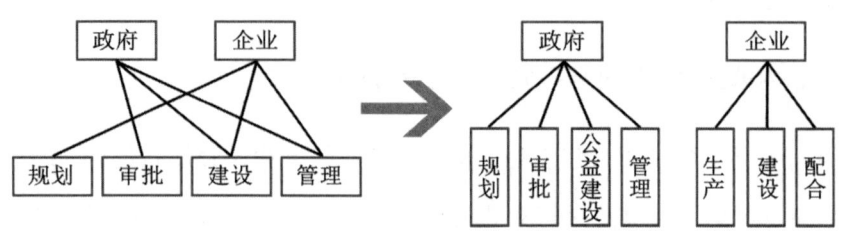

图6.6 垦区城镇规划建设管理体制转变示意图

(二)加快农牧业产业化,增强农垦城镇综合竞争力

加快农牧业产业化,建立起完整的具有较强市场竞争力的农牧业产业化体系,是增强农垦城镇综合竞争实力的重要途径。垦区应依托自身的区位、资源等优势大力发展农牧产品深加工,提高农牧产品的商品化率和劳动生产率。在垦区已初具规模的以农产品、食品加工为主的加工产业体系的基础上,以优势品牌为纽带,不断壮大规模,延伸产业链条,大力发展农产品精深加工,发展绿色经济,形成农产品加工企业集群,推动垦区农牧业产业化快速发展。产业化龙头企业的不断增加将形成产业牵动、内外联动、以工促农、良性互动的局面,使加工业发展的潜力获得释放。在农牧业产业化进程中,进一步创新发展以商贸、物流、旅游和信息业为主的服务业,使得第三产业逐步成为垦区城镇化的主要动力,形成垦区新兴产业体系,实现垦区产业结构逐步优化。[1]二三产业不断优化升级促进小城镇的发展建设,积极利用国家对垦区、林区、矿区棚改的特殊政策,结合当前自治区大力推进新型城镇化的有利时机,加快基础设施和公共服务设施建设,进而促进农垦城镇综合竞争力不断加强。

---

[1] 胡中禄. 关于垦区城镇化问题的几点思考 [J]. 农场经济管理, 2010 (12): 48—51.

（三）推行城乡一体化发展，探索现代化生产方式与生活环境协调的新模式

作为垦区小城镇的场部与作为垦区农村生产队除了规模的区别，其生产经营和生活有着极大的相似性，大部分人依然从事种植业和养殖业，面临的发展与建设问题也大致趋同，所以，城乡一体化发展是推进垦区城镇化建设的必由之路，着力解决养殖与人居相干扰的建设问题，在借鉴其他地区生态养殖模式的基础上，探索现代化生产方式与生活环境相协调的发展新模式。[1]通过统筹规划、合理布局，采取集中饲养、联户养殖的方式，在垦区外围建立统一的养殖小区（图6.7），各农场按照所处环境、户数以及现有养殖量确定养殖小区建设规模，在居住区的下风向或侧风向进行选址，并在养殖小区周边种植常绿树种或果树及绿篱，与生活区实现自然分隔，达到美化环境、净化空气、生态防护、防暑降温的作用。小区内实行清洁化处理和粪污资源化利用，收集粪便制作有机肥施用，通过建立栅格式沉淀池处理和配套建设大型沼气工程等方式，实现污水无害化处理及零排放、沼气池集中供气和对粪便及养殖业垃圾进行集中无害化处理，既可以提高养殖户的经济效益，也可以改善人居生活环境，避免环境污染和疫情蔓延。

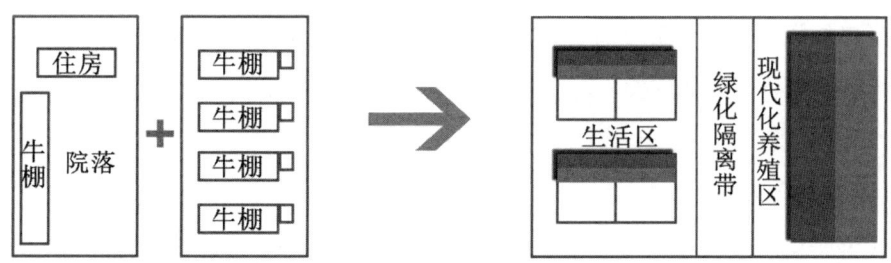

图6.7　垦区现代化生产方式与生活环境协调模式示意图

---

[1] 杜晓丹. "退村还区，人畜分离"生态养殖模式发展的思考——基于黑龙江省肇州县朝阳乡的调查[J]. 黑龙江畜牧兽医（下半月），2013（8）：26—27.

（四）适度收缩，合理布局，注重垦区小城镇文化特色塑造

在垦区农业规模化、生产机械化程度不断提高，以及交通便利化和通信现代化的条件下，管理和生产作业有效半径增加，原有一些人口少、面积较小的生产队可以视情况进行适度撤并、收缩，使一部分职工和家属向分场场部所在地的小城镇集中，并完善小城镇的给水、排水、供热等功能，改善医疗条件、人居环境，提高人口集聚度，科学规划和合理布局小城镇，促进重点场部小城镇健康有序的发展。在垦区新型城镇化进程中，高起点、高品位、高标准进行规划建设，立足边疆地域民族风情，根据农场风格与特点，因地制宜、顺势而为，找准主题定位，传承自身的文化脉络，塑造小城镇的鲜明特色。[1]避免把农场都变为城市型的住宅小区，出现小城镇同质化、扁平化发展。农垦小城镇和生产队在历史的发展与变迁中，或多或少地积累了一些值得珍惜的文物遗存和历史底蕴。在垦区城镇建设过程中，一定要注意保护历史文化遗存和各个时期的一些代表性建筑、构筑物，将板夹泥房、土坯房、知青房、老式拖拉机等这些遗存与新型化城镇建设进行统一协调考虑，把老场部土坯房办公室修缮后作为场史展览空间，将不同年代的生产工具、生产技艺等见证开荒历史的物件或图片、资料作为垦区发展变迁史实陈列其中，把知青房进行修葺复原，使其成为特殊生活体验旅游地等等，推动垦区特色小镇、文化小镇建设。

五、小结

内蒙古国有垦区是我国重要的粮食产区，小城镇数量众多，当前正处于农业现代化、新型城镇化建设当中，既肩负着推动农业现代化和保障国家粮食安全的重任，也面临着推动新型城镇化建设和全面建成小康社会的迫切需求。垦

---

[1] 孙境鸿，王德勇．黑龙江垦区特色城镇化建设分析［J］．黑龙江科学，2011（4）：45—47．

区新型城镇化及特色小城镇建设需系统分析其优势与特点，抓住政策机遇，提高资源要素利用效率，在率先实现农业现代化建设的基础上，提升垦区城镇化发展水平，全面建成小康社会。

第七章　户籍制度和土地制度的改革创新研究

进行制度创新是实现新型城镇化的关键。其中，户籍制度和土地制度是深刻影响城镇化速度、规模、质量的两项重要制度。2012年以来，户籍制度改革不断深入，并取得了显著成效，但与户籍密切联系的就业、医疗、养老保障等没有完全到位，仍需进一步推进。同时，土地制度的改革更为审慎稳妥，下一步无疑是改革的重点和难点。本章重点就这两项制度的改革创新问题进行探讨，对于进一步深入推进新型城镇化，加快市民化进程，实现城镇化与农业现代化同步发展具有重要现实意义。

第一节　深化户籍制度改革研究

改革开放以来，尤其是20世纪90年代市场经济体制的逐步建立，农村人口向城市和发达地区迁移流动的人数逐渐增多，在90年代末形成"民工潮"，大量农民在城市中实现了职业转移，但身份没有发生相应变化，直接导致其享有的公共服务与市民有明显差异，其中，户籍制度是阻碍市民化的一大障碍，影响了进入城镇农民的市民化进程和城镇化质量的提升。为此，国家从20世纪末21世纪初，加快户籍制度改革，特别是2012年以来，户籍改革进一步深化，国家连续出台多个政策性文件，提出2020年建立城乡统一的居民户口的目标，这是加快农牧业转移人口的市民化，实现新型城镇化的一大突破。按照国家相关政策和2014年以来出台的《国家新型城镇化规划（2014—2020年）》《国务院关于进一步推进户籍制度改革的意见》和中央城镇化工作会议的精神，以及2016年《国务院关于进一步推进新型城镇化建设的若干意见》的要求，内蒙古户籍制度改革不断纵深推进。从乌海市最早实现城乡统一的居民户口开始，内蒙古各城市落户的门槛一步步降低，到目前，内蒙古中小城市的落户条件全部放开，包头市、呼和浩特市两大城市落户的门槛也很低，极大地促进了农牧业转移人口的市民化进程。2015年，全区常住人口城镇化率达到60.3%，超过全国平均水平4.7个百分点，户籍人口城镇化率达到44.2%，比全国高出4个百分点。但我们也看到，与全区常住人口城镇化率相比还存在较大的差距，转移进城的农牧民享有的公共服务与市民相比还不均衡。对内蒙古户籍制度改革及市民化问题进行进一步深入分析研究，让更多的进城农牧民从"半市民向市民"转变，对于提升全区城镇化质量，实现以人为本的新型城镇化具有重要的现实意义。

一、我国户籍制度改革的演变和先行先试城市的实践启示

城镇化发展要求人口向城镇转移，推进人的城镇化重要环节在于突破户籍制度限制。从中华人民共和国成立初期至今，我国户籍制度经历了不同的阶段。从1958年1月9日通过的《中华人民共和国户口登记条例》开始，人口从农村到城市的迁移受到严格限制。直到改革开放之后，户籍制度开始松动，农民可以自理口粮进集镇落户，长期被束缚在土地上的农民开始逐步走出农村进入城镇生活。随着改革开放的向前推进,到了20世纪90年代,社会主义市场经济体制的进一步确立,东部地区经济的飞速发展,对于劳动力的需求大增,农村人口向城市的迁移流动明显加快,形成"民工潮",原有的户籍管理体制已经不能适应城镇化发展大趋势,90年代末,国家开始对户籍政策逐步做出调整,首先放宽小城镇的户籍政策。2001年3月,国务院批转了公安部《关于推进小城镇户籍管理制度改革的意见》,就此我国户籍制度改革又向前推进一步。但大量农民进入城市之后,虽然实现空间和职业的转换,但难以像城市居民那样享受同等福利待遇,在教育、医疗、社保、住房等方面存在很多困难,不能完全融入城市,处于"半城市化"状态,这与20世纪50年代以来建立的城乡分割的二元户籍制度及附加在其上的福利功能有直接关系。为了解决半市民化问题,促进城镇化,自2011年以来,国家先后出台了一系列政策文件以推进户籍制度的改革,变化之快,前所未有。2011年,国务院办公厅发布《关于积极稳妥推进户籍管理制度改革的通知》。2013年11月,中共中央做出《关于全面深化改革若干重大问题的决定》,指出要"创新人口管理,加快户籍制度改革"。2014年7月,国务院发布《关于进一步推进户籍制度改革的意见》,提出2020年建立新型户籍制度的目标。2016年,国务院发布《关于深入推进新型城镇化建设的若干意见》,把进一步放宽落户条件,加快推进农业转移人口市民化作为重要内容。

从小城镇放开户籍限制到特大和大城市降低门槛以及城乡户籍一体化,在不断突破户籍对人口流动的限制。全国各地根据自身城市规模和经济发展的需要,采取了不同的做法。

首先,消除农业和非农业户口,推行城乡户口一体化的尝试。湖北省、四川省、辽宁省、山东省、江苏省、甘肃省等地实了"居民户口登记制度"。但各地的模式有所不同。重庆市的"335"户籍改革模式,即实行了"三项保留,三年过渡，五项纳入"等政策。2007年，重庆市被列入国家统筹城乡综合改革试验区。重庆市设定了过渡期，承包土地经营权、宅基地使用权等权益的保留有三年的过渡区，期限过后退出承包地经营权等和宅基地使用权。成都市实行"带地进城"户籍改革模式。2007年，成都市被列入国家统筹城乡综合改革试验区之一。应该说成都市的改革更为彻底，农民可以保留土地经营权、宅基地使用权、林权等权益进城，同时又享有城市居民的各项权利。

其次，特大城市积分入户模式。上海、广东、天津等特大城市实行积分入户制度，进入大城市的户籍门槛有所降低。上海、广东、深圳的积分入户，更看重投资、人才、技术、购房等要素。

在户籍改革中，引发的问题也不少。2001—2004年，郑州市的户籍新政取消了农业户和非农业户，统一为居民户口，大量人口进入，由于教育、交通、社会治安等方面的压力而叫停。对于各地改革，在肯定其必然性和加快城镇化发展的同时，学者专家也提出了不同的看法。主要归为：一是地方政府利益最大化；二是为了突破城市发展的土地瓶颈；三是获得城市发展的稀缺人才；四是获得城市发展的劳动力资源；五是满足土地财政的需要等等。有专家指出，"户籍改革在初期表现为以投资和技术为主要门槛的城镇准入制度（重点吸纳外来高层次人才，给予准市民待遇），后来又加上了'土地换社保'的'农转非'政策。改革的目标始终是经济导向的，通过招商引资拉动地区生产总值以及提高城市化率，成为户籍制度改革的真正目的。"[1]也有学者指出，积分制应该对高端和低端人才进行综合考虑，不能只考虑高端人才。

因此，我国先行先试地区户籍改革的经验教训需认真借鉴。从中得到的启示是，户籍改革需要渐进式的，运动式不顾客观经济发展社会条件、城市承载力，必然会出现问题。同时，进行户籍改革消除户籍束缚，是要实现公共服务

---

[1] 陈云. 户籍改革的制度变迁与利益博弈——"农转非"的四种地方模式评析及反思[J]. 学术前沿，2014（2下）：45—63.

均等化、社会公平的必然要求。户籍制度改革的快速推进,保证了农业转移人口在小城市小城镇的顺利落户,并逐步享有相应的公共资源,但大城市、超大城市的门槛仍然很高,落户成为一大难题。

二、内蒙古户籍制度改革及与之相关的基本公共服务情况的分析

2011年至今,在国家、自治区户籍制度改革一系列政策推动下,内蒙古农牧业转移人口在城市落户的限制条件越来越少,落户门槛越来越低,转移进城的农牧业人口在公共服务方面获得的利益与城市居民的差距不断缩小,获得感增强。2012年,发布《内蒙古自治区人民政府办公厅关于深化户籍管理制度改革的实施意见》,依据此文件要求,自治区各盟市相继出台户籍改革的政策文件。比如,呼和浩特市发布《呼和浩特市户籍管理办法》《呼和浩特市户籍管理办法实施细则》,包头市出台了《包头市常住户口登记管理和居民身份证管理实施细则》《包头市公安局户籍管理工作便民利民三十项措施》,乌兰察布市出台了《乌兰察布市深化户籍管理制度改革实施细则》等等。特别是在2014年《国家新型城镇化规划(2014—2020年)》和中央城镇化工作会议精神的指导下,内蒙古召开了全区城镇化工作会议,提出城镇化的目标、原则和任务。2015年,出台了《内蒙古自治区人民政府关于进一步推进户籍制度改革的实施意见》,按照大中小城市类型,制定了更加细致具体的落户政策,尤其是全面放开了除呼、包中心城区的城区人口100万以下的中小城市和城镇的落户限制;对于城区人口100万以上的呼和浩特市和包头市城区有合法稳定住所即可落户,对于具备租赁合法稳定住所条件的人员,在合法稳定就业范围和参加城镇社会保险年限上还有一定限制。2016年,发布《内蒙古自治区人民政府办公厅关于进一步调整户口迁移政策加快户籍制度改革的实施意见》,完全放开四类农村牧区转移人口落户的政策,实现了零门槛落户,并要求包头市和呼和浩特市取消参加城镇社会保险落户条件,扩大合法稳定就业认定范围,进一步放宽户口准入条件。2016年7月1日，内蒙古实行统一的居民户口，取消农业户口和非农业户口的性质区分。

在快速推进户籍制度改革的同时，与之相关的就业、教育、社会保障等基本公共服务政策也在积极调整和不断完善之中。比如，从2014年起，呼和浩特市利用3年时间，投资35亿元左右，新建27所中小学、37所幼儿园、16个校安工程项目，解决办学场所不足和上学难、入园难、大班额的问题。鄂尔多斯重视教育普惠政策，使得进城务工子女与当地城镇居民子女在免补政策、划片招生政策上享受同城待遇。2014年，包头市进城务工随迁子女持有"五证"，就可到居住地所在的旗县区教育局申请入学，并按照"相对就近"原则，分配到公办和民办学校上学。全区各城市只要农民工与企业签订合法劳动合同，就可申请参加当地城镇职工养老保险。2013年，内蒙古自治区党委办公厅、政府办公厅印发《关于推进"百姓安居工程"的实施意见》，进一步加快了保障房建设，扩大了保障房建设覆盖面。2014年，全区实现了城乡养老保险并轨，城乡养老覆盖面扩大。应该说，内蒙古各城市都在努力根据国家和自治区户籍制度改革要求，调整和完善与之相关的公共服务，公共服务能力和水平得到明显提升。

三、户籍制度改革过程中面临的若干问题

当前，内蒙古户籍人口城镇化率比常住人口城镇化率低16个百分点左右，大约400万在城镇生活的农牧业人口处于半市民化状态，制约着城镇化质量的进一步提升，而解决这个问题，除了按照城市规模等级不同取消或降低落户条件，还面临诸多与户籍附加功能密切相关的问题，制约着户籍改革的进一步深化。

(一)地方政府用于公共服务方面的财政压力加大

户籍改革其根本目的是消除附着在户籍背后的利益差别,将这些利益与户籍脱钩,使得户籍回归到本来的人口登记功能,让进入城市的外来务工人员享受与城市居民同等的公共服务。这也意味着,财政需要拿出更多的资金,投入公共服务领域,并且城市规模不同,成本也存在巨大的差距,城市越大,成本也越高,首府呼和浩特市和自治区第一大城市包头市的市民化成本就远高于其他城市。根据2013年中国社科院《城市蓝皮书》指出,我国农业转移人口市民化的人均公共成本平均为13.1万元/人。其中,东、中、西分别为17.6万元、10.4万元、10.6万元。[1]那么,2015年,内蒙古自治区有近400万左右农牧民工还处于半城市化阶段,加上林区、垦区和矿区的100多万人,未享受到均等的公共服务,粗略估计需增加投资5000多亿元。2015年,地方财政一般公共预算收入1963.5亿元,尽管这些是分年度陆续投入,但在经济转型、经济增速放缓的新常态下,地方财政收入增长也明显放缓,这对于不断增长的公共服务需求而言,是一个不小的挑战。据《中国统计年鉴2016》数据计算,2015年,内蒙古地方公共财政预算支出中,用于教育、社会保障与就业、医疗卫生与计划生育三项支出的比重占32.9%,在西部12省、市、自治区中排第9位,仅高于宁夏、青海和西藏。随着农村牧区人口转移进城,用于公共服务的财政支出还将不断增加,同时,经济条件好的一些旗县城关镇,由于社保、医疗保障水平高于其他地区,有落户愿意的人数增加,财政压力必然加大,这些地方对完全放开户籍限制也心存顾虑。户籍制度改革要与当地经济社会条件相适应,否则,即使放开,由于财力制约、城市基础设施和公共服务准备不足,也难以满足人口城市化对公共服务的需求,可能导致户籍城镇化率较高,而实际公共服务难以真正

---

[1] 潘家华,魏后凯.中国城市发展报告NO.6——农业转移人口的市民化 [M]. 北京:社会科学文献出版社,2013:124—141.

落实的问题。

（二）部分农牧业转移人口文化程度、技能与城镇的岗位需求变化不相适应

随着内蒙古自治区城市经济的转型升级，对高素质的人才和有一技之长的技术工人的需求不断增加，将会导致部分劳动力的结构性失业。而从农牧区转移到城市的农牧民，因文化程度普遍不高、产业发展需要的技能缺乏影响了其稳定就业，也就增大了失业的可能性。据呼和浩特市劳动与就业保障局提供的数据，截至2013年年底，呼和浩特市农村转移就业人员中初中文化程度的占47.09%，小学文化程度的占23.15%，二者合计占到农村转移就业人员总人数的70%。课题组在通辽市农村调查发现，外出务工的农民多数为青壮年，文化程度普遍为初中，到城市务工，职业多是建筑工人、工厂工人、饭店服务员、超市收银员、大车司机等，就业层次低，收入不高。因此，加强对农牧业转移人口的技能培训，就成为提升其就业能力的重要内容。而现有的一些培训机构培训存在着课程设置不够科学、内容陈旧等问题，导致培训效果不理想，不能完全适应企业及岗位用工需求。还有一些外来务工人员怕耽误工时影响收入也不愿主动参加培训。此外，新生代的农牧民子女成长环境、择业观念与他们的父辈发生很大变化，择业期望值高，导致一些企业或者岗位招工难。因此，受转移人口技能限制和择业观念的影响，他们在城市的就业稳定性不强，就业层次偏低，流动性较大。

（三）大城市和区域中心城市教育承载力准备明显不足

随着城镇化进程的加快和产业发展，呼和浩特市、包头市及盟市中心等大中城市能够提供更多的就业机会，成为农村牧区转移人口的主要迁入地。为了让子女受到更好的教育，当他们在当地稳定下来后，就把子女配偶一同带入城市。据乌兰察布市人力资源和社会保障部门提供的数据,仅乌兰察布市在呼和浩特市的劳动力就有30万人之多。人口向大中城市尤其是大城市的快速集聚,导致大中城市中心城区学生数量大增,给城区公办学校带来很大压力,与此同时农村学生数量呈现减少趋势。与人口快速城市化相比,大中城市城区教育承载力明显不足,主要表现在学校数量、学校空间布局、教学质量和师资结构等方面还不能满足快速城镇化的需求,加上教师编制的限制,很难做到教育均等化。比如,2010年,鄂尔多斯市东胜区义务教育阶段学生4.2万人,其中,东胜区外户籍学生占比为44.8%,2014年增加到4.4万人,东胜区外户籍学生占比增加到54.1%。由此可见,东胜区以外的学生数量明显增加,超过一半以上的学生来自旗县以下和东胜区以外。2013年,通辽市中小学和幼儿园在校生24.2万人,其中,中心城区在校生数量11.9万人,与2009年相比,2014年全市市域范围内在校生数量仅增长3.2%,而主城区增长了78.7%;同样,呼和浩特市全市学生数量仅增长2.1%,而主城区学生数量增长了23.2%。目前,不少地区都按照"就近入学"的原则,安排外来务工人员子女入学,在城市上学基本不成问题,但是受班容量、班级数量和优质教育资源分布不均衡的制约,有的大城市一部分外来务工人员子女不得不进入教育资源相对薄弱的公办学校或者民办学校上学。另外,教育投入相对不足,也是影响教育均衡发展的重要因素之一。2015年,内蒙古财政一般预算中教育支出为536.53亿元,占当年全区国内生产总值的3.0%,比我国3.8%的水平低0.8%。

(四)农牧业转移人口参加城镇职工养老保险和居民基本养老保险的比例偏低

推进转移进城的农牧民参加城镇社会养老保险,扩大养老保险的覆盖面是个难点。国家政策上允许外来务工人员如果与企业签订合法劳动合同,就能参加城镇职工养老保险,但目前执行的效果并不理想,原因之一是由于企业承担的保费比率相对较高，出于对自身利益的考虑，一些小企业并不愿意主动为员工缴纳保险；原因之二是一部分外来务工人员或转移进城的农牧民并未与企业签订劳动合同，工作不稳定或者收入不高，他们更看重现实利益，无暇顾及长远的养老问题；原因之三是对于参加城镇职工养老保险和城镇居民基本养老保险的认识还不到位，特别是年轻人，参保积极性不高。因此，多种原因导致农牧业转移人口参加城镇职工或居民基本养老保险的比例偏低。

（五）受多种因素的影响，部分农牧民到县城或者小城镇落户的意愿不强

2012年以来，户籍改革不断深度推进，但相当一部分进城农牧民落户的意愿并不强。主要是由于以下原因：一是随着国家强农惠农政策的加强，具有农业户口的农民从土地上获得越来越多的收益，相当一部分农牧民即使进城务工多年，也不愿在城市落户。因为，很多人在城里务工得到一笔收入的同时，还可以拿到多项农业补贴和流转承包地的收入。二是为了规避风险，土地仍然是农民的重要保障，一旦在城里失业，还可回到农村种地。三是居住在大城市周边的农民不愿意落户，因为城市的拓展给他们带来更高的收入预期，如果在城市规划范围内，将会有征地拆迁带来的巨额经济回报。四是一部分因为城市巨大的生活成本而对落户心存疑虑。大城市高居不下的住房和生活成本，使得一部分农牧民长期无法融入大中城市，可能在年龄较大时返回农村牧区，或者选择生活成本、购房成本较低的县城或小城镇居住和生活。五是农村土地制度改革正在推进过程中，尚未改革到位，一些农民还在观望。六是大部分小城镇产业单一，就业岗位少，工作不稳定，收入不高，吸引力不足。因此，多种因素导致部分农牧民到一些城市和城镇落户的积极性不高。

四、进一步深化户籍制度，促进农牧业转移人口市民化的思路

深化户籍制度改革，实行统一的居民户口，根本目的是要回归户籍本身的人口登记管理功能,不再因户籍差异而导致在教育、医疗、社保、住房等权益方面的不平等。为此,在户籍制度改革不断深入并逐步到位的情况下,应把提升城市公共服务能力和加快配套制度的改革作为重点,通过提高城区教育承载力和县城教育承载力相结合,建立企业自己的厂校,加强技校和培训基地建设,支持就业贡献大的非公经济发展,建立农村宅基地有偿退出机制与完善城镇公共服务业相结合等一系列对策措施,消除农牧业转移人口的后顾之忧,提高他们落户城市或城镇的积极性,不断提高户籍城镇化率,进而实现其完全城市化。

(一)提升城区教育承载力和县城教育承载力相结合,促进优质教育资源相对均衡分布

户籍改革的加快,使更多的农村牧区人口向大中城市加快转移,这就要求城市基本公共服务要与城市人口规模的扩大相适应。首先,需要解决好的是教育均衡问题,包括中心城区内的教育均衡,和城区与县域之间的教育均衡。大城市和区域中心城市要做好规划,提前预留充足的教育用地,保证中小学和幼儿园数量、布局与城市人口未来发展规模和空间分布相匹配,教育基础设施建设、教学质量提升与城市规模扩大、城市发展同步。要采取强弱学校联合、校长轮岗交流、教师交流培训等多种模式,加强弱势学校的管理和教师队伍建设,提高普通学校的教学质量,促进优质教育资源的优化配置,保证转移到城市的农牧民子女不仅能够就近入学,还要上好学,使他们同城市的孩子一样受到良好的教育,不断提高农牧民工子女文化程度,进而增强其将来的就业能力。要继续增加教育投入,国家应通过转移支付的形式增加对少数民族地区教育的投入,地方也应该适度压缩城市建设的投入,增加对基础教育的投入,促进"三个增长"。其次,提高县域,主要是县城的教育质量,缩小与中心城区的差距,增加投入,改善办学条件,尤其要提高教师工资待遇,吸引师范类高校毕业生到县城和乡镇学校任教;加强县域和中心城区之间、县域和发达地区教师的培训和交流，提升县域教育水平，缩小与城区的差距，促进中心城区和县域的教育均衡，使部分农牧民子女就近上学，而不是都挤到路途遥远的中心城区上学，降低上学成本，减轻城区教育压力，实现农牧民就近城镇化，还有利于人口的相对均衡分布，防止城市病。

（二）建立企业自己的厂校，加强职业技术学校、实训基地建设，提升农牧业转移人口就业能力

以企业自己的厂校、职业技术学校和实训基地为载体，采取多种模式，加强职业技能教育，为城镇化提供技能型、实用型人才。可借鉴德国成功的"徒工实习车间和厂校"模式[1]，鼓励支持有实力的大中型企业设立学徒实习车间和企业自己的厂校，政府给企业适当的培训补贴，培养适应新型工业化、现代服务发展需要的技能型人才，解决企业用工难、用工贵的问题。加强职业技术学校建设，合理设置专业，开设内容丰富、实用的培训课程，造就高素质的教师队伍，建立校企联合培养模式，促进职业技术学校的质量提升。加强实训基地建设，完善对私营培训机构的监督，依靠政府的实训基地、私营培训机构，以订单式、政府购买式的方式对农牧业转移人口进行中短期技能培训。就业部门要增强服务意识，对转移进城的农牧民进行摸底和登记，将有培训愿望和需求的农村牧区转移人口全部纳入培训计划中，建立起与用人单位的联系，及时了解掌握企业用工需求、岗位数量，利用互联网、微信等平台，定期发布相关就业政策、培训安排、职业介绍和岗位需求的相关信息，架起转移农牧民、企业、用人单位之间的桥梁，为农牧民转移人口了解就业信息、参加相关培训提供服务，提高进城农牧民技能，适应企业、部门用工需求。同时，外来务工人员和农民工子女自身也要转变择业观念，根据自己的技能和文化程度选择职

---

[1] 蒋尉. 欧洲工业化、城镇化与农业劳动力流动 [M]. 北京：社会科学文献出版社，2013：207.

业，在城市找到合适的位置，积极主动融入城市的发展建设当中。

（三）优化财政支出结构，继续提高基本公共服务的投入比重

当前，国家将增加一般性转移支付的比重，减少专项转移支付比重，这对内蒙古自治区增加公共服务投入是一个最大的支持。同时，自治区和盟市财政也需要进一步优化结构，增加公共服务投入，不断提高就业、教育、医疗等公共服务支出占地方财政支出中的比重，承担更多的公共服务责任，保证公共服务支出稳步增长。要加快推进扩权强县，尤其加紧落实财税方面的相关权利，为小城市和县城公共服务提供更多的财力支持。在扩权强县的基础上，逐步推行自治区直管县，减少行政层级，使得城镇财权和事权相匹配，激发小城市、县城和重点人口大镇的发展活力，促进资源的合理配置和公共服务的均等化。

（四）加大对非公经济扶持，为农牧业转移人口创造更多就业岗位

非公经济在吸纳就业方面具有重要作用。非公经济相当一部分集中在餐饮、批发零售、运输、服务等对技术要求不高的行业，进入门槛低，适合农牧业转移人口就业。随着市场经济的发展，内蒙古自治区非公经济对全区经济和就业贡献越来越大。到2015年底，全区非公经济实现增加值占全区生产总值的64.2%，城镇非公有制单位从业人员占全区城镇就业人员总数的75.7%，但整体发展水平不高，存在融资难、留人难、用地成本高的问题，与发达地区存在较大差距。因此，要加大对非公经济的扶持，要扶持旅游业、物流业、绿色食品加工、家政服务、养老等对就业带动力强的行业发展，学习发达地区的经验和做法，在土地、税收和融资等方面给予更多优惠和支持。支持帮助企业建立高层管理人才培养长效机制，委托高校定期为企业培养管理型人才，优化企业人才结构。简政放权，简化审批手续，实行一站式服务，提高办事效率。加强监督管理，公平公正执法，为企业提供优质服务，为其创造公平的竞争和发展环

境，促进非公经济发展，带动就业，为转移进城农牧民提供更多的就业岗位。

（五）建立农村宅基地退出机制，完善城镇公共服务政策，使户籍制度改革与土地制度改革、公共服务供给相配套

户籍制度改革向深度推进，需要进行与其相关的一整套制度的联动改革，否则即使放开大中小城市和小城镇的落户条件的限制，也很难吸引更多的农牧业转移人口落户，也就不能享受与市民同等的公共服务和相关利益，户籍改革的预期目标就无法实现。为此，深化农村土地制度的改革，让农民有进城购房资金和创业启动资金。当前，农民进城后，大量宅基地长期闲置，造成土地资源的浪费，也影响农民落户。因此，要在对农民承包地、宅基地及农村集体经营性建设用地确权登记颁证的基础上，本着农民自愿有偿的原则，积极探索建立承包地、宅基地退出机制，科学确定补偿的资金来源、补偿标准等，资金来源于政府设立的专项资金、农村集体经济主体、开发企业等，根据距离城市远近的差异、经济社会条件的差异，确定补偿标准，以住房或者货币等形式，为进入城市就业的农民提供住房、购房资金或者创业资金。

完善城镇保障房制度，扩大租赁型保障房比例，将进城落户的农牧民纳入保障房体系。加强保障房的动态管理，建立合理的保障房建设投入分配机制和退出机制，将保障房分配给真正需要的人。鼓励社会资本参加保障房建设，增加保障房供给量。推行以租赁型保障房为主的模式，并认真审核和进行经济调查，接受社会监督，使得真正符合条件的家庭入住，防止寻租行为。加强动态管理，建立租金调节机制，使不符合条件的家庭及时退出，对于弄虚作假的要严厉惩罚，不断扩大保障房覆盖范围，让无条件购买商品房的进城农牧民通过租房，获得稳定住所。

完善城镇养老保险政策。要适当降低企业缴纳城镇职工养老保险的比例，减轻企业缴费负担，还要加强引导和管理，不断提升企业社会责任感，增强企业为农牧民工缴费的主动性。通过加大宣传，加深进城务工农牧民对城镇职工养老保险和城镇居民养老保险的了解和认识，提高城镇居民基本养老保障标准，调动农民工参保的积极性主动性，增加参保人数，扩大城镇养老保险的覆盖面，逐步做到应保尽保。

加快推进教师和公共部门的编制调整与优化。按照城镇化发展要求，劳动人事部门需优化人员编制分配结构，调整城乡之间、部门之间人员编制结构，满足城镇化发展需要。比如，针对农村生源减少的趋势，调整城乡教师编制分配结构，增加城区学校、幼儿园教师编制，满足城区学生数量大幅增长的需要；调整优化公共服务和非公共服务部门之间的编制，适当增加社保、就业、医疗等公共服务部门的人员编制，使得公共服务部门人员数量与公共服务对象人数、服务的业务量的上升适应。自治区要建议国家相关部门对少数民族地区的编制管理适当放宽，增加公共服务部门的人员编制数量，保证公共服务部门编制确定与城镇常住人口增长相挂钩。

第二节 城镇化进程中的土地制度创新研究

土地制度在广义上是包括土地所有制度、土地使用制度和土地管理制度等于一体的调节土地资源及其收益配置的制度体系。自古以来，土地是我们赖以生存和发展的重要生产资料，土地制度是农业经济乃至整个社会的基础制度，是一个国家维持经济发展和社会稳定的基石之一。土地是城镇化发展的空间载体，随着城镇化的推进，一方面农村土地会减少，威胁18亿亩耕地红线；另一方面城市土地需求量也大幅增加，需要更多的土地空间去容纳城镇化人口和城镇设施。因此，深化农村土地制度改革，在保障18亿亩耕地红线的前提下，推动城乡土地资源优化配置，为城市化提供新的空间，是提高自治区新型城镇化质量的重要保障。

一、城镇化与土地制度的关系

城镇化是土地制度变革的背景和驱动力。城镇化的向前推进促使农村土地制度的改革以适应城镇化的发展。城镇化的发展导致城市用地需求的增加，城市周边的农地将会被征用，逐渐规划为城市用地，这就必然导致相应的土地性质、土地用途和土地价格等一系列与土地相关的因素发生变化，农村土地减少，需要改革土地制度来优化土地资源配置，既要保护18亿亩耕地红线，又要满足城镇化对土地的需求。城镇化水平的提高不断吸引农村人口进入城市，农村人口减少，农业劳动力减少，农村闲置土地不断增加，农民对土地的流出意愿增加，宅基地空置率提高，农用地需要流转实现规模化经营，需要改革土地制度来适应农业现代化的需要，且城镇化的发展可以为农业提供先进技术和装备，加快农业规模化经营。

农村土地制度的改革是城镇化顺利推进的基础保障。土地是城镇化的空间载体，合理的土地制度能够促进土地资源的有效利用和优化配置，从而促进城镇发展。农村土地制度改革为城镇化发展创造了基础条件，为经济的增长提供了基础动力。农村土地制度影响着土地与人口这两大城镇化要素的流动与变迁。随着农村土地承包经营权确权登记颁证的全面完成和土地承包经营权流转制度的完善，农业组织形式和经营方式将不断转变，专业大户、家庭农场、农民合作社和龙头企业等新型农业经营主体也将快速发展，农业规模化经营后从事农业的乡村劳动力数量会大量缩减，这部分人将流入城市和城镇，为城镇化提供人口要素。实行城乡建设用地增减挂钩政策后，农村废弃、闲置、散乱的宅基地和集体建设用地进行复垦形成耕地，产生挂钩指标，从而使农村建设用地指标逐步流入城市地区，有效缓解了城镇发展土地供需矛盾。此外，随着农村集体经营性建设用地入市，农村地区的建设用地指标将有序流入城市。

二、农村土地制度改革的现状分析

当前，城乡经济的关联度显著增强，城乡经济社会发展一体化新格局正逐步形成，因此，摸清自治区农村土地制度改革的现状，对推进新型城镇化具有重要的现实价值。

（一）土地确权登记颁证工作全面推进

土地确权是党的十八届三中全会决定的改革事项中与农村关系最大、最重要的一项改革。土地确权是全面深化农村牧区改革的基础工程，是巩固和完善农村基本经营制度的保证，是推进现代农牧业发展的基础。土地确权是指依照法律、政策的规定确定某一范围内的土地（或称一宗地）的所有权、土地使用权和他项权利的确认、确定，简称确权[1]。农村土地确权是以二轮土地承包为基础，以影像为主建立数据库，实现电脑信息化管理，建立土地承包档案，实现"四相符"（承包面积、承包合同、经营权登记簿、经营权证书相符合）和"五到户"（承包地到户、承包地四至边界测绘登记到户、承包合同签订到户、承包经营权证书发放到户、基本农田草原标注到户）。通过确权登记颁证，为开展土地经营权流转、调处土地纠纷、完善补贴政策、进行征地补偿和抵押担保提供重要依据。由县级人民政府颁发土地承包经营权证，由县农业局聘请专业测绘公司以村组为单位进行，分入户权属调查、测量地块成图、结果公示审核、签合同建账簿、发证建数据库、资料整理归档几个主要步骤完成。2014年，内蒙古在全区12个旗县开展农村土地承包经营权确权登记颁证试点工作。2015年年底，内蒙古被国家确定为全国土地承包经营权确权登记颁证整省

---

[1] 滕卫双. 国外农村土地确权改革经验比较研究[J]. 世界农业，2014（5）：64.

推进试点省区,需要完成的土地确权登记颁证面积1.38亿亩,2015年已完成宅基地使用权确权登记321.7万宗,完成集体建设用地使用权确权登记4万宗。2016年年初,全面推开土地确权登记颁证工作,在巴彦淖尔市、阿拉善盟2个盟市及呼和浩特市土默特左旗等31个旗县(市、区)整体推进,其他旗县选择部分乡镇推进,2017年进行其余48个旗县的土地确权登记颁证工作,于2018年年底前全面完成土地确权登记颁证工作。

(二)土地经营权规范流转稳妥推进

伴随工业化、信息化、城镇化和农业现代化进程的推进,农牧区劳动力大量转移,农业物质技术装备水平不断提高,农户承包土地的经营权流转明显加快,发展适度规模经营已成为必然趋势。实践证明,土地流转和适度规模经营是发展现代农业的必由之路,有利于优化土地资源配置和提高劳动生产率,有利于保障粮食安全和主要农产品供给,有利于促进农业技术推广应用和农业增效、农民增收。随着国家《关于引导农村土地经营权有序流转发展农业适度规模经营意见》的出台,农村土地承包经营权流转的方向已明确,流转规模和速度不断提高,农村牧区的农业生产方式有望实现转型。为进一步提升农村牧区土地的利用效率,自治区稳妥有序推进农村土地承包经营权流转,成效显著。2016年,全区土地经营权流转面积达到3590万亩,占家庭承包经营耕地总面积的36.3%,比上年增长12.6%,高于全国3个百分点。主要流转入农户、企业、合作社,加快了新型农牧业经营主体的发展,2016年年底,全区各类专业合作社达到7.35万家。农村牧区产权流转交易市场建设正在推进,通辽市现已初步确定建立300平方米的交易大厅。

(三)农村土地征收制度改革初见成效

目前,内蒙古自治区仅在和林格尔县开展农村牧区土地征收制度改革试点工作，其他地区还未开展农村牧区土地征收制度改革工作，各旗（区）人民政府在征收土地过程中，具体地类的征地补偿标准严格按照《内蒙古自治区人民政府办公厅关于公布实施自治区征地统一年产值标准和征地区片综合地价的通知》中对应区片内的标准执行。在征地补偿安置过程中，对被征地农牧民以货币安置方式进行安置外，有的地方政府还采取社会保险安置、就业培训安置方式进行安置。

自治区在坚持土地公有制性质不改变、耕地红线不突破、农民利益不受损、粮食产量不减少四条底线的前提下，积极指导和林格尔县土地征收制度改革试点，勇于实践，大胆探索，努力做到地方探索与顶层设计有机结合，制定了《和林格尔县土地征收目录（试行）》《和林格尔县集体建设用地征收补偿安置办法（试行）》等7项制度，按照中央关于深化农村土地制度改革的有关要求，和林格尔县积极探索推进缩小征地范围、完善土地征收程序、保障被征地农民合法权益、分享土地增值收益4项改革试点内容，主要经验做法：一是扎紧入口，疏通出口，强化红线规划管控，设定征收范围，创新公共利益认定机制，经认定不属于公益性建设项目，不得动用征收权，允许退出征地范围的非农建设用地通过入市流转；二是法制为先，救济垫后，通过增设公共利益认定环节、增加备案程序、建立社会稳定风险评估制度、探索民主协商机制、健全矛盾调处机制、完善信息公开机制等措施，创新规范土地征收程序，保障被征地农民合法权益；三是规范制度，完善土地征收补偿标准、强化养老保险社会保障、扶持就业再创业等举措，探索完善被征地农民多元保障机制落实农村土地权能；四是还权赋能，利益均衡，出台土地增值收益核算办法，创设集体建设用地基准地价体系等制度，明确依据探索增值收益合理分配比例，确保各方土地增值收益分享权，实施建立兼顾各方的土地增值收益分配机制。力争探索出成功做法，形成可复制、能推广、利修法的改革成果，为改革完善农村土地制度，推进中国特色农业现代化和新型城镇化提供实践经验。在自治区党委统一部署下，和林格尔县土地征收制度改革试点工作有序推进。待试点工作结束后，根据国家、自治区有关规定，结合试点工作的经验、典型做法及时开展农村牧区土地征收制度改革工作。

（四）农村土地制度法律法规不断完善

2002年8月29日，《中华人民共和国农村土地承包法》通过，并于2003年3月1日正式实施，2004年，国务院办公厅下发《关于妥善解决当前农村土地承包纠纷的紧急通知》，规定"农民拥有法律赋予的长期而稳定的土地承包经营权"。至此，按照法律和政策规定，我国农村各个家庭承包的土地已经基本保持不变。2008年10月12日，党的十七届三中全会通过了《中共中央关于推进农村改革发展若干重大问题的决定》，提出今后要统筹城乡发展，逐步建立城乡统一的建设用地市场，扩大农村有效担保物范围。2010年，中共中央、国务院发布《中共中央国务院关于加大统筹城乡发展力度进一步夯实农业农村发展基础的若干意见》，提出协调推进城乡改革，增强农业农村发展活力。2013年11月12日，党的十八届三中全会通过了《中共中央关于全面深化改革若干重大问题的决定》，明确了农村土地制度改革的方向和任务，提出建立城乡统一的建设用地市场，实行农村集体经营性建设用地与国有土地同权同价；在坚持耕地保护制度前提下，赋予农民对承包地经营权的抵押、担保权能；慎重稳妥推进农民住房财产权抵押、担保、转让。至此，农村土地金融化改革浮出水面。2014年，中共中央、国务院印发《关于全面深化农村改革加快推进农业现代化的若干意见》，明确提出要抓紧落实农村土地承包经营权确权登记颁证工作。2014年11月24日，国务院制定的《不动产登记暂行条例》颁布，2015年3月1日起实施。根据《不动产登记暂行条例》，包括农村集体土地所有权、农村土地承包经营权、宅基地使用权在内的土地、房屋、海域、林木等将进行不动产登记,这将为农村土地金融化改革打下坚实的基础。

2015年1月,中共中央办公厅和国务院办公厅联合印发了《关于农村土地征收、集体经营性建设用地入市、宅基地制度改革试点工作的意见》,这标志着我国农村土地制度改革即将进入试点阶段。

三、农村土地制度存在的主要问题

由于当前农村土地制度的不适应性,导致各地普遍存在着"城中村""小产权房""空心村""耕地抛荒"等问题,对土地集约节约利用造成了影响,也制约了我国城镇化质量的提高。

(一)土地产权主体不明晰

根据《中华人民共和国宪法》《中华人民共和国物权法》《中华人民共和国土地管理法》的规定,我国城镇土地属于国家所有,农村土地属于劳动群众集体所有。然而集体是抽象的集合群体,不是法律意义上的组织,导致农村土地产权模糊不清,所有权主体虚设[1],缺乏明确的实体代表,在实践中演变为多元主体的权利之争,造成农民利益的流失。由于土地产权模糊,国家政府部门对土地处置权过宽,政府部门完全控制了城镇建设用地的审批和更改,而拥有土地使用权的农民则完全处于弱势地位。

我国严格限制农村集体土地转为建设用地,除特殊规定,集体土地使用权不得出让、转让或者出租用于非农业建设。这也就意味着农村集体不能面向市场供地,只有经国家征用转为国有土地后,才能由国家出面出让、转让和用于非农建设。因此,与国有土地权利相比,集体土地的使用权、收益权和处分权都是不完整的。由于两种土地权利和收益的显著不平等,一些城市发展中出现

---

[1] 曲福田,田光明. 城乡统筹与农村集体土地产权制度改革[J]. 管理世界,2011(6):37—38.

"自主城镇化"模式,即在集体土地上建设城市和"农转非"项目,导致"小产权房"问题大量出现,突破了城市国有土地的限制,与现行诸多制度产生冲突,也为后续管理、产权登记、交易等诸多方面增加了难度。

(二)农村土地的利用效率低,土地流转机制不健全

在城镇化过程中,由于农业效益低,大量农村人口尤其是青壮年已经不再从事农业,进入城市谋生,留在农村从事农业生产的以老人居多,土地闲置和土地撂荒情况普遍存在,土地利用率低,影响农业产业化、专业化和规模化,制约了农业和农村经济发展。伴随着大量农村劳动力的流出,再加上农村宅基地只能在本集体内部买卖,农村宅基地浪费和大量闲置等问题严重。城镇化将大量的农村人口转移到城市,农村人口减少,很多农村房屋空置荒废,有的地方甚至出现"空心村",这部分人口在城市和农村双重占地,而且村庄居住分散,每个村庄的人口很少,造成土地集约节约利用率下降。之所以出现这种"城进村难退"的现象,究其原因关键是缺乏合理的农村宅基地退出机制。法律对农村土地的流转也进行了诸多限制,限制土地承包经营权、宅基地使用权和集体建设用地使用权入市交易,降低了农村集体土地的利用效率,妨碍了土地要素在城乡之间流动。随着社会经济的发展,土地使用权有偿流转成为客观需要。农村土地流转不畅严重阻碍了农村剩余劳动力的转移,客观上阻碍了城镇化的进程。

在农村土地流转中,土地流转市场化程度不高,大部分都是农户间的转包、转让以及互换的形式流转,出租和入股所占的比例较小;农户之间的流转大多没有集体统一调整地块,无法实现连片规模经营。缺乏交易平台和制度保障,存在土地信息不畅,土地流转的市场狭小,主体不规范,流转范围受限等问题;出现农牧户有意转出土地却找不到合适的流入方,而需要土地的流入方又难以找到有流转土地意向的农牧户,造成转入转出两头难;缺乏专业的经营

权价值评估机构，农村牧区土地承包经营权流转缺乏金融服务支持；土地流转后，企业和个人都在谋求利益最大化，造成土地涵养不足，肥力逐年下降。

（三）农村土地征收缺乏制度制衡

《中华人民共和国宪法》规定，"国家为了公共利益的需要，可以依法对土地实行征收或者征用并给予补偿"。然而，公共利益和商业目的界定不清，且没有切实可行的参考标准，常常出现乱征地的现象。相关法律和政策必须进一步健全和完善，严格区分社会公益性用地和经营性用地，明示国家因公征地的范围、征地机构和征地程序。

《中华人民共和国土地管理法》中规定，"任何单位和个人进行建设，需要使用土地的，必须依法申请使用国有土地"。也就是说无论用地出于何种目的，建设用地只能由政府供应，必须由政府征用，集体土地将所有权转为国有土地，由城镇政府向用地单位出让和划拨，这就造成政府垄断建设用地供给。目前，政府通过对土地一级市场的垄断获得的土地增值收益比例过大，产生了"土地财政"，刺激地方政府多圈地、征地、卖地，大办开发区、大造新城。而产生的增值收益用于农村土地综合整治中的很少，有些地区农民在土地征收过程中得到的补偿也不足以保障其以后的生活，农民和农村集体经济组织被排挤在城市土地市场产生的增值收益之外。大量耕地被征用，尤其现实中存在"占优补劣"现象，导致耕地质量呈现总体下降趋势，影响粮食产量。另外，政府主导土地征收导致征地范围过宽过滥，缺少相应的法律监督和制度制衡。

（四）土地收益分配制度不合理

2004年，修正的《中华人民共和国土地管理法》第47条规定："征收土地的，按照被征收土地的原用途给予补偿……土地补偿费和安置补助费的总和不得超过土地被征收前三年平均年产值的三十倍。"地方政府征收土地后通过土地整理机构，占补平衡后，再通过"招拍挂"等公开拍卖的方式把城市周边土地投放到市场，高价出让，最大限度获取土地资本的增值收益。补偿时按规定价格进行，而出让时按市场供求决定价格，征用过程补偿和土地出让后的市场收益相差过于悬殊，农民不能有效参与土地改变用途后增值收益的分配，不能分享土地用于工业化、城市化产生的增值收益。

对农民而言，农村土地是收入的来源也是社会保障的来源。一方面城市近郊区农民拆迁所得补偿多，被拆地区农民有的一夜暴富，产生许多"拆二代"，引发了新的社会不平等现象；另一方面离城市较远地区农民征地之后的补偿水平低、安置渠道窄，使得很多农牧民既无法真正融入城市生活，又回归不到原来的农牧区，不少农牧民受教育程度低，平均年龄较大，缺少非农就业技能，长远生计令人担忧，进而影响自治区的城镇化进程。如何处理好国家、集体和农民之间以及近郊区直接受益农民与远郊区未受益农民之间、农民的土地权益和社会公共利益之间等多重利益关系，建立合理分配机制是目前城镇化进程中亟须解决的问题。

四、城镇化进程中土地制度改革的建议

从我国土地制度的历史变迁来看，土地制度一直是随着社会经济的发展变化而不断变化。推进新型城镇化建设，就要稳步推进农村土地制度改革，解决农村土地制度中出现的问题与矛盾，以适应城乡一体化发展的新要求，确保我国城镇化的健康发展。

（一）推进农村土地产权制度改革

明晰的土地产权是农村土地制度改革最基本的要求，是夯实农业农村发展基础、促进城乡统筹发展的迫切需求。实现土地利用的效益最大化，要求产权主体明晰。农村土地产权制度改革是一项综合性的制度变革，关系到农民的经济利益、民主权益和乡村治理结构等诸多方面。通过土地确权登记颁证，农民的土地承包经营权、建设用地使用权以及宅基地使用权才能得到有效保障，全面开展土地登记标准化建设，明晰集体土地的范围、界线、类别和面积等产权关系。对耕地、草地、林地等各类农用土地、集体经营性建设用地以及宅基地所有权、使用权及他项权利进行摸底、登记、确权，力争把每一块土地的所有权、使用权等明确到具体的组织和个人，最终形成产权明晰、权能明确、权益保障、流转顺畅、分配合理的农村牧区集体土地产权制度，是建设城乡统一的土地市场的前提，是促进农村经济社会发展、实现城乡统筹的动力源泉。另外，依法确认农牧民土地权利，强化农牧民特别是全社会的土地物权意识，有助于在城镇化、工业化和农业现代化推进过程中，切实维护农牧民权益。

坚持农村土地集体所有制长久不变。现行土地制度的不足并不是土地集体所有制导致的，而是制度执行中出现了偏差。坚持农村土地集体所有制符合我国目前生产力水平比较低的实际情况，就目前农民收入结构和土地收益状况看，坚持农村土地集体所有制能保证农民的基本收入，更好地发挥土地对农民的社会保障作用和失业保险功能，同时还可以避免很多发展中国家城镇化进程中出现的贫民现象。另外，在众多改革方案中，完善现行的农村土地集体所有制的改革是成本最小的，它拥有不可比拟的先天制度优势，减弱了改革的阻力，能够保证国家对农村土地的可控和降低改革的风险。

稳定和充实农村土地家庭承包经营制度，尊重和保护农民对土地的用益物权，赋予长久的土地产权，让农民享有土地改革的制度红利，有利于推动土地由资产向资本的转换，有利于推动土地的流转，可以让农民带着资本进城，有利于农民城镇化的顺利推进。因此，要在农村土地确权登记颁证的基础上，建立合理有效的监管机制，约束村委会等基层组织利用自身权利侵犯农民权利的行为，进一步保障农民的土地承包经营权权能。

明确集体所有权和农民使用权的权能界限，明确集体和农户在土地产权上的关系及各自拥有的权益，将所有权和使用权严格分离，这样既可以强化国家的宏观调控，也能最大限度保护农民的合法权益。目前，自治区确权面临的最大问题恐怕就是许多土地权属不明，城乡土地剥离困难，加大了确权的难度，这就需要切实加大权属争议调处力度，积极探索在现行法律框架下的土地权属调处工作机制，完善土地权属争议案件应急机制和跟踪上报制度。

坚持以农牧民群众为主体。农牧民群众主动参与、积极配合是搞好土地承包经营权确权登记颁证的关键。要做好深入细致的宣传、动员和解释工作，让农牧民群众充分认识了解确权登记颁证工作的目的、意义、作用和程序，充分发挥农牧民群众的主体作用。嘎查村、组的集体土地确权登记颁证方案，要在本集体成员内部充分讨论，重大事项均应经本集体成员民主讨论决定，切实做到农牧民的事让农牧民自己做主，不得强行推动。对于外出不在家的农牧户，要采取多种方式及时通知到户到人，充分保障其知情权、选择权、决策权。

（二）探索和规范农村土地流转制度

世界银行的一份研究成果认为，当人均生产总值大于1000美元时，农村土地的市场价值上升，土地拥有者愿意有偿转让的比例大幅增加，土地流转的速度加快。按平均汇率计算，2014年，内蒙古人均生产总值达到71044元，按年均汇率折算为11565美元。其实很多农民有流转的愿望，只是当农民放弃土地承包经营权和宅基地使用权时，由于不能得到预期的补偿，而城市的门槛又较高，致使土地权利的流转缺少强大的内生推动力。农村土地流通有利于盘活这笔巨大的资产，目前国家层面的顶层设计已有，只是缺乏具体的建设机制。对于农村承包土地经营权，流转有利于实现农业规模化生产，有利于现代化耕作机械和农业技术的应用和推广，有利于提高农业生产竞争力和农业现代化，有利于带动农民就业结构的变化，有利于工商资本进入农业生产领域从事农业开发和生产，是开启城乡一体化的新路径。在坚持农村土地集体所有制、实行土地用途管制和服从规划的前提下，充分赋予农民对承包地占有、使用、收益、流转及承包经营权抵押、担保权能，让其按市场价值规律有偿自由流转，在自愿基础上鼓励农民将承包地的经营权，以市场化形式转包给公司或村集体经济合作组织，充分让土地增值和资本化。例如，达拉特旗的公司化运作加快了土地向涉农企业流转，随着农业综合项目的开发，以企业、合作社、种植大户等新型经营主体实施土地规模化经营，全旗从事规模化种养企业达到100家，拥有各类农牧民专业合作组织1000个，项目区土地流转率达到50%，农作物综合机械化水平达到87%。

允许农村集体经营性建设用地出让、租赁、入股，实行与国有土地同等入市、同权同价，这是十八届三中全会的重要内容之一。在农民进城居住后，自治区许多农村集体经营性建设用地闲置，在这种情况下，探索开展农村集体建设用地流转试点，不妨尝试通过其经营收益权的一次性赎买，盘活集体建设用地。在符合规划、用途管制和依法取得的前提下，入市范围限定在存量土地，赋予其与城市国有土地使用权一样的出让、转让、出租、抵押和投资的权能，在和林格尔县试点的基础上逐步在全区推广。通过土地市场的媒介，进行综合整治后，将闲置的部分置换成价格更高的城市建设用地指标，从而将农村巨大的存量土地转化为现实的发展优势，以满足新型城镇化建设的需要。当然要注意规范流转行为，明确流转的范围、方式、条件、程序以及监管办法，并且制定集体建设用地使用权流转收益分配和价格形成机制。对经营性用地一律实行招标拍卖，挂牌出让，充分发挥市场配置土地资源的作用。

探索农民耕地和宅基地退出机制。对在城镇具有稳定收入和住所的农民以及不再依靠土地为生存要素而流转或撂荒的农户，应通过补贴或补偿方式鼓励他们自愿永久放弃农村土地和房屋产权。补偿应根据地理、土质、环境等因素，将农村土地分等定级，明确补偿标准，对自愿永久放弃土地和宅基地的农户给予一次性补助，也可以采取宅基地换房、承包地换社保的方式，降低农民工进城落户的门槛。当然转让应仅限在本集体经济组织内部，防止城里人到农村买房，引发新的社会不平等问题。如果宅基地土地能复耕或进入城镇土地市场，将腾出大量土地，可以增加农村土地或大大改善城市建设用地的不足，优化土地资源配置。既然宅基地使用权是用益物权，村民就应当享有处分权，村民出卖宅基地使用权后获取的价金，实质是农村住宅社会保障形态的一种转化，有助于保护大批已经成为城市居民的农村人口的权益，有利于增加农民的财产性收入，降低农民进城的门槛。

（三）改进和完善土地征收制度

在土地征收过程中，政府应该逐步放松管制，成为市场交易环境的维护者和监督者，把土地经营权和管理权二者进行分离。破除政府对土地一级市场的垄断，除因公征地，企业或个人开展和进行的商业性征地行为，则要采取政府引导下的市场化为主的征用方式，其征地行为既要符合国家和地方各级政府的土地开发、利用总体规划，又要符合被征土地公众的利益要求。这样也能有效避免效率损失和大量寻租行为，抑制地方政府盲目进行城市平面扩张。坚持土地资源市场化配置是我国农村土地制度改革的必然趋势。通过改革放开一级土地市场，允许经过综合整治并符合国家法律法规的农村建设用地直接进入土地一级市场，真正实现同地、同权、同价，让农村集体经济组织和农民合法享有农村土地转换用途后的收益，顺利实现从农民到市民的转变，推动城镇化进程中"人的城镇化"。以农村集体经营性建设用地入市作为起点，让市场供需决定土地价格，使土地利用价格能够充分反映土地价值。通过价格机制调整市场供应，才能实现土地资源配置的合理性。当然这需要培育、健全规范的土地流转交易市场体系和信息共享平台，完善服务管理配套体系，发展农村土地产权交易中介、仲裁、结算、评估、登记等服务机构，也需要出台政策对交易的产品、交易机构、交易方式和程序、交易行为规范、监管和争议处理等进行明确规定，确保农村集体土地流转合法、合情、合理、可控。

（四）建立保障农民权益的土地收益分配制度

无论是20世纪50年代初的耕者有其田的土地制度改革，还是80年代初的家庭联产承包责任制改革，究其成功的原因就在于这些土地制度改革最大限度地保护了农民的土地权益。另一方面，这种土地收益分配制度也使得自治区的城镇化过度依赖"土地路径"。这种依靠行政措施低成本征地的城镇化道路是不可持续的，必须改革现有的土地增值收益分配格局，尽量平衡各方发展利益，尤其要提高农民在土地增值收益中的分配比例，使他们占有合理份额，能够拥有更多的财产性收入，并且保障其就业和社保，使他们在城市中能够顺利生活下来，并逐步实现市民化。政府在土地出让中的经济收益，应主要用于土地征收及开发成本、土地综合占补平衡投入、促进农民就业、社会保障和公共服务所需要的投入。其次，构建对被征地农民的综合补偿体系，拓宽安置渠道，改变目前征地补偿大多采用货币安置的单一方式，例如，鄂尔多斯市棚户区改造拆迁不再以货币补偿，而是发放房屋兑换凭证（俗称"房票"），棚户区拆迁户用"房票"在政府的选房平台上自主选购商品房，"房票"可以拆分找零，可以相互转让。鄂尔多斯市通过"房票"政策，一方面丰富了征地补偿方式，另一方面"去库存"效果显著。在土地征收补偿项目中，增加社会保障补偿内容，给就业困难的被征地农民提供就业指导、技能培训和就业介绍等服务，并让他们享受城镇在就业方面的优惠政策，在补偿金中增加社保补贴资金，逐步将被征地农民纳入城镇职工养老保障体系，确保被征土地的农民不因征地而降低生活水平甚至致贫，保障他们的长远发展生计。这方面，自治区可以将包头市的做法和经验在全区推广。2014年，包头市人民政府通过《包头市被征地农牧民纳入城镇企业职工基本养老保险统筹实施意见》，将集体土地被统一征用后，年满18周岁及以上的农牧民，参加城镇企业职工基本养老保险，并就缴费标准、办法、账户、养老保险待遇等做了详细规定。逐步过渡到导入市场评估机制，对被征收土地进行合理评估后，以土地市场价格为基础，综合考虑国家、集体和农民三者的利益，合理确定土地征收的补偿原则和标准。加强群众对征地过程的监督，实行严格的征前公示制度、听证制度以及集体决策制度，让农民充分了解征地的原因、范围、用途、建设期限、补偿标准和补偿方式等等，并且建立征地补偿标准争议裁决制度，设置科学合理的救济措施，使土地征收程序更加科学、更具有操作性。

第八章　新型城市建设及可持续发展研究

　　城市发展方式决定着城市的健康。传统的城市发展方式,过多的注重城市规模的扩大和以物为主的建设,忽略城市文化特色及资源环境的可持续性,导致城市蔓延、千城一面、交通拥堵、环境污染、水资源、土地资源的浪费等一系列问题,影响着城市的宜居性、可持续性和内在魅力。因此,本章以城市水资源合理利用、智慧城市建设及城市交通拥堵与绿色出行为重点进行研究,以加快城市发展方式的转变,促进内蒙古新型城市建设及可持续发展。

第一节　水资源的合理利用与城市可持续发展

　　水资源是人类生存和发展的战略性资源,是保护生态环境平衡的不可替代资源,是决定城市可持续发展的重要因素。《2015联合国世界水资源开发报告》指出:"预计到2025年,全球2/3人口将面临水资源短缺。全球人口增长与都市化程度增加，也是造成缺水的元凶之一。"

我国是一个缺水国家，人均水资源量仅为世界的1/4，全国600多个城市，有400多个缺水。而内蒙古除了呼伦贝尔市、兴安盟、锡林郭勒盟，其他9个盟市人均水资源均低于联合国公布的"人均1700立方米的严重缺水警戒线"，特别是西部地区水资源更为贫乏，不到全国的1/5。进入21世纪以来，随着自治区城市化进程加快和工业发展，人口向呼和浩特市、包头市、赤峰市三大城市和区域中心城市集中，同时，一些高耗水、高污染企业也布局在这些地区，城市水需求量明显增加，供水压力不断加大，过度开发利用地下水资源、上游占用下游的水资源配额、局部地区超用黄河水等问题加剧，与此同时伴随人口增长和经济发展，污水排放大幅增加，河流湖泊污染问题也日益突出，更加剧了城市发展与水资源的矛盾，资源型缺水、工程型缺水并存，而对水的节约利用率和再利用水平偏低，多部门协调和一体化管理远未到位，水资源短缺的形势越来越严峻，水资源不足将成为未来影响自治区经济发展和城市发展的重要制约因素。因此，如何合理利用水资源，提高城市水资源利用效率，控制和治理水污染，促进城市可持续发展是摆在我们面前的重要课题。

一、区域水资源总量、分布及其利用情况

（一）水资源总量及与全国的比较

2015年，全国水资源总量为27962.6亿平方米，居世界第6位，总量虽多，但人均水资源量仅为2034.2立方米，居世界第110位，仅相当于世界人均水平的1/4，这表明我国是一个水资源严重缺乏的国家。

内蒙古是中国典型的北方干旱贫水地区，2015年，全区水资源总量为536.97亿立方米，占全国水资源总量的1.92%，在全国31个省区市中居第17位（表8-1）。在水资源总量中，地表水资源为402.1亿立方米，占全区水资源总量

的64.2%。地下水资源为224.6亿立方米，占全区水资源总量的35.8%。人均水资源量为2138立方米。比全国略高，但呼伦贝尔市以西，人均水资源只有823立方米，按照国际公认的缺水标准划分[1]，绝大部分地区属于重度缺水地区。总体上看，自治区大部分地区水资源贫乏。

与全国相比，自治区人均水资源比全国平均水平仅多103.8立方米，在全国31个省市区中居第13位；每平方千米土地拥有水量仅为4.5万立方米，是全国平均水平的15.5%，在全国31个省市区中居第29位；单位面积耕地平均占有水量58.1万立方米/平方千米，约为全国平均值207.1万立方米的28.1%。由此可见，自治区水资源的贫乏。

---

[1] 按照国际公认的标准，人均水资源1700立方米／年—3000立方米／年为轻度缺水，人均水资源1000立方米／年—1700立方米／年为中度缺水，人均水资源500立方米／年—1000立方米／年为重度缺水，人均水资源＜500立方米／年为极度缺水。国际公认的人均1700立方米为严重缺水警戒线。根据世界粮农组织的定义，1700立方米以下就为用水紧缺，低于1000立方米为长期用水紧缺，而低于500立方米则为严重用水紧缺。

表8-1 2015年中国行政分区水资源量[1]

行政区域	水资源总量（亿立方米）	位次	人均水资源量（立方米/人）	位次	每平方千米拥有水量（万立方米/平方千米）	位次	单位面积耕地拥有水量（万立方米/平方千米）	位次
全国	27962.6		2039.2		29.1		207.1	
北京	26.8	29	124.0	30	16.3	19	122.2	19
天津	12.8	30	83.6	31	10.7	22	29.3	27
河北	135.1	26	182.5	27	7.3	25	20.7	30
山西	94.0	27	257.1	26	6.0	26	23.2	28
内蒙古	537.0	17	2141.2	13	4.5	29	58.1	21
辽宁	179.0	23	408.1	23	12.2	21	36.0	24
吉林	331.3	20	1203.5	19	17.7	17	47.3	23
黑龙江	814.1	14	2129.8	14	17.9	16	51.3	22
上海	64.1	28	264.8	25	106.8	5	337.7	9
江苏	582.1	16	730.5	21	56.5	10	127.2	18
浙江	1407.1	8	2547.5	11	138.0	1	711.2	5
安徽	914.1	13	1495.3	18	65.3	9	155.6	17
福建	1325.9	9	3468.7	7	106.9	4	992.2	3
江西	2001.2	4	4394.5	4	119.8	2	649.2	6
山东	168.4	24	171.5	28	10.7	23	22.1	29
河南	287.2	21	303.7	24	17.2	18	35.4	25
湖北	1015.6	11	1740.9	16	54.9	12	193.3	14
湖南	1919.3	6	2839.1	9	90.5	7	462.5	8
广东	1933.4	5	1792.4	15	108.6	3	739.1	4

[1] 资料来自《中国统计年鉴2016》。

广西	2433.6	2	5096.5	3	102.7	6	552.8	7
海南	198.2	22	2184.9	12	5.6	28	273.0	12
重庆	456.2	18	1518.7	17	55.6	11	187.7	15
四川	2220.5	3	2717.2	10	45.8	14	329.9	10
贵州	1153.7	10	3278.7	8	65.6	8	254.3	13
云南	1871.9	7	3959.3	6	48.0	13	301.5	11
西藏	3853.0	1	120121.0	1	31.6	15	8697.1	1
陕西	333.4	19	881.1	20	16.2	20	83.5	20
甘肃	164.8	25	635.0	22	3.6	30	30.7	26
青海	589.3	15	10057.6	2	8.2	24	1001.5	2
宁夏	9.2	31	138.4	29	1.4	31	7.1	31
新疆	930.3	12	3994.2	5	5.6	27	179.3	16

（二）水资源分布情况

内蒙古深居内陆，属于温带大陆性季风气候，大部分地区降水偏少，蒸发量大，干旱少雨，十年九旱，是自治区的典型特点。全区年均降水量大于400毫米的湿润和半湿润地区仅占全区总面积的20%，而年均降水量在200毫米以下的干旱地区则占全区总面积的30%，其余50%的地区降雨为200—400毫米之间。水资源在地域、年际和季节上分布极为不均，水资源东多西少，由东北向西南呈递减态势。东部五盟市水资源拥有量占全区的91.02%，西部七盟市水资源量占全区的8.98%。降水年际变率较大，由于自治区地处温带大陆性季风气候区，降雨量最多年份和最少年份的降水量之比均在2.5倍以上。特别是中西部地区，年变率达20%—30%。降水季节分布极不均匀，自治区降水多集中在6—9月，占全年降水量的60%—80%，多以暴雨形式出现，其余时间降水少。

分盟市看，东部区水资源总量以呼伦贝尔市最多（表8-2），为351.02亿立方米，占全区水资源总量的65.37%，占东部五盟市水资源总量的71.82%。境内有大小河流3000多条，湖泊上千个，降水量最高达到500毫米，全区90%的径流量产生在呼伦贝尔市。人均占有水资源量为13893.53立方米，是全区人均占有量2141.20立方米的6.49倍。12个盟市中，乌海市水资源最贫乏，水资源总量为0.29亿立方米，仅占全区水资源总量的0.05%，人均水资源为52.18立方米，仅为全区平均水平的2.4%，降水量少，地表和地下水资源量均十分贫乏，主要依靠黄河水。

表8-2　2015年内蒙古各盟市水资源基本情况表[1]

行政分区	地表水资源（亿立方米）	地下水资源（亿立方米）	水资源总量（亿立方米）	占全区水资源总量比重（%）	占全区人口比重（%）	人均水资源量（立方米）
呼和浩特市	2.01	8.30	8.58	1.60	12.18	280.43
包头市	1.02	5.54	5.62	1.05	11.27	198.64
乌海市	0.12	0.55	0.29	0.05	2.21	52.18
赤峰市	10.64	20.42	22.75	4.24	17.12	529.13
呼伦贝尔市	335.47	70.97	351.02	65.37	10.06	13893.53
兴安盟	42.53	17.05	53.37	9.94	6.37	3337.50
通辽市	3.90	35.58	33.72	6.28	12.43	1080.49
锡林郭勒盟	3.75	26.42	27.87	5.19	4.15	2673.12
乌兰察布市	1.71	7.04	7.49	1.39	8.41	354.76
鄂尔多斯市	0.23	19.62	18.14	3.38	8.14	887.00
巴彦淖尔市	0.38	8.13	4.58	0.85	6.68	273.06
阿拉善盟	0.37	4.94	3.53	0.66	0.97	1449.69
全区	402.12	224.57	536.97	100.00	100.00	2141.20

[1] 资料来自内蒙古自治区水利厅发布的《内蒙古自治区水资源公报2015年》和《内蒙古统计年鉴2016》。

按流域划分,全区流域面积在1000平方千米以上的河流有107条,分属松花江、辽河、黄河、海河4个外流水系和乌拉盖河、塔布河、黄旗海、岱海等内陆河水系。东北部的嫩江水系、额尔古纳水系及辽河水系水资源量较多,占全区水资源总量的85%,中西部地区的黄河流域及西北诸内陆河地区水资源仅为总量的15%,属于严重的干旱贫水区。除松花江流域的嫩江水系和额尔古纳河水系水量较丰沛,其他水系都程度不同的缺水,其中内陆水系缺水尤为突出。

(三)水资源利用情况

2015年,全区总供水量185.78亿立方米。其中,地表水源供水量95.19亿立方米,地下水源供水量88.29亿立方米,其他水源供水量2.31亿立方米(图8.1)。

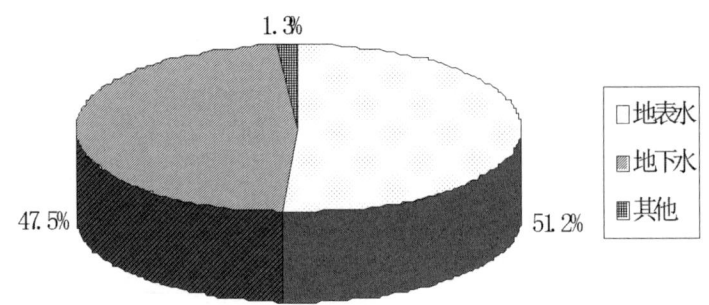

图8.1 内蒙古各供水源供水量占总供水量的比例

在地表水源供水量中,蓄水工程供水6.04亿立方米,引水工程供水72.76亿立方米,提水工程供水16.38亿立方米。在地下水源供水量中,浅层地下水供水88.24亿立方米,微咸水供水0.04亿立方米。在其他水源供水量中,污水处理回用量2.27亿立方米,雨水集蓄利用量0.04亿立方米。

从行业用水情况看,农业用水140.09亿立方米,占75.46%;工业用水18.75亿立方米,占10.09%;城镇公共用水2.74亿立方米,占1.47%;生活用水7.67亿立方米,占4.13%;生态用水16.43亿立方米,占8.84%。随着自治区节水措施的落实、城镇化工业化的发展及生态环境保护的加强,各行业用水比例也在发生变化(图8.2)。2008—2015年,农业用水总体上有所下降,从140.32亿立方米下降到140.19亿立方米,用水比例也从79.83%下降到75.46%;工业用水、城镇公共用水总量和用水比例呈现先增加后减少的趋势,但变化幅度不大,用水量基本比较稳定;居民生活用水量有所增加,增加0.6%;生态环境用水量和用水占比都明显增加,从6.5亿立方米增加到16.43亿立方米,增长1.52倍,所占用水比重也从3.7%增加到8.84%(图8.3)。

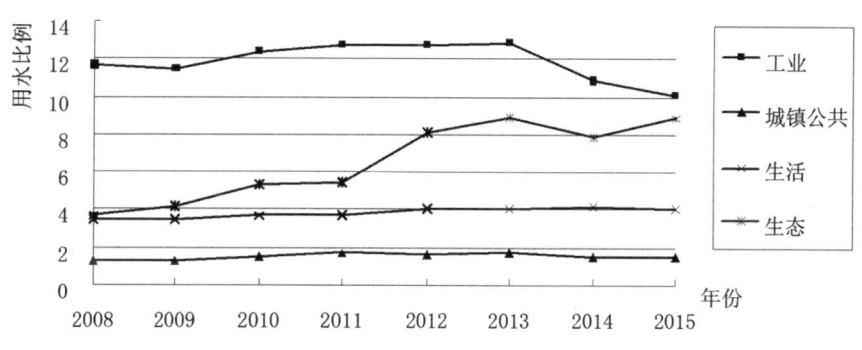

图8.2 内蒙古用水比例变化情况(2008—2015年)

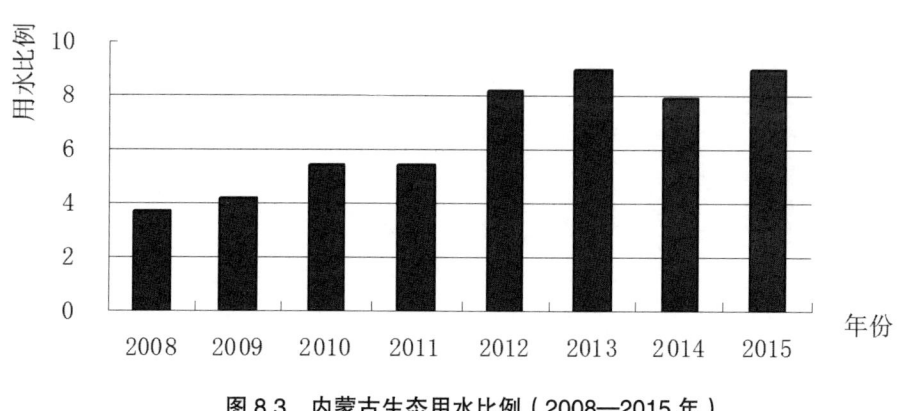

图8.3 内蒙古生态用水比例(2008—2015年)

与全国供水用水相比较，2015年，内蒙古总供（用）水量占当年水资源总量的34.60%，比全国高12.8%，人均用水量高达740.0立方米，居全国第5位。其中，内蒙古农业用水量所占比重为75.46%，比全国平均水平高12.34%，居全国第6位，仅占地区生产总值的9.1%。农业用水量大，一方面与自治区深居内陆、干旱少雨有关系，另一方面也反映出自治区农业用水比较粗放，用水效率低。工业用水和生活用水分别比全国平均水平低11.80%和8.90%，生态环境用水比例达8.8%，要比全国平均水平高6.8%，仅次于北京和天津。

二、城市水资源利用情况及变化

（一）供水总量有所增长，用水结构得到优化

随着城市人口的快速增长，供水基础设施逐步完善，供水能力不断增强。2015年，城市用水人口达到862.07万人，比2000年增加98.1%；城市供水管道长度达到9214千米，比2000年增长104.8%；供水能力持续提高，自来水日生产能力达到410.19万吨，增长52.7%，比全国同期增长率高16.8%，年供水总量达74788.6万吨，增长21.1%，其中生活用水增加48.9%，比全国高出5.3个百分点，尤其是2010年以来的增幅明显；城市用水普及率达到98.47%，上升了9.37个百分点（表8-3）。

表 8-3 内蒙古城市供水用水基本情况（2000—2015 年）[1]

指标	2000 年	2005 年	2010 年	2015 年	内蒙古变化率（%）（2000—2015 年）	全国变化率（%）（2000—2015 年）
年末自来水生产能力（万吨/日）	268.63	308.77	341.58	410.19	52.70	35.9
年末供水管道长度（千米）	4499	5864.44	8561	9214	104.80	179.0
自来水年供水总量（万吨）	61757	61081	62757	74788	21.10	19.5
生活用水量（万吨）	22548	15318	14965	33577	48.91	43.6
生产用水量（万吨）	33439	31307	24587	26209	−21.62	
用水人口（万人）	435.18	537.68	736.86	862.07	98.10	81.8
人均日生活用水量（升）	141.95	129.93	88.49	106.71	−24.83	−20.8
用水普及率（%）	89.1	83.88	87.97	98.47	10.52	53.5

2015年，巴彦淖尔市、包头市、呼伦贝尔市的供水以地表水为主，其中巴彦淖尔市地表水供水比例最大，占全区地表水源总供水量的45.7%，其他6个城市的供水地下水所占比重大，地下水源供水量最大的是通辽市，供水量为26.7亿立方米，占其总供水量的97.52%，占全区地下水源供水量的30.2%，其次是乌兰察布市地下水供水比例较大，占其总供水量的91.85%，全区工业生产及居民生活用水以开采地下水为主。2015年，内蒙古各地级市供水和用水总量最多的是巴彦淖尔市，同时它也是9个地级市中人均用水量最多的城市。巴彦淖尔市地处河套平原，农业较发达，用水量和用水比例最大的是农田，有效灌溉面积以

---

[1] 资料来自《内蒙古统计年鉴2001》《内蒙古统计年鉴2006》《内蒙古统计年鉴2016》。

652.72千公顷居全区各盟市之首，与其他城市相比，其工业、城镇公共、生活、生态用水量及比例都是比较低的。乌兰察布市供水和用水总量居第8位，它的人均用水量在地级市中最少，从用水比例可以看出，其农田和生活用水比例较高，工业、城镇公共和生态用水比例较低。乌海市行政区域土地面积小，人口少，总供水量最少，人均用水量居地级市第5位，工业和生活用水比例在地级市中最高，生态用水比例仅次于呼伦贝尔市。呼和浩特市城镇公共用水所占比例最大，居民生活用水所占比重也较大。包头市工业用水所占比重比较大，仅次于乌海市。呼伦贝尔市耕地主要集中在岭西，降水条件比较好，农作物灌溉主要依靠天然降水补充，农田用水比例在各城市中是最小的。通辽市供水、用水总量及人均用水量居第2位，农田用水所占比重大，仅次于巴彦淖尔市。

表8-4 内蒙古各城市供水和用水情况（2015年）[1]

地区	供水比例（%）			用水比例（%）						供(用)水总量（亿立方米）	供(用)水量位次	人均用水量（立方米/人）	位次
	地表水	地下水	其他	农田	林牧渔畜	工业	城镇公共	生活	生态				
呼和浩特市	38.54	59.94	1.52	63.59	4.87	15.31	5.78	9.33	1.12	9.86	7	325.35	8
包头市	57.88	36.96	5.16	53.16	9.83	25.71	2.24	6.82	2.34	10.27	6	366.895	7
呼伦贝尔市	57.14	42.30	0.56	25.65	14.86	21.93	2.17	6.31	29.15	14.27	5	564.145	4
通辽市	2.21	97.68	0.11	73.98	10.8	9.05	1.43	3.24	1.5	28.06	2	898.21	2
赤峰市	41.22	58.47	0.31	64.55	9.51	11.85	3.53	6.65	3.9	19.24	3	447.05	6
乌兰察布市	7.07	91.85	1.09	70.83	4.71	10.51	1.63	11.59	0.72	5.52	8	260.73	9
鄂尔多斯市	35.05	61.19	3.76	67.01	7.71	16.94	0.83	3.95	3.50	15.7	4	771.54	3
巴彦淖尔市	84.17	15.02	0.81	89.30	7.28	2.05	0.2	0.92	0.24	49.15	1	2939.07	1
乌海市	44.36	48.00	7.64	28.36	2.55	34.55	2.55	11.64	20.36	2.75	9	496.21	5

[1] 资料来自内蒙古自治区水利厅发布的《内蒙古自治区水资源公报2015年》。

（二）污水处理率明显提升，再生水利用量增加

表 8-5　城市污水排放和处理情况（2010—2015 年）[1]

地区	年份	污水排放量（万立方米）	污水排水管道长度（千米）	污水处理厂座数（座）	污水处理量（万立方米）	污水处理率	再生水利用量（万立方米）	再生水管道长度（千米）	城市再生水利用率
内蒙古	2010	46543	8514	32	37490	80.55	4196	259	9.02
	2011	48069	9314	35	40304	83.85	7162	447	14.90
	2012	50488	10012	37	43204	85.57	7487	599	14.83
	2013	52789	11208	38	46563	88.21	6852	624	12.98
	2014	57212	12123	40	51041	89.21	6120	637	10.70
	2015	59052	12542	41	55003	93.14	8601	665	14.57
	增加率	26.88	47.31	28.13	46.71	15.63	104.98	156.76	
全国	2010	3786983	369553	1444	3117032	82.31	337469	4002	8.91
	2011	4037022	414074	1588	3376104	83.63	268340	5851	6.65
	2012	4167602	439080	1670	3437868	82.49	320796	6440	7.70
	2013	4274525	464878	1736	3818948	89.34	354181	7193	8.29
	2014	4453428	511179	1807	4016198	90.18	363460	7498	8.16
	2015	4666210	539567	1944	4288251	91.9	444943	8499	9.54
	增加率	23.22	46.01	34.63	37.57	11.65	31.85	112.37	

随着城镇化的推进和工业化的发展，自治区城市污水排放量逐年增加，由 2010 年的 46543 万立方米增加到 2015 年的 59052 万立方米，增加了 26.88%，

---

[1] 资料来自2010—2015年历年《中国城乡建设统计年鉴》。

如果不妥善处理，将严重污染环境，影响居民健康和城市可持续发展。随着城市基础设施投入的增加，自治区的污水处理厂和污水排水设施不断完善，污水处理能力持续提高。2015年比2010年污水排放管道长度增加了47.31%，比全国高1.2%，污水处理厂由32座增加到41座，每十万城区人口拥有污水处理厂0.59座，比全国平均水平高0.10座。据《中国城乡建设统计年鉴2015》统计，9个地级市中污水处理厂最多的是包头市，有7座，其次是呼和浩特市，有4座，其余7个城市有污水处理厂1—3座；11个县级市中，乌兰浩特市有污水处理厂2座，其余10个县级市均有1座。5年时间，污水处理量增加了46.71%，比污水增加速度高19.84%，污水处理率达到93.14%，比5年前提高12.59%。2010年，自治区污水处理率比全国低1.76%，之后差距不断缩小，到2015年，自治区污水处理率比全国高1.24%。

同时，再生水生产能力和利用量逐步提升。再生水又叫中水，主要是指工业或生活污水经处理后达到国家规定的水质标准，可在一定范围内重复使用的非饮用水。在我国节水型社会和最严格的水资源管理制度的大力推进下，自治区再生水设施和管网建设加快。管道长度由2010年的259千米增加到2015年的665千米，增加了将近1.5倍。再生水利用率达到14.57%，比全国平均水平高出5.03个百分点，涌现出像鄂尔多斯市这样的全国典型城市。鄂尔多斯市再生水利用率已经达到85.81%，远远高于其他地区，主要用于电厂、煤矿、园林绿化、景观湿地、路面冲洗等，再生水利用量达到2208万立方米，相当于节约了鄂尔多斯市居民家庭一年的用水量。

（三）水资源利用管理制度不断完善，管理更加严格

改革开放以来，经过近40年的发展，中国水资源法律制度已形成由4件法律、19件行政法规、55件部门规章、720余件地方性法规和地方政府规章组成的水法规体系，水资源的管理和利用正步入规范化、法治化的轨道。2002年，新修订的《中华人民共和国水法》颁布，突出并强化了水资源的统一管理，规定了建立水功能区划制度、排污总量管理制度、节水制度和超计划用水累进加价制度和水法贯彻实施的监督检查制度等。一系列行政规章也相继出台，特别是2012年为了解决我国复杂的水资源问题，出台《国务院关于实行最严格水资源管理制度的意见》，通过严格的制度管理水资源，以保证我国经济社会发展与水资源承载力相适应。

自治区根据本地具体情况，依据国家有关水的法律和规章制定了相关水资源法规、水政规章和部门规章等。1998年，《内蒙古自治区城市供水实施办法》。为优化配置、高效利用黄河水资源，规范黄河水权转换行为，2004年，自治区制定了《内蒙古自治区黄河水权转换总体规划报告》和《内蒙古自治区本级水资源费使用管理办法》。2014年，根据《国务院关于实行最严格水资源管理制度的意见》《国务院办公厅关于印发实行最严格水资源管理制度考核办法的通知》，发布《内蒙古自治区人民政府批转自治区水利厅关于实行最严格水资源管理制度实施意见的通知》，制定了《内蒙古自治区实行最严格水资源管理制度考核办法》，划定了用水总量、利用效率、水功能区限制纳污"三条红线"，确立了考核指标。2015年，《内蒙古自治区水资源保护规划》和《内蒙古自治区城市饮用水源地安全保障规划》正式印发，《内蒙古自治区重要江河湖泊水功能区纳污能力核定和分阶段限制排污总量控制方案》编制完成，《内蒙古自治区重要水源和地下水超采区水量与水位双控制方案》出台，为自治区严格水资源管理、提高水资源利用效率、节约可持续利用水资源提供了制度保障。

（四）节水型城市、水生态文明城市建设稳步向前推进

2001年，水利部开展了节水型社会建设工作，截至2015年底，全国已有100个节水型社会试点城市。内蒙古被水利部列入全国节水型社会建设试点的城市有4座，分别为包头市、呼和浩特市、鄂尔多斯市和二连浩特市，4座城市都已完成了试点验收。通过节水型社会试点建设，4座城市在取水总量目标控制、水资源利用效率和效益提升、非常规水资源利用、水务一体化改革、城市水环境改善、城市水资源配置优化、新的节水技术推广等方面成绩显著，包头市健康水工程、鄂尔多斯市水权转换具有特色，取得了显著的经济、社会和生态环境效益，为北方条件类似地区全面推进节水积累了有益经验，对水资源严重紧缺地区探索节水型社会建设具有借鉴意义。2013年，根据国家生态文明建设的要求，水利部提出开展水生态城市试点工作，乌海市是首个被列入全国水生态文明城市建设的试点之一，水资源的开发、利用、节约、治理、保护正在逐步深入推进。在此之后，呼伦贝尔市全国水生态文明城市建设试点实施方案获得自治区政府批复。

三、城市水资源利用中存在的问题

随着城镇化、工业化、农牧业现代化及生态建设的向前推进，城市人口增长和经济社会发展对水资源的需求量明显增长，且水资源短缺和浪费同时并存，局部水污染现象也日渐加重，水资源供需矛盾日益突出。因此，找到城市水资源利用中存在的问题，将有助于提出解决问题的办法和思路，使城市经济社会发展与有限的水资源相协调。

（一）水资源利用效率不高，浪费较严重

由于技术水平落后、节水意识淡薄、缺乏有效的管理手段等原因，全区城市在水资源的利用上存在着浪费现象，水资源开发利用方式滞后粗放，在水资源短缺的同时用水效率普遍偏低，加剧了优质水消耗。2015年，自治区万元地区生产总值用水量是我国平均水平的1.14倍。内蒙古工业用水占全区总用水量的10.1%，与其他省区相比，工业用水总量虽然不大，但用水集中，利用率较低，有的城市浪费现象比较突出,城市工业用水重复利用率为79.03%,比全国平均水平低0.92%[1],而工业用水部分转化成工业废水,平均每年排放污水达3亿吨以上,大量污水未经处理或部分处理排入河流湖泊,不仅造成污染,也导致水资源浪费。

城市居民用水的比例逐年增长,城市居民对水资源的重要性认识不到位,全社会关心水、爱惜水、节约用水的意识还不强。相比水价来说,生活节水设施昂贵,推广起来困难,老旧小区生活节水器具使用率低,跑、冒、滴、漏现象时有发生,漏损率较高,生活用水浪费现象十分普遍。人均日生活用水量虽然呈下降趋势,但仍然偏高,2015年,人均日生活用水量为106.71升。

污水处理后的再利用水平明显偏低。2015年,自治区的再生水利用率偏低,大部分城市的再生水回用率不到20%,有一部分再生水由于缺乏回用管网而被白白排掉。中水管网覆盖面窄,一些城市中水利用需要水车运输,成本高,也限制了中水再利用,特别是很多城市没有把中水设施建设纳入城市基础设施建设专项规划。污水处理厂及再生水厂数量少,部分已建成的污水处理厂负荷率较低,污水收集管道不配套,运营费用高,并不是全年运行,污水深度处理技术水平较低,使中水用途受限。

(二)河流、湖泊等水体污染,加剧了城市缺水

工业和生活污水部分处理后或未经处理排入水体,造成严重污染,进一步加剧了水资源的紧缺。水污染综合治理资金需求大,设备运行维护成本高,污水处理设施性能及数量远不能满足水污染治理需要,每年仍有污水未经处理或部分处理后排入河流湖库及地下,造成地表水体、地下水体的污染,特别是流经城市、城镇的河流受到不同程度的污染。据内蒙古自治区水利厅发布的《内蒙古自治区水资源公报2015年》,在监测河段中,按双因子评价水质为Ⅳ类至

---

[1] 数据来自《中国城市建设年鉴2015》,建设部网站。

劣 V 类的河段所占比例为 24.1%。全年污染严重的河段主要集中在黄河流域（内蒙古地区河段）、辽河、松花江流域（内蒙古地区河段），个别城市的地下水也受到污染，加剧了水资源的匮乏。水质恶化破坏了自然水系统的良性循环，对内蒙古的可持续发展造成不利影响。

（三）城市人口规模、产业布局与水资源配置不够合理

自治区东部有 13 个城市，其中中等城市 2 个，小城市有 11 个，数量虽然多于西部，但规模普遍偏小，水资源占全区的 91.02%，城市人口占 56.60%。西部地区有 7 个城市，其中大中城市 4 个，城市平均规模较大，人口集中，而水资源量仅占全区的 8.98%，城市人口占 43.40%。可见，自治区人口和水资源分布不协调，进一步加剧了人水矛盾。

表 8-6 东西部地区水资源、人口、产业、城市规模对比表[1]

地区	水资源所占比重（%）			市区人口所占比重	城市规模（个）			城市经济所占比重（%）		
	水资源总量	地表水资源	地下水资源		大城市数量	中等城市数量	小城市数量	地区生产总值所占比重	第二产业所占比重	第三产业所占比重
东部地区	91.02	98.55	75.90	56.60	0	2	11	33.54	38.85	27.19
西部地区	8.98	1.45	24.10	43.40	2	2	3	66.46	61.15	72.81

特别是呼包鄂城市群，人口占全区 31.60%，而水资源仅占全区的 6.02%，水资源贫乏，黄河取水指标有限，3 座城市人均拥有水资源量均低于内蒙古平均水平及全国平均水平。其中，包头市人均水资源量为 198.64 立方米，仅为全国平均

---

[1] 资料来自内蒙古自治区水利厅发布的《内蒙古自治区水资源公报 2015 年》及《中国城市建设统计年鉴 2015》《中国城市统计年鉴 2016》。

水平的9.74%，城区人均水资源100立方米，属于极度缺水的城市；呼和浩特市人均水资源量为280.43立方米，为全国平均水平的13.75%，也属于极度缺水的城市；3座城市中人均水资源量最多的是鄂尔多斯市，为887.0立方米，也仅为全国人均水平的43.50%，属于重度缺水的城市。3座城市的水资源状况与其在全区的人口中心的重要地位极不匹配，水资源已经成为今后制约该城市群发展的最大瓶颈，解决缺水问题刻不容缓。

自治区东部城市生产总值占全区城市生产总值的33.54%，第二产业总产值占全区的38.85%，第三产业总产值占全区的27.19%，水资源拥有量占全区的91.02%。西部城市生产总值占全区的66.46%，第二产业总产值占全区的61.15%，第三产业总产值占全区的72.81%，水资源量却仅占全区的8.98%。由此可以看出，西部地区城市经济布局比较集中，但水资源严重不足，东部地区部分城市拥有较为丰富的水资源，但经济发展相对滞后，水资源分布与经济重心布局不匹配，部分地区大量宝贵的水资源没有得到充分利用，而西部却因人口的增加、经济的快速发展和布局了大量煤化工、电力、钢铁等耗水型产业，导致水资源被过度利用，地下水超采，地下水位下降，形成大面积漏斗，甚至超用黄河水。随着资源能源的进一步开发利用和城镇化的推进，产业和人口的集聚，水资源的短缺必然成为制约西部地区经济社会发展的主要障碍。

（四）水利基础设施体系建设滞后，不能满足城市发展的需要

2015年，全国有624座大型水库和3378座中型水库，水库年末蓄水总量4037.3亿立方米，平均每个省区市有20座大型水库和106座中型水库，平均蓄水量126亿立方米。内蒙古行政区域土地面积居全国第3位，却只有9座大型水库，62座中型水库，水库年末蓄水总量10.12亿立方米，比全国平均水平少得多。由于全区蓄水调水控制性骨干工程少，技术水平和设计建设标准低，蓄水少，蓄水工程供水只占地表水供水量的6.4%，引水多，引水工程供水占地表水供水量的76.4%，蓄水工程所蓄水量只能供应需要灌溉的农田面积的1/10，导致防洪抗旱安全缺乏保障。已建的众多小型水库疏于管理，规划不科学，库容较小，蓄水量严重不足，抵御干旱风险的能力不强，并未显现出其应有的功效。再加上部分水利工程设施缺乏配套，无法正常运行，原有水利工程设施老化或严重失修，多数工程带病运行，全区将近600座水库中，病险水库占一半以上，雨洪水资源大量流失，效益不能充分发挥，致使抗旱涝灾害的能力大大降低。工程性缺水仍是当前和今后一个时期制约内蒙古经济社会发展的主要因素，将来自治区供水缺口还得主要依靠工程措施来解决。自治区防洪标准普遍很低，呼和浩特市、包头市、乌海市、赤峰市、通辽市的防洪标准大都是10—50年一遇洪水，均与国家规定的100—200年一遇洪水标准有较大差距。

工业节水技术与设施推广力度不足，工业节水科技含量偏低，部分企业用水粗放，单位产品耗水量较高。在美国、日本等发达地区，现在已实现分质供水，即生活用水和饮用水分两类管道输送，工农业生产用水与居民生活用水分系统供应。自治区很多城市居民生活供水都是一个系统，无论是饮用还是冲厕所，都是同一种水。这样，一方面造成饮用水标准不够高，难以满足人们对生活健康品质的追求，另一方面则造成高质水低用途，形成经济上的浪费，城市生活供水中不直接接触人体的用水约占用水总量的70%—80%。大部分城市工农业生产用水与居民生活用水不分，同一供水系统也加剧了自治区的供水紧张。据有关资料分析，供水管道损失率一般在5%—15%左右，有的城市高达20%以上，城市供水管道的漏失不容忽视。

（五）涉水部门多，协调和一体化管理体制机制亟待完善

水有其特殊的自然属性，它是一个统一的有机联系的整体，各种水不断循环和相互转化。目前，尽管依法实现了对水资源权属的统一管理，但由于种种原因，管水体制机制尚未从根本上彻底理顺。受我国行政体制的影响，长期以来，内蒙古水资源管理工作形成多头管理的格局。水资源管理体制存在条块分割、部门众多、城乡分离的体制性障碍，导致现实管水中出现职能交叉、责任不清、政出多门、行政关系复杂等问题。涉及水资源管理的部门有水利、水务、市政、公用事业、住建、环保等，而且自治区不同城市各部门对涉水事务的分工也不尽相同，归口不一，多头管水造成水源工程和供水设施建设难以同步，水源调度和供水调度难统一，防洪和排涝难配套，供水与排水、排污与治理难协调，没有形成统一、精简、高效、规范的管理体制和协调机制，增加了水资源网络联合调度和水环境综合治理的难度。水资源的多头管理，造成了许多不应有的水资源浪费和损失，加大了污水排放量和治理成本，严重影响水资源的合理开发、优化配置、高效利用、节约和保护，同时，增加了水资源部门间的利益竞争，从而造成大量人、财、物消耗。另外，在用水管理方面，还存在着重建设轻资源配置，重开源轻节流，重供水轻效益，资源配置手段单一，缺乏有效调控措施和激励机制。

四、城市水资源合理利用及可持续发展对策

水资源是生命之源，在水资源短缺和城市发展的矛盾日益突出的情况下，不能只注重开发，不注重节约和保护；只注重污水治理和达标排放，不注重再生利用。根本转变城市水资源利用、管理方式和分享方式，从开发利用优先向节约保护优先转变，从供水管理向需水管理转变，切实落实最严格的水资源管理制度，进一步完善流域管理体制机制，加快水务一体化进程，发挥市场在水资源配置中的作用，让上下游共同分享水资源，在满足当代人用水需求的同时也不能危害后代人用水的权利，最终实现水资源与城市的协调可持续发展。

（一）将水资源纳入经济社会发展规划和城市发展总体规划

大部分地区资源型缺水，水资源分布极不均衡是自治区水资源特点，而大部分地区人口、产业与水资源不匹配是自治区水资源利用的区情。呼伦贝尔市水资源占比65%，而人口占比10%，其他盟市人均水资源量都低于3000立方米，属于联合国划定的缺水地区，因此缺水是自治区城市发展的最大制约因素。随着城镇化进程的加快，人口格局发生深刻变化，人口向西部水资源缺乏的大城市集中的趋势十分明显，城市发展与水资源的矛盾也日益突出。同时，西部第二产业以煤炭、冶金、化工、电力等为主，多数是高耗水行业，据研究，煤制油耗水7—10吨，如果像煤化工这类耗水的项目生产规模不断扩大，势必进一步加剧西部水源的短缺。应该说自治区产业设置和布局，更多的是考虑与煤炭资源地距离远近的问题，对水资源的产业承载力考虑不够，对各流域上下游之间用水的整体性、系统性缺乏足够的重视。因此，未来城市发展应该把水资源分布与城市人口规模、产业发展三者进行统筹考虑，以水定产，以水定城，优化水资源与产业、人口的配置是需要优先考虑的问题。依据水资源情况合理制定城市发展总体规划的人口规模，特别是西部呼包地区水资源人口承载力基本饱和，东部人口密集，如通辽市、赤峰市水资源利用程度较高，应该注重发展水资源消耗少的节水型产业，控制高耗水产业的规模，在招商引资中限制高耗水项目的审批，尤其要加快节水农业的推进进程，支持节水型产业发展，引导人口相对均衡地在水资源条件好的中小城市和县城及小城镇实现就地城镇化，而不是继续向西部大城市或者东部人口密集的通辽市、赤峰市过度集聚，缓解西部大城市和通辽市、赤峰市中心城区的水资源压力，实现水资源与人口、产业的优化配置。

（二）加强基础设施建设，提升蓄水、供水、排水和水资源再利用的能力

加强水利工程建设，增加投入，加强水库和其他水利设施建设，提高建设标准，提升蓄水能力，为城市提高稳定的水源。

高度重视中水管网建设和中水处理设施建设，提高中水回用率。资源型缺

水是自治区城市的突出特点，西部更是如此。而西部天然降水少，属于干旱和半干旱地区，雨水利用主要是补充。同时，我国黄河水流域管理越来越严格，提供更多的水源可能性不大，因此，节水是增加城市可利用水资源的主要途径之一。当前自治区中水回用率低，比以色列低70%，比美国低20%，可开发空间大，开发中水是增加水量可供选择的重要途径之一，这就需要尽快将中水管网的建设纳入城市基础设施建设规划之中，增加投入，逐步扩大中水覆盖面积，将中水用于绿地、景观、洗车、路面清扫和工业用水等方面。在新建的达到一定规模的小区要同步建设中水设施、中水管道和自来水管道，为小区绿化和居民冲厕利用中水提供条件。合理布局中水厂位置和规模，尽量减少中水管网的铺设长度，降低建设成本。

同步建设供水和排水管网。自治区多数城市老区供水和排水管网建设相对滞后，老化现象严重，漏损率偏高，每年造成水资源的大量损失。因此，加强供排水部门间的协调，加快供水和排水管网的更新改造，尤其是老区要优先进行，保障供水排水和道路建设同步进行。通过管网建设，减少跑冒滴漏，降低漏损率，减少浪费。

（三）提高节水型社会建设水平，减少水资源的浪费

2000年以来，国家正式提出节水型社会的建设，根本目标是要实现水资源的可持续利用。水资源的合理利用要坚持经济可行和环境的可持续性。与长距离的调水工程相比，节水和污水资源化成本相对较低，而且减少污水排放，有利于环境的保护。据研究，污水处理费用为每吨1元，中水处理3—7元不等，长距离调水成本更高，加上工程投入，长距离成本远远大于7元，而且对于水源地生态安全也会造成不良影响。因此，节水和污水处理后再利用是既经济又有利于水资源可持续利用的有效途径。

第一，工业节水。在工业企业建设污水处理设备，采取节水工艺技术，提高水资源重复利用率。例如,用气冷代替水冷,推行冷却塔和冷却池技术,建立工业用水的封闭循环系统等方式减少水资源利用量,从源头上节水。要强制城市中水在工业中的使用,提高自来水水价,增加使用自来水的成本,制定合理的中水水价,促使企业增加中水使用量,提高水资源利用效率。

第二,居民和公共场所节水。加强宣传教育,提高全民节水意识。利用"世界水日""中国水周",在机关单位、企业、学校、社区开展节水宣传活动,尤其要加强孩子和青年人的节水教育,宣传内容要注重理念,也要注重具体细节,而不是空洞说教,让节水意识深入人心,逐步培养市民树立人水和谐理念,改变不良用水习惯,减少日常用水的浪费。建设节水器具推广示范单位、企业、小区,对节水器具的生产要有强制性的标准,对于不符合标准的产品禁止生产,对购买节水器的家庭进行补贴和奖励,鼓励家庭使用节水器具,包括节水马桶、节水水龙头、节水洗衣机。在公共场所商场、学校、机关单位,大力推广节水龙头,减少水资源浪费。进一步提高洗车洗浴等特殊行业的用水价格,倒逼其节水。

第三,农业节水。在农村大力推进管道输水,积极提倡采取滴灌、喷灌进行灌溉,取代目前的渠道灌水,大幅提高农业水利用系数。鉴于自治区严重缺水且农业耗水量大和浪费严重的状况,农业灌溉节水是十分紧迫的任务。通过加强农业节水工程建设、提高水价、加强宣传等综合措施,促进节水,不能再在定额内免费使用地下水,设置阶梯水价,让农民尽快树立节水意识,节约农业用水,为工业和城市发展提供水源。

第四,生态建设节水。城市的生态用水主要是河道、绿化和景观用水。一要完善中水管网建设,扩大中水的浇灌面积;二是要建设低洼式绿地,提高对雨水的利用率,减少自来水的使用;三是要积极推广本地抗旱树种,改变单纯追求美观,忽视节水,使用耗水草种树种的做法。借鉴发达国家经验,少走弯路,如美国很多州的社区绿化中,都推行耐旱景致。一片耐旱的美化场地,一般可节水30%—80%。因此,应该制定相应的绿化标准,保证绿化用地抗旱本土植物达到一定的比例,做到既能绿化美化环境,又能大幅降低成本和节约水资源的目的。

(四)推进西部城市和赤峰市、通辽市开发利用中水和雨水等非常规水,缓解水资源供给压力

实现水资源的可持续利用就是要转变水资源利用的思路,从开发—利用—治污—排放,向开发—保护—利用—再生转变,不能把水资源白白排放掉,而是要二次甚至多次利用。美国、日本、以色列的经验表明,利用中水是增加水资源的重要途径。这些国家不仅把中水用在绿化、景观、清洗路面,还用于农业灌溉。发达国家污水资源化达到72%,并制定了相应的保障措施,比如,日本在上下水管道间建立了中水管道,并对建设中水水道给予鼓励。与水资源利用先进国家相比,我们中水的利用程度和用途方面还存在差距。内蒙古西部城市,大多属于缺水城市,尤其是呼包两大城市和鄂尔多斯市东胜区,水资源人口承载力或者接近饱和,或者潜力不大。东部的赤峰市和通辽市人口多,也面临缺水的问题。因此,在自治区西部城市及东部的赤峰市、通辽市率先开发第二水源,提高中水回用率,是节约水资源,减轻城市供水压力,减少污水排放,减轻城市环境污染的有效途径。因此,现阶段中水的投资和建设及运营以政府为主导,以体现公益性和社会效益为主,以水资源的持续利用为目标。要合理规划和布局中水处理厂和设施,采取小循环、中循环、大循环模式利用中水。小循环主要是指在新建大型机场、商业楼、办公楼建设中水设施,将办公楼、机场、商业楼内排放的污水进行处理后再利用的模式;中循环是指在新区和新建小区建设集中的中水设施、中水管网,收集生活用水并进行处理,回用到冲厕、绿化、地面清洗等方面;大循环主要指更大范围上,利用城市污水处理厂对污水进行深度处理，生产的中水通过回用管网输送到城区内，用于城市绿化、工业冷却、景观用水及城市路面清扫等方面。还要积极引进和改进中水处理技术，降低中水处理成本，保障中水使用的安全性和经济型。还要积极探索中水回灌补给城市地下水的试点，遏制地下水位的下降，实现城市地下水的取补平衡。

建设海绵城市，充分利用天然降水。按照《国务院办公厅关于推进海绵城市建设的指导意见》要求，到2020年，城市建成区20%以上的面积达到海绵城市建设目标要求；2030年，城市建成区80%以上的面积达到目标要求。海绵城市，就是充分发挥原始地形地貌对降雨的积存作用，充分发挥自然下垫面和生态本底对雨水的渗透作用，充分发挥植被、土壤、湿地等对水质的自然净化作用，使城市像海绵一样，对雨水具有吸收和释放功能，能够弹性适应环境变化和应对自然灾害。而当前，自治区城市建设很多地方有悖于海绵城市要求，公园和马路两边的人行道铺设了不透水的材料，绿地高于路面的现象普遍存在，缺乏收集雨水和利用雨水的系统工程，导致雨水不但不能利用，还造成城市积水。因此，要树立生态文明理念，采取工程和发挥生态系统自有功能相结合的措施。过去城市建设过度强调工程建设，成本高，甚至破坏了自然生态的系统良性循环。今后要坚持生态为本，自然循环原则，强调低影响开发，充分发挥自然生态系统的蓄存、渗透、净化功能，将工程措施和发挥自然生态系统功能的措施有机结合起来，充分利用天然降水，降低建设成本，改善城市水环境，促进城市可持续发展。要做好顶层设计，编制海绵城市建设规划。海绵城市规划与城市总体规划和控制性详细规划以及专项规划相协调，以公园和绿地、建筑和小区、道路和广场、自然水体修复为重点，分阶段分步骤实施海绵城市建设规划，争取到2020年，20%的城区实现海绵城市建设目标。要建立由市主要领导任组长的海绵城市建设领导小组，进行统一规划、统一技术规程、统一管理和统一协调。海绵城市建设涉及的部门多,要由市主要领导进行组织协调,才能有序进行,城乡建设部门会同发改、财政、水务、园林等部门协调推进,要进行统一规划、统一技术规程、统一管理,加强工程监督、技术指导及验收各个环节,提高工程建设质量。要增加城市建设投入,为海绵城市提供资金支持。要因地制宜,科学建设,不能搞新一轮城市大挖大建。海绵城市建设是一项系统工程,需要大量资金支持,但绝不能只重视要钱要项目。要对本市的降水、土壤、地下水、未开发前的地形地貌、河流、湖泊、湿地情况进行深入细致的研究,最大限度地保护原有生态系统固有的海绵体功能,受到破坏的要进行修复,制定符合地区特点的技术规程和措施,不能简单照抄照搬国外的建设模式,要以城市水生态系统良性循环为目标,要以低成本高效益为原则,能在原有设施基础上建设的,就不搞新的大挖大建,通过适度改造达到渗、蓄、净、排功能。先典型示范再推广,不能一哄而上,可优先在棚户区改造、危房改造、老旧小区更新中推进海绵城市建设项目。建立海绵城市建设专家团队,为海绵城市建设出谋划策。海绵城市是系统工程,不能由一个部门完成,更不能由某一方面的专家来参与规划、技术规程的制定和论证,要吸收多学科专家参与海绵城市建设,发挥社科院、大专院校专家学者的作用,制定符合自治区特点的海绵城市战略规划和技术规程,建立严格的验收程序,保证海绵城市的建设少走弯路,最好不走弯路。

(五)完善水资源管理体制机制,提升水资源管理一体化水平

第一,建立全区水资源可持续利用协调委员会,加强部门协商与合作。我国目前实行的是各行政区管理和流域管理相结合的管理模式,以水利部门为主管部门,其他部门参与管理的模式。虽然水务一体化改革提出多年,旨在解决多年来多龙治水导致的职能交叉重叠、水资源管理效率不高的问题,但实际上水利部门权限是十分有限的,一体化管理尚未真正实现,比如,农业、财政部门都有涉水项目，而这些部门的项目，水利部门实际上没有最后的决定权。就流域管理而言，流域委员会仅仅是水利部的派出机构，管理权限也是有限的，实际上流域管理仍然以当地行政区域管理为主，导致流域水资源管理不到位，超量取水问题依然存在。为此，要建立全区水资源可持续利用协调管理委员会，由主要领导任组长，办公室设在水务局，并建立定期的协商制度，协调各涉水部门的工作，实现供水与排水、水质和水量管理的统一，加快水资源管理一体化进程。建议国家层面要加快法律研究，完善相关法律，赋予流域管理委员会更多的权力，使它与各行政区域享有同等地位，使得流域内的每个区域的用水保持在合理的范围内，保障流域生态用水，促进流域水资源的可持续利用。

第二，做好各项水资源利用规划。城市水资源合理利用与可持续发展的实现，必须要在合理的规划指导下进行。因此，需要在城市专项规划中，增加中水发展规划和内容，对于城市中水处理厂、管网和设施建设布局等方面做长远打算，留出发展的空间。

第三，落实最严格的水资源管理制度，强化考核制度。2012年，国务院出台了最严格的水资源管理制度，提出"三条红线""四项制度"，即水资源利用总量的红线、水资源利用效率的红线及水资源功能区纳污控制红线，要做到不越过三条红线，就必须做好水资源管理、实行取水许可、新建项目"三同时"制度及考核制度，加强监测，及时发布信息，增强公众参与度等等。强化用水需求管理，严格取水许可审批，建设项目水资源论证，控制取水用水的不合理增长。加强地下水和河流湖泊水资源状况的监测，增加监测点，扩大监测面，推广先进的设备对水质水位进行实时监测，及时了解水质状况和水位状况，为水资源管理和考核提供数据支撑。

第四，完善法律法规。法律和相关规定，不能仅仅停留在提倡的层面，比如，对生产节水器具的企业要强制执行相关标准，对于不达标的，要限制其生产。对于购买节水器具的用户给予适当补贴，促进节水马桶、水龙头的销售。针对流域管理缺乏整体性的问题，需要对流域管理委员会的权限给予法律上的重新认定，保障流域管理委员会与行政区域有同等的管理权力，使其真正在流域管理中发挥应有的作用。

第五，充分利用价格杠杆，促进节水和中水的利用。利用经济杠杆节水是世界各国普遍做法。据研究，水价提高10%，可节水5%。当前自治区自来水水价偏低，无法体现水资源的全部价值，且阶梯水价之间的价差小，对于大多数家庭来说很难起到节水的目的，尤其是对年轻和高收入的群体的作用更小。日本的节水经验值得借鉴，东京实施的阶梯水价，二级和三级相差5倍，而我国现行水价级与级之间的差距较小，约3倍。水价级差较小，增加的水费占收入的比重没有明显的提升，对激发用户的节水收效不大。因此，在对低收入家庭的水费进行适当补贴的基础上，对一般用户提高水费价格，加大阶梯水价水费间差距，进而提高用户的节水意识，改变用户不良的用水习惯，调节供需关系，进而达到节水的目标。

制定合理的中水使用价格，按照低于自来水的价格制定中水价格，拉开中水和自来水之间的水价差距，促进用户使用中水的积极性。采取"降阶梯"的水价模式，比如，对于使用中水量多的企业实行降阶梯水价，使用的越多，价格越低，激励用户使用中水，替换优质水，将优质水用于居民生活用水和对水质要求高的食品、药品生产用水。

第六，提高地方政府和主管部门取水用水的整体意识、大局意识，加强流域管理。流域是一个整体，每个流域行政区对水资源的利用都不能只考虑自身利益，而是要有整体意识，本地区对流域水资源的利用，都不能损害其他地区的用水权利和流域整体的生态用水。自治区西部有跨省区的黄河，东部有跨通辽市和赤峰市的西辽河，在流域管理上还存在只顾局部不顾整体的问题，导致超用黄河水或下游缺水的问题。因此，流域内的城市在制定城市发展政策时，既要考虑本城市对水资源的需求，也要考虑整个流域对水资源的需求，本着上游优先，但不能全部占有的原则，实行严格的用水定额管理制度，给下游留有余地，保障下游用水需求，实现全流域水资源的平衡和可持续发展。按照合理的比例，进行水资源分配。就黄河流域而言，警戒线为40%，而实际利用达到70%，因此，即便自治区位于黄河的中上游，有利用水资源的天然优势，也要本着流域可持续发展的思想，按照黄委会分配的配额使用水资源，不能过度利用，否则不仅导致下游水资源的紧张，也会造成流域整体的生态不平衡。在产业布局上，要尽可能布局对环境污染小和耗水少的企业，淘汰关停严重污染企业，限制高耗水行业，保护水环境和防止过度利用水资源。同时，自治区东部地区跨盟市的河流，也同样要合理分配水资源，严格按照上游60%、下游40%的比例利用水资源，保障下游用水和流域生态平衡。要进一步加强赤峰市和通辽市之间的协调，合理配置水资源，上游赤峰市要适度控制人口规模，加快农业节水措施的推广，发展低耗水企业，节约一部分水资源，留给通辽市，解决下游通辽市多年地表水断流的问题，缓解通辽市对地下水过度开采问题，遏制地下水的下降速度，同时，在科学论证的基础上，实施调水工程，弥补通辽市水资源的不足。

（六）发挥市场在水资源利用中的作用，更好地优化配置水资源

一要稳妥推进水务市场化。水务市场化是为了拓宽融资渠道，提高水资源利用效率和提供优质产品为目的，是水务改革发展的必然趋势。在借鉴发达国家的经验和我国2002年以来水务市场化改革的经验和教训的基础上，立法先行，进一步明晰产权，将所有权和经营权彻底分离，坚持水资源所有权归国家所有不动摇，水厂坚持国有国营，主要将污水处理厂、中水厂等的经营权实现市场化，采取BOT、PPP、TOT、股权转让等多种模式进行市场化改革，建立独立第三方监管机构，引入公众参与机制，建立合理定价机制，促进水资源的合理利用。要建立完善水务市场化引入和退出机制，防止地方急于引进企业，甩掉包袱，而忽视退出机制和监管及约束机制，导致企业垄断的现象，促进市场化改革有序进行。

二要加快推行盟市间、行业间、企业间水权交易。自治区水资源地区间分布不均衡，农业用水量大且占比高，随着工业用水和城市用水的增长，缺水问题突出。目前，鄂尔多斯市用水量大的工业企业在河套灌区投资建设农业灌溉，提高农业用水效率，降低农业用水量，节约的水资源用于工业生产。因此，在总结鄂尔多斯市水权交易的经验基础上，扩大水权交易范围，在盟市之间、行业之间、企业之间进行水权交易，节约农业水资源、工业水资源用于城市发展。政府要借助水权收储转让交易中心这个平台，制定交易规则，合理定价，建立第三方评估，保障水权交易有序进行，推进水资源利用管理的市场化程度的提升，实现水资源优化配置。

（七）加强水资源的综合研究，为城市发展提供科学依据

水资源综合研究总体看相对薄弱，比如，水资源人口承载力的研究，部分城市有一些研究，大多数城市并未开展研究，有的即使进行研究，计算的结果差异很大，很难作为依据用于城市规划的参考。因此，要采取科学方法和手段，委托相关部门开展近期、中期、长期的水源承载力的研究及综合性研究，为城市规划和可持续发展提供科学依据。

第二节 智慧城市建设现状及对策

智慧城市是当今世界城市发展的新理念和新模式，是城市转型升级、提质增效的必由之路，是融合新型城镇化、工业化、农业现代化和绿色化的有效载体。建设智慧城市，对于实现城市管理精细化、公共服务便捷化、基础设施智能化、公共安全长效化、生活环境宜居化，使城市内部的管理运营形成一个良好的循环机制，实现精确、快速、高效的城市管理目标，增强城市对外的吸引力和影响力具有重要意义。

一、智慧城市的内涵及在国内外的发展情况

（一）智慧城市的概念及内涵

从城市信息化的发展阶段来看，智慧城市的发展也经历了由数字城市到信息城市再到智慧城市的过程。数字城市是由"数字地球"这一概念引申而来的，1998年1月，美国副总统戈尔首度提出"数字地球"概念，随后，这一概念引入中国，有学者提出"数字城市""数字中国"等相应概念。数字城市是运用遥感、地理信息系统、卫星定位系统等空间信息技术，在规划、建设、道路交通、水利水电等领域对城市进行直观的管理。信息城市是在信息社会里的一种新的城市形态，最早是由美国加州大学教授曼纽尔·卡斯泰尔在《信息化城市》中提出的，该书对信息时代的城市形态、城市空间等进行了描述。与数字城市相比，信息城市除了运用空间信息技术，还将信息通信技术融入其中，应用领域也扩展到教育、社会保障、工商、税务等在地理可视化效果并不突出的

领域。[1]随着物联网、云计算、大数据等新一代信息技术的发展，现代城市及其管理正逐步向数字化、智能化、绿色化转变。2008年，IBM公司首次提出智慧地球的理念，而智慧城市是智慧地球的一个方面。作为新兴的城市发展模式，智慧城市并没有一个统一的定义和标准。IBM公司将其定义为运用先进的信息技术，对包括民生、城市服务、公共安全等活动做出智能响应，通过城市智慧式管理、运行，实现城市和谐发展与可持续发展。[2]中国科学院院士李德仁认为，智慧城市是城市全面数字化基础之上建立的可视化和可测量的智能化城市管理和运营，即数字城市+物联网+云计算=智慧城市。[3]可见，智慧城市可以实现对人、事、物全面的智能感知，促进城市各个系统的互通互动，推动智能融合的应用，为解决城市管理难题提供新的视野，以更加智能化、人本化的管理运营模式引领城市未来发展。[4]

与数字城市、信息城市不同的是，智慧城市不仅能够对城市管理空间和管理对象进行智能"感知"，而且还要进行大量的数据处理与数据分析，依托物联网实现物体的智能识别、定位、跟踪、监测、管理；利用移动互联网技术进行数据传输，实现移动办公、移动电商等应用；借助云计算和大数据智能分析技术实现海量信息的储存、处理、挖掘和分析，为城市科学决策提供强大的智力支持（图8.4、图8.5）。[5]可以说，智慧城市是城市信息化发展的高级阶段，是数字城

---

[1] 金江军，郭英楼. 智慧城市：大数据、互联网时代的城市治理 [M]. 北京：电子工业出版社，2016：7—8.

[2] 沙勇. 国内外智慧城市发展模式对提振"智慧南京"的启示 [J]. 南京财经大学学报，2012（6）：7—12.

[3] 操梅. 大数据时代下的智慧城市 [J]. 新闻研究导刊，2016，7（10）：324.

[4] 邬伦，宋刚，吴强华，等. 从数字城管到智慧城管：平台实现与关键技术 [J]. 城市发展研究，2017，24（6）：99—107.

[5] 田永鸿，黄铁军，高文. 智慧城市视频大数据的趋势和挑战 [J]. 中国铁路，2016（1）：82—86.

市、信息城市发展的高级形态,具有更加成熟和完善的城市发展体系。

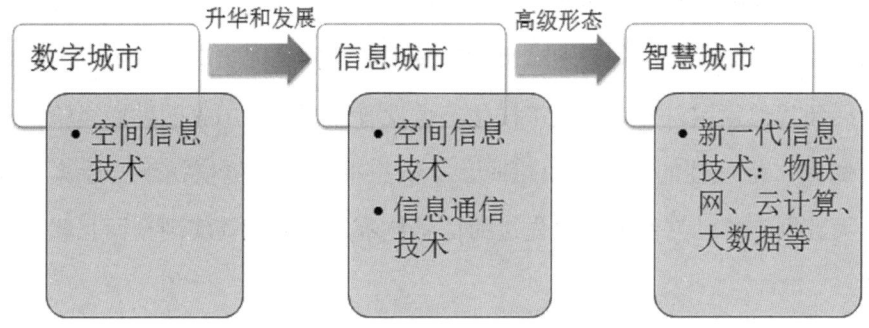

图 8.4 智慧城市的发展历程及其技术支持

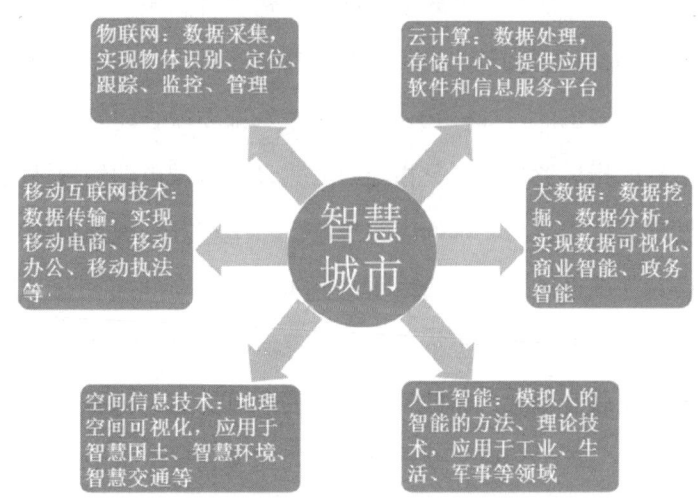

图 8.5 智慧城市关键技术的作用及适用领域

(二)智慧城市在国内外的发展

智慧城市一经提出,便引起社会各界的广泛关注和重视,并将智慧城市作为未来城市发展的重大战略部署。2009年,美国在迪比克市建造了美国第一个智慧城市,同年又在波尔得市提出智能电网发展计划。欧盟在2007年就提出并开始实施一系列智慧城市建设目标,如瑞典的斯德哥尔摩智慧交通的建设,荷兰的阿姆斯特丹面对地少人多、资源紧缺的困局,提出智慧环保项目。

新加坡早在2006年就启动了一个为期10年的"智慧国2015"建设计划。韩国和日本分别在2006年和2009年推出"U-City"发展战略和"I-Japan智慧日本战略2015"。总的来说，国外智慧城市的建设是从不同切入点着手，由一个领域逐渐拓展到其他领域，发展模式多样化，也没有照搬其他国家的发展经验，而是各有侧重，是理性的、非规模化的、小试点推进的，更依托于云计算、物联网、大数据、移动互联网等最先进的信息技术，从而能够实现全面互联、深度感知。

我国在2012年1月颁布的《国务院关于印发工业转型升级规划（2011—2015年）的通知》，是首次从国家政策层面提到建设智慧城市，随后在《国家新型城镇化规划（2014—2020年）》中提到，将智慧城市、绿色城市和人文城市共同作为建设新型城市的目标。2014年，国家八部委联合印发的《关于促进智慧城市健康发展的指导意见》，是指导地方建设智慧城市的纲领性文件。此后，发展智慧城市已逐步成为我国的国家战略。"十三五"规划中提出支持智慧城市建设和城际基础设施互联互通。在2016年12月发布的《"十三五"国家信息化规划》中指出，要分级分类推进新型智慧城市建设，打造智慧高效的城市治理，推动城际互联互通和信息共享，建立安全可靠的运行体系。由此可见，智慧城市在国内的发展过程中，政策制定逐渐完善，覆盖范围也不断扩大，从顶层设计、基础设施建设、"互联网+""云计算"，到城镇化、民生应用、信息建设等领域均做出了关于建设智慧城市的重要部署，智慧城市已成为城市发展的新动能和新形态。

截至2016年年底，已有超过500个城市提出建设智慧城市，其中省级和副省级智慧城市建设比例达到100%，地级市建设智慧城市比例达到89%，县级城市建设智慧城市比例达到47%。[1]在住建部公布的三批国家智慧城市试点名单中，

---

[1] 2017年中国及地方政府智慧城市建设最新政策及规划汇总 [EB/OL]. (2018-01-17). http://www.myzaker.com/article/5a5f017f/bc8eo7f49000005.

共有277个城市成为建设智慧城市的试点城市。"十三五"规划纲要中提到,加强现代信息基础设施建设,推进大数据和物联网发展,建设智慧城市。在国家政策引领和支持下,各省市也掀起了智慧城市建设热潮。以北京市、广州市为首的经济发达地区,以整体统筹为着重点,逐步确立了自身智慧城市建设的特点、目标、策略和路径;宁波市采取"七管齐下"的方针,在组织领导、政策支持、项目管理、咨询决策、标准法规、培训宣传、评估考核等方面优化智慧城市建设环境;江苏省和浙江省等省份提出发展智慧城市群的设想,从全省层面统筹和开展智慧城市的整体布局;贵阳市将大数据、云计算等智慧产业作为城市核心战略之一,着力打造中国"数谷",等等。这些智慧城市建设模式和应用领域正在快速改变人们的生产和生活方式,体现了智慧城市以人为核心、服务于人的管理理念。虽然我国智慧城市建设经历了前期探索、试点尝试、跨界融合、模式完善等阶段,但是建设智慧城市是一项长期复杂的系统工程,具有投资巨大、涉及领域多、安全要求高等特点,一旦盲目建设或跟风建设,将会给城市安全有序发展埋下重大隐患。[1]因此,正确认识当前智慧城市发展中尚未解决的问题,挖掘推动智慧城市建设向前发展的新动能,成为新时期实现智慧城市提质增效的关键。

二、内蒙古创建智慧城市的探索和实践

作为西部欠发达地区,内蒙古智慧城市建设起步较晚,首次在自治区层面提到智慧城市是在2013年的政府工作报告中,此后,随着各地对智慧城市建设的实践逐渐增多,智慧城市也作为内蒙古城市创新发展的新举措而受到各级政府的高度重视。在住建部公布的三批国家智慧城市试点名单中,内蒙古共有5个城市入选,分别为乌海市(第一批);呼伦贝尔市、鄂尔多斯市、包头市石拐

---

[1] 单志广. 我国智慧城市健康发展面临的挑战 [J]. 国家治理,2015 (18):27—32.

区（第二批）；呼和浩特市（第三批）。面对城市人口集聚加快、经济发展方式较为粗放、区域发展不够协调、科技创新能力不强、资源环境约束趋紧等不利于经济社会可持续发展的情况下，建设智慧城市更是成为内蒙古转变发展方式、加强创新驱动、实现"五化"同步的必然选择。

（一）内蒙古建设智慧城市的基础条件

1.信息基础设施建设逐渐加强

信息基础设施建设是发展智慧城市的先决条件。2015年内蒙古互联网省际出口带宽达到2341吉比特每秒，在2010年基础上翻了两番；光缆总长度42万千米，较"十一五"末增加21.66万千米；互联网宽带接入端口890万个，4G基站3.4万个，宽带用户普及率88.7%，固定宽带家庭普及率41.3%，互联网网民普及率50.3%；行政村通宽带比例达到80.7%，城市平均宽带接入能力达到20兆比特每秒，农村牧区平均宽带接入能力为4兆比特每秒；电信业务总量达到377亿元，较"十一五"末增长87%，电话普及率达110%，较"十一五"末增长10个百分点；大型数据中心服务器装机能力达90万台，居全国首位。2015年年底，建成呼和浩特市至北京市等4条高速光缆通道，设立内蒙古国际出口局，形成通达国际、国内的高速宽带网络。

2.高新技术产业加速发展

内蒙古共有3个国家级高新区，分别为包头稀土高新技术产业开发区、呼和浩特金山高新技术产业开发区和鄂尔多斯高新技术产业开发区。2015年，规模以上工业企业研究与开发活动经费118.6亿元，是2010年的2.5倍，地方财政用于科学技术支出总额为35.7亿元，较上年增加8.5%。2015年，实现电子商务交易总额1481亿元，在2013年710亿元基础上翻了一倍。电子信息产业得到稳步发展，初步形成以彩电等消费电子产品、电子基础原材料为主，包括电子元件、软件开发、信息服务等门类的电子信息产业体系，为智慧城市建设奠定了良好的基础条件。此外，内蒙古云计算产业起步较早、发展迅速，目前已形成以呼和浩特市为核心，以包头市、鄂尔多斯市、赤峰市、乌兰察布市为重点的发展格局，在全国总体布局中占有重要地位。云计算数据中心服务器承载能力已达90万台，投入使用30万台，居全国首位。到2020年，云计算数据中心承载能力可达到300万台服务器，成为国家级云计算数据中心基地。在《内蒙古自治区云计算产业发展规划（2011—2020年）》中，对内蒙古云计算产业相关基础设施建设进行了总体布局，明确了云计算产业发展的指导思想、总体目标、主要任务、重点工程和相关保障措施。云计算作为一种新型服务模式和计算模式，为解决智慧城市建设中大规模的数据管理、应用服务、资源整合等问题提供了有力支撑，推动了智慧城市的发展建设。

3.政策支持体系初步形成

成熟的智慧城市建设，需要人、政府和企业三方共同作用，才能充分发挥智慧城市对新型城镇化建设的作用。在智慧城市建设的初期，政府需要制定相关的政策和法规，引导智慧城市建设的方向，保障智慧城市建设的有序进行。2015年3月，《内蒙古自治区人民政府关于落实〈政府工作报告〉重点工作部门分工的意见》中指出，要建立基础数据共享的城市数据中心，推动智慧城市、智慧社区、智慧园区建设。随后出台的《内蒙古自治区民政厅关于加快推进"互联网+"工作的指导意见》提到，加快建设智慧城市，逐步实现基础设施智能化、公共服务便捷化、城市管理精细化、生活环境宜居化、网络安全长效化。2017年1月，《内蒙古自治区"十三五"新型城镇化规划》发布，提出了建设智慧城市的具体要求。2017年2月，《内蒙古自治区信息化发展"十三五"规划》中，也提到"加快智慧城市建设，促进城镇化和信息化协调发展"。虽然内蒙古尚未出台对于智慧城市建设的总体规划和实施意见，但各试点城市根据中央的文件精神和政策鼓励，纷纷制定了适合本地区智慧城市建设的各项规章制度。鄂尔多斯市编制了《智慧鄂尔多斯总体规划（2014—2018年）》，确立了包括基础设施、智慧社区、智慧教育、智慧医疗、智慧交通等20个重点建设项目；呼和浩特出台了《"智慧呼和浩特"建设方案》和《智慧呼和浩特建设实施方案》的总体部署。乌海市在2013年被列为国家智慧城市试点之后，已完成了《智慧城市创建任务书》《智慧城市投融资规划》和《智慧城市重点项目方案》，全面推动智慧城市建设。

（二）内蒙古建设智慧城市的实践

近几年，内蒙古智慧城市的建设工作稳步推进，除了被列入智慧城市试点名单的5个城市，其余各地也纷纷加入智慧城市建设的行列，形成以首府城市为中心、试点城市为先导、大中小城市协调发展、各有特色的智慧城市建设格局。

2016年以来，呼和浩特市加大了智慧平安城市建设力度，智慧呼和浩特建设和"平安首府"视频联网应用项目也取得阶段性进展，首府平安建设从简单的人防、物防跨入大数据全方位监控的新时代。城市管理监督指挥中心系统已经形成面积达190平方千米的城市数字管理网络，覆盖市四区、如意和金川工业园区。市民可通过12319热线、微博、微信等平台将问题快速反映到相关职能部门，使城市管理更加智能、高效。2017年，呼和浩特市财政预算预留智慧城市建设资金约1.3亿元，预计2018—2021年，每年智慧城市建设资金6亿元左右。

乌海市自2013年成为全国首批、自治区首家智慧城市试点以来，大力推动智慧城市建设，信息化水平不断攀升。2015年12月，乌海市城市服务平台正式上线，通过微信，市民可查询天气预报、违章信息、公积金等14项便民生活服务。此外，乌海市还以电子政务外网为基础，建设信息共享网络，实现各业务专网的互联互通。

鄂尔多斯市开展了以智慧民生、智慧政务、智慧产业为主要内容的智慧城市建设。全市核心区共计安装6300路监控，实现视频监控的全覆盖。以市建委业务管理为基础，实现了企业的全生命周期管理和工程全生命周期管理。建立了鄂尔多斯市政务服务网，实现了行政审批系统和行政效能电子监察系统的上线运营。2016年，鄂尔多斯市入选中国智慧城市建设50强。

通辽市的视频信息共享平台、智慧教育、智慧食药监、智慧交通、智能公共自行车等项目均已建成使用。满洲里市"智慧医疗"工程依托"一个中心、一个平台、一个网络、三类用户、六大应用"，建设以居民电子健康档案（EHR）存储交换共享功能为核心的区域卫生信息平台。

二连浩特市为进一步推进智慧城市建设，强化城市管理，建设了12345综合服务热线系统，并组建了城市管理巡查队伍，为口岸城市建设架起了一座便民服务通道。

三、内蒙古智慧城市建设中存在的问题

近几年，内蒙古在智慧城市建设方面取得了宝贵经验，但是智慧城市本身具有极强的创新性，对于智慧城市建设的目标、构建机理、管理模式等环节不能轻易模仿，盲目借鉴只会使智慧城市建设脱离实际，难以发挥其真正的作用。在分析内蒙古智慧城市建设总体状况的基础上，就存在的问题归纳如下：

（一）对智慧城市的内涵认识不够，硬件建设大于软件

内蒙古在推进智慧城市建设中，一些部门和城市对智慧城市的内涵和本质认识不清，导致在智慧城市建设上有时会出现冒进，有时停滞不前，智慧城市建设的随意性较高，风险难控。一些地方将智慧城市建设简单理解为新一轮信息化建设，只注重引进新技术、新设备，盲目建设产业园、云计算基地、大数据中心等新兴产业，导致建设结果与实际需求相距甚远，违背了城市发展的规律，造成资金、资源的严重浪费，背离了智慧城市建设的本质。从内蒙古智慧

城市建设实践上可以看出，一些地方过于注重对信息基础设施的建设等硬件的投入，忽视了对智慧城市本质、表现形式、发展模式等理论的研究，疏于对智慧城市建设经验的总结及对城市内部运行与管理问题的智能化改造，忽略城市居民的感受。而智慧城市建设，不只是信息化、基础设施投入的建设，更应在硬件建设的同时，重视对智慧城市软件的建设，关注对人的服务，才能体现智慧城市以人为本的核心理念。

（二）缺乏整体性的战略指导，规划与实际建设脱节

智慧城市建设强调做好顶层设计，通过政府引导、企业推进、市民参与，才能保证智慧城市又好又快的健康发展。内蒙古虽然已有5个城市列入智慧城市建设试点，但是自治区层面也尚未对智慧城市的建设做出整体发展思路等指导性文件，提到智慧城市的相关政策指导性、可操作性不强，执行力不佳，各个城市各自为政，相互间重复建设、跟风建设的现象时有发生。一些城市虽然编制了智慧城市建设的总体规划，但上报和审批的时间过长，在实际操作中则出现了项目先行、规划滞后的情况。相反，一些规划中提到的项目，在实施的过程中并不能很好地执行下去，使得项目中断或搁浅，导致规划成为一纸空文。可见，智慧城市的建设需要一个具有整体明确性和具体可操作性的战略规划，以保障智慧城市建设能够"按图施工"，避免混乱无序的现象发生。

（三）智慧城市建设重点不突出，没有形成差异化发展

当前，内蒙古智慧城市建设尚处于探索实践阶段，各地区根据自己对智慧城市的理解，纷纷编制智慧城市的总体规划和进行项目建设，却没有考虑区域间的差异化发展，整体的协调性较差。例如，地理位置较近的呼包鄂三市，在建设智慧城市过程中，政府之间尚未形成有效的沟通协调机制，各城市都在单打独斗，没有形成有效的互补关系。纵观国外智慧城市发展的成功经验，其智慧城市建设主要是解决问题比较严重的某一个或几个领域上,如新加坡的"智慧国"计划,重点建设政府公共服务、基础设施和交通方面;瑞典的斯德哥尔摩市为了解决道路拥堵问题,提出了智慧交通建设及实施方案;美国的"智能电网"建设,实现了美国发电、输电、配电和用电体系的优化管理。这些国家的智慧城市建设都切实解决了当前城市发展所面临的突出问题。而在内蒙古试点智慧城市的规划中,从基础设施建设到各个领域的应用,关于智慧城市建设的目标涉及方方面面,没有按照自身城市发展的特点进行有针对性的规划和建设,不同城市类型的智慧城市建设重点及目标也没有区分开来,导致智慧城市建设大而全、难落地、难运营等情况普遍存在,使得智慧城市方案宏大,作用甚微。此外,在智慧城市建设过程中,与绿色城市、人文城市等以人为本的新型城市建设的互动与衔接不足,对城市发展的历史传承作用尚未发挥。

(四)信息孤岛局面尚未改善,成本投入过大

一个城市是由组织、业务、交通、通信、水和能源,在以人类活动为中心而相互联系与衔接构成的一个高度集中的生态系统,各个子系统之间不是彼此孤立的。智慧城市建设往往涉及多个部门,不同部门、不同领域之间的衔接配合和信息共享是智慧城市建设的必备条件。尽管一些部门在长期的信息化过程中积累了大量的数据和信息,但由于各部门之间横向、纵向协同困难,行政壁垒难以打破,数据共享渠道不畅,导致大数据中的有用信息难以被充分利用,数据存储成本加大。不同的业务部门之间无法形成信息共享与业务集成的有效机制,各部门在智慧城市建设上各自为政、重复投入、重复建设现象难以改善,由此产生的资源浪费和投资成本过大问题十分严重,再加上智慧城市本身就是一个集中度高、技术含量高、运行费用高、维护成本高的复杂系统,如在前期建设中无法实现信息互联互通,节约建设成本,那么智慧城市建设的可持续性便难以为继。

（五）建设资金不到位，投融资体系不健全

智慧城市建设周期长、收效慢，需要随着科学技术的发展持续对基础设施进行信息化升级，持续、大量的资金投入必不可少。虽然内蒙古经济发展呈现良好的态势，但政府的财力依然有限。目前各市还没有对智慧城市建设拨付专项资金，导致有些项目在实施过程中缺少资金支持，面临中断或取消的风险。由于智慧城市建设大部分是民生工程，大多依靠政府投资，企业或个人资本的参与率较低，融资渠道比较单一。且当前智慧城市发展重建设、轻应用，使得企业和民众感知智慧城市建设带来的生活便利性大打折扣，其所面临的实际问题依然没有得到有效解决，故参与智慧城市建设的积极性不高，导致企业投资和社会投资少之甚少。国外成功的智慧城市运营模式表明，政府对智慧城市建设的投资只占一小部分，大部分是由企业进行投资和建设的，投资模式多样化且渠道畅通，保证了资金供给的充足性和持续性。可见，如何保障资金的及时到位与持续供给，创建多种渠道的投融资模式，也是内蒙古智慧城市建设亟须解决的重要问题。

（六）安全保障能力不足，相关人才严重缺乏

智慧城市建设是一项复杂、巨大的系统工程，随着大数据、云计算、物联网等高新技术的应用与发展，网络环境更加复杂，与传统互联网信息安全相比，智慧城市建设过程中的网络信息与终端应用的安全问题更为广泛，包括硬件、系统、传输、数据、应用、服务、用户等内容。智慧城市的信息安全保障，不仅仅是技术层面的问题，还牵扯到立法、公众意识、技术标准等多个层面，目前在信息共享、资源整合、标准统一、法规等方面的建设还不够完善，信息安全的责任主体和监管主体还不明确，这些问题在智慧城市建设中仍需进

一步研究与探索。[1]智慧城市的建设需要懂得互联网、云计算、移动通信等信息化方面的专业人才，在智慧城市的建设上给予技术支持，而实际了解到的情况是，内蒙古信息化的人才总量偏少，各个项目的实施都是通过招投标请专业的机构来做，技术研发人才严重缺乏，而且低水平的应用型人才较多，高水平的开发建设型人才较少，人才结构无法满足建设智慧城市的要求，供需矛盾突出。

四、提高智慧城市建设和管理水平的对策

为了有效引导智慧城市健康发展，内蒙古应着眼于全局、统筹规划、突出重点，努力提高智慧城市建设和管理水平，切实将智慧城市建设服务于城市治理和民生福祉上，进而保障智慧城市建设不偏离城市的发展规律和满足居民宜居的要求。

（一）加强对智慧城市内涵的认识，建设以人为本的新型智慧城市

智慧城市建设，是一个新理念在实践中逐渐被认识和普及的过程，是利用智慧城市思维、技术、方法和手段解决城市发展问题、提高城市创新能力的过程，是随着现代科学技术发展不断完善其自身内容和发展理念的过程，因此，对智慧城市的认识也应带着发展的眼光，随着时代的变化而充实其现有的理论体系。针对当前对智慧城市认识混乱的局面，应加强城市决策者和政策制定者对智慧城市理论的认识，定期总结智慧城市发展的经验，学习国内外智慧城市建设的成功经验，特别是对融合创新思维与发展模式的实践，积极研究适合本地区智慧城市发展的可行之路。鼓励科研院所参与智慧城市基础研究，注重智慧城市与人文、历史、电子信息技术等学科的跨界融合，丰富智慧城市的理论

---

[1] 涂旭明. 浙江省智慧城市建设实现路径研究 [D]. 华东政法大学硕士论文，2014（4）.

内涵。

智慧城市建设始于人，最终受益的也是人，解决民生问题是建设智慧城市的根本。因此，建设智慧城市不能只注重基础设施的改造与信息技术的升级，还应将焦点放在惠民服务上，通过精细精准的感知技术，高效透明的政务服务，无处不在的创新驱动，来提升公共服务水平和城市治理水平，从而推动以人为本的新型智慧城市建设。新型智慧城市就是以新理念、新机制和更加安全的监管体系，与大数据、物联网和"互联网+"深度融合，从而更好地满足大众需求，促进城市的共建、共治、共享。可见，新型智慧城市是立足于当前信息化和新型城镇化发展实际，推动智慧城市向前健康发展的新趋势。

（二）制定智慧城市的顶层设计，保证规划与项目同步进行

虽然智慧城市在建设内容以及解决问题的表现上各不相同，但缺少立足发展、科学指导、分类评价、普惠于民的顶层设计，智慧城市也将会偏离轨道，带来难以预计的风险。因此，自治区应着眼于未来，以"五位一体"发展为指导思想，深度融合新型城镇化建设，尽快出台关于推进内蒙古智慧城市建设的指导意见，并将智慧城市建设的指导思想、建设原则、评价标准等做出具体的说明，从全局性、长远性、战略性、实用性的角度统筹指导内蒙古智慧城市建设，以5—10年为一个建设周期，对智慧城市建设的成果加以考核，制定奖惩机制，有意识、有目的地引导智慧城市事业的科学发展。此外，各地在编制智慧城市建设规划时，应结合本地区实际的发展情况，围绕城市发展的需要，明确本地的优势及劣势，抓住智慧城市以人为本的核心思想，确定智慧城市建设目标、建设重点、建设特色等，将规划的实施步骤尽可能做细，提高规划的可操作性，同时要考虑在实施过程中可能会出现的问题，提前编制解决方案，回避风险，保障规划与项目的同步进行，将一张蓝图绘到底。

(三)注重差异发展,突出城市特色

由于内蒙古各地区的城镇化水平参差不齐,各城市的经济发展、人文地理都有较大差异,城市建设所面临的困难也各不相同,因此在建设智慧城市时不能照搬其他城市的建设模式,将智慧城市建设的目标涉及方方面面,贪大求全,而应该结合本地区的发展实情,合理选择切入点,制定智慧城市建设的重点和方向,将有限的资源投入亟待解决的问题上,让百姓真正感受智慧生活带来的便利,同时也缓解资金和人才方面的压力,实现智慧城市建设目标和解决城市发展问题目标的战略统一。呼和浩特作为内蒙古的省会城市,外来人口较多,给城市造成很大的交通压力,对城市管理与治理方面提出了很高的要求,应以智慧交通、智慧社区、智慧城管为主要建设目标,改善城市的人居环境。包头市的经济发展大部分以工业为主,对生态环境的威胁较大,智慧城市建设的重点可以放在改善生态环境建设,避免盲目建设,影响智慧城市建设的效果。此外,内蒙古历史文化资源丰富,在智慧城市的升级与改造中,也应该注重与历史文化的对接,突出城市的人文特色,体现城市独有的个性和特征,将互联网思维应用于城市文化的传承与创新过程中,通过政府、企业、社会多方共享平台的搭建,加强对城市历史文化资源的宣传与解读、传承与创新,号召全民参与城市文化的保护与创新。通过运用大数据、云计算等智能技术,深入挖掘城市历史文化内涵,丰富历史文化资源的传播方式,再现城市文化的强大魅力。[1]

(四)加快各部门之间的信息共享,节约建设成本

智慧城市涉及电子政务、城市交通、教育医疗、社区服务、信息通信、园林环保、地下管网、旅游养老等诸多领域,只有各部门、各层级通力协作、联

---

[1] 李林,杨海越.基于智慧城市的传统文化传承创新路径研究[J].江汉论坛,2016(8):140—144.

合推动，才能节约资源，平衡智慧城市建设的投入产出效益。具体来讲，各城市需要尽快建立促进信息共享的跨部门、跨行业的协调机制，打破单业务领域的信息孤岛，消除限制信息共享的行政壁垒，促进资源的共享与共用，增强城市各部门之间的互联互通与协同发展，通过立法，推进城市级的数据共享和业务协同，避免出现独善其身、各自为战的局面。整合已建设的信息系统，建设信息资源共享设施，为信息资源的集约化采集、网络化汇聚和统一化管理做好前期准备。政府部门应根据职能分工，统一搭建信息管理平台，并根据不同部门管理的信息资源进行权限设置，各个部门应按授权范围合理使用信息资源，既互不干涉，又能够实现信息共享，同时节约建设成本，降低系统维护的费用。

（五）加大资金投入力度，建立完善的投融资体系

目前，建设智慧城市的大部分资金都是依靠政府财政支持，而智慧城市的建设仅仅依靠政府投入和信贷是远远不够的，当政府财政紧张时，就无法保障资金的持续性投入，导致建设项目无法顺利实施。因此，努力拓宽投融资渠道，加大对智慧城市建设的投资力度，是内蒙古进行智慧城市建设的紧要任务。首先，要积极争取国家层面上的资金支持，市、区级财政也要将智慧城市建设资金纳入年度预算，尤其是为重点建设项目建立专项投资基金，保障重点项目按时、有序进行。其次，将政府主导的智慧城市建设领域放在完善基础设施方面，应用服务则要吸收更多的民间资本，由智慧城市产业链上的企业进行市场化运作，以此减少政府投资的压力，保障智慧城市建设运营的良性发展。再次，为参与智慧城市建设的企业制定相应的税收优惠政策和土地政策，支持其参与当地信息化建设，企业获得利润增长动力的同时，也为智慧城市建设增添新的活力。此外，可以通过公开发行智慧城市建设运营的股票、基金、债券等金融产品，提高公众参与智慧城市建设的积极性，以完善现有的投融资体系。

（六）强化信息安全保障，创新人才培养模式

完善的安全体系可在技术、管理、应用等方面保障智慧城市的顺利运行，消除智慧城市建设的安全隐患。针对当前智慧城市信息安全保障方面的不足，要积极完善智慧城市建设相关的网络立法，保障在数据共享、传输、应用等环节有法可依。对参与智慧城市建设的各类主体实行全流程的责任追查制度，明确各环节主体的责权范围，建立信息安全风险评估和信息安全等级评价系统，落实相应的技术保护措施和管理制度，对于非法获取、公开、买卖个人和企业及政府信息的行为进行严厉惩治，确保网络与信息安全。

总结国内外智慧城市建设的成功经验，其中一项重要的原因是有强大的人才储备。面对内蒙古信息化人才紧缺的情况，应对现有人才结构进行战略性调整，加大对物联网、云计算及移动通信等专业人才的引入力度，通过与高校、职业院校、培训机构的联合办学，定向培养所需的专业化人才，将教育与实践相结合，并鼓励有条件的地方在创新技术和高科技领域广纳海外人才，组建一支由海内外精英组成的一流科技队伍。制定系统的信息化技能的人才培训计划，定期开展人才培训工作。建立有效的人才激励机制，合理控制人才流动。只有将人才建设与智慧城市建设同步进行，才能提供智慧城市建设不断向前推进的活力与动力。

第三节　大中城市交通拥堵问题及绿色出行研究

随着城市规模的扩大、人口的增长、收入的增加，城市居民消费层次大幅提升，内蒙古主要大中城市呼和浩特市、包头市、赤峰市、通辽市等城市市区小汽车数量迅猛增加，交通供需矛盾日益突出，特别是呼和浩特市交通拥堵十分严重。尽管各城市普遍采取拓宽机动车道、建设快速路、发展公共交通等措施，都不能根本解决市区中心地段的交通拥堵的问题。交通拥堵是世界上很多国家城市化、机动化过程中面临的难题，为此，各国都针对自身的实际情况采取了多项行之有效的措施。借鉴其经验发现，我们采取的措施多侧重道路供给，存在着"小汽车优先"的政策偏向，而对绿色出行方式的道路空间配置、政策支持不够。因此，以绿色发展理念为指导，从需求管理的视角，对自治区的城市交通拥堵问题进行研究，并提出实现城市绿色出行的发展的思路。

一、主要大中城市交通拥堵原因分析

（一）道路增长赶不上小汽车的增长

近年来，呼和浩特市、包头市、赤峰市、通辽市市区机动车快速增加，尤其是私家车增长迅猛。这是因为私家车具备便捷、快速、灵活、舒适、可达性高等优势，能够满足人们日益提高的交通需求。据统计，2001年，呼和浩特市城镇居民每百户家庭家用汽车拥有量只有1辆，而2015年已经增加到65.9辆，家用汽车总量达到62.3万辆。包头市城市城镇居民每百户家庭家用汽车拥有量已经突破48.9辆，全市家用汽车总量达到42.7万辆。进入21世纪以来，私家车逐步进入普通市民的家庭，成为很多人出行的交通工具。这与城市人口的增长和收入的提高以及市民出行距离的增加有直接关系。呼和浩特市市辖区户籍人口从2000年的106.3万增加到2015年的130.1万人，常住人口已经达到206.5万人，城市居民人均可支配收入从5354元增长到37362元，增长了近6倍。包头市市辖区常住人口从138.93万人增加到212.2万人，城市居民人均可支配收入从5436元增加到38098元，同样增长了6倍。2000—2015年，赤峰市中心城区人口从10.8万人增加到139.5万人，城市居民人均可支配收入从4646.3元增加到25195元。人口增长，特别是收入的增加，使很多家庭有能力购买私家车，加上城区扩大，工作区和居住区之间的距离越来越远，职住分离，为快捷出行，使得很多骑车的人不得不买车。私家车总量的快速增长，使现有道路扩宽速度赶不上私家车数量的增加，导致交通拥堵。

为了缓解交通拥堵问题，呼和浩特市、包头市、赤峰市、通辽市等大城市进行了大规模的道路扩容改造。2016年，呼和浩特市道路面积比2008年增长了31%，但2015—2017年机动车增长远超过道路增长速度。2008—2016年，包头市机动车总量由24万辆上升到57.4万辆，增长139.2%，而道路面积仅增加41%。呼和浩特市市辖区现有人均城市道路面积14.04平方米，赤峰市为24.23平方米，通辽市市辖区为27.12平方米，低于发达国家水平30—100平方米。显然，人均道路面积偏低，由于原有建筑物格局的限制，中心区继续拓宽道路已经达到极限，今后机动车快速增加的趋势和道路扩容空间的刚性约束，必然导致道路拥堵更加严重。比如，呼和浩特市市中心各大路口在上下班高峰时段几乎无一不堵，其他时间各大主要路口，尤其是商业中心集中的中山路，各大医院邻近的路口基本是从早晨堵到晚上。呼和浩特市城市核心区主要道路高峰期最大流量时，需要3个以上的红灯方能通过，运营车速极低，给乘车上班的市民和学生带来极大不便。堵车不仅导致时间的损失、环境的污染和大量能源的浪费，也降低城市运行效率和城市的宜居性。

（二）道路资源分配偏向小汽车

公交专用通道不足，自行车道、人行道被机动车道和停车位挤占，一定程度上助长了市区的小汽车化趋势。主要大城市在一些路段划定了公交专用通道，但十分有限，其他车辆违规进入的现象十分普遍。为缓解交通拥堵，呼和浩特市、包头市、通辽市、赤峰市等城市都在市区各主干道普遍采取了扩充机动车道，取消一些路段的绿化隔离带，压缩自行车道或人行道，其结果是机动车的拥堵状况没有明显缓解，更没有从根本上解决。同时，为了解决停车位不足问题，又把部分小街小巷的自行车道和人行道划为停车位，导致自行车和行人无路可走，只能与机动车混行，带来极大的安全隐患。骑车人和行人的交通环境恶化，有的人不得不选择其他出行方式，或者购买小汽车。据研究，运送同样数量的乘客，小汽车是自行车占地面积的3倍。这种道路设置方式实际上是一种鼓励小汽车出行，抑制自行车出行和步行的做法，违背绿色出行理念，一定程度上助长了市民购买小汽车的欲望。骑自行车出行是目前很多国家经历了机动车化带来的交通拥堵、环境污染、能源浪费后的新趋势，由于它是绿色、环保、健康的出行方式，很多国家都鼓励使用自行车，不仅占用空间少，而且节能，符合我国建设环境友好、资源节约型社会的要求，有利于城市的可持续发展。近几年，在全国大中城市兴起的共享单车，被普遍接受，说明绿色出行是有需求的，应大力提倡，因此，不能压缩自行车道，而是要保证适当宽度。

（三）公交车出行方式在可达性、舒适性、出行效率方面不及小汽车

"十一五"期间，我国提出了"公交优先发展战略"，并出台了相应的经济政策，为城市公交发展奠定了基础。为落实国家公交优先战略，满足城市广大市民的交通需求以及缓解交通拥堵，自治区各大城市都提出优先发展公共交

通的战略。呼和浩特市正积极打造"公交都市",力争进入国家"公交都市"示范城,实际上是以城市公共交通引导城市发展。但2016年呼和浩特市市区常住人口万人拥有公交车数量9.09辆,包头市万人拥有公交车8.26辆,赤峰市为6.52辆,数量仍然偏低,与国家标准万人拥有公交车15台还有很大差距,且大容量公交车数量少,车内拥挤,舒适度差,公交专用通道建设相当滞后,乘公交车等待、换乘耗时长,尤其是上下班高峰时段,出行效率显著降低。公交站点和路线设置不合理,有的线路公交车数量多,有的则严重不足,导致有的跑空车,有的拥挤不堪。公交线路延伸长度有限,一些新建小区远离公交车站,这些都影响了可达性和出行效率,导致一部分人不愿选择公交车出行或者不得不购买小轿车。发达国家的城市,如东京、巴黎和伦敦,公交快速、便捷、舒适,居民日常出行使用公交超过40%。[1]香港拥有700万人口,公交出行人数达到90%。由此可见,自治区与上述各大城市的差距还很大,公共交通分担率尚未达到40%。这与公共交通的投入不足和管理水平不高有很大关系。公共交通是公共物品,世界各国公共交通主要以政府投入为主。自治区各大城市公交投入不能满足公交发展需要,公交投入不足,必然会影响公交车数量和质量、公交司机服务质量、公交车更新速度、公交站点建设,进一步影响了公交车的吸引力,使得公交分担率偏低,还不能成为市民主要的出行方式。

(四)城市框架拉大、职住分离导致交通流量加大

城市居民工作区和居住区分离,中心区人口和功能过分集中,增加了交通流量,加重了城市交通负荷。而城市规划缺乏前瞻性,房地产无序开发,没有将功能混合的理念贯穿与城市建设之中才是其根本原因。进入21世纪以来,内蒙古各大城市规模迅速扩大。呼和浩特市城市建成区面积从1998年的不足80平方千米扩大到目前的260平方千米,通辽市建成区面积从2000年的37平方千米扩

---

[1] 张文尝,马清裕,等.城市交通与城市发展[M].北京:商务印书馆,2010:37.

大到61.2平方千米，赤峰市建成区面积从2000年的40平方千米扩大到105平方千米，主要大城市建成区面积几乎都增加了1—2倍，城市框架拉大，同时，城市部分政府机关和企事业单位实施搬迁以及商品性住房建设的发展，原有的职住一体的格局逐渐被打破，拉大了工作区和居住区的距离，形成职住分离的新格局。有的单位即使办公和家属区同在一处，但由于中心区的各项功能齐全，很多居民还是愿意生活和居住在市区中心，每天往返于工作地和居住地之间。随着城市化，大量农民工进入城市就业，多数居住在市区边缘地带，而务工在市区中心，城市居民和外来务工农民，穿行于居住地和工作地之间，加大了人流和车流，加重了城区交通压力。另外，呼和浩特市为典型的单中心结构，城市中心区的商业、文教、医疗、居住等功能集中，就业岗位集中，人口密度高，导致人流车流量大，摊大饼式的城市扩张模式，又导致交叉路口多，通行时间长，更加重了各主要路口的交通拥堵。因此，城市交通拥堵问题不能仅盯在道路供给措施上，需要从城市结构和功能布局上找问题，才能有更好的解决办法。

（五）交通需求管理措施不足

与道路供给措施相比，交通需求管理措施不足，对于小汽车迅速增加没有采取有效的管理措施。比如，国际上通用的收取交通拥堵费、高额停车费，推崇小汽车共乘等措施还未实行。而自治区采取的主要是增加道路供给，而没有采取限制使用措施。

二、大中城市针对交通拥堵采取的措施

（一）拓宽道路，建立立体交通体系

针对交通拥堵，自治区大城市普遍采取了增加道路供给的措施。各大城市道路长度增加，面积不断增长。例如，呼和浩特市城市现有道路总长度为950千米，面积2731万平方米，城市桥梁103座；赤峰市城市道路长度达到861千米，面积2420万平方米，比2000年分别增加了236%和761%；通辽市城市道路长度539千米，面积1226万平方米，比2000年分别增加229%和462%。通过拓宽道路，修建地下通道，建设高架桥等措施，各城市道路供给状况明显改善。特别是首府呼和浩特市二环快速路在2015年建成通车，缓解了城市周边的交通拥堵，缩短了出行时间，地铁正在建设，一号线将在2019年年底建成通车，正在把以地面为主的平面交通路网，转变为空中、地面、地下三位一体的立体交通网，一定程度上分流了人流和车流，对于改善交通拥堵发挥了积极作用。

（二）加强公共交通管理，提高公共交通出行比例

近年来，各城市都把公共交通发展作为满足城市居民交通需求和缓解交通拥堵的措施之一。呼和浩特市积极打造国家"公交都市"建设示范城，是全国首批进入国家新能源汽车示范推广城市的20个城市之一。截至2016年年底，呼和浩特市、包头市、赤峰市、通辽市年末实有公共汽车营运车辆分别从2001年的432辆、813辆、168辆和139辆增加到1769辆、1565辆、651辆和429辆。呼和浩特市在一些路段设置了公交专线，缩短了公交车运行时间，公交车数量增加，环保型电动公交车于2015年年底开始运营，方便了市民的出行，减少碳排放，客运量也随之明显上升，出行分担率不断提升。

（三）采用技术手段和加强管理缓解交通拥堵状况

为改善拥堵状况，呼和浩特市、包头市等城市采取了错时上下班，高峰时段对部分车辆禁行，重要交叉口附近道路路面200米内不设路边停车泊位，机动车一律停放在路外停车场及周边院内停车场，优化公交线路和调整公交站台，设置公交港湾，部分城市在一定路段实施"绿波带"交通管控等措施，对于缓

解交通拥堵发挥了积极作用。

三、实现大中城市绿色出行的思路

（一）实施公共交通优先战略，提高出行比例

公交优先是很多国家普遍采用的缓解交通拥堵的首选出行方式。公共交通以其载客能力大，污染小，占用空间少，节约能源资源以及投资少而优于小汽车。特别是针对我国人均土地资源少和能源短缺的现状，要实施公交优先战略，大力发展城市公共交通，实现城市绿色、低碳发展。据测算，运送同样数量的乘客，公共交通与小汽车相比，分别节约土地3/4，建筑材料4/5，投资5/6，交通事故是小汽车的1/10，消耗的能源仅为小汽车的1/20。正是因为公共交通的优势和显著的环境、经济、社会综合效益，很多国家鼓励公共交通出行，新加坡高峰时段公交分担率达到60%，日本60%的人口选择公交出行方式。而自治区城市还未达到此目标，公交分担率为20%—30%。为此，要提高公交的可达性、舒适性、快捷性、准时性，吸引更多市民改乘出行，优化出行结构。要不断增加城市公共交通的投入，增加公共汽车数量和大容量的公交车比例；合理分布站点，减少换乘时间；优化线路，延伸公交线路长度，保证边缘新建小区全部通上公交车；改善乘车环境，提高舒适度，增加公交的可达性；道路设置上体现公交优先，设置更多的公交专用线路，推行公交车信号优先，减少乘客乘车时间，提高出行效率。

政策上向公共交通倾斜。针对公共交通的公共产品特性，很多国家实施国家补贴政策，北欧和南欧国家的公交企业享受10%—30%的财政补贴；享受财政补贴在50%以上的则有澳大利亚、加拿大多伦多、意大利和葡萄牙；荷兰、冰岛、西班牙部分城市和英国伦敦市，购买公交车辆享受100%的国家财政补贴，

平均补贴比例为41%。[1]在部分发达国家,国家财政最高补贴达到公交企业成本的70%。欧盟把燃油税、轮胎税等对机动车的增税用于对公交通的补贴,而美国则用于道路的补贴,导致了轿车依赖型的交通。而我国与美国的人口、土地资源、能源拥有量不同,不能采取美国的交通模式,而是应该学习欧盟国家的经验,采取的经济手段限制小汽车的使用,对机动车实施税收政策、交通拥堵费、停车费,并用于公共交通的补贴。以国家和当地政府投入为主,提高交通投入中对公共交通的投资比例,改善公共交通状况,做到乘公交车既方便又快捷,而且舒适,特别要提高驾驶员服务质量和加强行业管理,引导更多居民乘公交出行。

(二)合理配置道路空间,对共享单车和步行的绿色出行方式给予鼓励

重点要在道路设置上向绿色低碳的出行方式倾斜,给非机动车和行人留出空间。中国曾经是自行车大国,但是随着收入增长和城市规模的迅速扩大以及城市道路空间资源设置上的"小轿车优先倾向",越来越多的人放弃自行车,而是选择其他方式出行,使得绿色、环保、健康的方式逐步被取代,退居到次要地位。而世界上发达国家的经验表明,收入增长并不会必然导致轿车依赖型的交通模n式。发达国家荷兰以自行车出行方式为主,不仅环保、节约能源,还有利于健康,减少富贵病,间接减少城市居民在医疗方面的支出,增加了社会效益。所以,要转变解决交通拥堵状况的理念,鼓励绿色出行方式,不是让自行车和步行者为小汽车让路,而是让小汽车为公交和自行车步行者让路。

首先要在道路设置上,从城市全体市民出发,设置足够的非机动车道,而不是不断挤占非机动车道。规划建立地下停车场和地上立体的停车场,节约空间,改善市民骑自行车、步行的出行环境。全区城市要开展"公交周和无车

---

[1] 李瑞敏,杨新苗,等. 国外城市公共交通财政补贴政策研究[J]. 城市发展研究,2002,9(3):62—70.

日"活动，倡导绿色生活方式，市领导要带头乘坐公共交通出行，大力宣传公交和非机动车出行方式在缓解交通拥堵、节约能源、减轻环境污染、增进健康方面的重要意义，提高广大市民对于绿色出行的认识，逐步让更多的市民了解认识绿色出行与个人、社会、环境的关系，主动改变出行方式，更多采用公交、自行车和步行出行，优化出行结构，促进城市交通绿色发展。

其次，要在政策上给予鼓励。据评估，共享单车上线后，部分城市的拥堵状况下降，不仅缓解交通拥堵，而且也减少了对能源的使用，减少碳排放，对居民健康有利。因此，对于公共自行车和共享单车等给予政策支持。10多年前，在杭州市率先兴起公共自行车，到现在小黄车和摩拜单车等风靡北京市、成都市、上海市等大城市，深圳市、成都市等制定了鼓励共享单车的支持政策。尽管共享单车运营过程中有很多的问题，但有一点可以肯定，骑自行车是健康环保的绿色出行方式，有利于环保，有利于健康，有利于城市出行方式的转变，对于建设美丽城市和满足多层次需求具有重要意义，需要政策上给予支持，同时也需要加强行业管理和制度的完善，合理确定投放数量，加强管理，保证有序停放，还要提高市民的素质，爱护共享单车，文明使用共享单车，对于肆意破坏者给予惩罚，保障共享单车健康发展。

（三）交通规划与城市土地利用规划、城市规划要统筹考虑，把城市交通的布局与土地利用和城市整体发展结合起来

要改变因城市中心区人口过分集中和商业区土地利用强度过大而导致的交通拥堵问题，就必须统筹考虑城市规划与交通规划、土地利用规划与交通规划的关系，土地开发利用强度、城市布局都要考虑道路和交通的承载力。同时，要制定相关政策，限制中心城区的建设密度和建筑高度，防止中心区因土地利用强度过大而聚集过多人口和车辆，减轻中心区交通压力，缓解交通拥堵。

（四）采取相应的政策、经济手段，适度、适时限制小汽车的使用

实施城市交通的需求管理，而不是单方面增加道路供给，是很多国家的成功经验。研究表明，单方面的交通供给，在一定条件下，不但解决不了拥堵问题，还会带来更大的交通流量，引发新的交通拥堵。因此，很多国家在增加交通供给的同时，普遍采用相应的经济手段来控制小汽车的购买和使用，具体措施是增加停车费，在市区中心交通拥堵地区收取交通拥堵费，征收燃油税、轮胎费等等，本质上是增加机动车的拥有和使用成本。

新加坡采取汽车车辆增加的配额制度，实行这项政策后，新加坡小汽车保有量的年均增长率从过去的6%降至3%。丹麦的国家税收政策中规定，拥有私人小汽车所需缴纳的购置税税额大约相当于购车费的2—3倍。伦敦在市中心区实施需求管理后，交通量减少了17%。香港出于对实情的考虑，实行对汽车征收相当于车价40%—60%的首期登记税政策，使这座拥有近700万人口大都市的私人汽车拥有量不足35万辆，折合每千人平均50辆。呼和浩特市私家车数量与香港相近，2015年，城镇人口只有206.49万人，每千人拥有私家车175辆，是香港的3倍多。

与限制拥有小轿车相比，限制使用无疑更公平，一些国家从限制购买转为限制使用。比如，收取燃油税、限制停车。一些国家不是一味增加停车场的面积，而是不增加中心区的停车场面积，提高停车收费标准来限制小轿车的过分集中。小汽车为个人提供了更多的自由和弹性，但从全社会考虑，它消耗更多的能源，占有更大的空间和导致城市环境污染。

针对城市土地稀缺和我国石油能源短缺的现状，为了解决城市拥堵问题，实现城市可持续发展，我们需要适度控制小汽车的使用，不能任由小汽车无序增长。据研究，如果中国人像美国人那样，每4个人拥有3辆小轿车，每年需要

9900万桶石油[1]，高于现在每年的世界石油产量。美国人均汽油消耗量，是同等收入的日本和欧洲的5倍。2006年，美国人均石油消耗量是中国的10倍。不论是从节约能源，还是从节约土地资源方面考虑，我们都不能效仿美国那种对小轿车高度依赖的城市交通模式，而是要学习荷兰、日本等国家，采取适合国情、区情的公共交通为主，机动车、自行车、步行混合的多元化的出行模式。自治区应尽快采取税收，提高停车费，增收交通拥堵费等措施限制在一定空间和时间内减少小汽车的使用，可尝试在周末限制小轿车在中心商业区的通行，引导城市居民通过乘坐公交车、地铁进入商业区，不能一味追求增加城市中心区的停车场面积。

（五）完善新区和城市边缘地区的功能，缩短市民出行距离

呼和浩特市和赤峰市老城区及通辽市市区基本上是单中心结构，很多大型商场、医院、单位、高校、居民小区主要集中在市区中心，这导致交通拥堵的根本原因之一。从国外经验看，改变单中心城市结构，建立多中心城市，是改善城市交通拥堵的有效方式，但我们决不能走美国的城市低密度扩张严重依赖小轿车出行的交通模式，要建立较高密度、相对紧凑、多中心的城市形态，并形成与之匹配的公共交通为主导，自行车、小轿车混合型交通模式；适当把商场、医院、学校和居住区合理布局，完善新建大型居民区、新区、开发区城市功能，新建大型居民区要配备超市、医院、学校，使得就医、上学、购物在较短的时间内通过公共汽车、自行车、步行就可轻松到达，减少交通流量，缓解交通拥堵。

---

[1] 仇保兴. 应对机遇与挑战——中国城镇化战略研究主要问题与对策（第二版）[M]. 北京：中国建筑工业出版社，2009：275.

第九章　区域城镇化协调发展研究

经过改革开放以来的建设和发展，内蒙古城镇化整体水平已经有了明显的提升，城镇化率高于全国 4 个百分点，但城镇化的区域差距还比较明显，主要表现为东西部之间和城市与县域之间的差距。当前，内蒙古东部地区城镇化发展水平比西部地区低 14.8 个百分点，城镇化明显滞后。同时，城市是产业的集聚地，基础设施、产业发展水平、公共服务都优于县城和小城镇，不断吸引着人口快速向大城市和区域中心城市集聚，而小城镇这些方面都不及城市，人口吸引力不足，城镇化水平偏低，影响了全区城镇化的整体水平。因此，缩小东西部之间和城市与城镇之间的城镇化差距，是提高自治区城镇化整体水平和发展质量的必然要求，是促进区域协调发展的客观需要。

第一节 东部地区城镇化问题研究

内蒙古东部地区（也称蒙东）包括呼伦贝尔市、兴安盟、赤峰市、通辽市、锡林郭勒盟和满洲里市及二连浩特市，东邻黑龙江省、吉林省、辽宁省，南接河北省，北与俄罗斯、蒙古国交界，边境线长1950千米，总面积66.49万平方千米，其中，城市面积3790.57平方千米，总人口1258.85万人，拥有13个城市，总面积、总人口、城市数量分别占全区的56.20%、50.13%、65%。尽管东部地区土地面积、人口、城市数量占全区一半以上，但城镇人口占全区城镇人口的45.8%，城镇化率比自治区低7.4个百分点，地区生产总值占自治区的33.26%，城市生产总值占自治区城市的29.43%。由此可见，东部地区不仅表现为区域发展差距，也表现为城市发展的差距。城市是区域发展的火车头，城市发展能够带动区域的发展，而城市发展滞后，又会制约区域的发展。因此，以城市为增长极，增强城市的集聚力、竞争力、吸引力，才能进一步提升城市的辐射带动作用，加快东部地区城镇化进程，缩小区域发展差距。

一、东部地区城镇化发展的政策环境

自20世纪90年代以来，内蒙古西部地区的鄂尔多斯市、包头市和呼和浩特市等地在国家能源开发战略西移、西部大开发战略实施的过程中迅速发展起来，已经形成呼包鄂经济圈，成为全国瞩目的经济发展亮点，与此同时，东部地区与西部盟市的差距日渐拉大。进入21世纪以来，为振兴东部地区经济，内蒙古自治区党委、政府抓住国家振兴东北地区等老工业基地的战略机遇，及时做出振兴蒙东地区的战略决策，从2004年以来，每年都召开蒙东地区经济工作会议，研究部署加快蒙东地区经济社会发展的举措，连续出台了一系列有效政策和措施，大力支持东部各盟市积极与东北三省在产业、基础设施等方面进行对接，融入东北经济圈，借势发展。2007年，内蒙古东部五盟市正式被纳入《东北地区振兴规划》范围，并建立了东北四省区行政首长联席会议机制，先后签署了《东北三省与蒙东地区战略合作协议》《内蒙古自治区东部与东北三省西部合作协议》《推进东北地区战略性新兴产业合作协议》《携手打造大东北无障碍旅游区行动计划》《东北四省区延边开放合作框架协议》《东北四省区农牧业产业化经营合作协议》等14项合作协议，全方位明确了合作的方向和重点，使东部地区发展的速度明显加快，产业结构不断优化，发展保障能力进一步增强，开始进入工业化、城镇化加快推进的新阶段。同时，国家深入推进"一带一路"建设、京津冀协同发展、长江经济带发展三大战略以及环渤海地区合作发展相关政策，进一步促进东部地区对外开放，增强了融入周边城市群及积极参与全国经济发展的大循环的意识和主动性。

2014年8月，国务院出台了《关于近期支持东北振兴若干重大政策举措的意见》，这份文件同样对东部地区产生了重要影响。与此同时，自治区积极落实《中华人民共和国东北地区与俄罗斯联邦远东及东西伯利亚地区合作规划纲要》和《中国东北地区面向东北亚区域开放规划纲要》，推动满洲里市、二连浩特市成为国家重点开发开放试验区，编制了《呼伦贝尔中俄蒙合作先导区建设规划》并上报国务院。2015年3月28日，国家发展改革委、外交部、商务部联合发布了《推动共建丝绸之路经济带和21世纪海上丝绸之路的愿景与行动》，这给东部城市的对外贸易发展和加强与俄蒙的合作带来了难得的机遇。2016年4月，出台的《中共中央国务院关于全面振兴东北地区等老工业基地的若干意见》，为东部地区实现全面发展提供了又一次重大机遇。

二、东部地区城镇化发展现状

（一）城市数量和规模

东部地区共有13个城市。2014年11月，国务院发布《关于调整城市规模划分标准的通知》对大中小城市的划分标准进行了新的调整，提高了大中小城市人口规模的标准，以城区常住人口为统计口径，将城市划分为五类七档：城区常住人口50万以下的城市为小城市，其中20万以上50万以下的城市为Ⅰ型小城市，20万以下的城市为Ⅱ型小城市；城区常住人口50万以上100万以下的城市为中等城市；城区常住人口100万以上500万以下的城市为大城市，其中300万以上500万以下的城市为Ⅰ型大城市，100万以上300万以下的城市为Ⅱ型大城市；城区常住人口500万以上1000万以下的城市为特大城市；城区常住人口1000万以上的城市为超大城市（以上包括本数，以下不包括本数）。按照最新标准，截至2015年末，东部地区没有500万人口以上的特大城市和100万人口以上的大城市；城区常住人口50万以上100万以下的中等城市有1座，为赤峰市；50万人口以下的小城市有12座，其中，Ⅰ型小城市5座，Ⅱ型小城市7座。可以看出，东部地区主要以小城市为主，城市密度为0.17座/万平方千米。随着城市化的不断深入，土地利用空间形态从中心城区向周边扩展。2015年，东部地区建成区面积为454.7平方千米（表9-1），比2005年扩大157.47平方千米，增长52.98%。

表9-1 东部城区规模的变化（2005—2015年）[1]

年份	城镇人口（万人）	建成区面积（平方千米）
2005	434.40	297.23
2010	608.32	409.38
2013	644.65	578.64
2015	666.47	454.7

[1] 数据来自《内蒙古统计年鉴2006》《内蒙古统计年鉴2011》《内蒙古统计年鉴2014》《内蒙古统计年鉴2016》。

（二）人口城镇化率

城市化又称都市化或城镇化，是指由于城市工业、商业和其他行业的发展，使城市经济在国民经济中的地位日益增长而引起的人口由农村向城市的集中化过程。从人口学角度把城市化定义为农村人口转化为城镇人口的过程。这里所说的城市化就是人口的城市化，指的是"人口向城市地区集中，或农业人口变为非农业人口的过程"。城市化率（也称城镇化率）是城市化水平的度量指标，一般采用人口统计学指标，即城镇人口占总人口（包括居住在城镇的农业与非农业人口）的比重，也有用非农业人口占总人口的比重来衡量的。2015年，东部地区总人口达到1258.85万人，市镇人口达到666.47万人，城镇化率为52.94%（表9-2）。

表9-2 2015年东部地区人口城镇化率[1]

指标	总人口（万人）	城镇化率（%）
赤峰市	429.95	47.1
通辽市	312.08	46.35
呼伦贝尔市	252.65	70.84
兴安盟	159.91	46.24
锡林郭勒盟	104.26	63.87
东部地区总计	1258.85	52.94

（三）城市经济实力

经济是城镇化的重要支撑。2015年，东部地区地级市市辖区地区生产总值1661.66亿元，比2011年增长10.13%；人均地区生产总值达到68406元，比2011年

---

[1] 数据来自赤峰市、通辽市、呼伦贝尔市、兴安盟、锡林郭勒盟2015年国民经济和社会发展统计公报。

增长8.7%。东部县级市地区生产总值1425.77亿元，人均地区生产总值达到77450元，分别比2011年增长7%和7.2%。

三、东部地区城镇化成就和特点

（一）总体上刚刚迈入城镇化成长阶段的门槛

2000年以来，内蒙古东部地区在国家西部大开发、东北振兴规划实施和自治区推进区域协调发展进行生产力再布局等一系列政策推动下，城镇化水平也不断提高，按照第6次人口普查数据，东部地区城镇化率从2000年的37.73%提高到2010年的48.02%，提高10.29个百分点。2015年，东部城镇化率进一步提高，达到52.94%，比2010年提高4.92个百分点（表9-3），其中赤峰市、通辽市、呼伦贝尔市、锡林郭勒盟、兴安盟城镇化率分别比2010年提高5.84、5.96、3.26、4.19和2.73个百分点，赤峰市和通辽市城镇化速度高于全区，其他3个盟市低于全区平均水平。

表9-3 东部地区城镇化率与全国、全区比较[1]

地区名称	城镇化率（%）			城镇化率变化（%）	
	2000年	2010年	2015年	2000—2010年	2010—2015年
全国	36.09	49.68	56.1	13.59	6.42
内蒙古	42.69	55.53	60.3	12.84	4.77
内蒙古东部地区	37.73	48.02	52.94	10.29	4.92

依据城镇化率、人均地区生产总值、二三产业比重、建成区面积4个指标综合计算结果分析，东部城镇化水平由起飞阶段刚刚进入成长阶段（表9-4）。

---

[1] 根据2000年第5次人口普查数据、2010年第6次人口普查数据和《中国统计年鉴2016》及内蒙古统计局提供的数据计算得出。

表 9-4　东部地区城镇化阶段综合指标[1]

阶段标准	人口城镇化率（%）	人均地区生产总值（万元）	二三产业比重（%）	建成区面积（平方千米）
启动/起飞	30%	9000	35	30
起飞/成长	50%	20000	70	200
成长/成熟	70%	40000	90	500
东部地区指标	53%	58790.80	83.75	90.94

（二）人口主要向综合动力强的大城市和盟市中心城市集中

人口集聚是城市的最重要特征，大中城市对人口的集聚能力远高于小城市和小城镇。2005—2014年，东部城市集聚能力不断提升，在东部地区总人口有所下降的情况下，非农业人口增加了24.25万人，其中仅赤峰市就增加了14.25万人。可见，人口主要向区域的大城市集中。这主要是源于区域中心城市综合动力远远强于小城市。

（三）城镇居民可支配收入与全区的差距缩小

随着城市产业集聚和发展，东部地区城市经济总量、财力不断增长（表9-5）。

赤峰市、通辽市、呼伦贝尔市3个地级市市辖区2015年生产总值达到1661.66亿元，其中海拉尔区、红山区、元宝山区、松山区、科尔沁区生产总值分别比上年增长8.5%、8%、5.5%、9.2%、8.5%。除了元宝山区，其他几个区都高于全区城市8%的经济增速。

---

[1] 人口城镇化率数据依据内蒙古统计局提供的数据计算，其他指标来自《内蒙古统计年鉴2016》，阶段标准引自蒋贵凰《我国发展中地区城镇化的动力机制研究》第88页。

表9-5 东部城市经济指标变化[1]

年份	内容	生产总值（不包括市辖县）	工业产值	工业产值（不包括市辖县）	固定资产投资	固定资产投资（不包括市辖县）	地方财政一般预算收入	地方财政一般预算收入（不包括市辖县）
2015年	东部城市（亿元）	3265.64	7317.57	3292.45	4502.41	2208.37	431.79	212.34
	全区城市（亿元）	11094.54	17470.96	7673.29	12594.2	6344.3	1515.8	760.93
	占全区比重	29.43%	41.88%	42.91%	35.75%	34.81%	28.49%	27.91%
2005年	东部城市（亿元）	620.6	693.6	421.0	845.9	415.7	78.8	34.2
	全区城市（亿元）	2210.6	2854.4	1858.6	2613.7	1353.9	240.8	140.6
	占全区比重	28.07%	24.30%	22.65%	32.36%	30.72%	32.71%	24.31%
2015年比2005年增长	东部城市平均增长	19.10%	26.57%	22.80%	18.20%	18.17%	18.54%	20.03%
	全区城市平均增长	17.50%	19.80%	15.23%	17.03%	16.70%	20.20%	18.40%
	比重提高	1.36%	17.58%	20.26%	3.39%	4.09%	-4.22%	3.60%

城市经济的发展，促进了东部地区城镇居民收入的增长，城镇居民收入与全区的差距正在缩小。2005—2015年，城镇居民人均可支配收入年均增长了12.9%，比全区高出0.1个百分点，与全区城镇居民收入比从1∶2.17缩小为1∶1.17。

（四）城市产业结构、就业结构不断优化

城市经济发展是城市化的动力。2005—2015年，东部城市产业结构不断优化，地级市市辖区产业结构从工业化初始阶段跨越到工业化加速阶段，工业逐渐成为拉动经济发展的主导力量，第一产业比重由13.69%下降到5.38%，第二产业比重超过第三产业，由2005年的42.69%提高到47.37%（表9-6）；县级市三次产业结构由2005年的18.75∶40.02∶41.23调整为9.56∶46.41∶44.03，

---

[1] 数据来自《内蒙古统计年鉴2006》《内蒙古统计年鉴2015》。

第一产业比重下降，第二产业、第三产业比重提高。产业结构调整引起就业结构变化，与2005年比，2015年，地级市市辖区三次产业就业人数增加，且劳动力由第一产业向二三产业转移。其中，第一产业就业人数和比重下降，第三产业就业人口数和比重增加，产业结构优化，增加了城市就业，带动了城镇化。

表9-6 东部地级市三次产业结构变化[1]

城市	年份	第一产业（%）	第二产业（%）	第三产业（%）
赤峰市	2005	14.5	44.73	40.77
	2010	9.29	54.11	36.6
	2015	8.37	46.54	45.09
	10年变化	−6.13	1.81	4.32
通辽市	2005	18.22	45.73	36.05
	2010	9.64	62.78	27.58
	2015	10.58	49.81	39.6
	10年变化	−7.64	4.08	3.55
呼伦贝尔市	2005	8.35	37.62	54.04
	2010	3.67	46.25	50.08
	2015	2.8	45.72	51.48
	10年变化	−5.55	8.1	−2.56
小计	2005	13.69	42.69	43.62
	2010	7.53	54.38	38.09
	2015	5.38	47.37	45.39
	10年变化	−8.22	4.68	1.77

---

[1] 数据来自《中国城市统计年鉴2006》《中国城市统计年鉴2011》《中国城市统计年鉴2016》。

(五)规划加快地区一体化进程

内蒙古东部地区融入东北经济区、京津冀城市群形成一体化发展是必然的趋势。其中,城市一体化是经济一体化发展的主要形式和重要载体。目前,东北经济区已经依托交通网络和沈阳市、长春市、哈尔滨市、大连市等中心城市,初步形成辽宁中南部城市群、哈长两大城市群。内蒙古东部城市位于哈长城市群的哈大齐牡发展带、长吉图发展带向北延伸的轴线上及辽东南城市群的北部边缘地区。在东北两大城市群中,辽宁中南部城市群是人口集聚、产业集聚最为集中的地区,也是最为发达地区,与内蒙古东部地区的联系日益增强。随着《东北振兴"十三五"规划》实施及《中共中央国务院关于全面振兴东北地区等老工业基地的若干意见》的落实,哈长城市群对内蒙古东部的辐射作用将逐步显现。为了适应区域发展的需要,内蒙古东部城市积极修编了城市规划,建立城镇体系,体现大城市观,力图在本区域内形成合理的城镇体系。例如,呼伦贝尔市规划围绕"一核两极多节点、两带四轴四板块"打造城镇体系,体现出向北开放和向南与东北联系的思路。通辽市也制定了新的城镇体系发展规划。通辽市市域空间发展结构为"一核双心多点,一轴一带三区"。通辽市在规划中构建通关达海的大交通系统,形成交通一体化发展,强化枢纽建设,将通辽建设成为全国重要的综合交通枢纽城市,扩大与毗邻地区的合作和联系。

(六)城市基础设施得到改善

"十二五"期间,"城市建设投资增长,城市建设速度加快,城市供水、供热、供气能力日趋增强,道路面积增加,绿化面积扩大,公共交通日趋便利。与 2010 年相比,2015 年东部城市供水日综合生产能力增长 91.97%,城市道路长度增长 47.98%,污水日处理能力提高 21.64%,公共汽车数量增长 42.09%。城市基础设施建设的加快,为城市居民生活和工作提供了便利。截至 2015 年,东部城市用水普及率、用气普及率、污水处理率、万人拥有公共汽车、人均铺装道路面积、人均公园绿地面积分别达到 96.18%、90.11%、93.04%、7.2 标台、26.27 平方米、18.47 平方米，与 2010 年相比都有明显提高，与全区相比，人均拥有铺装道路面积高出全区平均水平，其他指标接近全区平均水平（表 9-7）。

表 9-7 2015 年东部城市市政基础设施建设情况[1]

地区	城市人口用水普及率（%）		城市人口用气普及率（%）		污水处理率（%）		每万人拥有公共汽车（辆）		人均拥有铺装道路面积（平方米）		人均公园绿地面积（平方米）	
	2015年	比2010年增加	2015年	比2010年增加	2015年	比2010年增加	2015年	比2010年增加	2015年	比2010年增加	2015年	比2010年增加
呼伦贝尔市	95.95	24.03	89.93	23.91	98.07	17.47	9.98	2.69	31.15	18.07	21.93	2.85
通辽市	97.58	18.14	96.23	8.5	97.91	11.73	9.8	4.11	26.36	9.18	21.06	6.34
赤峰市	96.28	11.58	96.66	1.69	90.68	8.35	6.39	2.5	22.14	12.96	18.77	10.41
满洲里市	98.96	0.14	89.68	0.86	92.07	40.05	11.92	-0.4	36.84	3.56	12.89	2.75
扎兰屯市	97.04	13.18	89	8.62	92	9.94	4.25	2.81	25.09	15.67	14.35	3.06
牙克石市	97.11	52.01	89.21	25.49	92.26	12.2	4.86	3.12	23.63	16.79	16.95	11.86
根河市	93.95	15.87	85.79	40.58	90.26	90.26	4.5	0.12	15.32	6.53	16.74	10.44
额尔古纳市	95.04	42.55	94.21	2.35	93.48	93.48	4.13	4.13	23.48	3.53	16.25	5.49
乌兰浩特市	98.53	15.29	86.57	36.4	90.08	17.94	7.05	2.03	19.37	9.7	19.85	6.24
阿尔山市	82.68	39.35	72.16	72.16	91.84	91.84	4.54	2.21	18.35	2.68	28.25	22.92
霍林郭勒市	99.53	25.35	94.79	56.3	98.32	7.69	15.96	8.19	31.6	17.32	15.81	13.64
二连浩特市	100	0	91.72	65.64	95.73	28.42	5.47	-3.73	39.52	10.55	19.38	12.76
锡林浩特市	97.68	19.66	95.51	64.83	87.48	28.49	5.02	1.13	28.7	3.26	17.93	8.59
东部地区平均	96.18	21.32	90.11	31.31	93.09	35.22	7.22	2.22	26.27	9.98	18.47	9.07
全区	98.47	10.5	94.09	14.83	93.14	12.59	7.79	1.31	22.61	7.72	19.28	6.92
全国	98.07	1.39	95.3	3.26	91.9	8.59	13.3	3.6	15.6	2.39	13.35	2.17

[1] 数据来自《中国统计年鉴2011》《中国统计年鉴2016》《内蒙古统计年鉴2011》《内蒙古统计年鉴2016》，污水处理率数据来自《中国城市统计鉴2010》《中国城市建设统计年鉴2015》。

（七）区域交通基础设施建设加快

加快出区通道和与俄罗斯、蒙古国联通的公路、铁路建设是内蒙古融入周边地区以及加大对外开放的重要保障。自治区规划建设的30条通道，包括14条高速公路和16条一级公路，2013年年底已全部建成通车，与东北"五纵六横"的公路干线网形成一体，促进要素的流动，加速了内蒙古东部地区与东北经济区的融合。截至2015年，东部地区公路里程达到97963千米，等级公路里程为93873千米，比2010年分别增长12.72%、14.87%；公路路网密度14.73千米/百平方千米，比2010年提高12.7%。

通辽市是东部地区的交通枢纽。"十二五"期间，通辽市路网体系建设逐步完善，交通基础设施建设投资超过242亿元，是"十一五"期间的1.5倍，全市公路通车里程达到18498千米。通辽市建成金宝屯—查日苏、双辽—通辽、好力堡—通辽3条高速公路和通凤、大保、甘库平3条一级公路，通辽至沈阳、长春、哈尔滨高速公路实现互联互通，市区至旗县政府所在地实现高等级公路连接。2014—2030年，规划建成京沈高铁通辽连接线，使通辽融入国家高速铁路网络。建成"三横一纵"对外快速联系的高速公路空间格局，"三横"是赤峰—通辽—长春高速公路（G45）、呼和浩特—扎鲁特旗—乌兰浩特高速公路（G5511）和张家口—霍林郭勒—海拉尔高速公路（G1013）；"一纵"是霍林郭勒—通辽—沈阳高速公路（G2515）。呼伦贝尔市博克图至牙克石高速公路，2012年10月竣工通车。截至2015年7月，呼伦贝尔市新建交通项目5个，省道202线海拉尔—伊敏公路、国道332线海拉尔—哈达图一级公路、国道111线那吉屯—尼尔基一级公路，阿里河—库布春一级公路。赤峰市建设完成赤朝高速、赤锦铁路赤峰段；开工建设巴彦乌拉—新邱铁路、赤峰与京沈客专高铁连接线项目。2016年，呼伦贝尔市综合交通项目完成投资121.7亿元，扎兰屯—阿荣旗高速公路等12个重点项目进展顺利，满洲里—阿拉坦额莫勒—阿木古郎—

级一幅公路实现通车。滨洲铁路电气化改造项目工程主体完工，齐齐哈尔—海拉尔—满洲里客运专线项目正式列入国家中长期铁路发展规划。海拉尔东山机场扩建工程主体竣工，扎兰屯支线机场实现通航，新巴尔虎右旗、阿荣旗、莫力达瓦达翰尔旗自治旗、陈巴尔虎旗和满归通用机场建设项目有序推进。2016年，乌兰浩特和阿尔山机场新增航线5条，总数达到14条，进出港人数达68万人次，增长27%。阿尔山机场改扩建项目前期工作进展顺利，五岔沟通用机场项目正在编制建设规划。[1]区域交通设施建设进一步缩短了城市与城市间的时空距离，加快了要素的流动，降低了交易成本，促进了城市发展。

四、东部地区城镇化过程中存在的主要问题

（一）城镇化水平均低于全区平均水平，且各盟市间城镇化水平差距较大

据统计，2000—2010年，东部地区城镇化率从37.73%提高到48.02%，提升10.29%，同期，内蒙古城镇化率从42.69%提高到55.53%，提升12.84%，东部地区城镇化率增幅比全区低2.5个百分点。2010年之后城镇化速度加快，2015年东部城镇化率达到52.94%，仍比全区低7.4个百分点。

尽管"十二五"以来，东部地区城镇化速度比过去快，城镇化水平进入成长阶段，但内部差异较大。有3个地区还处于城镇化的第二阶段的前半程——起飞阶段，2个地区进入第二阶段后半程——成长阶段，比另外3个地区城镇化水平高。5个盟市中，呼伦贝尔市和锡林郭勒盟总体发展水平较高，兴安盟城镇化水平最低（表9-8）。

---

[1]李永桃.蒙东以重大项目筑起发展新高地[N].内蒙古日报，2017-4-18.

表9-8 2015年东部城镇化阶段综合指标[1]

地区	城镇化率（%）	人均地区生产总值（万元）	二三产业比重（%）	建成区面积（平方千米）	城镇化阶段
赤峰市	47.06%	43269	85.12	105	起飞
通辽市	46.35%	60138	85.6	78.2	起飞
呼伦贝尔市	70.84%	63131	83.5	152.6	成长
兴安盟	46.24%	19456	75.1	49.9	起飞
锡林郭勒盟	63.87%	96025	89.45	69	成长
东部地区	52.94%	58790.80	83.75	90.94	

（二）区域中心城市发展与水资源短缺的矛盾凸现，土地城市化快于人口城市化

赤峰市和通辽市是东部城镇人口最为集中的2个城市，城镇人口占东部城镇人口的52.06%，人口的过度集中、产业发展带来水资源短缺的问题，影响城市的可持续发展。目前，赤峰市和通辽市中心市区都不同程度地出现了城市缺水问题，城市水资源供给是限制城市规模进一步扩大的最主要限制因素。例如，通辽市科尔沁区主要依赖地下水资源，地表水资源由于干旱和上游截水，辽河已经断流，无水可用，人均水资源按照常住人口计算475.4立方米，不足500立方米，低于联合国可持续发展委员会确定的500立方米/人的严重缺水线，属严重贫水地区。而该地区农业用水占到80%以上，万元工业产值用水高居不下，导致水资源严重超采。呼伦贝尔市人均水资源占全区水资源总量的56.4%，人均水资源11760立方米，为全国和全区人均水平的5倍多，是西部的18.5倍。乌兰浩特市水资源可利用总量3.9亿立方米，其中地表水可利用量2.8亿立方米，地下水可利用量1.1亿立方米，人均水资源2875立方米，远高于通辽市科尔沁

---

[1] 数据来自《内蒙古统计年鉴2016》。东部建成区面积为平均值。城镇化阶段参照蒋贵凰著作《我国发展中地区城镇化的动力机制研究》的方法计算得出。

区和赤峰市红山区。因此，东部城镇的布局和产业发展，需要认真研究和思考城市空间分布、人口与水资源的匹配问题。

人口增长和经济的发展，必然需要城市建成区的扩大来满足住房、交通和产业发展，但扩张过快，就导致土地资源的浪费问题。21世纪以来，东部城市建成区拓展速度加快，2015年比2000年增长88.5%，同期，城镇人口增长53.4%，低于建成区的增长速度，土地的城市化快于人口的城市化。在我国东部发达地区，各类开发区盲目发展、园区建设过热的现象在自治区东部一些城市中开始出现，城市周围大量优质耕地、草地变为建设用地。若任城区盲目扩大，有突破耕地红线的危险，破坏草原生态环境，不利于城市和区域的协调发展。

（三）县级市内部经济发展差距十分明显，城市产业结构和就业结构偏离，一定程度上制约了城市化的稳步推进

"十二五"期间，东部地区城市总体经济增长速度由"十一五"时期的略低于全区城市增长速度变为略高于全区城市增长速度。县级市增长速度较快，但内部经济增长速度变化与差异十分明显。10个县级市中，牙克石市发展最快，生产总值和人均地区生产总值年均增长分别为12.2%、15.16%，牙克石市、扎兰屯市、霍林郭勒市、二连浩特市都超过东部平均速度11%，而根河市经济发展速度最慢，年均增长只有7.67%（表9-9）。

表 9-9 东部县级市地区生产总值、人均地区生产总值变化[1]

地区	2005 年		2010 年		2015 年		2005—2010 年		2010—2015 年	
	地区生产总值总量（万元）	人均地区生产总值（元）	地区生产总值总量（万元）	人均地区生产总值（元）	地区生产总值总量（万元）	人均地区生产总值（元）	地区生产总值年均增长（%）	人均地区生产总值年均增长（%）	地区生产总值年均增长速度（%）	人均地区生产总值年均增长速度（%）
满洲里市	600565	30028	127.31	50925	225.78	90314	12.92	9.74	10.02	11.2
牙克石市	345113	8795	117.4	31409	230.88	67263	21.21	23.35	12.2	15.16
扎兰屯	323433	7470	104.43	24323	181.51	43598	23.62	25.72	11.2	13.38
乌兰浩特市	402639	14059	91.22	28720	161.85	48888	11.16	8.86	9.38	9.16
锡林浩特市	508828	30938	143.39	74299	210.18	80344	20.83	16.46	10.13	9
霍林郭勒市	264630	36654	198.08	240395	280.28	270151	31.8	32.64	11.97	11.7
额尔古纳市	124008	14158	26.9	31748	46.12	56128	9.41	9.24	9.2	10.6
根河市	213988	12685	26.56	16567	41.55	28375	10.66	11.42	7.67	9.6
阿尔山市	45782	9403	9.03	18746	16.81	24627	10.07	10.3	9.56	9.5
二连浩特市	151070	21004	47.59	66455	100.73	137610	20.03	21.43	12.06	12.4
东部城市	2980056	16379.31	891.91	73853	1495.69	82813	18.58	18.04	11	11.39
全区城市总计	22106400	24888.43	6612.29	74768	11094.55	125371	18.65	18.4	10.49	10.8

产业结构决定就业结构，就业结构又进一步影响着城镇化进程。东部地区工业经济的发展，带动了就业，但对劳动力吸纳能力有限。与产业结构变化相比，东部地区就业结构调整缓慢，与产业结构偏离。2005—2015年，地级市市辖区三次产业结构由13.69：42.69：43.62调整为5.38：47.37：45.39，第一产业下降，第二产业、第三产业显著提高，就业结构除了第一产业下降，第二产业

---

[1] 数据来自 2006—2016 年历年《内蒙古统计年鉴》。

不升反降，下降2.6个百分点，第三产业增加2.94个百分点，也就是说工业的发展并没有按照常规吸纳大量劳动力，导致很多农牧业人口进城后找不到工作，增加了城市就业压力。这与东部地区地级市以资本密集型的重工业为主有直接关系，即便是轻工业，由于技术升级对劳动力替代增强，对劳动力的吸纳作用也在不断减小。因此，一方面是人口大量转移到城市，另一方面东部地区以资源为依托的资本密集型重工业为主的工业结构，很难吸收更多的劳动力，导致产业结构与就业结构不协调，制约了城镇化的稳步推进。

（四）城市规模普遍偏小，辐射带动能力弱

东部地区共有13座城市，总人口占全区总人口的50%以上，其中城镇人口占全区城镇人口的44%。按照《中国城市建设年鉴2015》统计的城区人口数据，截至2015年末，13座城市中，东部地区没有500万以上的特大城市和100万人口以上的大城市，有1座中等城市，5座Ⅰ型小城市，7座Ⅱ型小城市。与西部地区比，东部地区城市数量多，但小城市占比高。东部地区的13个城市中，58%的城市人口集中在赤峰市、通辽市和呼伦贝尔市3个地级市中心城区，其余人口分散在小城市。小城市人口规模平均仅为17.14万人，尤其是Ⅱ型小城市规模小，带动力严重不足。

（五）东部地区与东北三省还存在比较明显的差距

区域和城市相互影响、相互促进，城市的发展带动区域的发展，同时，区域的发展也会促进城市的发展。而东部地区与东北三省比较，在城市化水平、总体经济发展实力、产业结构、基础设施等方面存在着较大差距，制约着城市的进一步发展。2015年，东部地区城市化率为52.94%，分别比黑龙江省、吉林省、辽宁省低5.86个百分点、2.37百分点和14.41个百分点；东部地区的经济总量为6837.13亿元，是辽宁省的23.85%、吉林省的48.62%、黑龙江省的45.33%，东部地区经济总量较小。从产业结构上看，东部地区产业结构为15.2∶49.1∶35.7，黑、吉、辽三省产业结构分别为8.3∶45.5∶46.2、11.4∶49.8∶38.8、17.5∶31.8∶50.7，东部地区第一产业比重偏大，第三产业比重偏低。从第二产业内部看，东部地区产业层次较低，原料型工业比重大，企业数量少。2015年，东部地区大中型企业个数为297个，而辽宁省为1870个，吉林省为661个，黑龙江为630个。2015年，东部地区财政收入为448.89亿元，相当于辽宁省财政收入的21.1%，相当于吉林省财政收入的36.5%，相当于黑龙江省财政收入的38.5%。由此可见，与东北三省相比，东部地区财力较弱。从全社会固定资产投资上看，东部地区与东北三省的差距也十分明显。2015年，东部地区固定资产投资总额分别为黑、吉、辽三省的44.36%、35.56%和25.2%。

（六）与东北经济区产业对接项目比重和层次仍然偏低

尽管东部产业承接项目增多，但多数投资项目来自于山东省、河北省以及发达地区，来自东北三省的项目有限，特别是受国际金融危机的影响，用地指标限制以及基础设施建设配套滞后等因素的影响，近年来有投资意向的多，而真正落地的项目数量少。项目合作领域主要集中在能源、煤化工等资源型产业，高技术和深加工项目缺乏，合作层次和深度不够。同时，园区数量很多，但园区内的产业聚集度和上下游衔接程度低，效益不高。虽然2015年东部地区增速达到8.7%，年度工业净利润193亿元，但是规模以上企业停产半停产比率达到12.8%，问题虽不及东北三省严重，但未来面临着提升数量和质量的双重要求，任务更为沉重。[1]

---

[1] 杜铁鑫. 因应态势积极作为深度融入东北重振过程 [J]. 北方经济，2016（6）：12—14.

（七）产业同构问题比较突出，城镇发展尚未与东北城镇体系形成一体化格局

东部各城市城镇体系规划更多局限于本地区，产业定位缺乏一定合理性，产业同构问题比较突出，合作意识不强，与东北经济区没有形成社会生产地域分工，产业链的不同环节都在各自的节点上，对于东部城市与城市间的关系以及东部城市在东北经济区城镇体系的大格局中的位置考虑不足，势必影响东部地区城镇的总体布局和长远的发展。同样，东北各个省区的规划也没有把东部城市发展纳入其中，即便是东北振兴规划，也没有把东部主要城市纳入东北四大城市群和一大城市带中，东部地区城市与东北城镇体系分离，并没有形成有机整体。

（八）铁路公路建设滞后，制约东部城市的互联互通

东部地区在跨境铁路建设方面相对薄弱。目前，东部地区与俄罗斯开通的铁路通道只有满洲里至后贝加尔铁路，与蒙古国开通的铁路只有二连浩特至乌兰巴托的铁路，东部地区对外铁路通道数量与自治区"中蒙俄经济走廊"建设的现实需求不相配。东部地区内部公路网密度偏低。2015年，自治区东部地区公路网密度仅为每百平方千米14.73千米，而黑龙江省、吉林省、辽宁省分别达到每百平方千米35.89千米、51.93千米和82.5千米，差距尤为明显。铁路建设和运力相对滞后，既影响了产业发展，也影响了城市与外界的互联互通。

五、加快东部城镇化发展的对策及建议

（一）以区域中心城市为核心，构建轴、带为主的城镇体系，优化产业、人口、生态发展格局

在《全国主体功能区规划》"两线五区"生态安全功能区中，东部地区占

据了的"一线四区",包括大兴安岭森林生态功能防线和呼伦贝尔草原沙化防治区、科尔沁沙地沙化防治区、乌珠穆沁草原生态保护区、浑善达克沙地沙化防治区,属于限制开发区的范围。同时,东部地区的锡林郭勒盟、赤峰市和通辽市属于缺水地区,城市发展需要考虑水资源限制。而在产业布局上,东部地区被列入国家能源和有色金属产业基地,为东北和其他地区提供能源和资源。统筹考虑这些因素,尤其是出于生态安全需要,东部城市空间布局决不能像人口密集的发达地区那样按照网络开发模式进行,而是应采取"点状开发和线状开发"相结合的模式,构建"点—轴带"为主的城市发展空间布局,以赤峰市、通辽市为核心,以满洲里市、海拉尔区、扎兰屯市为节点,沿绥满铁路轴线、集通铁路和大通道轴线、锡林浩特—乌兰浩特铁路轴线,还有通新高铁、赤喀高铁沿线等多条发展轴,加快沿线中小城市、小城镇的发展和升级,以二连浩特、满洲里口岸为重点,建成沿边开放带,与东北沿边开放带相衔接,形成梯度合理、大中小城市相结合的城镇体系,促进人口向水资源丰富的城市和城镇集中,产业沿轴线发展。

一是稳定赤峰市、通辽市中心城市人口规模,积极培育通辽市、赤峰市域内有条件的城关镇发展,形成较合理的城镇体系。通辽市和赤峰市中心城区是东部人口最多的两个城市,但受到水资源的限制,城市规模不易过大,而是要基本稳定中心城区规模,加快产业结构的优化和升级,增加就业,以提升城市质量为重点,随着通辽市、赤峰市出区高铁相继开通,重点培育沿铁路线城关镇发展,如宁城热水、科尔沁左翼后旗甘旗卡,提高区域城镇化水平。同时,城市发展需要注重特色,避免盲目求洋、求大,工业园区建设注重质量和产业的集群,而不是简单的企业扎堆,控制园区数量,整合现有园区,根据条件合理布局园区,不能简单以旗县为单位,在每个旗县建设工业园区,防止产业同构和恶性竞争,集中力量和投资,重点建设几个规模大、效益好的工业园区,通过园区建设推动产业发展,进而带动城市发展。

打破行政界限,赤峰市、通辽市应主动融入京津冀城市群、以沈阳市为中心的辽宁中部城市群及哈长城市群之中,带动东部的中间部分优先发展,同时,还要站在"一带一路"建设的高起点上,寻求合作发展的新机遇。进一步加强交通基础设施建设,缩短城市间的空间距离,为融入哈大、辽中南、京津冀城市群,提供更为良好的条件。

二是加快满洲里市、海拉尔区、扎兰屯市城市发展轴的增长,扩大城市规模,提升城市综合动力,促进东部人口分布重心向水资源丰富的地区转移。水资源已经成为赤峰市和通辽市中心城市发展的制约因素,而呼伦贝尔市水资源丰富,为城市发展和规模扩大提供了先决条件。海拉尔区是区域中心城市和经济政治中心,是一个34万人口的小城市,规模偏小,城市功能不强,但水资源丰富,有一定发展潜力,应加快文化旅游产业向高端化发展,农畜产品加工业绿色化发展,提高城市服务功能,增强人口集聚力,将其建成40—45万左右人口的城市。满洲里市、扎兰屯市位于东北经济区哈大齐牡城市发展轴上,依托绥满铁路和水资源条件,继续加强对外开放和绿色农产品基建设,适度扩大规模,改变东部城市规模偏小且实力不强的现状,形成合理的城市体系。但需要注意城市与主体功能区的协调,呼伦贝尔市很大一部分在主体功能区划定的禁止开发区和限制开发区范围内,因此,一方面扩大城市规模,吸引人口向城市集聚,另一方面也不能盲目扩大,按照保护耕地和草原的原则,划定红线,以据点式和城市带相结合的形式推进城市发展和合理布局城市。

三是以锡乌铁路为第三轴线,在水资源承载力范围内扩大沿线节点城市规模,提高城市等级,促进人口向乌兰浩特市和沿线城镇集中。锡林浩特—乌兰浩特铁路,2015年9月正式投入运营。该条铁路连接了内蒙古东部地区的锡林郭勒盟、赤峰市、通辽市、兴安盟4个盟市、8个旗县,与东部地区的锡林浩特—多伦铁路、锡林浩特—二连浩特铁路、巴彦乌拉—珠恩嘎达布其铁路、赤峰—

白音华铁路、通辽—霍林河铁路等5条铁路相连,是内蒙古自治区东西部地区重要的能源输送通道。该段连接着2个区域中心城市,途经若干小城镇,铁路投入运营必将带动人口聚集和产业的发展,尤其是乌兰浩特市具有水资源丰富的优势,且所在的兴安盟人口城镇化发展滞后,在铁路的带动下,积极引导农牧区人口集聚,不断扩大城市规模,使其发展成为30—40万人口的城市。同时,积极发展沿线县城,增强城镇功能,提高特色产业发展能力,稳步推进城镇化进程。

(二)把加快铁路网建设作为重点,提高铁路客运和货运能力,增强城市间的联系,促进要素流动

"十二五"以来,东部基础设施发展很快,尤其是出区通道建设成效显著。东部地区18条出区公路通道全部建成,与东北和京津冀快速连接。公路、航空建设成效明显,客运量比2005年分别增长12.6%、423.2%。与之相比,铁路货运和客运发展相对滞后,客运量只增长了3.5%,与东北三省差距较大,制约了东部城市间和东部与东北地区及周边地区的联系,影响了要素的流动。所以,加大铁路建设力度,建设直通东部地区各城市的铁路客运线和客运货运复线,改变时空距离,增强彼此联系,形成彼此分工协作的与周边省区和东北城市产业发展新格局。推进海拉尔—乌兰浩特—通辽铁路客运专线建设,打通通辽—长春高速铁路,连通哈尔滨。

(三)进一步优化产业结构,重视劳动密集型产业发展,稳步推进城镇化

东部地区产业结构的重工化造成对就业的不足。研究表明,每投入100万元,重工业、轻工业、第三产业能够吸纳的劳动力分别为400人、700人、1000人。而东部地区重工化趋势明显,2005年,重工业和轻工业企业数量分别为483和409个,产值比为1.7∶1;2015年,重工业与轻工业企业数量分别为1375个和

807个，产值比为2.1∶1，重工业企业数量和比重不断提高，重工化趋势明显。重工业主要以资本密集型的大中型企业为主，对于劳动力有"挤出"效应。因此，今后应坚持资本密集型产业和劳动密集型产业相结合的原则，积极发展劳动密集型产业，优化工业内部结构，延长产业链，同时，大力发展第三产业，在不断提升传统服务业质量的基础上，发展金融、保险、信息传输等现代服务业，尤其要发展以东部资源优势为依托的旅游业和物流业。旅游业是东部地区一大优势产业，又是劳动密集型产业，特别是呼伦贝尔市的旅游业接待人次位居全区第1，旅游产业收入达到448.36亿元，应该进一步做强做大。因此，要加快区域整合以及和东北地区的合作，打造形成旅游品牌产品，培养旅游人才，建立一流的旅游企业，加快旅游交通基础设施建设，建立大东北无障碍旅游区。同时，抓住东北振兴以及我国对俄蒙开放的机遇，加快对外开放步伐以及与东北的融合，重点建设通辽市、满洲里市物流基地，优先培育本地现代物流企业，加强物流企业信息化建设，提升物流企业服务水平，逐步建设形成大东北旅游和大物流整体发展新格局。

提高劳动力素质，适应产业发展的需要。东部地区就业结构与产业结构的不协调，与劳动力素质不能满足产业发展需要有一定的关系。因此，不仅仅要重视交通和政策因素对城市发展的推动作用，而且要注重教育对城市进一步发展的推动作用。提高教育水平和劳动力素质，将成为城市进一步向更高水平发展的重要动力因素之一。所以，加强教育，尤其是重视职业教育和技能培训，不断提高劳动者的素质，才能适应产业发展的需要。可通过加强高等教育，提高在校生综合素质，强化职业教育，培养大批有较高专业技术的人才，并进一步扩大与东北三省的联系和合作，培养适应产业发展和升级的专门性人才，积极引进和培养本地管理型和创新型人才相结合，为产业发展提供高素质的劳动者。

（四）增加投资，优化投资结构，重点投资供水、供气、污水处理等方面的建设，提升县级城市承载力及可持续发展动力

城市基础设施水平是城市质量的具体体现，完善的基础设施，能给城市居民提供工作和生活上的方便，提升城市居民的生活品质。现代城市的发展不再是只注重经济，为城市居民提供完善的基础设施、优美的生活环境越来越成为城市发展的重要内容，是以人为本，人与社会、人与自然和谐的体现。东部地区县级城市基础设施建设投入不足，导致发展不平衡。国际经验表明，一般城市市政公用设施投资占地区生产总值的3%—4%，占全社会固定资产投资的10%—15%。所以，增加锡林浩特市、乌兰浩特市、根河市、阿尔山市等基础设施建设的投入，优化投资结构，投资重点转向用气方面和各城市的短板上，如根河市道路建设、阿尔山市用水方面、锡林浩特市污水处理方面，并引入市场机制，鼓励民营企业参与公共基础设施建设，扩大投资渠道，加快基础设施建设速度，把更多的投资用于与老百姓生活密切相关的供水、供气、供热等基础设施，少搞形象工程，提高城市人口承载力。

（五）整合园区，以政府推动和市场导向为原则，进一步提高产业发展水平

围绕东部城市已经形成的农畜产品生产加工业、清洁能源产业、化学工业、有色金属开采冶炼加工业、医药产业、建材工业、旅游业等优势产业，按照合作共赢、优势互补、政府推动和市场导向原则，整合现有园区，突出重点，发展产业集群，延长产业链条，重视环境保护，杜绝高耗能、高污染、高排放企业，发展循环经济，大力扶持民营企业，加强分工与协作，不断提升产业合作的层次和水平。

（六）增强城市综合动力，提升城市的吸引力

世界城市发展的趋势和经验表明，城市的发展不能只重视经济功能，还要注重文化、教育、社会保障、环境保护等方面的功能，不断提升城市综合实力，才能更具竞争力和吸引力。虽然赤峰市经济总量在东部地区不是最高，但它的综合动力较强，在产业结构与就业结构以及其他一些方面都优于东部其他城市，因此，赤峰市综合动力在3个地级市的位次从2005年排名第3跃居现在的第1位，彰显出较强的吸引力和竞争力。所以，东部其他城市要以转变经济增长方式为主线，优化产业结构与就业结构，更加注重社会文化效应、城市景观、城市公共服务的发展，不断提升综合动力，增强辐射带动能力。

（七）抓住对外开放战略机遇，提高城市开发开放水平

扩大对外开放合作领域。抓住国家"一带一路"建设、京津冀一体化战略的重要机遇，利用好先行先试政策，发挥口岸城市优势，推进"中蒙俄经济走廊"建设。呼伦贝尔市在深化对俄罗斯外贝加尔边疆区、布里亚特共和国、伊尔库茨克州和蒙古国东三省开放合作基础上，进一步推动与俄罗斯叶卡捷琳堡、莫斯科和波兰华沙、德国汉堡等中欧班列沿线城市的友好往来，加强贸易投资和人文交流。全方位深化区域协作，主动融入京津冀地区城市间的合作交流，进一步完善赤峰市和锡林郭勒盟基础设施建设，加快高速公路、铁路建设，并适当考虑通用机场的增设和布局，更好地为当地融入京津冀协同发展中创造条件。

第二节 小城镇发展与县域城镇化研究

县城和小城镇是县域城镇化的重要载体,是连接城市和农村的桥梁,与"三农三牧"紧密联系在一起,相对于城市,它具有人口转移半径短,农牧民进入门槛低的比较优势,对于农业人口就地城镇化和增加农民收入,推进城乡一体化发展具有重要的作用。

一、小城镇的界定及小城镇发展政策演变

小城镇介于城乡之间,地位特殊。不同的学科对小城镇概念的理解有狭义和广义两种。我国狭义上的小城镇是指除设市的建制镇,包括县城。小城镇作为城乡接合部的综合体,是镇域经济、社会、文化的中心。按照费孝通先生的定义,小城镇是一种比农村社区高一层次的社会实体,它的人口主体主要从事非农业生产活动,该区域既有别于乡村,又与乡村有着一定的联系。后来,他又进一步定义小城镇为"新型的正在从乡村性的社区变成多种产业并存的向着现代化城市社区转变中的过渡性社区,它基本上已脱离了乡村社区的性质,但还没有完成城市化的过程"[1]。根据2010年人口普查资料分析,内蒙古流动人口的迁移距离以各乡、镇、区之间的流动(近邻流动)为主,从区内邻近的城镇到城市迁移的约占33%,镇村委会迁到临近的城镇的约占迁移人口的54%。可见,县域城镇在城镇化进程中具有独特的重要作用。

---

[1] 费孝通. 论中国小城镇的发展 [J]. 中国农村经济,1996(3):5—7.

(一)小城镇的概念界定

1.建制镇的概念

1989年,发布的《中华人民共和国城市规划法》(以下简称《城市规划法》)规定,城市是指国家按行政建制设立的直辖市、市、镇。同年发布的《建设部关于县以下建制镇贯彻执行〈城市规划法〉的通知》中明确规定,我国建制镇属于城市范畴,应按《城市规划法》的规定进行规划和建设。[1]

建制镇即设镇,是指经省、自治区、直辖市人民政府批准设立的镇。建制是政府机关、军队的组织编制和行政区划等制度的总称。区别于集镇,建制镇的政治和法律概念比较强,它是人为设置的行政建制,产生的时间比集镇要晚,但是比集镇规模要大,集镇发展到一定阶段,达到一定条件可以演变成建制镇,功能也与集镇有很大差异。

1984年起,新规定的建镇基本条件:县级政府所在地和非农业人口占全乡总人口10%以上,其绝对数超过2000人的乡政府驻地,并允许各省(自治区)根据实际状况对建镇条件做适当调整。中国学术界认为,设镇(建制镇)的具体标准为聚居常住人口在2500人以上,其中非农业人口不低于70%。

2.县城镇的概念

县级政府所在地的小城镇(城关镇)统称为县城镇。县城镇一般都是建制镇,其规模明显大于建制镇和集镇,县城镇是一个县的政治、经济、文化中心。[2]它既是城市中的乡村,又是乡村地域内的城市,是城市和乡村之间的过渡。

(二)小城镇发展政策的演变

1978年,我国的城镇化进程重新走上正轨并进入快速发展阶段,当时全国

---

[1] 王志宪.我国小城镇可持续发展研究[M].北京:科学出版社,2012:1.

[2] 王志宪.我国小城镇可持续发展研究[M].北京:科学出版社,2012:2.

只有2176个小城镇。[1] 1979年，十一届四中全会提出"有计划地发展小城镇建设和加强城市对农村的支援"，明确提出了发展小城镇的意义和基本思路。[2] 1980年，中央在《当前农村经济政策若干问题》的通知中，明确了"控制大城市规模，合理发展中等城市，大力发展小城镇"的城市发展方针，小城镇发展进入快速发展时期。1983年，著名社会学家费孝通先生提出"解决农村剩余劳动力问题要以小城镇为主，大中小城市为辅"的想法，并得到政府和社会的普遍认同。1984年10月，国务院发布《关于农民进入集镇落户问题的通知》，也适当地放宽了建镇标准。1984年年底，建制镇由年中的5698个增加到7186个。[3] 进入20世纪90年代以来，国务院相关部委颁发了《关于加强小城镇建设的若干意见》等一系列文件，深化村镇建设体制改革，特别强调建制镇建设。1992年年底，全国建制镇为14539个，为1978年的6.7倍。1995年，下发《小城镇综合改革试点指导意见》，对小城镇综合改革的目标、原则、内容、组织实施做了具体说明，并确定了52个国家级试点小城镇进行小城镇综合改革试点。

进入21世纪，中国进一步加快了城镇化进程，国务院要求"抓住机遇，推动城镇化发展进程，大力发展小城镇"。2000年6月，《中共中央国务院关于促进小城镇健康发展的若干意见（摘要）》，明确了发展小城镇的重大战略意义，提出了方针政策。之后，广东省、江苏省、浙江省等相继开展了省级重点镇、中心镇、示范镇的培育工作，也相继出台了一系列方针政策，鼓励小城镇发展。到2001年年底，我国共有建制镇20374个。2002年，十六大报告明确提出："要逐步提高城镇化水平，坚持大中小城市和小城镇协调发展，走中国

---

[1] 资料来自内蒙古住房和城乡建设厅官网。

[2] 吴康，方创琳. 新中国年60来小城镇的发展历程与新态势 [J]. 经济地理，2009，29 (10)：23—29.

[3] 吴康，方创琳. 新中国年60来小城镇的发展历程与新态势 [J]. 经济地理，2009，29 (10)：23—29.

特色的城镇化道路。"因此,这一阶段的政策以促进小城镇自身健康发展为目的,通过技术性手段指导小城镇发展,强调小城镇本身的建设和可持续发展,并对建立特色城镇已经有了初步探索。[1]2005年,国家发展改革委办公厅公布第一批全国发展改革试点小城镇。2008年,公布第二批全国发展改革试点小城镇。2012年,公布第三批全国发展改革试点城镇。通过这些试点小城镇的发展,探索中小城市和小城镇又好又快发展的新途径。

2014年3月16日,中共中央、国务院印发了《国家新型城镇化规划(2014—2020年)》(以下简称《规划》),从此我国的城镇化进入新的发展阶段。《规划》明确指出"以城市群为主体形态,坚持大中小城市和小城镇协调发展""有重点地发展小城镇"的发展方针,要求从质量上提高小城镇建设,而不是数量的增加。各地的小城镇建设不再单纯追求数量,采取了灵活多样的规划、建设和管理方式,小城镇发展开始从数量的扩张转向质量的提高。

1999年以来,内蒙古自治区的小城镇建设有了很大的发展。1999年11月29日,内蒙古自治区第九届人民代表大会常务委员会第十二次会议通过了《内蒙古自治区小城镇规划建设管理条例》,条例要求小城镇必须编制规划,小城镇建设管理上有了正规的条例。2004年,进行第一次修改。2012年3月31日,进行第二次修正。为认真贯彻落实《中共中央国务院关于促进小城镇健康发展的若干意见(摘要)》,抓住实施西部大开发战略的历史机遇,促进自治区小城镇健康发展,2000年4月18日,自治区公安厅为全面推进自治区的小城镇户籍制度改革工作,加快小城镇建设步伐,根据国家和自治区有关规定,在总结试点经验的基础上,提出和发布了《关于全面推进小城镇户籍管理制度改革的实施意见》,为自治区农村牧区劳动力就地城镇化提供了政策保障。2000年9月26日,内蒙古自治区党委发布了《内蒙古自治区党委政府关于促进全区小城镇健

---

[1] 田颖,耿慧志,王琦.小城镇政策的演变特征及发展态势[J].小城镇建设,2014(10):49—52.

康发展的意见》，从10个方面提出小城镇建设意见，为小城镇健康发展给予政策支持。2000年，内蒙古小城镇数达到341个。2005年、2008年、2012年，内蒙古先后有3批12个镇被列入全国发展改革小城镇试点。2014年，全区城镇化工作会议召开，通过了《内蒙古自治区党委、自治区人民政府关于推进新型城镇化的意见》，提出"全面培育县城镇和中心镇，统筹推进新农村新牧区建设"，进一步推进城镇发展。为进一步提高全区县城规划建设管理水平，改善城乡人居环境，加快发展县域经济，提升县城整体实力，促进新型城镇化和城乡一体化健康发展，2015年7月15日，内蒙古自治区人民政府发布了《内蒙古自治区人民政府关于加快推进生态宜居县城建设的意见》，为自治区县城宜居发展提供了政策支持。

二、内蒙古县域城镇化现状

（一）小城镇数量及分布

截至2015年年末，内蒙古有县域小城镇428个，其中县城（城关镇）69个。从小城镇分布来看，2015年，县域小城镇数量东部有252个，西部有176个，分别占县域小城镇数量的58.88%和41.12%，其中，东部县城有36个，西部县城有33个，分别占全区县城的52.2%和48.8%；东部县域内小城镇密度为8.5个／万平方千米，西部为7.1个／万平方千米；东部县域户籍城镇化率为36.8%，西部县域户籍个化率为26.3%（表9-10）。由此可见，县域内小城镇数量、密度、城镇化率东部都高于西部。

表 9-10 2015 年内蒙古东西部县域城镇化率差异[1]

地区	户籍人口城镇化率（%）	小城镇数（个）	县城数（个）	行政区域面积（万平方千米）	小城镇密度（个/万平方千米）
东部	36.8	252	36	29.65	8.5
西部	26.3	176	33	24.62	7.1
东西部比较	10.5	76	3	5.03	1.4

（二）市政基础设施建设水平

内蒙古县城基础设施建设水平较高，县城与县域内小城镇相比有较完善的市政基础设施，一定程度上提高了人口和产业的承载力。近些年，各旗县县城加大基础设施建设投入，用于道路、广场、博物馆、自来水、污水处理厂、住房、绿化等城市建设，效果十分显著。如：薛家湾镇开展"三城"联创，成功创建国家卫生城、文明城市、园林城市，极大优化了工作和居住环境。西乌珠穆沁旗以创建"全国特色景观旅游名镇""国家级园林县城""自治区级生态宜居城镇"和推进新型城镇化改革试点建设为目标，保持适度规模的资金投入，增强城镇"内涵式"发展。推进智慧型城市建设，打造现代化信息城镇。伊金霍洛旗通过城镇建设集中供热达到100%，绿化覆盖率达到47%，自来水普及率达到100%。目前每个县城把城市建设与环境治理放在突出位置，所有旗县都建成污水处理厂，有的已经建成，有的已经投入运营。2015年，内蒙古县城用水普及率、燃气普及率、人均道路面积、污水处理率、人均公园绿地面积、建成区绿化覆盖率和生活垃圾处理率均分别为94.19%、81.25%、25.04平方米、90.6%、19.51平方米、32.97%和95.73%，分别比2010年高出18.84%、32.81%、11.17平方米、38.9%、10.94平方米、15.95%和49.65%，比全国同期水平高出

---

[1] 数据来自《内蒙古统计年鉴2016》《中国县域统计年鉴2016》。

4.23%、5.35%、9.06平方米、5.38%、9.04平方米、2.19%和6.07%。市政基础设施的不断完善，使得县城居民生活更加方便和清洁、舒适，宜居性增强。同时，随着电力、交通等基础设施建设水平的提高，为产业发展提供了必要的条件，降低企业生产和交易成本，促进产业集聚（表9-11）。

表9-11 2015年内蒙古县城市政基础设施建设水平[1]

指标	用水普及率（%）	燃气普及率（%）	人均道路面积（平方米）	污水处理率（%）	人均公园绿地面积（平方米）	建成区绿化覆盖率（%）	生活垃圾处理率（%）
县城	94.19	81.25	25.04	90.6	19.51	32.97	95.73
与2010年比较	18.84	32.81	11.17	38.9	10.94	15.95	49.65
与全国同期比较	4.23	5.35	9.06	5.38	9.04	2.19	6.07

小城镇建设投入也逐年增加。2015年，内蒙古建制镇建设投入由2010年的67.7亿元增加到68.4亿元，其中市政公用设施建设投入为32.9亿元，占全部投入的48%。县城市政公用建设维护管理财政性支出为120亿元，固定资产投资达到203.06亿元。

（三）小城镇规划与管理

2015年，内蒙古有总体规划的建制镇395个，占建制镇总数的91%，与2010年相比提高了14个百分点。小城镇规划投入也在逐年增加，2015年，规划投入达到1.39亿元，与2010年比翻了两番。

（四）小城镇的综合实力

2016中小城市经济发展委员会、中小城市发展战略研究院、中国中小城市科学发展指数研究课题组等单位在《人民日报》和《中国中小城市发展报告（2016）中国中小城市创新创业发展之路》上，联合发布了第十二届中国中小

---

[1] 资料来自《中国城乡建设统计年鉴2015》。

城市科学发展指数研究成果暨"2016全国综合实力百强县市""2016全国综合实力百强区""2016全国综合实力千强镇"等榜单。"2016年度中国建制镇综合实力前1000强"榜单中，自治区由2005年的2个小城镇增加到34个小城镇，其中县域小城镇有26个，占全区入围小城镇的76.4%，县城有14个（表9-12）。根据《中国县域经济统计年鉴2015（乡镇卷）》的统计，户籍人口居全国前1000位的乡镇中，自治区入围12个乡镇；公共财政居全国1000位的乡镇中，自治区有14个镇。2016年，《关于开展全国重点镇增补调整工作的通知》，公布了全国3675个全国重点镇名单，内蒙古由2004年的50个重点镇增加到现在的143个重点镇。

表9-12　"2016年度中国建制镇综合实力前1000强"内蒙古入围名单[1]

盟市	数量（个）	小城镇
呼和浩特市	2	呼和浩特市新城区保合少镇、土默特左旗察素齐镇
包头市	9	包头市九原区哈林格尔镇、包头市青山区兴胜镇、包头市青山区青福镇、包头市九原区麻池镇、土默特右旗萨拉齐镇、达茂旗满都拉镇、土默特右旗美岱召镇、固阳县金山镇、土默特右旗沟门镇
鄂尔多斯市	6	鄂托克旗棋盘井镇、鄂尔多斯市东胜区铜川镇、伊金霍洛旗札萨克镇、鄂尔多斯市东胜区罕台镇、乌审旗图克镇、达拉特旗树林召镇
通辽市	3	通辽市科尔沁区木里图镇、扎鲁特旗鲁北镇、开鲁县小街基镇
赤峰市	1	克什克腾旗同兴镇
呼伦贝尔市	1	鄂温克旗伊敏河镇
锡林郭勒盟	5	东乌珠穆沁旗巴彦胡硕镇、镶黄旗新宝拉格镇、阿巴嘎旗别力古台镇、正蓝旗上都镇、正镶白旗明安图镇
兴安盟	2	阿尔山市五岔沟镇、科尔沁右翼前旗察尔森镇
阿拉善盟	5	阿拉善左旗乌斯太镇、阿拉善左旗宗别立镇、阿拉善右旗巴丹吉林镇、阿拉善左旗巴彦浩特镇、额济纳旗达来呼布镇

[1]　资料根据中商情报网整理。

2016年10月,为了贯彻党的十八大精神,树立新发展理念,推进新型城镇化,防止千镇一面,促进小城镇健康发展,住房城乡建设部公布了第一批中国特色小镇名单,进入这份名单的小镇共有127个,其中内蒙古入围3个小镇,分别是赤峰市宁城县八里罕镇、通辽市科尔沁左翼中旗舍伯吐镇、呼伦贝尔市额尔古纳市莫尔道嘎镇。

三、城镇化过程中存在的问题

(一)小城镇及县城整体规模偏小,密度低,且分布不均衡

与其他省市比较,内蒙古小城镇不论是数量还是规模均偏小。其中,人口最多的城镇是准格尔旗薛家湾镇,2015年,镇区人口达到15.37万人。全区10万以上人口的小城镇只有3个,5—10万人口的小城镇只有23个,2—5万人口的小城镇37个,分别占全区县域小城镇数量的0.69%、5.2%和8.5%。2015年,自治区每个县域小城镇平均人口为5752人,比全国建制镇平均低3236人。

表9-13 内蒙古小城镇镇区人口规模现状[1]

人口规模	数量(个)	占比(%)	小城镇
10万人口以上	3	0.69	土默特右旗萨拉齐镇(104517人)、乌拉特前旗乌拉山镇(115727人),准格尔旗薛家湾镇(153700人)
5—10万人	23	5.2	西部7个,东部16个
2—5万人	37	8.5	西部19个,东部18个
2万以下人口	371	85.5	西部255,东部116

2015年,全区县域行政区域面积为117.27万平方千米,其中县城的行政区域面积为12.8万平方千米,占全区县域行政区域面积的11%;县域小城镇密度为7.9

---

[1] 根据《中国县域统计年鉴2016》数据整理得出。

个/万平方千米，比全国小城镇密度低10.7个/万平方千米，比山东省、江苏省、浙江省小城镇密度分别低63.4个/万平方千米、63.9个/万平方千米和51.3个/万平方千米。我区县城人口密度为906人/平方千米，县域小城镇人口密度为45.36人/平方千米，分别比全国低1170人/平方千米和4853人/平方千米，属地广人稀的地区。小城镇数量东西部分布不均衡，西部比东部数量多（表9–13）。自治区城镇规模小、人口密度低，东西部分布不均衡，城镇集聚效应不足，制约了新型城镇化的进程。

（二）小城镇以行政功能为主，特色产业没有形成规模

尽管自治区一些县城已经形成了旅游业拉动、边贸带动、农牧业产业化、与中心城市一体化发展等各具特色的发展模式，对县域经济发展起到积极带动作用，但大多数小城镇人口规模小，职能单一，缺乏城市型主导产业，仍然属于消费型小城镇，对县域经济的带动力严重不足。比如，农畜产品资源是内蒙古的一大特色，但产业布局分散，相当一部分在小城镇，且规模不够大，就业人数少，有的农畜产品加工企业从业人数只有几十人，市场有限，难以吸引与之配套的上下游企业和关联性企业，导致产业集聚不够，经营成本高，效益差，缺少全国知名品牌，与农牧户关系松散，以市场交易型为主，而订单式的很少，对县域农牧业产业化的带动力弱，对农牧业现代化促进作用有限。

（三）公共服务功能较弱，导致部分人口外流

与区域中心城市相比，尽管县城教育、医疗水平、发展环境比过去有了明显改善，但与大城市相比，由于缺乏高水平医生，居民得了大病都要到盟市中心城市的医院去就医，缺少盟市级水平的重点中学，加上发展机会与城市也存在较大差距，影响了县城的人口吸引力。在一部分农村牧区人口进入县城的同时，县城里一部分人为子女受到更好教育和寻求更多的个人发展机会，迁往大中城市。因此，教育、医疗、发展机会的差距，导致一部分县城的人口，包括一些高素质人才流出县城，县城人口规模扩大与人口素质的提升不能同步，影响了县城经济的整体发展。

（四）多数县城产业发展层次和水平不高，吸纳人口能力十分有限

县城的集聚力首先表现为对人口的吸引力，而人口集聚则需要强大的产业支撑。由于多数县城支柱产业规模不够大，产业结构单一，导致县城对劳动力的吸纳能力不足。发展能源工业是很多旗县富民强旗的重要途径，能源、矿产发展对旗县财政贡献较大，因此，得到高度重视，包括贷款、用地支持，但对就业的贡献较小。很多小城镇和县城工业产业层次很低，基本停留在原材料的初加工水平上，产业链条短，产品结构单一的矛盾突出，产品技术含量低，附加值不高，发展较缓慢。由于产业集聚度不高，就业拉动不足，导致消费拉动力弱。县域第二产业产值占54.36%，而就业比重仅占15.7%。尽管近些年，对就业贡献较大的第三产业和劳动密集型产业投入有所增加，但重视程度远不如对能源、矿产等资源型企业，这些多为中小企业和个体经营户，规模小，贷款难，限制了企业和个体经济的发展，因而对就业和城镇化的推动力不足，导致大量人口滞留在农村牧区。目前，县域总人口中，乡村人口仍占62.6%。县城人口偏少，人口密度低，加上产业集聚度差，创新力不足，对县域经济的辐射带动力自然也就弱。有些人即使进入县城，也没有稳定的职业，成为城镇困难群体，增加了县城的压力。产业支撑不足，对就业拉动作用有限是自治区县域城镇化中存在的主要问题。

实现稳定就业是转移人口市民化的关键。目前，很多旗县都有一定的就业岗位，但是面临招不上工的困境。比如，2013年，自治区某旗在劳动力市场求职的人员为10500人，企业提供的岗位为28000个，从数量上看呈现供大于求的局面，5年来新增就业26446人，还有1300多个岗位空缺，导致这一现象的主要原因是用工需求与就业人口职业技能和就业人口的求职意愿不匹配,导致就业难和招工难并存的局面。一些企业招聘的职位多为服务业、保安、清洁工、运输、操作员、销售员等方面的低端岗位,而就业人员倾向于司机、出纳、文员等较高端岗位,且一些地区大学毕业生比例较高,用工和就业需求的不一致,无法满足县城二三产业发展的用工需求,企业和个体经营户招不上工人,生产经营受到较大影响,制约了经济发展。

(五)小城镇市政基础设施水平低,功能不健全

为将来人口转移设想无可厚非,但没有过度和渐进式的城市建设,将造成城市建设成本高、管理难等现象。而一些小城镇的城区设施标准有待提高,缺少体现特色的景观大道和地标性建筑。一些小城镇需要加强市政建设,除主要街道绿化、亮化程度较高,其他街道仍然存在一些问题,存在脏乱差的问题。小城镇的基础设施水平较为落后,除了人均道路面积,其他几项指标均低于全国小城镇平均水平(表9-14)。这恰恰说明自治区小城镇功能不健全,滞后于小城镇的发展,很难满足当前经济发展的要求,满足不了群众的生产、生活需要。

表9-14 建制镇基础设施建设水平与全国比较[1]

指标	用水普及率(%)	燃气普及率(%)	人均道路面积(平方米)	污水处理率(%)	人均公园绿地面积(平方米)	建成区绿化覆盖率(%)	生活垃圾处理率(%)
内蒙古	65.51	17.07	14.02	46.11	1.33	10.42	56.34
全国	83.79	48.71	12.79	50.95	2.45	16.63	83.85
与全国差距	-18.28	-31.64	1.23	-4.84	-1.12	-6.21	-27.51

---

[1] 数据来自《中国城乡建设统计年鉴2015》。

四、县城在县域城镇化进程中的突出作用

（一）县城是县域人口的集聚中心

县城是县域的人口集聚中心，是县域城镇化的重要载体。内蒙古共有69个县城（不包括区和县级市），行政区域面积为8.5万平方千米，占县域总面积的7.3%；人口374.2万人，占县域总人口的21.26%；二三产业从业人员113.42万人，占县域二三产业从业人员的51.66%。镇区人口2万以上的县城共有60个，占县城数量的86.9%。县城以约占县域不到1/10的土地面积承载了1/5的人口和1/2的非农业人口。随着经济发展，基础设施的增强，以政府为主导的城镇化进程的加快和县城较农村牧区更能享受现代化的生活方式和较高的预期收入，农村牧区人口向城镇转移的意愿不断增强，县城的吸引力加大，建成区面积拓展，人口的城镇化率不断提升。2015年，县域城镇化率达到37.3%，其中一些县的城镇化率已经超过全区平均水平。如准格尔旗城镇化率从2012年的66.66%提高到2015年的68.2%，伊金霍洛旗城镇化率从2012年的67%提高到2015年的70%。今后县城人口将呈现继续增加趋势，而人口规模的扩大，将提高县域城镇化的整体水平，改变县域人口的分布格局，农村牧区人口不断减少，为农牧业实现规模化、现代化创造必要条件。同时，县城是连接城市和农村牧区的桥梁和纽带，通过县城把城市文明和新技术新观念传播到农村牧区，带动农村牧区的发展。

（二）县城是县域二三产业发展的重要载体

县城是县域经济的中心，尤其是县域第三产业的发展中心，在县域二三产业发展中占有重要地位，这是由二三产业具有集聚分布特征所决定的。集聚才能形成规模，集聚才能降低交易成本。比如，2016年，正蓝旗上都镇有规模以上企业18家，其中有16家集中在上都镇区内。2016年1—10月，仅上都工业园区

实现工业总产值55亿元，实现工业增加值25.99亿元，园区入驻企业达94户，共吸纳从业人员3634人，占全旗工业企业从业人员的54.9%。工业经济的发展带动了第三产业的发展。县域第三产业主要集中于县城。2015年，准格尔旗登记在册的小微企业、个体工商户就有21987家，从业人数61138人，总数占全旗市场主体的92.7%，且大部分集中在薛家湾镇。赤峰市克什克腾旗旅游业发展和县城发展互动，经棚镇的餐饮、住宿、运输、工艺品销售行业快速发展，旅店、宾馆数量大幅增加，就业人数增长，吸纳人口能力增强。由此可见，县城在县域经济发展中的贡献不可替代，特别是在第三产业比重和对就业的贡献较大。县城发展进一步促进了县域经济结构调整和就业结构的进一步优化。

（三）县城是县域服务和消费中心

随着人口不断集聚、产业发展和收入增长，城镇居民的消费不断增加，带动了县城第三产业的发展。

首先，县城消费对于县域第三产业的促进作用来自于城镇居民收入的增长和消费水平提高的带动。2015年，伊金霍洛旗、准格尔旗、阿巴嘎旗、正蓝旗城镇居民收入比2012年分别增长11.9%、8.9%、48.5%、50.33%。随着收入的增长，消费能力不断提升，消费结构优化，消费层次进一步提高，城镇社会消费品零售总额分别比2012年提高30%、30%、35.03%、39.2%。消费层次提升，其中，准格尔旗城镇居民耐用消费品的变化显著，每百户家用汽车由2012年的40辆增加到64辆，家用电脑由82台增加到90台。

其次，城镇化带来的人口数量增加会引起消费增长。有研究表明，城镇人口每增加一个百分点，可以使社会消费品零售总额增加1.5个百分点。准格尔旗城镇化率由2012年的66.6%增加到2015年的68.2%，提升了1.6个百分点，伊金霍洛旗城镇化率由2012年的68.5%增加到2015年的70%，提升1.5个百分点。这意味着大量农村人口转移到城镇，减少了自给性需求，增加了商品性需求，必然带来对食物、生活用品、娱乐等方面的消费，进而促进商贸、流通、家庭服务等第三产业的发展和就业的增长。

第三，农牧民消费水平提高，扩大了消费市场。近些年，随着国家政策性补贴和农牧民非农收入的增加，农牧民家庭纯收入不断增长，从温饱型向享受型转变，很多农牧民，尤其是离县城较近的农牧民大多到县城消费，一定程度上扩大了县城的消费市场，拉动了服务业发展。

（四）县城是县域的就业创业中心

县城是县域的政治、文化、教育中心，行政事业单位、学校集中，商贸流通较其他小城镇发达，能够提供较多的非农就业岗位。随着农牧区人口向城镇的转移以及大中城市的就业压力，大学毕业生回旗县找工作的人数不断增加，县城成为农牧区劳动力转移的主要目的地，行政事业单位招聘也为一部分大学生提供了就业岗位。随着县城的发展，县城非农就业人数增加，农牧业人口的减少，进一步优化县域就业结构。比如，准格尔旗"十二五"期间全旗城镇新增就业人数26299人，其中安置准旗籍大学生6895人，安置就业困难人员就业2463人。"十二五"期间，正蓝旗城镇新增就业14352人，其中，针对第三产业就业培训次数达21次，主要集中在酒店服务员、营业员、民俗民风导游等方面的培训。农村牧区人口之所以选择县城为落脚点，主要是县城距离农村牧区近，进入门槛不高，创业、就业、居住成本较低，尤其是比小城镇更能享受现代化的生活和较好的教育条件。其次，各个旗县对于就业高度重视，普遍采取了岗位征集和就业安置、就业培训、创业贷款支持、优先安排本地大学毕业生就业等政策和措施，增强了农牧区转移人口和大学毕业生的就业创业能力。伊金霍洛旗采取了"2+7"政策体系，"三园一街一中心"大学生创业就业全方位服务平台。阿巴嘎旗劳动就业服务局大力推行"政策支持、创业培训、创业实训、创业孵化、融资服务、导师指导、项目推广、延伸服务、信息发布"九位一体创业服务体系,充实完善创业项目库。准格尔旗为创业农牧民提供不低于5万的创业贷款。这些政策的实施,增强了县城对农村牧区人口的拉力,促进了人口转移。

五、加快县域城镇化的对策

(一)重点建设县城,增强县城的辐射带动作用

内蒙古县域面积较大,人口密度较低,产业布局分散,很多企业分布在县城之外的其他小城镇,导致产业集聚度低、建设成本高、浪费土地等问题。产业的集聚,不仅能够带来集聚经济效益,而且可以节约土地和节省环境及基础设施建设费用。据有关研究,集中连片开发,平均每个企业可节省公共设施投入10%,节省土地15%,节省环境和基础设施费用20%。鉴于我国小城镇建设的经验教训,不能过多发展小城镇,导致资金分散、产业分散,造成资金浪费,人气不旺,集聚不足。

首先,因地制宜,集中打造县城,走多元化城镇发展道路。县域的条件是多样的,发展模式也因旗县而异,除了一般城镇的功能,根据资源、市场、区位等条件发展旅游型、边贸型、工业带动型、交通枢纽型、城镇与中心城市一体化型、农畜产品加工型等不同模式的县城和重点镇,避免小而全,将资源优势转化为经济优势。借鉴法国小城镇发展经验,大城市周边应建设若干卫星城镇,并重点发展这些小城镇,如呼和浩特市周边和林格尔县城关镇、土左旗察素齐镇等卫星城镇要着重发展,不仅可以促进县城发展,还可以带动大城市周边农村城镇化。

其次,城镇发展可以优化中心城市产业布局。大城市集聚到一定程度后,随着城市的快速发展将产生扩散效应。首府和大城市经济向更高层次发展,而周边小城镇经济也因扩散效应而得以发展。大城市周边产业向县城附近集中,合理布局产业园区，围绕绿色能源、农畜产品加工、文化旅游等主导产业，积极发展上下游企业，延长产业链条，形成产业集聚发展格局，促进园区建设和产业发展与城镇化互动，聚集转移人口和增加就业，集聚资金、技术、信息，增强以县城为中心的增长极，进而推进县域经济发展方式的转变。

第三，县城要打破行政界线，充分考虑与城市关系。特别是离城市较近的县城，要与中心城市统一规划，其定位和产业发展与中心城市紧紧联系起来，不可孤立发展。实践证明，凡是与中心城市产业一体化发展好的城镇，在中心城市辐射带动下都发展较快，反之，则往往发展缓慢。因此，要把县城发展与区域城镇体系有机结合起来，准确定位，加强分工与协作，突出特色，才能加快县城发展，进而更好地发挥县城在县域城镇化发展中的辐射带动作用。

第四，要建设特色小城镇。对具有特色资源或区位优势的城镇，可经过开发建设逐步培育成特色小城镇。借鉴德国发展小城镇的经验，用生态文明理念规划小城镇建设，尊重历史和传统，使整个小城镇充分体现原有的城镇格局和城镇空间形态[1]。

（二）优先发展特色产业，增强县城及小城镇发展动力

非农产业是县域城镇化的根本动力。对于内蒙古而言，有粮食、肉、毛、绒等农畜产品和草原、森林、湿地、沙漠等丰富的旅游资源，但这些资源的经济优势并没充分发展出来，仍然没有做强做大，因此，需要不断扩大规模，延长产业链，提高其经济效益，带动小城镇发展。同时，农畜产品加工业对农牧业产业化和现代化具有重要作用，有利于城乡一体化发展。针对当前小城镇及县城农牧业产业化龙头企业带动力不强的问题，需对农牧业产业化的龙头企业提供政策支持，一方面在土地审批方面给予优惠，引导企业向县城附近集中、

---

[1] 潘劲，周云，吕予阳. 国外小城镇发展的经验对北京发展的借鉴意义 [J]. 经济师，2011（11）：19—20.

向园区集中，不仅可以提高基础设施的使用效率，而且因临近市场，降低经营和运输成本，提高企业效益；另一方面政府要增加对农畜产品加工企业的科技投入补贴，帮助支持企业，增强创新能力，提升品牌影响力和竞争力。利用"互联网+现代农业"，加强宣传，增加产品销售量，扩大区外消费市场，提升对农畜产业基地的规模化、现代化的带动作用。通过龙头企业发展带动基地建设，提高土地的规模化经营，加快农牧业现代化进程，推进农牧业劳动力向城镇转移，为城镇二三产业发展提高更多的劳动力，加快县域城镇化进程。农牧业产业化龙头企业多为小企业和民营企业，融资难是最大的困境。因此，加快落实相关政策，放宽融资条件，降低进入门槛，加快其发展。抓住区域中心城市加快产业转型和升级的契机，邻近的县城和小城镇要积极承接中心城市的农牧业加工企业，与县城其他农畜产品加工企业共同形成农畜产品加工业的集群，增强集聚效应，将资源优势变为经济优势，促进农牧业产业化发展。

对于自治区一些小城镇而言，不能将工业视为小城镇发展的唯一驱动力。从自然资源、区位优势、文化特色、交通条件等出发，一些有条件的小城镇可以发展生态、文化、边境旅游产业。要加强交通枢纽建设，提高基础设施建设水平，编制规划时要充分考虑旅游业的发展需要，城镇规划与旅游规划相融合。要合理利用土地，保护生态环境，传承优秀民族文化，建设赋有地域特色、民族特色的旅游小镇。在现代的规划思想中，许多发达国家在小城镇的开发建设中十分重视对历史文化的传承意识。如德国在城市化的过程中，始终注重保持城镇独特风格，在小城镇建设中将环境保护作为重要因素优先考虑，坚决杜绝以牺牲环境为代价发展经济。德国政府每4年颁布一轮生态建设计划，实行指令性管制，规定任何建设项目都要保证绿地总量的平衡。同时，由于历史传统和人文素质，德国国民对生态建设、环境保护的意识较强，使得小城镇生态环境十分优美。[1]

注重城镇非公有制经济的发展。小城镇及县城的发展不仅有人口规模的扩大，而且必须能够提供足够的就业岗位，否则只能是低水平的城镇化。因此，要注重发展劳动密集型的中小微企业，注重非公经济的发展。从现在县域经济发展看，非公经济的发展，对于扩大就业起到了重要作用。非公经济多数是劳动密集型的产业，进入门槛低，劳动技术通常不需要到正规学校学习，适合农牧区转移人口就业，尽管现阶段对县域财政的贡献不及国有工业企业，但就业贡献明显。2016年，自治区人民政府印发了《内蒙古自治区鼓励和支持非公有制经济加快发展若干规定》的通知，对促进非公有制经济加快发展，增强自治区经济增长的动力、活力和竞争力提供了政策保障。因此，加快非公经济发展，落实好非公经济发展相关政策；构建民营经济发展服务体系，在技术支持、市场开拓、管理咨询等方面给予指导，发挥工商联的桥梁作用，构建政府与非公经济的沟通机制，切实为非公经济解决面临的难题；还要在人才培养、技术创新上增加补贴性投入，提高科技含量，增加产品附加值。改善发展环境，建立激励机制，为非公经济发展创造公平的社会环境。通过多种措施，加快其发展，进而带动就业，实现强县目标的同时实现富民目标。

（三）提升就业、教育、医疗水平和市政基础设施水平，增强小城镇的吸引力

小城镇就业难主要是就业岗位有限和就业结构性问题，因此，除了加快经济发展，增加就业岗位，重点要解决就业结构性矛盾。

首先要加强职业教育和技能培训，树立正确的择业观念，实现农牧业转移人口和农村大学毕业生稳定就业。目前，出现找工作难和招工难共存的局

---

[1] 邝平正. 德国小城镇发展经验与启示. www.fanhuazhida.com/xczfz/shiye-1529-1.html.

面，与职业教育与高等教育不协调有很大关系。相比高等教育，职业教育发展不足，发展水平与发达国家存在较大差距，是导致就业难的根源之一。这需要国家层面上调整职业教育和高等教育招生计划来解决，使得一部分初高中毕业生进入职业学校学习，优化劳动力结构，适应不同就业岗位需要。因此，积极发展职业教育，加大职业教育投入，提高职业教育师资水平，增加职业教育人才供给。继续抓好就业技能培训，提高培训的实用性。地方就业部门要增强工作主动性，与企业加强联系，不能一味追求引资数量，招商引资中，把录用一定比例的当地人员就业作为重要条件，引导企业增强社会责任感，提高本地区劳动力在企业中就业比例。同时，对新生代农牧民子女进行引导，转变择业观念，要提高就业技能，不断增强自身的就业竞争力，找到合适自己的岗位，实现稳定就业。

其次，采取措施培养人才，引进人才，留住人才，发展教育事业。除了提高工资，还要在住房和社会保障方面给予更优惠的政策，如提供住房补贴，才能吸引和留住人才。同时，采取与区内外大中城市的重点中学结成对子，采取培训和交流的方式，提高教师水平，缩小差距。建议国家加强发达地区对旗县的对口支援，实现对县级医院医生进行中期、长期国家人才培训计划及派发达地区的医生对旗县医院进行定期指导，提升旗县医疗水平。加强城镇基础设施建设，包括铁路、公路、水利建设和城市市政设施建设，特别是对县城供水、供气、排水设施优先建设，加快污水处理厂运营和垃圾处理设施建设，提高县城的宜居性。提高小城镇基础设施的投入力度，破解资金瓶颈，促进投资主体与融资渠道的多元化，鼓励引导更多民间资本投入基础设施建设。加快旧城区基础设施的改造进度，提高小城镇的管理水平，着力打造宜居小城镇。

第十章　城市公共服务承载力与市民化问题研究

加快农牧业转移人口市民化是以人为本的新型城镇化的要求。城镇化快速推进过程中，农牧民进城之后生活空间发生了转换，但部分人口职业转换的层次不高，工作往往不稳定，同时，身份上也没有根本的转变，不能在公共服务方面与城市居民享有同等的权利，长期处于半市民化状态。为此，本章从提高就业能力，促进教育均衡发展，完善城镇养老保障等方面进行分析研究，对加快农牧业转移人口的市民化提供理论参考。

第一节　提升农牧业转移人口就业能力研究

随着城镇化、工业化、农业现代化进程的推进，农牧业劳动生产率不断提高，生产所需的劳动力数量越来越少，而工业化发展对劳动力需求不断加大。另一方面，城镇数量不断增加，1995—2015年，中国城镇数量由17632个增至

21167个[1]，二三产业比重明显提高，在城镇就业机会的拉力以及农村土地短缺、农产品价格下降等推力的作用下，大量农牧民进城寻找更好的就业获利机会，农村人口比重不断下降，由70.96%下降到43.9%，城镇人口比重由29.04%上升到56.1%。农村劳动力进城务工，加快了中国城镇化发展进程，满足了中国工业和城市发展的需要，成为促进经济发展的重要力量。据世界银行估算，中国地区生产总值保持30年9%的增长速度中，农民工至少贡献了1.5个百分点，贡献率达到16%。[2]然而，受原来城乡二元体制和制度的约束和限制，农村劳动力进城务工时遇到许多不公平待遇，他们当中大部分从事的工作是以制造业、建筑业和服务业为主的低端产业，即简单的劳动加工或凭体力干活。这些工作不仅稳定性差，而且工作时间长，有时还具有较高的危险性。同时，农民进城就业的公共服务与社会保障水平较低，其所享受的社会福利与城市人口还存在一定的差距。虽然中央和各级政府出台了包括户籍制度改革、促进农村劳动力转移就业等一系列政策措施，但由于制度的惯性作用，对改善进城农民工作和生活的效果尚未完全显现，因此还应在城镇化过程中制定具体的、操作性较强的、合理的制度与政策，保障农村劳动力在城市就业的权益，制定有利于促进农村与城市经济社会协调发展的就业制度的形成。

一、内蒙古农牧业转移人口就业现状分析

随着城镇化进程的不断加快，城市规模进一步扩大，经济发展转方式、调结构的需求愈发迫切，城市建设也朝着创新、协调、绿色、开放、共享的目标发展，农牧民在城市就业的环境、政策、渠道都在发生深刻的变化，对农牧民

---

[1] 中华人民共和国国家统计局. 中国统计年鉴2016 [M]. 北京：中国统计出版社，2016：3.

[2] 杜宇，刘俊昌. 农民工市民化难点与新型城镇化战略 [J]. 当代经管，2004 (12)：42—46.

在城市就业的能力也提出了新的要求。从国际上看，大多数市场经济国家，城镇化进程中农村人口城市化和农业剩余劳动力非农化都是同步进行的，也就是工业化和城镇化与人口在城市聚集是在同一过程中实现的。而中国的城镇化进程却呈现出与市场经济国家迥然不同的"中国路径"，包括2个过程，第一阶段是从农民到城市农民工的过程，第二阶段是从城市农民工到产业工人和市民的职业、身份变化过程。就内蒙古而言，第一阶段已经基本实现，但是跨越第二阶段仍然步履维艰。造成上述原因是多种多样的，既有农牧民自身的制约因素，也有就业环境及政策的外部影响，而分析当前农牧民在内蒙古城市就业的现状，是找到其在城市就业受阻原因的必要前提。

（一）农牧业转移人口就业的整体情况

内蒙古是一个农牧业大区，目前农村牧区现有的劳动力总量已超过农牧业生产的需求，也超过现有耕地、草牧场的承载能力。[1]近几年，内蒙古积极落实国家及自治区有关农民工进城务工的政策，加大了对农村牧区剩余劳动力的转移力度，转移就业的质量和组织化程度不断提高。2008—2016年，内蒙古实现农牧民转移人口就业共2257.4万人，转移就业6个月以上的农牧民数量正在逐年增加，占全部农牧民转移人口就业人数的比重约为78%，农牧民转移人口就业的稳定性得到进一步改善（图10.1）。2016年，全区实现农牧民转移人口就业257万人，转移6个月以上的211万人，比上年增加0.5万人。通过培训的农牧民转移就业13.5万人。从就业去向来看，农牧业转移人口就业主要从事第二产业和第三产业。以鄂尔多斯市为例，截至2016年上半年，全市实现农牧民转移就业10.3万人，完成总任务数的93.8%，其中从事第一产业的人数占15.5%，从事第

---

[1]内蒙古社科院城市研究所课题组. 内蒙古中小城市、小城镇吸纳转移人口就业问题研究 [C]//"内蒙古中长期经济社会发展研究工程"2012年度课题成果汇编. 呼和浩特：内蒙古社会科学院"工程"领导小组办公室, 2013.

二产业和第三产业的人数分别占38.2%和46.3%。城镇失业登记率正在逐年下降（图10.1），2016年，内蒙古城镇失业登记率为3.65%，低于全国4.02%的平均水平，失业率由高到低在全国排名第9位，仍属失业率较高的省份，就业保障工作仍需进一步加强。

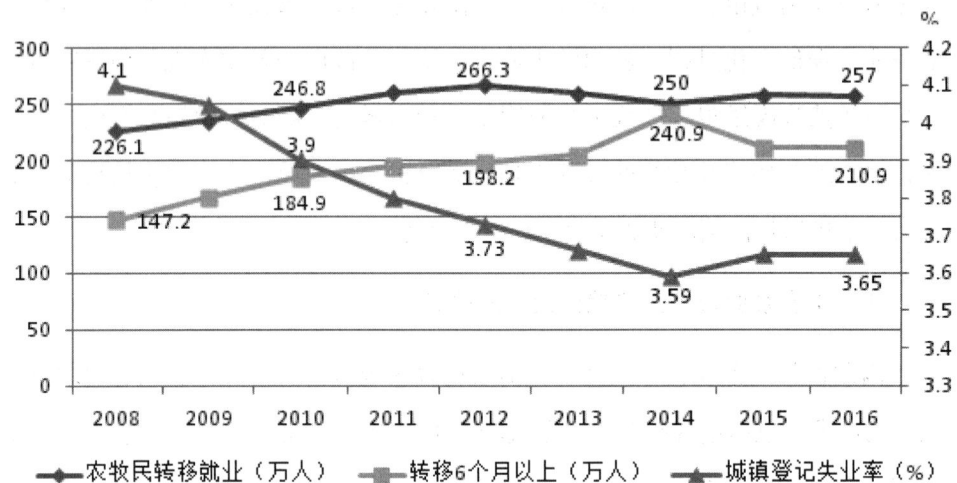

图10.1 内蒙古农牧民转移就业人数和城镇失业登记率（2008—2016年）

随着农牧业转移人口就业数量的增加，农牧民的生活条件也得到一定的改善，与城市居民的收入差距正在逐步缩小，劳动收入不断增多。2016年，内蒙古农牧民人均可支配收入为11609元，比上年增长7.7%；城乡居民收入比由2012年的3.04∶1缩小为2.84∶1，与去年数据持平，城乡居民收入差距没有进一步扩大的趋势。农牧民工工作收入稳步增长，且本地务工收入增幅大于外出务工收入。2016年，赤峰市本地非农务工人员月收入同比上涨20.2%，而受外部经济环境的影响，农牧民工在省外和一些大中城市获得就业机会的难度增加，外出务工人员工资水平有所下降，月收入同比降低2个百分点。[1]基于上述原因，越

---

[1] 国家统计局内蒙古调查总队. 内蒙古调查年鉴2017［M］. 北京：中国统计出版社，2017：486.

来越多的农村劳动力选择离家较近的县城或地县市就业。以呼和浩特市为例，2016年，呼和浩特市农民工（不包括举家外出农民工）在内蒙古自治区内和区外就业的分别占98.9%和1.1%。

（二）城乡就业结构逐步优化，就业与经济发展的矛盾仍然突出

随着国家及地方政府对农村劳动力进城就业政策的调整，使城乡就业结构发生了巨大变化。内蒙古城镇就业人数从2000年的430万人增加到2015年的726万人，增长了1.7倍，农村就业人数占就业总人数的比重明显减少，由2000年的59.5%下降到2015年的50.4%。这些数据的变化在一定程度上反映了内蒙古城镇化水平呈现持续稳定上升的态势，农牧民选择进城务工的数量不断攀升，城乡就业结构得到不断优化。

从就业结构来看，2015年，内蒙古一二三产业的就业结构为39.1：17.1：43.8，与2000年相比，第一产业的就业比重下降了13.1个百分点，第三产业的就业比重提高了13.1个百分点，而同年的产业结构为9.1：50.5：40.4[1]。显然，第一产业的就业比重相对于产业结构来讲仍然偏高，第二产业对第一产业转移就业的承接能力不足，无法实现充分就业，而第三产业尚未完全发挥带动就业的作用。这也充分说明，与快速发展的经济相比，农牧区劳动力的转移就业相对滞后，劳动力资源没有实现合理配置和充分利用。

（三）促进农牧业转移人口就业政策不断完善

农牧民工问题关系着国家经济社会发展的全局，维系着社会的和谐稳定，受到党中央和各级政府的高度重视。中央城镇化工作会议中明确指出，要加强对农民工的职业培训，解决其到城镇就业的落户问题，努力提高农民工融入城市的素质和能力。2017年，中央一号文件再次提到要完善城乡劳动者平等就业

---

[1] 内蒙古自治区统计局.内蒙古统计年鉴2016 [M].北京：中国统计出版社，2016：56.

制度，健全农业劳动力转移就业服务体系，鼓励多渠道就业，切实保障农民工合法权益。为了促进剩余农牧民的转移就业，内蒙古出台了多项政策鼓励和引导农牧民有序地转移就业，促进了农村劳动力在跨省、跨地区间的合理流动，农牧民进城就业政策环境进一步完善。2005年以来，统筹城乡就业受到高度关注。2005年，内蒙古发布《内蒙古自治区人民政府关于进一步加强就业再就业工作的实施意见》，提出要引导和组织农村牧区劳动力向非农产业转移和向城市有序流动。2006年，出台《内蒙古自治区人民政府关于妥善解决农牧民工问题的实施意见》，从农牧民技能培训、就业政策、农民工工资、公共服务、基本权益、制度建设等方面对农牧民进城就业做出具体部署。为了有效推进农村牧区富余劳动力有序外出就业和就地就近转移就业，2015年发布的《内蒙古自治区人民政府关于进一步做好新形势下就业创业工作的实施意见》中提到，要完善职业培训、就业服务、劳动维权"三位一体"的工作机制，加强农牧民工输出输入地劳务对接，实现输出输入地务工人员信息互联互通。同时稳步推进户籍制度改革，先后出台了《内蒙古自治区人民政府关于进一步推进户籍制度改革的实施意见》和《内蒙古自治区人民政府办公厅关于进一步调整户口迁移政策加快户籍制度改革的实施意见》，进一步放宽户口准入条件，为农牧业转移人口落户城镇创造了宽松的政策环境。

受国际金融危机影响，国内经济增速放缓，一些个体和私营企业倒闭、裁员的现象时有发生。为了稳固转移农牧民在城镇就业的工作，2017年，自治区政府在《内蒙古自治区人民政府关于促进城乡居民增收的若干意见》中提到，要推进实施农牧民工职业技能提升计划，强化转移就业服务功能，加大农牧民工转移就业力度，健全农牧民工工资支付保障机制。在随后通过的《内蒙古自治区"十三五"脱贫攻坚规划》中继续强调，加强就业培训，提供公益性岗位，拓宽就业渠道，促使移民群众充分就业。可见，内蒙古自治区为农牧民转移就业做出了很多努力，提供了许多优惠政策和帮扶政策，农牧民工整体的就业环境和就业保障有了很大的改善。但是农牧民工就业状况的改善和就业能力的提高，还需要多方因素共同作用，需要因地制宜、因势利导地制定相应的政策，提高其在城市的就业能力。

二、内蒙古农牧业转移人口进城就业的困境

就业能力一般包括择业能力、从业能力和创业能力3个方面。国际劳工组织将就业能力定义为个体获得和保持工作、在工作中进步以及应对工作生活中出现的变化的能力。虽然农牧民进城就业获得了多方政策支持，在城市劳动力市场上逐渐得到了尊重和相对的公平，但是农牧民与城市的关系不仅只存在于劳动合同上，他们生活在城市，还需要得到教育、医疗、住房、养老等社会保障，然而随着户籍制度改革的实施，这些和户籍制度息息相关的社会保障制度没能相应跟进，政策调整和落实的效果都不够彻底，户籍制度改革仍需继续深化。[1]同时，农牧民自身素质和劳动技能水平以及进城的成本过大，都阻碍了农牧民进城就业的稳定性和农牧民市民身份的转化。可见，继续推进农村牧区人口的转移就业还存在诸多障碍，对其提高个体就业能力十分不利，需要全面分析转移农牧民在城市就业所面临的困境，对提升农牧民在城市的就业能力有至关重要的意义。

（一）农牧民就业观念落后，择业空间小

就业观念决定了就业行为，从而影响就业的成功性及就业质量等问题。内蒙古是一个多民族地区，地域广阔，东西差距较大，不同的语言环境和民族风俗使得有些农牧民不能适应外出打工的生活，就业缺乏主动性和积极性，常常

---

[1] 乌兰. 中国城市化进程中统筹城乡就业问题研究 [M]. 北京：中国经济出版社，2015：104—105.

抱有安定、吃饱、穿暖、不离乡不离土的观念，不愿意离开家乡，造成劳动力资源的浪费；有的习惯了农村牧区的生产生活方式，对企业管理和约束制度并不能完全适应，人员的流动性较大，从而影响了择业范围和就业质量。

当前劳动力市场的二元性使得农牧民在城镇就业变得异常困难，一方面，劳动力市场被分割为城市劳动力市场和农村劳动力市场，而城市劳动力市场对农村劳动力的接纳范围相对狭窄；另一方面，劳动力市场又被分割为主要劳动力市场和次要劳动力市场，这一理论是20世纪60年代美国经济学家多林格尔和皮奥里提出的，被称为双重劳动力市场模型。他们认为主要劳动力市场的工作环境、工资水平、就业稳定性以及升迁机会等均优于次要劳动力市场。虽然农牧区劳动力转移就业的数量和规模不断增加，但在竞争激烈的劳动力市场上，大部分农牧区劳动力只能进入次要劳动力市场，选择苦、脏、累、险等行业的就业岗位，择业空间受到很大限制。

（二）农牧民劳动技能单一，从业能力弱

笔者在实际调研中了解到，困扰农牧民转移就业的主要问题之一仍旧是劳动力市场的结构性矛盾。目前内蒙古正面临转变经济发展方式，提高经济发展效率的改革关键期，这就要求劳动力在各产业之间实现有序转移，第三产业的发展要充分发挥吸纳劳动力的作用，吸收第二产业劳动力的转移，消化第一产业的剩余劳动力。然而，农牧区劳动力受教育水平以及职业技能都与城市对劳动力需求存在差异，难以适应岗位要求，实现就业的难度大大增加。一方面，农牧民自身的文化程度较低，受教育水平主要是小学和初中教育。据2016年农民工监测调查数据显示，呼和浩特市本地就业的农牧民中，小学及以下文化程度占6.5%，初中文化程度占70.3%，高中文化程度占20.4%，大专及以上文化程度占2.8%。可见，在呼和浩特市就业的农牧民中，初中及以下文化程度达到76.8%，文化水平偏低使得农牧民在就业起点上输给城镇劳动力。另一方面，农

牧民参加技能培训的意识差、集中难。在转移就业的农牧民中，接受技能培训的比例偏低。2016年，内蒙古农牧民转移技能培训13.5万人，占全部转移就业农牧民的5.3%，比上年减少0.1个百分点。呼伦贝尔市接受培训的农牧民占全部转移农牧民的比例仅为8.1%。同时，由于内蒙古乡村布局较为分散，城镇之间距离较远，难以对农牧民进行规模化培训，导致培训投入的成本较高，培训设备落后，不能满足当前劳动力市场的需求，这些问题严重制约着培训的效果，也影响了农牧民在城镇的就业能力。

从政府对农牧民转移培训的重视程度看，自治区和地方各级政府都相继出台了一系列惠民政策，加大了对农牧民外出就业的培训力度，努力拓宽其就业渠道。但是这些培训往往缺乏针对性与系统性，培训内容较为单一，不能因人而异地根据农牧民所希望进入的某个行业及时调整，导致大部分农牧民都进入同一行业，增加了就业竞争力和就业难度。此外，一些企业在低成本利益驱动下，也不想为农牧民工提供学习培训的机会，导致农牧民工在工作中进步的机会大大减小，只能在低层次的岗位流动，很难实现职业层次的垂直流动，使得农牧民的从业能力明显偏弱。[1]

（三）公共就业服务建设滞后，农牧民创业困难大

就业服务的作用包括两个方面，一是能够提高劳动力市场的作用，二是为想要进入劳动力市场的就业人员提供相关帮助。我国《劳动力市场管理规定》中，对公共就业服务的界定为由各级劳动保障部门提供的公益性就业服务，包括职业介绍、职业指导、就业训练、社区就业岗位开发服务和其他服务内容。近几年，随着对统筹城乡就业工作的高度重视，公共就业服务建设也在不断改进和完善。但与城市相比，农村牧区的公共服务建设远远不够。农牧民所接受

---

[1] 林竹，朱柏青，张新岭. 农民工的就业能力模型研究[J]. 开发研究，2010（5）：13—16.

的就业服务不仅内容单一，层次性、多样性和针对性不强，而且对劳动力市场上的岗位需求的调节能力较弱、信息传递不畅，导致用工企业招不到人与劳动者找不到工作的矛盾并存，劳动者更愿意通过自发性的或老乡介绍等非正式渠道寻找工作和获取职业信息。根据包头市对长期在城镇务工的农民工市民化意愿调查报告显示，80.8%的农牧民工是通过自己亲友熟人介绍和参加应聘获得工作，只有14.1%的农牧民是通过政府组织的招聘获得工作[1]。此外，由于就业服务对象由过去的城镇职工为重转变为所有劳动者统筹兼顾，覆盖城乡劳动者的就业管理、就业服务信息平台等建设相对滞后，不利于农牧区劳动力的有效转移。

相对于进城择业而言，农牧民在城镇创业更加举步维艰。首先，农牧民的创业能力受个体客观条件影响，创业能力不强。张广花、苏新林提出农民创业能力的构成要素，包括创业机会的识别能力、资源获取和配置能力、组织管理能力、社会能力。[2]由前文的分析可知，在内蒙古转移就业的农牧民群体中，受教育程度大多集中在初中及以下这些义务教育阶段，受到高等教育的农牧民所占的比例极为稀少。由于农牧民的文化程度较低，且普遍缺乏自主创业的专业技能和经营管理经验，特别是缺乏企业经营的竞争意识，所以农牧民在城镇创业项目的选择上相对单一，而且主要集中在规模小、创收少的劳动密集型行业，抗风险能力较差，很难在产业相对健全、竞争相对激烈的城市中立足，创业的稳定性与持久性偏低。其次，农牧民的创业能力受地区经济环境、创业政策及金融扶持力度等方面的影响，创业外部条件不完备，使得农牧民的创业动机大大降低，创业成功率以及企业的发展均受到制约。如有些地区对于没有在城镇落户的农牧民，在提供创业帮扶政策和金融机构贷款时设立较高的门槛，

[1] 数据来自包头市就业局。

[2] 张广花，苏新林. 提升农民创业能力途径的探讨 [J]. 湖南农业科学，2010（15）：177—179.

使他们享受不到对于创业人员的优惠政策,导致农牧民在城市创业缺乏发展潜力和后劲,影响了创业的可持续发展。[1]

(四)社会保障制度不健全,城市生活成本大

社会保障制度,很大程度上跟户籍制度有关。虽然在十八大、十八届三中全会和中央城镇化工作会议上都提出了关于进一步推进户籍制度改革的具体要求,但是全面落实户籍制度改革仍需很长的一段时间,这就导致农牧民在城市务工的社会保障体系不完善,保障项目不健全。农牧民在城市工作,但在养老、医疗、工伤、失业等社会保障上不能与城市居民享受同等待遇,大部分农牧民参加社会保险时,缴费水平偏低,且与城镇企业职工社会保障制度的衔接存在较大困难,遇到失业、工伤等突发状况时,农牧民的基本权益也较难得到保障。另外,政府对社会保障投入不足也直接影响了社会保障体系的建设。2006—2015年,内蒙古社会保障与就业支出占地区生产总值的比重不足4%,占财政支出的比重在14%左右(图10.2),社会保障支出还处于较低水平,在很大程度上限制了农村地区社会保障制度的建设,从而影响了农牧民所享有的社会福利。因此,政府需要进一步加大对社会保障投入的力度,努力平衡城乡社会保障制度。

农牧民进城寻找更多就业机会的同时,也不得不面临生活成本的提高,加之其主要进入的是次要劳动力市场,工资收入明显低于城镇就业人员。据全国2015年农民工监测调查报告显示,2015年,农民工月均收入3359元,同比增长8.1%,剔除掉超时劳动的工资,农民工在法定工作时间内获得的月收入,还不到当年城镇非私营单位就业人员月平均工资的50%。同时,农牧民还需在教育、医疗、生育、住房等方面支付比在农村生活更多的成本。内蒙古农村居民在食

---

[1] 林竹,朱柏青,张新岭.农民工的就业能力模型研究[J].开发研究,2010(5):13—16.

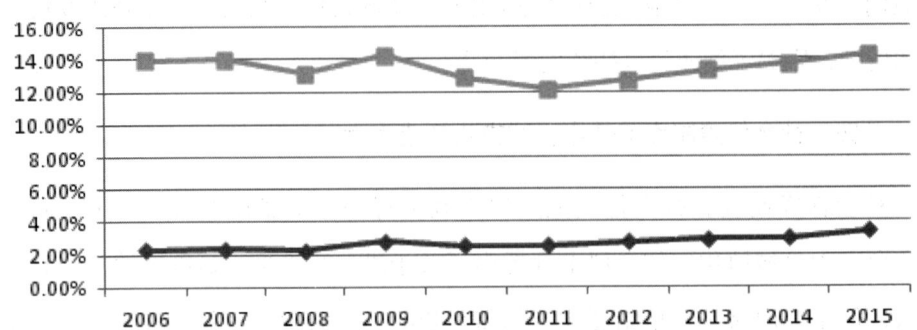

图10.2 内蒙古社会保障与就业支出占地区生产总值和财政支出的比重（2006—2015年）

品、居住、交通和通讯、教育文化娱乐和医疗保健方面的支出比例高于城镇居民（图10.3），而这几方面，恰好是城市工作生活中和农村差异较大的项目。就住房而言，大部分农牧民进城就业都是租房而很少买房，房租支出成为农牧民在城市生活消费中必不可少的一项，而且笔者在调研中了解到，有的进城打工的农牧民不太了解政府的保障房政策，也不知道怎样申请，同时许多地方的保障性住房位置偏远，周围的基础设施建设并不完善，在一定程度上也增加了交

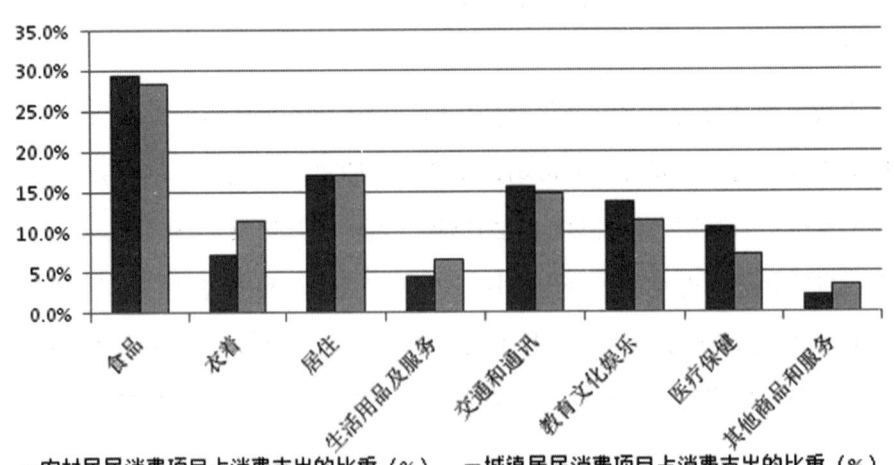

图10.3 2015年内蒙古农村居民消费支出与城镇居民的比较

通出行的成本。

总之，社会保障制度的不健全以及城市生活成本过大，使农牧民在城市生活缺乏归属感，工作流动性大，影响农牧民在城市就业的稳定性和生活质量，因此，需要尽快完善城乡社会保障制度，增强进城农牧民的社会风险抵御能力，以保障城镇化顺利、有序地向前推进。

三、提升内蒙古农牧业转移人口就业能力的对策建议

农牧民融入城市社会，不仅是赋予其公平公正的社会福利和地位问题，而且也要增加其适应城市工作生活的能力。"十三五"期间，内蒙古的主要任务之一仍然是加快经济转型升级，提高人民生活水平。这对城市就业的岗位及职业技能都提出了新的要求。随着基础设施建设投入的不断加大及高端产业的快速发展，单纯靠体力的社会劳动者在城市生存的空间越来越小，大量的农牧民由原来的建筑工人转变为建设工人。就业环境的变化决定了从业人员必须具备较高的职业技能和精细的岗位分工。因此，从不同角度入手，多措并举提高转移农牧民在城市的就业能力，是实现农牧民从城市农牧民工到市民角色转换的必然选择。

（一）转变农牧民就业观念，构建统一的劳动力市场

就业是农牧民外出务工的生存根本。要提高农牧民的就业能力，首先要帮助农牧民从根本上转变进城就业的传统观念以及对自己新身份的调整适应，消除其对城市就业的心理隔阂，增加他们对城市的认同感，要在有意向去城市打工就业的农牧民中定期开展职业心理教育等相关讲座和培训班，培养农牧民自我控制的品质、持之以恒的毅力和顾全大局的团队精神，也可以邀请已经在外工作多年的老乡传授在城市工作生活的经验，以期让农牧民在进城就业之前做好融入城市的心理准备，逐步改变自己原来习以为常的生活方式和思维方式，

主动适应城市节奏。其次，还应发挥政府主导的作用，为进城务工的农牧民开设有关企业运行和管理的讲座，针对不懂汉语的农牧民开设汉语辅导班，帮助其增强沟通能力和交际能力，增强他们对企业的责任感和敬业精神，使其尽快提升职业素质，以适应新的岗位要求。

当前，劳动力自由流动和统一的劳动力市场是统筹城乡就业的最终目标。欧盟在构建统一劳动力市场的经验表明：在城乡、地区发展差异较大的情况下，国家要优先制定就业制度，逐步取消限制劳动力流动的障碍。要彻底破除劳动力市场的二元性，增加农牧民就业的选择空间，拓宽农牧民就业的渠道，还应在促进农牧民转移就业方面制定更加完善的制度和政策。继续深化户籍制度改革和农村土地制度改革。针对内蒙古转移农牧民就业存在的诸多问题，在落实和深化户籍制度改革上，一是要继续加大改革力度，把户籍制度改革的目的放在劳动力自由迁徙和流动上，而不仅仅是为了引进资本、技术和人才方面；二是要逐步剥离户籍制度所附着的隐性福利，恢复户籍制度本身的管理功能，让农牧民在就业选择、工资待遇、社会福利等方面享受和城市人口同等的待遇；三是努力推动在城市有稳定工作的农牧民向市民身份的转化，加快落实房屋租购并举制度，有序引导农牧民在城市落户，增加其工作的稳定性，也为企业加大对农牧民的培养力度创造有利条件。在推动农村土地制度改革上，进一步加强农村土地"三权分置"改革的具体落实和有序推进，对农村土地经营权的流转出台具体的政策措施和法律保障，消除农牧民进城就业的后顾之忧，同时也给城市就业者提供到农村寻求发展的机会，实现城乡劳动力的双向流动，促进劳动力市场的统一。

（二）以产业转型带动就业，以技能培训增强就业能力

产业转型，是今后内蒙古经济发展亟须解决的问题。通过合理调整产业结构，在发展新兴产业和第三产业的同时也要兼顾劳动密集型产业的发展，从而解决城市人口和农牧区转移人口的就业问题。根据钱纳里的"标准结构",当一个国家人均地区生产总值达到1000美元时,就业的产业结构就会发生重大变化,比重分别为17.0%、45.6%和37.4%。[1]对内蒙古而言,2003年人均地区生产总值已超过1000美元,2015年达到11000美元,但是就业结构中第二产业比重仍严重偏低。面对第二产业就业容量不足和促进农牧业转移人口就业问题,应通过大力发展制造业加快经济的转型升级。制造业不仅在国民经济中占有重要的地位,而且也对社会就业做出了巨大的贡献。2015年,我国制造业城镇单位从业人员占城镇全体从业人员的28.1%,超过任何一个行业所占的比例;内蒙古城镇单位从业人员中,制造业从业人员所占的比例为15.7%,居各行业之首。作为少数民族地区,内蒙古的制造业发展应具有地方特色,除继续发展与地区能源优势相关的制造业,还要大力发展特色农畜产品加工业、民族文化体育用品制造业、高端装备制造业等能够明显带动就业及相关服务业发展的制造行业。另外,针对内蒙古第三产业就业不充分问题,政府应在制定产业政策时,要优先发展吸纳就业能力强的产业,对吸纳转移农牧民较为明显的行业给予适当的招商、金融、税收等优惠政策,如家庭服务业、汽车服务业、现代物流业、餐饮零售业等。

城镇化的发展,不仅要求大量农牧民从事非农产业,而且对农牧民的劳动技能提出了更高的要求。美国政府在促进农村劳动力转移就业过程中,对劳动力素质的提高和人力资本的投入非常重视,颁布了《职业教育法》《综合就业与培训法》《就业合作培训法》等一系列法律法规,增强了劳动力的就业能力和适应性,以满足城市经济发展对劳动力的需求。为了改变内蒙古农牧业转移人口教育水平较低的状况,应加大对职业教育的投入,鼓励有条件的地方和企业创立乡镇夜校、职工大学、农牧民学校等机构,为农牧民提高自身文化水平创造良好的条件。加大对农牧民职业培训的宣传力度,利用多样化的媒体渠

---

[1] 杨静. 农民工市民化之城市创业研究 [J]. 中国商贸, 2012 (35): 238—239.

道，如村镇公众号、发放宣传册、在就业网站上发布培训信息等手段，扩大职业培训的知名度和影响力。在培训内容上，减少政府干预，鼓励民办职业培训机构根据市场需求制订多样化的培训计划，建立健全就业需求预测体系，并能根据农牧民的年龄结构、自身素质、职业需求等开展差别化的职业培训，加强职业培训的针对性，形成转移就业人员与市场有效对接、企业所需人员通过市场有效配置的良性循环机制，使就业结构与产业结构同步提升、同步优化。同时，在培训教材上应提供汉语、蒙古语双语教材，以满足少数民族转移农牧民职业培训的需求，同时匹配相应的师资力量，保障培训效果。政府要对现有的培训资源进行整合，形成覆盖城乡、布局合理的职业培训体系；加强对职业培训的监管力度，引入第三方鉴定机构，对农牧民的培训成果进行严格的审核与评定，并由鉴定机构向就业人员和培训机构颁发合格证书，由此享受相关的培训优惠政策。同时，企业也应发挥其社会责任，为农牧民工提供学习培训的机会，给予优秀的农牧民工晋升与奖励，使农牧民能够在工作中提升自己的就业能力。

（三）完善公共就业服务体系，增强农牧民创业的积极性和就业稳定性

公共就业服务是在劳动力市场信息不对称、劳资双方匹配失灵的条件下诞生的。公共就业服务也是一种公共产品的供给。萨缪尔森在《公共支出的纯理论》中，将纯粹的公共产品或劳务定义为每个人消费这种物品或劳务不会导致别人对该种产品或劳务消费的减少。因此，公共就业服务应该具有组织的非营利性、消费的非竞争性和受益的非排他性。这就要求政府在制定公共就业服务政策时，要将城乡所有劳动力作为服务对象，坚持公平公正的原则，为城乡劳动者提供均等的就业服务。针对就业信息传递不畅、农牧民依靠地缘和血缘关系寻找就业机会等问题，应加大农村牧区职业介绍、职业指导等方面的公共就业服务建设，扩大农牧区公共就业服务的广度和深度，主动收集农牧民的求职愿望，并与城市劳动力市场进行有效对接，充分发挥好政府的宏观调控职能。例如，包头市实现了旗县区人力资源市场、街道劳动保障事务所、社区和嘎查村劳动保障工作站的四级就业服务网络，启动了"15分钟公共就业服务圈"建设工作，不断扩展全市就业服务空间，为城乡务工人员尽快就业创造了良好的条件。此外，充分利用网络优势，构建统一城乡的公共就业服务平台，提高就业管理与服务水平，并加强其在农村牧区的推广与应用，帮助农牧民实现跨地区、跨行业的自由流动。

鼓励农牧民创业，一方面可以解决农牧民自身的就业问题，另一方面能够激发就业的倍增效应，为社会提供更多的就业岗位，带动其他转移农牧民就业。首先，对有创业意愿和创业能力的农牧民进行创业培训，帮助农牧民了解创业环境和创业政策，掌握企业经营管理知识，提高农牧民识别风险的能力，努力提升农牧民创业的个人素质，增强其在城市的就业能力。[1]其次，政府要对现有的创业政策进行梳理整合，根据各类群体的创业特点，有针对性地出台创业扶持政策，逐步扩大扶持政策的覆盖面积。再次，要积极扩宽农牧民创业的融资渠道，加大对农牧民的小额担保贷款力度，放宽贷款政策，增加提供农牧民创业贷款的机构数量，降低农牧民在城市创业的市场准入条件，允许农牧民将宅基地、自留地的使用权或经营权作为抵押，以满足农牧民对创业资金的需求。最后，加快发展市场化、专业化、集成化、网络化的众创空间，为创业者提供低成本、便利化、全要素、开放式的综合创业服务平台，以促进农牧民积极、有效的成功创业。

（四）健全农牧民社会保障制度，实现农牧民在城市的"安居乐业"

从英国农村劳动力转移的经验中看到，虽然英国是通过"圈地运动"式的

---

[1] 赵斌. 城镇化进程中民族地区农民创业问题研究——以建始县为例[D]. 中南民族大学硕士论文，2011（4）.

强制手段使农民被迫离开土地,但英国政府一方面不断出台鼓励劳动力流动的法律政策,另一方面也陆续出台了相应的社会保障政策,将农村转移劳动力纳入城市最低生活保障制度和住房保障制度中,社区和社会组织也为农村转移劳动力提供技能培训、心理辅导、法律咨询等相关服务,同时消除了其子女上学的制度障碍,从而化解了大量农村人口转移的压力,解决了农村人口转移带来的一系列社会问题,加快了城市化进程。可见,社会保障制度是否健全,是农村劳动力实现自由流动的前提条件。一方面,继续提高农牧民参加社会保险的比例,逐一排查尚未参保的农牧民,并对特别困难的农牧民给予相应补助,扩大社会保障制度的覆盖面积。加快城镇养老保障制度、医疗保障制度与农村养老保险、新农合的对接效率,保障农牧民在转移过程中社会保险的同步跟进。注重增强转移就业农牧民的法律意识,完善劳动法等相关的法律制度,加大劳动执法的检查力度,保证农牧民在同工同酬、工资支付、劳动资源、安全卫生等方面的合法权益,以增强其在城市工作和生活中应对突发状况的能力,实现稳定就业。[1]另一方面,加大政府在社会保障与就业方面的财政支出,而且财政的转移支出应向农村倾斜,逐步填补农村社会保障制度建设的缺失,并且需要将其支出比例列入相关具有法律效应和舆论监督的政策中,确保统一城乡的社会保障制度有足够的财力支持。

住房是一个人在一个地方稳定生活工作的基础。要实现农牧民在城市的稳定就业,不仅需要农牧民身份的转变,更需要在城市实现安居的梦想。然而,面对城市高额的房价和昂贵的房租,一些农牧民不得不寄宿在条件很差的房屋中,在被调查的包头市农民工中,有64.5%的农民工是租房居住,6.4%的农民工居住在工棚或集体宿舍[2]。要改善这一状况,需要政府从城市建设规划和社会

---

[1] 马克,黄文艺.东北蓝皮书:中国东北地区发展报告(2014)[M].北京:社会科学文献出版社,2014:152—164.

[2] 数据来自包头市就业局。

保障住房开始，根据本地区农牧民转移就业的情况，加大对城市保障性住房的建设，并将其适当融入核心城区，减轻低收入农牧民（群体）出行的交通成本，增加他们在城市生活的便利性。加强政府保障房政策在农牧区的宣传力度，让农牧民了解保障房政策及申请流程，逐步扩大保障房容纳范围，改善农牧民在城市的居住条件，降低住房开支，从而将省下来的工资用于创业或改善生活条件等方面。同时鼓励有条件的企业提供员工宿舍，修建单位住房，以解决农牧民在城市就业的住房问题，促进农牧民顺利融入城市生活。

第二节 城镇化过程中的农牧民子女义务教育均等化研究

21世纪以来，内蒙古城镇化快速推进，大量农牧民进入城镇，城镇人口短时间内快速增加，人口的大量流入导致一些城市就业压力增大，城区教育承载力不足。其中，城镇化中的农牧民转移人口随迁子女教育问题逐渐成为社会关注的热点。

一、内蒙古农牧民进城的时代背景

内蒙古农村牧区人口大量进入城镇与内蒙古经济发展、城镇建设和国家实施的农村牧区政策息息相关。内蒙古城镇化进程，时间上与经济增长变化同步。从内蒙古的经济总量来看，1990年，地区生产总值总量为319.31亿元，2016年，达到18632.6亿元，增长18313.29亿元（图10.5）。从城镇化率与地区生产总值相比较，二者变化趋势基本一致的（图10.4、10.5）。

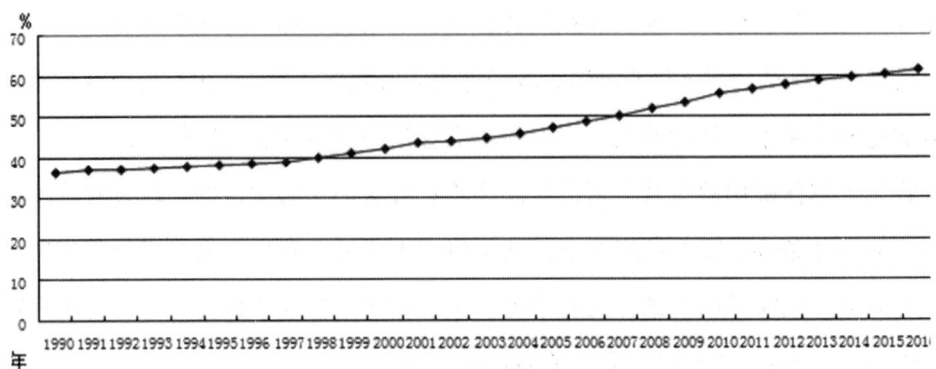

图 10.4　内蒙古城镇化率走势图

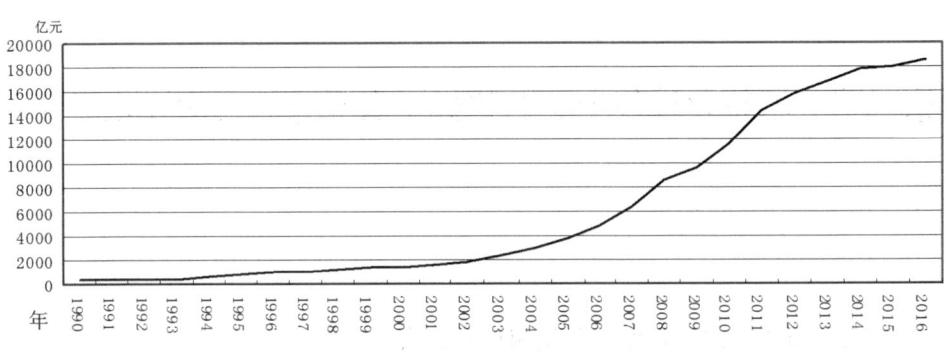

图 10.5　内蒙古生产总值走势图

同时，进入21世纪后，随着生态环境的恶化和经济社会的变迁，国家和地方政府出台了很多针对农牧区的生态环境治理、教育、培训、补贴等公共政策。如围封转移战略、撤点并校政策、粮食直补政策、草原生态保护补助奖励机制等。这些政策的实施对农牧区传统农牧业生产和农牧民生活产生了重要影响。经济、生态、市场化等共同作用使大量农牧民进入城镇，城镇人口快速增长。据统计，1990年，内蒙古城镇化率为36.12%，到2015年，城镇化率达到60.03%，25年间增长了23.91个百分点。城镇人口从1990年的781.1万人增长到2015年的1514.16万人，增长了641.06万人。

二、城镇务工人员随迁子女教育中存在的问题

农牧区公共政策的变动和经济社会的变迁不仅引起大量农牧民向城镇转移,也促使学龄子女大量进入城镇,并给城镇教育以及随迁子女教育本身带来一些问题。

(一)家庭教育缺失

教育由社会教育和家庭教育组成。社会教育包括学校教育和学校以外的社会教育,包括各种补习班、网络教育等等。家庭教育是在家庭生活中,由家长(首先是父母传教)对其子女实施的教育。家庭教育包括生活中家庭成员(父母和子女等)之间相互的影响和教育。然而,在基础教育向城镇转移的过程中,一些农村牧区的家长把孩子送到城镇学校上学,孩子和家庭分开,有的孩子住宿舍,有的家长租房陪读,基本失去了正常家庭的教育环境。2016年,正蓝旗6所小学中,小学生共计3415名,其中农牧区学生有2630名,占总数的77%,其中住宿学生有458名、租房陪读学生628名,分别占17.4%和23.87%。由于孩子年龄小,自理能力较差等原因,很多家长不愿意让孩子住宿舍而是租房陪读。虽然这种方式能够每天让孩子接触家人,但仍然不是一个完整的家庭教育环境。这种环境下,孩子们对学校的知识性教育接受较快,然而对家庭和民族传统文化教育、农牧区生产技能知道的越来越少。因不接触农牧业生产,他们从小对农牧业生疏,如果考不上大学找不到工作,宁愿留在城镇打工或待业,也不愿意回农牧区从事农牧业。另外,家庭教育的缺失,导致有的孩子与父母疏远、缺少文明礼貌、人际关系紧张、自私自利等问题,对孩子们以后的成长和走上社会后的交往产生不良影响。

(二)随迁子女的增加导致城镇学校压力倍增

随着进城农牧民工随迁子女的数量增长,给城镇原有的学校带来前所未有

的压力，学生数量和教育资源短缺矛盾突出。由于流入地区无法掌握农牧民工随迁子女流动状态，加上短时间内很难扩建学校或新建学校，使得解决随迁子女入学问题更加棘手。最有效的解决办法只能是在现有条件下扩大招生人数，从而导致教师数量紧张、学校教学质量下降，基础设施容量压力上升，学校整体教学水平下降等问题。据2015年呼和浩特市义务教育招生入学工作情况来看，全市现有初中55所，在校生8.8万人；小学212所，在校生16.9万人。其中，外来务工人员随迁子女7.1万人，占中小学生的27.6%，小学外来务工人员子女4.8万，占全市小学生总数的28.4%；初中外来务工人员子女2.3万，占26.1%。虽然按政策尽量解决外来务工人员随迁子女入学问题，但是因为资源有限，仍然无法解决全部随迁子女入学问题，教育管理部门解决随迁子女入学问题的压力非常大，对于未能解决的子女，只好进入民办学校或者回户口所在地上学。

（三）优质教育资源不足并且不平衡

学校教育资源应该包括学校的文化资源、制度资源、物质资源、教师资源等多种资源。优质教育资源是指对教育教学能起到提升和促进作用的高质量教育资源。教育资源依据它的物质性质，还可以分为硬部资源和软部资源，硬部资源可以用投资的方式迅速提高，如教育室、学生宿舍、多媒体教室、操场、图书馆的建设，图书资料和教学仪器设备的购买等通过资金投入较短时间内完成；而软部资源，如教师队伍的建设、教学文化、管理制度等只依靠资金投入，短时间内是无法彻底改善的。

近几年，虽然通过教育资源均等化建设来加强解决教育资源不均衡、优质教育资源不足等问题，但是因历史欠账以及其他客观原因，目前为止，在学校之间、城和镇之间、城与乡等区域之间都存在资源不平衡和优质资源不足问题。这种教育资源的不均衡和不足不仅仅是体现在硬部资源的不均衡、不足问题上，而更多的是软部资源的不均衡和不足问题上。从义务教育均衡发展较好的正蓝旗看,2013—2015年,相关学校扩建投入经费达到2.4亿元,主要用于基层及镇区学校教学楼、教师周转楼、厕所、标准化塑胶运动场、学生宿舍楼、风雨操场、校园硬化、食堂设备、学校供热系统等硬件设施的改善,共计新建校舍面积75970平方米、教师周转房3101平方米、功能室2595平方米、风雨操场5816平方米、塑胶运动场103675平方米、校园硬化84300平方米;投入3868万元,配备了教学仪器、办公设施设备、信息技术设备;投入608万元,在各中小学安装了校园监控设备,保证校园平安安全。而这些硬部资源的投入效果立竿见影,短时间内缩小了各校之间硬部资源的差距;在软部资源方面,采取了绩效工资制度、奖励制度、补充教师队伍机制、名校长交流制度、师资均衡配置、校长培训、教师培训、提升管理、开展特色教育等具体措施,缩小各校教育资源的差距。虽然在实际工作中投入较大,也有一定的成效,但是软部资源的提升远没有硬部资源的提升那么明显,各校之间仍然存在较大的差距。比如,管理不完善、教师短缺、教学水平低等很多待改善的地方。

当然,教育资源均衡发展必须达到硬部资源和软部资源同时均衡发展。相比之下,软部资源的提高更难于硬部教育资源的提高,因为软部资源的影响因素多于硬部资源的影响因素。提高软部资源除了需要加强外部支援,还要在提高学校的自身管理、培养教学文化、建设教师队伍等方面做大量工作,提高学校自身造血功能,只靠外界干预不改善内部各因素,是永远达不到软部资源的均衡。

(四)资金投入不足且不平衡

我国教育经费的主要来源是中央财政拨款及省(自治区)、市、旗县地方政府财政拨款。虽然说教育经费来源多层次、多渠道,但最主要还是由国家和地方政府财政投入。目前,国家和自治区教育资金逐年增加,但自治区教育投入缺口仍然很大。据内蒙古改革办的数据,2015年,自治区摸底调查和学校标准化建设标准来测算，教育总需求为165亿元。而"全面改革"5年规划总投入为83.89亿元，资金缺口达到81.11亿。内蒙古自治区属于边疆少数民族欠发达地区，财力有限，基础薄弱，办学成本高，教育发展面临诸多困难。尤其是基层旗县需要投入的教育资金，因经济发展缓慢、财政收入少等客观原因，落实到位较为困难，影响到了基层学校、薄弱学校的建设进展。

除此，自治区各行政区域之间也存在经济发展不平衡问题，在地方配套资金的额度上都有区别，经济发达地区教育投入高、经济欠发达地区教育投入较少，地区之间的差距也比较大。近几年，国家在教育方面的投入解决了不少问题，但是因历史的欠账，区域、城乡、校际之间的差距仍然存在，教育发展仍然不平衡。

（五）初中升高中难以顺利衔接

义务教育政策强调"两为主"，并没有涉及完成义务教育阶段教育结束后的中考和升高中的问题。农牧民工把子女送到城镇或教育条件较好的地区接受义务教育的最终目的就是让孩子接受良好的教育，考上一个较好的大学，在城镇找到好工作。因相关政策的缺失，大部分农牧民工子女初中毕业后能够留在流入地继续接受高中教育的人数很少。因此，大部分随迁子女在流入地完成义务教育后，有一部学生留在流入地继续学习，一部分回原籍继续读高中，甚至有一部分学生中断学业直接外出打工。

三、案例分析

（一）正蓝旗城镇化概况

正蓝旗位于内蒙古自治区中部，锡林郭勒盟大草原的南端。21世纪初，受牧区生态环境恶化以及城镇化的影响，正蓝旗农牧民进城镇人数增加。2000年，城镇人口只有2.66万人，2014年达到3.11万人，城镇化率从2000年的34.8%

增加到2014年的37.1%，增加了2.3个百分点。

（二）正蓝旗教育基本概况

受计划生育政策、城镇化进程以及农牧民的转移等影响，农牧区义务教育适龄儿童数量减少，农牧区出现大量的规模小、学生少、条件差、质量差的中小学。为了提高教育质量、整合教育资源，2001年，国务院发布《关于基础教育改革与发展的决定》，并指出应因地制宜调整农村义务教育学校布局。自此，全国农村牧区撤点并校拉开帷幕。内蒙古为顺应国家政策，加快实施农牧区中小学撤点并校步伐。这一政策的实施，迅速改变了农村牧区教育分布。

正蓝旗于2001年开始撤掉牧区中小学，合并到上都镇、桑根达来镇、黑城子和哈毕日嘎镇的学校。由此，大量农村牧区中小学生只能到城镇上学。据统计，2000年，全旗中小学共有35所，中小学专任教师584名，中小学在校学生11304名；2012年，撤点并校终止时，全旗只留下9所中小学，专任教师也减少到523名，在校学生4393名，撤校28所，教师减少了61名，学生减少了6911名（图10.6、图10.7、图10.8）。终止撤点并校政策至目前，学校数量没有发生变化。

（三）正蓝旗义务教育均衡发展情况

2014年，国务院教育督导委员会办公室颁发《关于进一步做好县域义务教育均衡发展督导评估工作的通知》和《关于印发〈内蒙古自治区县域义务教育均衡发展督导评估实施办法〉的通知》，自治区各旗县按照文件精神，为合理配置教育资源，全面提升教师整体素质，缩小学校、城乡、区域间教育发展水平的差距，办好每一所学校，教好每一个学生方面做了大量的工作。

正蓝旗促进义务教育均衡的做法主要有以下几点：

一是各项资金投入力度持续增加。全旗在义务教育均衡发展建设中，在

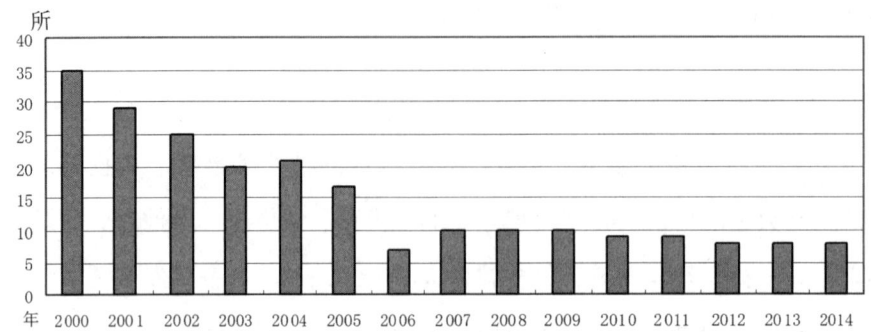

图 10.6　正蓝旗学校数量变化（2001—2014 年）

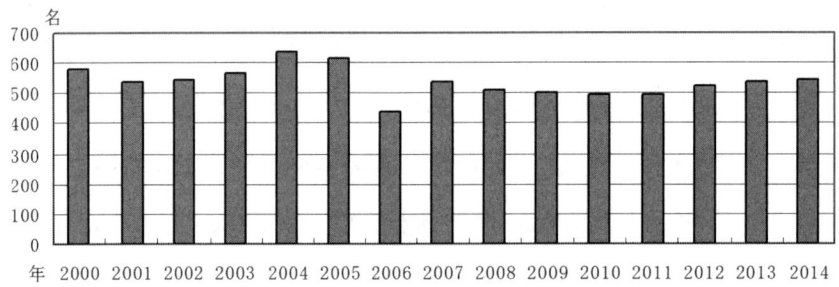

图 10.7　正蓝旗学校教师变化（2001—2014 年）

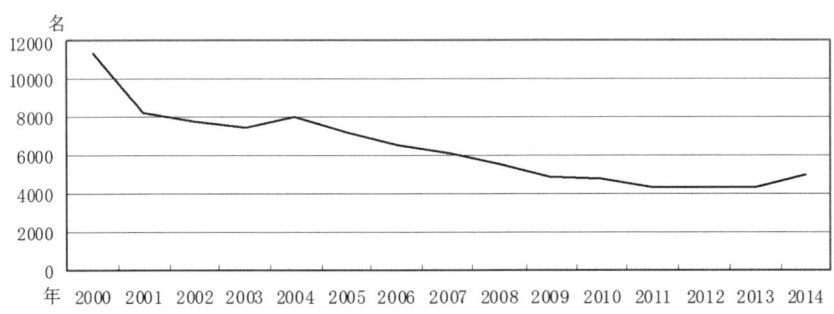

图 10.8　正蓝旗学校学生数量变化（2001—2014 年）

财政上给予很大的支持，保证每年的教育经费按时足额拨款到位，保证补齐历史欠账。2013—2014年，财政拨款增长比例与地方财政经常性收入比例分别为33.48%、22.36%、58.09%，而且要补发2013年产生缺口的2007.2万元。除此，中小学生生均事业费和生均公用经费也达到规定标准，并保证逐年增长（表10-1）。

表10-1　中小学生生均事业费和生均公用经费及增长比例[1]

费用	2013年	2014年	增长比例	2015年	增长比例
小学生均事业费（元）	13207.75	13471.95	2%	17862.34	32.59%
初中生均事业费（元）	19644.97	19705.51	0.3	27552.95	39.82%
小学生均公用费（元）	1582.71	2105.84	33.1	5131.05	143.66%
初中生均公用费（元）	3667.65	3853.74	5.1	6835.41	77.37%

二是增加硬件建设投入，缩小校际差距。全旗共有13所学校，其中基层有桑根达来蒙古族学校、哈毕日嘎镇中心小学、黑城子小学3所小学。基层小学与旗所在地的学校相比，在硬部条件和软部条件上都存在差距，甚至上都镇的各中小学之间也存在一定的差距。为了教育资源的均衡，"十二五"期间累计投入2.4亿元。2013年，建设了黑城子小学教学楼、哈毕日嘎小学教师周转房、蒙古族小学教学综合楼、蒙小和一校水冲式厕所、标准化塑胶运动场5个。2014年，建设了蒙古族中学宿舍楼、第二中学教学楼和宿舍楼、蒙古族小学教学楼、第二小学教学楼、蒙小和一校风雨操场、蒙古族中学风雨操场和桑根达来蒙古族学校教师周转房。2015年，为3所基层学校分别建设了风雨操场和水冲式厕所，同时硬化校园达23000平方米。2016年，新建黑城子小学教师周转房1050平方米、功能室995平方米，二中功能室1600平方米。目前，全旗所有中小学校实现了塑胶运动场全覆盖、风雨操场全覆盖、水冲厕所全覆盖，食堂设备全部电气化、标准化，实现了全旗所有中小学校集中供暖。这些硬件设施建设大幅度提高了薄弱学校的办学条件，缩小了与其他学校的差距。

---

[1]　数据来自正蓝旗教育局。

三是改善学校管理、提高教师队伍素质、增强校际互动。为了提高各学校软功能，学校在人事管理、教师队伍管理方面做了大量工作。校内优化教师年龄、学历结构，校际间优秀教师、校长合理交流。2013—2015年，公开招聘102教师，其中64名义务教育阶段教师，补充了基层学校和薄弱学校。目前全旗小学师生比例为1：10、初中师生比例为1：8。同期，各校之间累计交流校长8人次，教师57人次，对薄弱学校的软功能的提升起到很大的帮助。加强教师对伍的培训，提高师资队伍的素质。教师队伍是学校软部资源的重要组成部分，教师素质差距也是校际之间的主要差距。因此，在学校教师中进行了大量的培训。3年内，通过各种途径进行培训8444人次，对提高教师专业素质和工作能力起到良好的效果，弱势学校教师整体水平明显提高。全面实施绩效工资制度，建立健全考核机制、激励机制。全旗教育系统实施绩效工资制度，规范考核机制，实现了工资与教学业绩相挂钩。同时，对工作业绩突出的集体、个人进行奖励。2013—2015年，颁发的奖励资金累计333万元。为了鼓励教师下基层工作，落实基层教师补贴，每人每月200元。

四是采取有效措施，削弱撤点并校、集中办学的负面影响。撤点并校政策实施后，出现了上学成本增加、家庭教育缺失、民族文化传承受阻等问题。为了解决这些问题，当地盟、旗两级政府实施"四免两补"政策，既减免杂费、教科书费、教辅书费、作业本费，补助寄宿生住宿费、少数民族学生生活费，3年累计落实专项资金2817万元，减轻了学生上学负担。除此，还创新办学为切入点，在民族学校开设蒙古语标准音朗诵课程、民族传统文化融入课堂，开展搏克、马头琴演奏、希塔尔（蒙古象棋）、射箭、沙嘎、民族服饰制作与展示、传统赞颂、手工雕刻、民族舞蹈、传统民俗展示等活动，弥补民族学生远离农牧区无法亲身体验民族文化的不足。同时，编写一些关于民族民俗方面的书籍，发放给民族学生，让他们了解民俗。

（四）结论与分析

学校数量和学生数量正在减少。从案例来看，全旗教育在布局、教学条件、教育质量以及学生来源上出现了明显的变化——撤点并校后只保留3所基层学校，而且全旗在校学生数量一直处于下降趋势。因此，农牧子女失去"就近上学"的条件，只能离开父母到"最近的城镇"上学。虽然政策上减免学杂费，生活上给予补贴，但是上学成本仍然很高。

校际间软部方面的差距仍然存在。通过大量资金的投入，学校之间的硬部设施在3年的建设中基本达到均衡发展标准。但是，由于社会、文化、管理上的客观因素的存在，软部方面仍然存在差距。对于提升学校软部方面来讲，输血方式来提高软功能是短暂的，只有经过长期培育，才能建设出软部优质的学校，才能够逐步具备造血功能。

从桑根达来、哈毕日嘎、黑城子基层小学教师周转房来看，自身的教师队伍建设仍然很不稳定，教师在基层和城镇之间流动频繁，教师队伍依靠外来教师提高教学质量。从全旗的条件来看，硬部设施逐步趋于均衡，而软功能的均衡还有很长的路要走。

四、对策建议

内蒙古作为边疆少数民族地区，在农牧民随迁子女的教育政策上，既要执行全国统一的政策，也要制定和执行自治区的民族教育政策，与非少数民族地区相比，面对的问题更复杂、更困难。解决城镇农牧民子女义务教育问题时，必须要考虑民族地区和城镇特点，相关政策要因地制宜。

（一）增设农牧区基层学校，扭转家庭教育缺失局面

撤点并校后，农牧区大部分学校撤到城镇，给广大农牧民带来极大的不便。教育具有公益性质，给公民提供平等公平的教育条件，要加强城镇中小学教育

的同时也要重视农牧区教育。目前,撤点并校格局已定的情况下,应依据农村牧区实际情况,在人口相对密集的乡村、嘎查村恢复教学点,满足农牧民子女上学问题。政府在乡村学校建设增加投入,解决农牧民子女就近上学问题,也为传承民族文化创造条件,更重要的是使农牧民子女获得接受完整家庭教育的机会。

教育的最终目的是给社会提供健康的劳动者,包括身体和心理的健康。众所周知,不可能所有学生都考入大学,考上大学的学生终归会走向社会,从事不同的工作。一个人的成长不能缺少学校教育和家庭教育。然而,目前的义务教育过分强调学校教育,忽视了家庭教育。因此,义务教育制度设计上应该尊重学校教育和家庭教育的两重性,从源头上纠正导致失去家庭教育的制度安排。家庭教育的缺失对孩子的身心健康会产生不良影响,所以有条件的农村牧区尽早恢复小学,保障学龄儿童同时接受学校教育和家庭教育。

(二)健全教育投入机制,完善上下级政府间的分担机制

内蒙古农牧民随迁子女教育经费,虽然由中央、自治区政府共同承担,但是未能明确规定各级政府的分担比例和责任,又未能及时向学生流入地投入相应的资金,导致"两个为主"政策在一些地方遭遇尴尬。因此,应尽快建立中央和自治区级、流入地与流出地政府之间的教育经费分担机制,而不能简单地将责任甩给流入地政府。

因各旗县经济发展不平衡,旗县教育投入经费也不同。因此,在自治区范围内统一安排教育经费,对经济薄弱旗县增加投入资金,减少旗县级政府配套资金比例。

(三)培养弱势学校造血功能,缩小校际教学质量差距

软部不强是造成校际差距的关键。经费投入能够短时间内提高弱势学校硬

件设施水平，对于软部功能提升的影响有限，因为软部资源主要体现在学校教学质量、管理水平、教师素质、学校文化等方面，这些都受到主客观因素的影响。软部资源是学校均衡发展的内在动力，是学校的造血功能。培养弱势学校造血功能要做到以下几点：一要引进人才，包括管理人才和教学人才。其中，管理型人才是学校的关键环节，科学地提高学校的各项软功能。二是加强培训。对学校管理层和教师定期培训。三是校际交流。在些学校范围内交流管理人员和教师。弱势学校通过交流，学习优质学校管理办法和教学方法，提高管理和教学水平。四是加大资金投入。弱势学校的共同特点是地处经济欠发达地区、教育事业历史欠账较多、人才流失较严重。只有加强转移支付，提高弱势学校经费投入、完善教育设施、大幅提高职工待遇、吸引人才，才能够促进弱势学校造血功能的提升。

（四）合理衔接义务教育阶段与高中阶段的教育

义务教育政策只涉及小学和初中，没有包括高中阶段的教育。因此，随迁子女完成义务教育后继续上高中成为难题。现阶段，因种种客观原因不可能取消地区之间高中生流动限制（防止高考移民），所以在自治区范围内也以实施"流入地为主"、通过"统考招生"政策来解决进城农牧民随迁子女上高中问题。具体措施：一是在全区范围内制定规划，明确规定只允许自治区户籍学生享受此政策；二是流入地区增加高中学校数量；三是从现有的优质高中拿出15%—30%的名额提供给农牧民随迁子女，通过考试择优录取；四是出台农牧民随迁子女完成义务教育阶段教育后，无障碍回原户籍所在地上高中的相关优惠政策，解决学生继续上学的问题。

（五）增建学校，解决流入地上学压力

首府和盟市政府所在城镇已经成为农牧区人口流入的主要目的地。因此，

这些城镇增建学校,解决流入农牧民子女入学难问题。从全区城镇化进程来看,农牧民人口流入还会持续一段时间,必然给城镇基础设施和城镇公共服务造成一定的压力,所以提前做好规划增建、扩建学校,迎接流入城镇的农牧民子女,为他们提供良好的教学环境,同时建设新校区时要注意空间上的合理布局。

第三节　城市常住人口养老保障水平研究

养老保障属于社会保障的一个重要组成部分,是事关民生的重大问题,指国家和社会根据一定的法律法规,为保障劳动者在达到国家规定的解除劳动义务的年龄界限或者因为年龄原因退出劳动岗位后的基本生活而建立的一种社会保障制度[1]。完善养老保障制度,提升养老保障水平,已然成为我国全面建成覆盖城乡居民的社会保障体系的重要内容。据2010年第6次全国人口普查数据显示,2010年内蒙古60岁及以上人口占总人口11.48%,其中65岁及以上人口占7.56%,按照国际通行标准来看,内蒙古已进入老龄化社会,而且自治区职工基本养老保险制度抚养比[2]由2011年的2.3∶1下降到2015年的1.5∶1,每1.5个缴费职工就要抚养一位退休职工。城镇化进程的推进,人口老龄化加速,退休人员增加,流动人口灵活就业人员增多,制度抚养比下滑,均对城市常住人口养老保障的可持续发展带来挑战。本节所探讨的养老保障问题主要聚焦于城市常住

---

[1] 李晟. 城镇化进程中失地农民养老保障模式研究 [D]. 中南大学硕士论文,2014 (5).

[2] 制度抚养比指同一时间段为实际缴费人数与实际领取基本养老金人数之比。

人口通过缴纳各种形式的养老保险来获得养老安排，研究城市常住人口的不同群体尤其是灵活就业的农牧民工的养老保障现状及提升策略。

一、内蒙古城市常住人口养老保障基本情况

自党的十八大报告提出"到2020年全面建成覆盖城乡居民的社会保障体系"以来，国家和自治区一系列新制度办法的出台，为内蒙古建立统筹城乡养老保障体系、完善职工养老保险制度提供了强有力的政策支撑，营造了良好的社会环境。在国家开展养老保险顶层设计，推进机关事业单位养老保险制度改革，完善基本养老保险关系转移接续，出台城乡居民基本养老保险关系转移接续办法的推动下，内蒙古基本养老保险制度建设步伐进一步加快，各级政府财政连年加大对职工养老保险的投入，科学分析居民养老保障问题和解决措施，确保基本养老保险制度发挥了社会保障的主力作用。

（一）因地制宜健全基本养老保险两大制度平台

在2011年国务院启动城镇居民社会养老保险试点之际，内蒙古积极规划和推动两项制度的合并实施，下发《内蒙古自治区人民政府办公厅关于开展城镇和农村牧区居民社会养老保险试点的实施意见》，率先建立了统一的城乡居民社会养老保险制度，既实现了城乡居民制度的全覆盖，又同步实现了制度的合并实施和城乡一体化，并且创新性地初步建立地方财政对基础养老金及缴费的补助机制，文件规定除国家基础养老金由中央财政负担，自治区提高的基础养老金及参保人的缴费补贴均由自治区各级财政负担，对一类地区（呼包鄂三市），自治区财政负担40%，盟市及旗县财政负担60%；二类地区（锡林郭勒盟等4盟市）为各50%；三类地区（兴安盟等三市），自治区财政负担60%，盟市及旗县财政负担40%。先后出台《关于将原"五七工"纳入城镇企业职工基本养老保险的通知》和《关于解决未参保集体企业职工基本养老保障等遗留问题的通知》等多个文件，将15.4万人"五七工"和6.9万人未参保集体企业职工纳入职工养老保险的保障范围，妥善安排"五七工"、未参保集体企业人员的参保问题，解决了体制转轨和历史遗留问题，化解了矛盾，维护了社会和谐稳定。2014年，内蒙古根据人社部《城乡养老保险制度衔接暂行办法》有关要求，为贯彻落实国务院和人社部城镇企业职工基本养老保险关系转移接续办法的通知精神，印发了《关于内蒙古自治区城乡养老保险制度衔接的实施意见》，职工和居民两个制度初步实现了制度上的统筹衔接，为全区城镇化进程中从农村向城镇转移流动的参保群众提供了方便。同时，在《转发劳动保障厅、财政厅、农牧业厅关于农垦企业基本养老保险实施办法的通知》文件的指导下，基本完成全区农垦企业职工养老保险与企业职工养老保险制度的并轨工作，实现了企业职工养老保险制度的统一。

（二）城市常住人口的覆盖范围稳步扩大，养老待遇水平稳中有升

在一系列政策的调适下，城镇职工基本养老保险制度范围不断适应经济社会发展状况，由原来的国有、集体企业职工，逐步扩展到各类所有制企业职工、城镇个体工商户和灵活就业人员，以农牧民工、非公有制经济从业人员和灵活就业人员为重点，将符合条件的各类人员纳入相应的参保范围，覆盖范围稳步扩大，参保人数逐年增长。截至2017年4月底，全区城镇职工基本养老保险参保人数661.01万人，城乡居民参保人数737.29万人，2011—2016年，全区参保人数年均增长率6.4%左右。近年，职工基本养老保险和城乡居民养老保险的待遇水平均稳步提高，且按时足额发放。截至2016年，职工基本养老保险已经实现连续12年调整待遇，按时向符合条件的人员足额支付各项待遇，养老金社会化发放率保持在100%，有力保障了退休人员的基本生活。2016年，调整后月人均养老金水平达到2686元，比2010年末增长72.98%。目前，内蒙古城乡居民养老保险在国家财政55元基础养老金增加5元的基础上，先后通过6次调整，自

2017年起，基础养老金每人每月达110元，并对80岁以上的高龄老人加发月基础养老金20元，对70岁以上不足80岁的，加发10元。总体上，城市常住人口养老金待遇水平均有所提高。

（三）养老保障的信息化建设和管理服务水平不断提升

"十二五"期间，通过强化机关事业养老保险基金征收和加大各级政府财政投入，不断提高统筹层次，企业职工基本养老保险基金由自治区统筹管理和调度使用，并实行自治区级预算管理和调剂补助办法，增强基金的互济功能和抵御风险能力的同时，全面推进养老保险管理工作的规范化、制度化、信息化，取得显著成效。在全国率先建成规范统一的省级集中平台，与自治区公安、质检、地税、金融部门实现信息共享和业务协同，通过制定统一的基本养老保险业务经办流程、开发统一的基本养老保险业务管理信息系统，利用网上服务大厅、12333手机服务大厅和公共短信、微信服务平台，开展网上经办和柜员制服务，经办管理能力和服务水平不断提高。现阶段，社会保障"一卡通"的应用范围正在不断扩大，逐步将社会保险待遇发放、灵活就业人员和城乡居民参保缴费、社会保险待遇报销以及社会保险补贴的领取等业务，集成到社会保障卡加载的银行账户中办理，应用非现金收支结算方式规范全区社会保险的征缴发放工作，养老保障信息化建设水平明显提升。

二、内蒙古城市常住人口养老保障面临的主要问题

通过调研发现，内蒙古在推进全民养老保险建设的实践中，取得了显著成效，但是面临区域经济发展和城乡发展不平衡、经济发展方式转变形势下灵活就业等非正规就业形式增多、城镇化进程加快与人民群众不断增长的保障需求、人口老龄化加快与人口流动频繁等新的挑战，建设协调统筹的城市常住人口养老保障体系依然存在一些问题。

（一）城市常住人口养老保障缺乏有效衔接和统筹

内蒙古118.3万平方千米行政面积之内，东西直线距离2400千米，全区经济发展极不平衡，比较突出地体现在东西部差距上，区域经济发展不平衡导致参保人员的缴费水平和待遇水平也不相同。例如，包头市2015年企业职工平均养老金为2407元，兴安盟为1766元，差别很大，这对内蒙古基本养老保险制度建设和资金有效统筹带来挑战。与区域经济发展不平衡相伴的，还有城镇化进程中人口流动加快和灵活就业等非正规就业形式增多，尤其是2016年末，内蒙古城镇化率达到61.2%，全区城镇私营个体就业人员占到城镇就业人员的58.9%[1]。随着城镇化的推进，大量农村居民转换为城镇居民，能否进一步采取有效措施推进个体工商户和灵活就业人员有效合理参保缴费，妥善解决这些人员的养老保障问题，在扩大覆盖范围的基础上提高基金的征缴率，成为新时期基本养老保险制度建设的主要问题。

同时，在自治区职工基本养老保险制度体系中，除已经制定的企业职工基本养老保险制度，还存在着被征地农民养老保险，正在探索改革的机关事业单位养老保险和农牧民工、个体工商户等灵活就业人员参加的职工保险等，而目前这些不同职工群体基本养老保险制度缺乏统一和衔接，不同群体之间待遇差距问题凸显。部分特殊群体，如"五七工"和未参保集体企业职工纳入城镇企业职工养老保险后，导致一次性缴满15年的"五七工"和未参保集体企业职工的待遇高于连续缴费15年的灵活就业人员，引发待遇差距和群体攀比；机关事业单位全民所有制合同制工人和新招录或聘用人员参保和退休政策执行标准不统一，有的执行城镇企业职工基本养老保险制度，有的执行机关事业单位退休制度；参加过城乡居民养老保险的灵活就业人员向职工养老保险的转变缺乏相

---

[1] 资料来自《内蒙古自治区2016年国民经济和社会发展统计公报》。2016年年末，全区城镇就业人员725.4万人，城镇私营个体就业人员427.5万人。

应法规等问题,亟待规范和衔接统一。

(二)居民养老金水平偏低,缴费参保意愿下降

随着社会经济的发展,群众的社会保障意识日渐提高,社会保障需求也随之提高。由于城乡居民养老保险还处于制度建设初期,绝大多数老年居民没有个人账户积累或个人账户积累很少,由政府补助资金建立的基础养老金尚没有建立起调整机制和待遇确定机制,内蒙古大部分地区的居民养老保险仍实行县级管理,保值增值困难。虽然自治区已适当提高了基础养老金水平,但总体待遇水平仍然比较低,与城乡低保补助标准的差距越拉越大,保障老年人基本生活的功能有限,城乡居民对提高基础养老金待遇的需求已然十分迫切。同时,内蒙古自治区老龄化程度比较高,截至2015年年末,自治区65岁以上老年人口186.8万人,占全区总人口的7.6%,据2015年全国1%人口抽样调查数据显示,老年人口抚养比达12.35%,每100名劳动年龄人口负担老龄人口数比2011年提高了3.68人。随着人口的不断老龄化,抚养比持续上升,养老保险待遇享受人数大幅增加,而老年人的医疗和护理消费需求又大大高于其他人群,居民养老保险金额很难满足高龄老人突出的护理需求,一定程度影响了参保人群的缴费意愿,对现行城乡养老保险制度带来严峻挑战。

在经济新常态下,由于经济增长放缓,必然带来财政收入增长的同步放缓,财政保障能力下降,同时表现在经办管理和公共服务提供等政府社会保障供给方面可能有所滞后。在人民群众保障需求不断增长的同时,政府的保障能力却面临瓶颈,进一步加剧了年轻居民的参保意愿和缴费积极性。截至2013年12月,全区参保人数为780.3万人,但实际缴费人数只有498.6万人,加上待遇领取的192.8万人,实际还有88.9万人没有缴费,占参保人数的11.4%。如按同期应

参保人数815.8万人计算,实际参保缴费(619.4万人)率只有75.9%。[1]

(三)职工基本养老保险面临征缴和发放双重压力

目前,随着人口结构发生重大变化,劳动力增长已过拐点,人口红利式微,劳动年龄人口下降且面临长期下降的趋势,由此带来养老保障缴费人口总量和比例不断下降,使养老保险基金增长受到限制。再者,部分私营企业职工和个体工商户以及灵活就业人员,收入水平偏低,缴纳养老保险费的承受能力较弱,随着在岗职工工资水平不断提高,个体缴费人员负担加重,出现想缴费却无力缴费的现实状况,部分参保人员出现了中断缴费现象。也有部分私营企业主依法为职工参加养老保险的意识不强,为降低成本,没有为职工全员参保,在目前劳动力供大于求的情况下,相当一部分职工为保住现有就业岗位,在工资收入有保障的前提下,不会强烈主张企业主为其参加养老保险。可见,在总抚养比持续上升的同时,扩面征缴的难度也在增强,基金压力不断加大。

与此相对应的,是企业职工基本养老保险确保发放的压力与日俱增。一方面,随着人口老龄化,保障范围扩大,全区企业退休人员每年新增超过2万人,而且这种趋势还在持续,而新扩充覆盖的灵活就业人员中断缴费情况时有发生,直接影响了当期养老保险征缴基金的稳定性,造成企业基本养老保险负担重。另一方面,国家对企业退休人员养老金待遇不断调整,使得养老保险基金的支出不断增加,虽然全区企业养老保险基金收支平衡,但基金的支撑能力很弱,基金支付压力逐年增大。较为明显的是2013年,全区企业职工基本养老保险基金征缴收入347.4亿元,同期支出养老金413.6亿元,养老保险基金当期收不抵支达66.2亿元。而落后地区及退休人员较多的地区,对自治区转移支付的资金依赖较大,部分盟市曾出现如果没有自治区拨付和暂借的基本养老保险一次性

---

[1] 资料来自内蒙古自治区人力资源社会保障厅的《关于内蒙古自治区建立城乡统一的社会保障体系的报告》。

转移支付资金将无法确保发放养老保险的境况。

（四）养老服务体系的基层保障能力有待加强

在覆盖快速推进和城乡居民养老保险参保人数激增的同时，社会保障业务不断拓展，参保单位和个人信息几何式扩张，基金积累和每年的新增额度不断扩大，并且逐年累加，管理服务业务内容不断增多，社会保障服务业务量不断上升，再加上日益增大的人员流动性，不仅增加参保的服务总量，而且社会保险关系的转移接续工作量剧增，内蒙古在养老和医疗保险经办服务方面供给不足表现得较为突出，客观上要求加快公共服务体系建设，提高信息系统的管理和数据安全标准，保障基金安全和保值增值，为公众提供品质优良、便捷高效的公共服务。

这一问题在基层经办服务机构表现得更为突出，一方面，随着人社部门工作不断深化，社会保险服务对象逐步扩大，业务量成倍增加，而社会保险公共服务基础设施薄弱，各级社保经办机构普遍存在基础差、面积小、功能少等问题，部分街道和社区没有经办服务场所，社区协办员队伍没有全面建立起来，人员不稳定，经办力量严重不足，社会保险经办工作经费紧张，没有建立与服务人群和业务量挂钩的经费保障机制，缺乏必要的办公条件，不利于工作的持续开展，严重影响了社会保险公共服务的效率和质量；另一方面，信息系统建设还没有完全覆盖到基层经办服务平台，特别是对养老保险跨地区转移接续缺乏有力支撑，不能及时按要求办理转移，地税征缴费用和社保负责核定的平台，相互之间系统不完善，制约了工作流程的顺畅度和服务满意度。

三、提升内蒙古城市常住人口养老保障水平对策探索

由上文分析可以看出，内蒙古城镇化率正在快速增长，高于我国整体城镇化率，但是快速城镇化也带来日益增长的人员流动性和城市常住人口养老保障业务的拓展，迫切需要我们探索以增强公平性、适应流动性、保证可持续性为重点，结合内蒙古养老保障参保的服务总量和养老保险关系的转移接续工作量双增加的实际情况，在巩固现有参保人群的基础上，重点将城镇灵活就业人员、农牧民工纳入覆盖范围，统筹推进城乡养老保险体系建设，实现"人人享有基本保障、保障项目基本完备、待遇水平稳步提高、制度衔接顺畅有序、管理服务高效便捷"的多层次保障体系，提升内蒙古城市常住人口养老保障水平。

（一）推进制度全覆盖向人员全覆盖发展，落实全民参保登记计划

目前，基本养老保险两大制度平台基本建成，推进制度全覆盖向人员全覆盖发展成为现阶段的重要目标。《中华人民共和国社会保险法》规定，用人单位及其职工应当参加基本养老保险，这是法定义务，要巩固基本养老保险扩面成果，将符合条件的各类人员纳入制度范畴，以非公有制企业及其职工、个体工商户、灵活就业人员和农牧民工为重点，进一步扩大职工基本养老保险覆盖面。适时取消对灵活就业身份的农民工参保的户籍限制，实施城市常住人口全民参保登记计划，建立城乡从业人员数据库，发放社会保障卡，对全民的就业和社会保险情况实行全程跟踪，实现源头管理和精确管理。进一步加大执法力度，依法加强对从业人数和缴费基数的稽核，强化养老保险基金管理，防止漏保漏缴，做到应保尽保，应收尽收，逐步实现多层次全民养老保障覆盖。尤其需要重视的是，将被征地农牧民纳入现行城乡社会保险制度，充分运用《关于建立被征地农牧民养老保障制度的意见》文件精神，明确用地单位的社会保障责任，按照谁用地、谁保障的原则，在土地综合区片价之外单列征地社会保障专项资金项目，将这项资金纳入征地成本；把被征地农民优先纳入城镇职工基本养老保险等项保障制度，建立预存款制度，加强社会保障审核，确保先保后征原则的贯彻落实，保障被征地农民的社会保障资金到位，保障落实，不留后账。

（二）建立城市常住人口基本养老金正常调整机制，强化待遇之间的衔接

新农保与城居保两险合并实施后的制度优势显而易见，而城乡居民养老保险制度和城镇职工养老保险制度之间如何衔接、缴费年限如何折算成为城市常住人口的期待。在现有的社会保险制度框架范围内，积极探索解决统筹城乡各项保险制度之间的衔接问题，完善基本养老保险关系转移接续政策，做好城乡居民基本养老保险关系转移接续工作。使城乡居保制度与职工基本养老保险制度形成多元格局，以适应不同条件的居民对不同标准的养老保险制度的选择需要，实现居民在制度抚养比持续下降与职工养老保险两个制度的协调发展。为城镇化进程中大规模流动人口，及时办理基本养老保险转移衔接服务，确保两项制度长期并存、协调发展。考虑不同地区如少数民族地区、边远地区等特殊情况地域性特点及群众生活成本等问题基础上，以国家相关政策为依托，建立健全稳定的筹资机制，逐步加大政府投入，明确各级政府责任，形成科学合理的筹资增长机制。根据城乡居民收入变化、物价变动、相关社会保障待遇水平及财政能力等因素，统筹建立参保退休职工基本养老金正常调整机制，建立城乡居民基础养老金正常待遇调整机制和待遇确定机制。尤其是城乡居民保险基础养老金，内蒙古虽然做了小幅调整，但与其他保障待遇差距日渐拉大的情况愈发明显，要结合国家调整政策，将基础养老金一次性调整到与农村牧区低保补助额接近的水平，然后按照城市常住居民人均收入增长率的一定比例及与通货膨胀率之和，研究确定自治区城乡居保合理待遇水平，建立正常的基础养老金待遇调整机制，结合企业退休人员养老金调整以及城乡低保补差标准调整情况，每年调整一次基础养老金待遇，确保城乡居民基本生活，以保持制度之间的平衡和待遇的可持续。

（三）进一步提高统筹层次和调剂能力，实现基本养老保险制度定型

以《中华人民共和国社会保险法》及其配套法规和政策为基础，做好自治

区政策与国家政策的衔接工作，研究确定基金自治区级管理的目标任务、制度模式、支撑条件及责权划分规划与方案。确立与经济发展相适应的筹资水平和保障水平，完善市级统筹，逐步深化自治区统筹管理，做实个人账户，规避安全风险，最大限度地实现基金保值增值，有效提升养老基金的调剂能力。自治区级管理是一项复杂的系统工程，要明确实施步骤，做实准备工作，按照规划方案一步到位实行自治区级集中管理。将个人账户资金全部集中到自治区级财政专户进行管理，建立全区统一的城乡居保制度，包括统一基础养老金金额、缴费档次、缴费补贴额等基本参数，实行数据全区集中、业务属地经办、区市两级监管、个人账户基金自治区级统一管理的管理模式是其最终目标。县市区经办机构在将个人账户的全部积累资金扣除当期个人账户支付额后全部上缴到自治区城乡居保基金账户，由自治区级以上政府财政给予城乡居保经办管理费用补助。加快探索农牧民工和灵活就业人员参保政策，进一步完善多缴多得的激励机制，调动个体工商户、灵活就业人员、城乡居民参保缴费积极性。针对部分低收入灵活就业人员中断缴费的突出问题，完善社会平均工资统计办法，将私营单位纳入统计范围，降低缴费基数。尽快出台农牧民自愿参加城镇职工养老保险办法，建立和完善养老保险待遇水平与缴费相挂钩的参保缴费激励约束机制，进一步推进机关事业单位养老保险制度改革和企业（职业）年金发展力度，统筹推进城乡社会保障体系建设完善，实现多层次基本养老保险制度定型。

（四）构建健康统筹的养老保障服务体系

健康统筹的养老保障服务体系最为重要的是提高经办管理服务水平和信息化建设程度。首先，社会保险法明确规定"社会保险费实行统一征收"，应按照统一、精简、效能的原则，结合自治区实际情况，加强社保信息系统、地税征缴系统和银行系统互联互通平台的建设，提高工作效率，改进社会保险费征收方式，长远规划改变基本养老保险费由社会保险经办机构和税务部门分别核定和征收，体制摩擦，成本高，效率低的现状，实现社会保险费统一征收。进一步明确和落实社区平台社保经办职能，整合现有资源，完善基层平台建设，建立管理服务人员的长效培训机制，优化经办模式和服务手段，研究与社保业务量相挂钩的经费保障办法，通过购买服务，破解工作人员和经费不足难题，推动基层经办工作的开展。其次，加快社会保险信息系统统一建设步伐。通过自治区级集中信息系统和业务信息协同平台建设，实现数据向自治区级集中，业务信息共享和协同办理。积极推进"一卡通"建设，加强待遇领取人员资格认证信息子系统的建设和二次比对方式的技术支持，完善社会保障"一卡通"的政策环境和技术平台，建立或完善城乡居保信息管理系统，将信息网络向基层延伸，实现省、市、县、乡镇（街道）、社区实时联网，推动"一卡多用，全区通用"，在更大程度上方便广大参保群众。

第十一章 提高城市规划管理和治理能力研究

城市是一个复杂的系统,必须要有科学的规划和有效的治理才能实现有序发展,高效运行。城市规划是城市建设管理的依据,决定着城市的土地配置、空间布局、发展形态和宜居性,引领、控制、调节城市向正确的方向发展。但只有好的规划还不够,城市规划落实、实施及城市运行中还要依赖高效的治理,加快从单一主体管理向多元主体共同参与城市治理模式转变,实现治理方式多样化已经成为城市未来发展的趋势。本章对城市规划管理、城市治理问题进行探讨,发现问题,寻求更好的解决路径,进而促进城市高效运行和健康发展。

第一节　提高城市规划管理水平研究

一、内蒙古城市规划现状及分析

（一）城镇体系规划的基本概况

为了引导自治区区域空间合理布局和城镇建设有序发展，构建城乡统筹、区域协调的城镇体系，统筹引导自治区城乡建设，自治区编制了《内蒙古自治区城镇体系规划（2015—2030）》，其中近期规划为2015—2020年，远期规划为2021—2030年，规划范围为内蒙古自治区行政辖区范围。规划构建"一核多中心，一带多轴线"城镇空间布局结构。按照"一核引领、中心带动，节点支撑、轴带推进，分区引导、集聚发展"的思路，形成集中与均衡发展相结合、全方位开放带动的城镇空间布局结构。"一核"指呼包鄂城市群核心区。"多中心"为带动各盟市整体发展的中心城市。"多节点"为推动城市群、都市区一体化，带动周边发展、推进城乡均衡布局的I类旗县（市）域中心城镇。"一带"为贯穿自治区12个盟市的城镇发展带。旗县（市）域中心城镇和小城市共76个，规划形成189个重点镇。"多轴线"为内引外联的城镇发展轴线，包括8条轴线和2条通道。城镇化发展目标为到2020年，全区常住人口2600—2650万人，城镇化率约65%，户籍城镇化率达到50%左右，城镇人口约1700万人；到2030年，全区常住人口约2650—2750万人，城镇化率约70%，户籍城镇化率达到60%左右，城镇人口约1850—1950万人。[1]

---

[1] 资料来自内蒙古自治区人民政府网。

本城镇体系规划的目标主要是以人为本，稳步推进符合内蒙古自治区特点的新型城镇化道路，进一步突出自治区作为国家重要能源基地和新型化工基地、有色金属加工和现代装备制造新型产业基地、绿色农畜产品生产加工输出基地、北疆特色旅游观光和休闲度假基地、向北开放重要桥头堡、北方重要生态安全屏障和北疆安全稳定屏障的战略地位，构建与新型工业化、信息化和农牧业现代化良性互动、与资源环境承载力和生态安全格局相适应、具有自治区鲜明地域文化特色的新型城镇化发展格局，实现大中小城市、城镇和农村牧区居民点的有序、协调和健康持续发展，把内蒙古自治区建成经济发展、民族团结、文化繁荣、边疆安宁、生态文明、各族人民幸福生活的现代化民族自治区。

（二）各城市总体规划的编制情况

城市总体规划是未来城市发展的纲领性文件，是城市规划工作体系中的高层次规划。城市总体规划是对一定时期内城市性质、发展目标、发展规模、土地利用、空间布局以及各项建设的综合部署和实施措施。城市总体规划是城乡建设和管理的基本依据，是保证城市土地和空间资源得以合理利用，各项建设得以有序进行的前提和基础，是城市规划综合性、整体性、政策性和法制性的集中体现。城市总体规划包括市域城镇体系规划和中心城区规划，规划期限一般为20年，分近期、中期、远期3个阶段。

内蒙古自治区城市的总体规划都已完成，各城市在总体规划中确定了城市的性质、规划期限、人口规模及土地利用等（表11-1、表11-2）。呼和浩特市、包头市由于城市发展比较快，情况变化大，总规期限是10年，2个城市都是到2020年，其他7个地级市总规期限是15—20年，都是到2030年。据此分析，到2020年，呼和浩特市、包头市将规划成为200多万人口的大城市，鄂尔多斯市与现有人口相比增加幅度比较大，呼伦贝尔市、赤峰市、乌兰察布市规划成为中等城市。

表 11-1 内蒙古城市总体规划编制基本情况[1]

地级市	总规期限	中心城区规划人口（万人）		中心城区规划用地（平方千米）	
		2020 年	2030 年	2020 年	2030 年
呼和浩特市	2011—2020 年	258		310	
包头市	2011—2020 年	270		322	
呼伦贝尔市	2013—2030 年	60	80	78	103
通辽市	2015—2030 年	77	110	116	164
赤峰市	2012—2030 年	93	110	115	151.5
乌兰察布市	2010—2030 年	60	80	90	120
鄂尔多斯市	2011—2030 年	155	240	212	325
巴彦淖尔市	2011—2030 年	65	80	98	120
乌海市	2011—2030 年	83	100	100	131

[1] 资料来自内蒙古自治区住建厅。

表 11-2　内蒙古城市总体规划中确定的城市性质[1]

地级市	城市性质
呼和浩特市	内蒙古自治区首府和政治、经济、文化中心；国家历史文化名城；我国北方沿边地区重要的中心城市。
包头市	内蒙古自治区重要的经济中心，呼包鄂榆城市群中心城市之一，我国重要的工业基地。
呼伦贝尔市	东北地区开放型区域中心城市，内蒙古自治区东部重要的产业基地和服务中心，具有草原文化和民族特色的国际旅游名城与生态宜居城市。
通辽市	全国综合交通枢纽，新能源，新材料和绿色农畜产品生产加工基地，东北地区区域中心城市，科尔沁人文生态城。
赤峰市	内蒙古东部地区的区域性中心城市，是以有色金属、能源化工、商贸物流和文化旅游为特色，生态宜居的文化名城。
乌兰察布市	国家重要的新型能源产业基地之一，内蒙古西部对接京津冀的交通、物流枢纽及区域性中心城市。
鄂尔多斯市	国家重要的能源和新型化工基地，内蒙古自治区重要的经济中心，富有民族文化特色的生态宜居城市。
巴彦淖尔市	呼包银经济区重要的中心城市之一，内蒙古自治区新兴工业城市，连接西北与华北地区的重要交通枢纽，以河套文化为特色的生态宜居城市。
乌海市	国家能源与重工业基地，沙漠旅游服务基地，内蒙古自治区西部以滨水宜居、生态园林、多元文化为特色的区域中心城市。

根据各城市的总体规划分析，呼和浩特市、包头市和鄂尔多斯市3个区域中心城市要进一步做大做强，成为带动全区经济发展方式转型和城镇化健康发展的核心和龙头，3个城市之间要继续加强经济联系，推进呼包鄂城市群协调发展，辐射带动呼包鄂城市群统筹一体发展。呼和浩特市是草原丝绸之路的起点城市和枢纽城市，我国向北开放的国际交流和服务中心，国家一级物流节点城市，要进一步增强对外开放与对外交往职能。包头市是环渤海地区和呼包银榆经济区区域性中心城市，继续发挥我国重要的工业基地职能，加强与京津冀地区产业合作，在符合环境保护要求的前提下积极承接产业转移，推进环渤海地区合

---

[1] 资料来自内蒙古自治区各城市政府门户网站。

作发展。鄂尔多斯市是国家重要的能源化工和新型产业基地,加强与京津冀的能源、电力、产业合作,与晋陕甘宁地区共同建设国家级能源基地、能源化工基地。9个地区中心城市要加大对盟市域经济发展的辐射带动作用,积极培育有条件的城市发展成为大中城市。

依照《中华人民共和国城乡规划法》,城市总体规划一般是由本级政府编制、同级人大常委会审议、上级政府审批。呼和浩特市、包头市城市总体规划,由自治区人民政府审查同意后,报国务院审批。其他城市的总体规划,由城市人民政府报自治区人民政府审批。到目前为止,除包头市,其他城市的总体规划都已批复。总体而言,自治区各城市基本形成以总体规划为指导、分区规划及详细规划相协调的规划体系。

(三)法律法规等保障体系基本形成

目前我国城市规划法律体系包括基本法律和配套法规。我国的城市规划基本法律以及城市规划法规体系的核心是2008年开始施行的《中华人民共和国城乡规划法》,配套规章有国家规划主管部门住房和城乡建设部制定的《城市规划编制办法》《省域城镇体系规划编制审批办法》《城市、镇控制性详细规划编制审批办法》等,还有一些城市规划的技术标准和技术规范,如《城市用地分类与规划建设用地标准》《城市规划基本术语标准》《城市居住区规划设计规范》等。

为了加强城乡规划管理,2013年5月,内蒙古自治区第十二届人民代表大会常务委员会第三次会议通过了《内蒙古自治区城乡规划条例》,2013年7月1日起施行。为了细化和规范城市规划工作,自治区还制定了一些规范性文件,如2015年为了提高规划编制的科学性、规范性和可操作性,制定了《内蒙古自治区城市设计编制、管理指导意见》;2016年,为了进一步加强自治区城市设计工作,制定了《内蒙古自治区城市设计导则》;2017年,为了规范对报经自治区人民政府审批的城镇总体规划的修改程序,提高城镇总体规划质量和行政工作效率,制定《内蒙古自治区城市总体规划修改工作规则》。自治区的城市规划法律法规等保障体系基本形成。

二、城市规划中存在的问题

(一)规划滞后于建设,时效性跟不上城市快速发展的需要

城市规划的功能是引导和调控城市发展,为城市建设和管理提供基本依据,但在实施中,城市总体规划静态的规划结构不能适应城市快速发展的变化,使城市总体规划在指导城市建设方面并没有起到应有的引领作用。规划编制与审批的周期过长,导致规划实施时序难以衔接。例如,城市总体规划,近期建设规划一般为5年,编制用时一般1—2年,甚至有些城市长达3—4年之久,编制完成之时已面临数据过时,亟须更新的尴尬境地。其次审批耗时也很漫长,城市总体规划从报批到批复下来,一般需要2年左右。批准之日,近期建设已近尾声,被迫成为"过时"的规划。而从批准到实施还有个时间差。这3个时间段一定程度上导致城市总体规划的时效性不强,造成上位规划对下层次的分区规划、详细规划的指导性不足,而无法做深做细,导致对大范围的宏观控制和具体到每个地块的微观控制严重不足,在整个规划体系中出现了薄弱环节乃至断层,规划实施的总体目标失控。同时,催生了"事实违法",在既成事实面前,规划更显得无力,经常处于被动境地,不能满足城市发展需要。缺乏有效的动态更新体系,导致规划只能是接受外部环境改变时的信息反馈,不断地修编跟踪实践的发展,以满足城市快速发展建设的需求,使得城市建设没有依据,从而造成建设局面混乱。

(二)城市规划不同程度受人为因素的干扰,严肃性、权威性受到影响

城市政府是城市规划的组织者、领导者和决策者,也是建设用地和建设

工程的审批者，更是城市规划实施的监督者，所以规划设计单位更多受制于城市政府和行政主管部门。有的地方政府为了发展经济，招商引资引进项目，与规划有冲突时，靠调整规划来迁就投资项目，出现规划跟着建设走的不科学情况，规划被随意改动而无法落实，规划的严肃性和权威性得不到应有的尊重，调控性得不到有效发挥，给城市的长远发展埋下了隐患。

（三）城市规划实施体制机制不完善，部门之间协调配合能力不足

国民经济和社会发展五年规划居于主导地位，其实施绩效也定期向人大汇报，以强化其实施机制。在此现行架构中，城乡规划成为落实国民经济五年规划及其年度计划的技术工具，不是政府计划体系的一部分，与政府现行操作体系脱节，影响规划实施效果。

规划实施过程中受经济、社会、政治因素的影响，需要协调的关系较复杂，需要解决的矛盾很多。规划实施的过程既是土地、资金、人力等各种资源的配置过程，是各个部门之间的协调配合过程，也是政府、开发商、居民等多方面利益主体的协商过程。在这个复杂系统中，遇到各种困难在所难免，需要实施主体有承接和解决各方面问题的能力，但在实际中经常由于体制机制和应对协调能力不足，出现实施不力的局面。比如，城市排水的问题，城市规划时设计的管线足够城市排水，但在建设中往往因为资金等问题缩小管径，减少管沟的尺寸，最终导致降水量大时雨水积溢。旧城地下管线改造，由于各部门各自为政，资金、人力、物力配备不到位，很难统一协调，导致各行其是，出现"马路拉链"现象。

（四）城市规划管理水平有待提高，执法监督力度不够

规范而高效的城市规划管理，是确保城市规划全面实施、有序推进的关键。俗话说："三分规划，七分管理。"规划得再好，管理和实施不力，就会

失去规划的意义。

从规划的编制管理角度看，自治区规划基本上仍属于地域规划和战略规划，没有达到综合规划的水平，涉及的领域有限，规划深度不够。规划编制理念存在问题，理论不完善，缺乏前瞻性，更谈不上百年眼光，一些规划还没审批下来，规划就与发展动态相去甚远，只能频繁修编甚至重新编写新版规划。编制技术不规范，有的城市总体规划与土地利用总体规划所采用的坐标系、基本参数不同，"三规合一"困难。规划采取的是由政府决策，规划管理部门组织编制，专家参与的形式进行，处于专家规划阶段，其中专家团队的专业结构也不尽合理。公众参与的机会有限，效果不理想。

城市规划管理部门具体管理职能划分不是十分明确，存在多头管理，互相推诿现象。领导自由裁量权过大，极易受主观因素影响而造成规划决策的失误，缺乏有效完善的监督体系。有些项目不办理任何规划手续，先开工建设，等竣工投入使用后，再补办规划审批手续，甚至违反城乡规划管理有关规定，擅自批准开发建设。

规划管理执法不严，处罚力度不够，规划执法人员和执法经费不足，管理存在漏洞，很多违规建设不能被及时发现，违规建设现象比较突出，违法建筑大量存在。城镇化过程中，城区的违法违章建设主要集中在城乡接合部、农村宅基地、"城中村"、老旧小区棚户区等特定的区域和地段，由于城乡统筹规划滞后和管理的缺位，再加上规划管理部门对违规违法建设无强制执行权，申请法院执行，投入大、时间长，在完成司法程序之前大多已完工，造成事实，大大增加了执法难度，造成了很大的负面影响，使得这些地区的建设在很长时间内处于失控状态，出现大量私搭乱建、翻扩建的违法建设，极大地浪费和破坏了土地资源，增加了城市管理成本，而且还严重破坏了城市的整体规划和区域形象。很多违法建筑没有及时查处、拆除，成为今后规划管理的一大难题。

(五)城市规划设计风格雷同,地方特色不突出

一个城市的独特风格,其形成条件在于特有的历史渊源、特殊的地理环境和自然条件,其创造条件在于科学的城市规划。但是就目前情况来看,很多城市都没有依靠自身特色规划,而是照搬照抄大城市的设计理念,整个设计模式和理念上都是大城市的发展模式。新规划建设抄袭、模仿、复制、跟风现象比较普遍,城市形象趋同,千城一面,万楼一貌,没有突显出自治区的地域特色、民族特色。自治区有着深厚的文化底蕴和丰富的文化特色,但一些城市未能依据自身的文化特色优势进行城市内涵的挖掘,造成了城市风貌的单调雷同。在城市旧城更新改造中,大拆大建,对原有的传统建筑和历史文化古迹造成破坏,对城市的历史文化街区、文化古迹随意拆除破坏,使城市景观丧失了地域性和文化内涵。

(六)城市规划土地使用制度有待改革,浪费现象普遍存在

城市化速度的加快必然会造成土地资源的开发,但自治区一些城市规划中滥用土地,大量的农业用地和绿化用地过多过快地转化成城镇开发用地。土地资源的超强度开发,忽视了土地的生态安全。一些城市规划目标偏高,盲目扩大城市规模,通过不切实际的人口规划获得更大的城市建设用地,这种不顾城市未来发展可能性的做法,造成建设上的巨额投资浪费。有些地方以产业园、软件园、生态园、物流园、工业区、开发区等多种形式,占用了大量耕地和绿地,严重透支土地资源,有的甚至只占不开发,造成土地资源的大量闲置和荒废。还有的城市土地规划不规范,土地资源稀缺下,为谋求利润投机房地产开发。

三、内蒙古城市规划的路径选择

习近平总书记曾强调:"考察一个城市首先看规划,规划科学是最大的

效益，规划失误是最大的浪费，规划折腾是最大的忌讳。"城市规划搞得好不好，直接关系城市总体功能能否有效发挥。高水平的规划能够盘活城市资源，提升城市形象和品位，增强城市的吸引力、影响力和竞争力。自治区城市规划工作需不断改革完善，走制度创新的道路，让规划在城市建设中发挥战略引领和刚性控制的重要作用。

（一）提高城市规划的科学性和前瞻性，引导调控城市健康发展

一是缩短规划编制、审批时间。精简总体规划编制内容，避免纲目并举、主次不明，突出结构性、战略性内容。注重城市定位、发展战略与方向、功能布局、重大基础设施布局、实现路径和政策研究。细节问题则交由详细规划、专项规划或者下层次规划去解决。内容的精简将有效缩短编制时间，审批内容也会相应减少，可以有效增强总体规划的时效性。目前，规划都需要经过层层级级的审查，尤其总体规划的审查更为繁琐耗时，简化审批程序非常必要。而且应该明确规划编制和审批各程序的时间规定，对各环节的审批时间有所限制，提升规划审批的行政效率。

二是善于利用信息技术。信息技术的进步可以为加强规划实效和建立有效的动态更新体系提供强有力的技术支撑。采用3S技术对城市进行高频次、高精度、全覆盖的遥感动态检测，通过对不同时期遥感影像的对比分析，实时对规划各因素的发展变化进行校核，根据检测结果实施实地巡查、立案调查等规划监督检查工作，掌握城市规划实施的总体情况，及时发现、纠正和处置违法违规行为。可以预计，信息技术在推动规划事业的发展上、在提高规划水平上、加强规划时效上还将发挥更大的作用，自治区各城市应推广应用。

（二）理顺城市规划体制机制，强化其执行度和权威性

一是建立科学的政绩考核机制。要全面评价政府官员的政绩，既要看城市

变化，也要看人民生活，既要看"显绩"，也要看"潜绩"。只有这样，才能从根本上杜绝形象工程、政绩工程等问题。树立正确的发展观和政绩观，纠正一些决策者发展观、政绩观出现的偏差和对城市的性质、功能定位、发展目标等存在的认识误区，避免领导意志导致的"政绩规划"、利益驱动导致的"商人规划"、盲目贪快导致的"过度规划"和缺乏法制意识导致的"随意规划"等造成的社会资源的巨大浪费。

二是增强制度约束机制。对于违反《中华人民共和国城乡规划法》和强制干预城市规划内容的个人和团体绝不姑息，从严处罚，对城镇规划和建设重大失误要严格追究责任，坚决杜绝随意变更规划内容的现象发生，规划一经确定，要坚持不变，做到一张蓝图画到底，增强规划的连续性，切实维护规划的严肃性和权威性。健全执行细则和监督程序，城市总体规划的修改，必须经原审批机关同意，违规建设的处理结果要向社会公开。建立健全城市规划实施报告制度、规划委员会制度和规划督察员制度，城市政府定期向同级人大常委会报告城市规划实施情况，市县政府建立城市规划委员会，实现城市规划督察市县全覆盖。通过强化决策失误的责任追究制度，用倒查追责的方式，守住城市规划不折腾、少失误的底线。

三是建立完善部门协调机制。城市规划是一项公共政策管理体制系统，它的有效运作需要借助完善的政治体制。城市规划的实施离不开政府的领导和协调，各级政府的规划事权要科学进行划分。为保障规划的实施与政府事权相结合，要进一步完善市政府责任制，以地方立法的形式明确各级政府的规划事权和责任。同时，建立政府领导下的部门协调联系制，政府各部门在决策之前，应当进行信息互通与协商，在决策之后共同执行，在城市规划实施上，涉及部门利益交叉时，由市政府进行协调解决。例如，要求各部门年终上报下年的线路铺设计划，以便在市政工程审批中，统筹安排。由政府协调电力、供水、排水、燃气、供热等部门一次将所有管线入地，避免二次开挖给城市和老百姓带来影响。政府、市规划主管部门、市城市管理综合执法局要通力合作，遏制违法建设行为，在各司其职、各负其责的情况下，注重合作检查，联合执法，形成合力，提高规划执法的效果。

四是健全公众参与和监督机制。城市的首要功能是满足人民群众生产、生活乃至生存的需要，应该把人民群众的利益作为规划的出发点和落脚点，让规划实践最大化地满足人的需要。因此，在城市规划设计中，要提高公众的参与度，组织不同文化素养、不同社会地位、代表不同集团利益的人参与规划方案的讨论，以便汲取来自实际的良策。构筑起顺畅的利益表达机制，成立专门机构收集公众建议，呼应民声、汇聚民智，把百姓所关心的内容着重进行解决。对于编制完成的城市规划、城市规划管理办法、规划审批项目、城市规划管理程序以及管理机构，通过新闻媒体的宣传、规划网站的公开和设立规划展览场所展览，增加规划的透明度，增加公众接触和理解规划的机会，使规划置于社会公众的监督之下，让规划管理变得更加透明，防止规划被改动。城市规划逐渐向综合规划过渡，除了土地利用、功能分区、道路系统、市政公用设施等内容，还应涉及社会、历史、政治、经济、文化、艺术、心理、环境、能源等更多的领域，因此规划应听取各方面专家的意见，合理设置各方面专家的人数比例。

（三）彰显地域特色，创立个性城市

所谓城市特色，就是指一个城市区别于其他城市独有的特点和风格，是人们认识一个城市并对这个城市所进行的形象性、艺术性的概括。国外有很多城市规划设计很注重个性，日本在1981年4月起实施地区规划制度，以城市规划区域内较小规模的地区为单位，对道路、公园等地区设施的配置和规模等事项，以及关于建筑物的形态、用地及其他土地利用项目，均由城市规划统一考虑规定，其目的在于形成良好的城市环境和富有风格特征的街区景观。

特色是城市的魅力所在，自治区城市建设要突显特点。城市领导者首先必须深刻了解市情，充分考虑城市自身的特点和优势，因地制宜地确立城市的发展方向和发展模式，塑造鲜明的城市特色。自治区城市地处祖国北部边疆，毗邻俄罗斯、蒙古国，草原文化底蕴深厚，自然景观从西到东逐渐由沙漠—草原—森林过渡，以蒙古族为主的民俗风情独特，这些都是自治区城市发展的内涵依托，所以我们的城市建设要尊重、研究、发扬自身的特点，抓住优势，对城市丰富的历史文化内涵进行充分挖掘，悉心保护民族传统遗产和风景名胜资源，把民族传统、历史文化、地方特色和时代精神有机结合起来，不断提升城市品质、扩大城市的影响力，精心塑造富有自治区特色的城市形象，避免好的文化内涵和风貌消失在疏于修缮维护和大规模的城市更新改造之中。

（四）强化土地管理，节约集约用好土地

土地承载多种功能，要惜土如金地进行土地配置。应根据资源环境承载能力合理确定城市发展规模，强化人均建设用地指标控制，最大限度保留原有农牧业空间和生态空间。用规划来"锁定"城市发展边界，合理预留发展用地，坚决落实最严格的耕地、草地、生态用地保护制度，科学划定农牧业空间和生态空间的红线和底线，守土尽责，确保国家粮食安全。严格执行农牧业用地占补平衡制度，实行先补后占、以补定占，建立市级农牧业用地占补平衡指标调剂平台。

全面加强城市建设用地管理，严格规定城市建设区和非城市建设区，未经法定程序许可，任何单位与个人不得在非城市建设用地上进行建设活动；明确界定公益性和非公益性两种性质的用地，严格审批公益性占地，除公益性占地采用协议出让的方式，其余均应采用招标和拍卖方式，以经济手段解决土地浪费问题；对城市边缘区土地利用进行调控，通过规划控制指标的约束来调控边缘区的土地利用密度和强度。这些控制指标包括建筑容积率、土地利用系数、

城镇用地增长弹性系数等。

建立城镇用地规模结构调控机制,健全节约集约用地制度,现行的土地出让制度,刺激了地方政府对增量土地的需求,引发土地使用中的短期行为。可以税收制度代替出让金制度,同时要确立税收返还或财政转移支付的办法,保证各级政府财政收入的稳定性。强化耕地保护制度和基本草原保护制度,严格按照中央的部署和要求,推进国有建设用地有偿使用制度改革,推进农牧区土地管理制度改革,推进征地制度改革,切实解决建设用地利用粗放问题,缓解城市土地的供需矛盾。

解决城市规划和土地规划等之间的矛盾,还需创新规划理念,改进规划方法,推进多规融合,以保持城市建设的协调性、连续性、稳定性。加强各规划之间的相互衔接,整合国民经济和社会发展规划、城市规划、土地利用规划,尽快形成"多规合一"的城市发展总体规划体系,并通过立法赋予其法律效力。

第二节　城市管理向治理转变的对策研究

党的十八届三中全会审议通过的《中共中央关于全面深化改革若干重大问题的决定》指出,全面深化改革的总目标是完善和发展中国特色社会主义制度,推进国家治理体系和治理能力现代化。城市治理是国家治理的重要内容,已经成为国家治理体系最重要的组成部分,无疑是全面深化改革的重点对象。提升城市治理能力,对促进经济发展、提高人民生活质量、维护社会稳定、推进精神文明建设、改善投资环境、提升城市形象有极其重要的作用。改革开放以来，自治区各城市大力提升城市管理水平，有力促进了经济社会发展、城乡布局调整和民生福祉改善。伴随着城镇化的快速发展，城市面临的问题越来越复杂，仅仅靠政府管理是不够的，需要市民、社会组织的共同参与，才能更好解决问题化解矛盾。

一、城市管理向城市治理转变的必要性

20世纪80年代出现新公共管理运动的世界潮流之后，许多国家掀起了从城市管理走向城市治理的变革。从城市管理走向城市治理有其必然性与现实基础：一是政府本身固有的局限性，即"政府失灵"问题，如政府决策失误、公共物品供给的低效、政府机构膨胀、寻租及腐败等。[1]二是城市的复杂性程度和复杂化速度大为提高，利益主体高度多元化，政府仅靠自身力量已不足以适应新的形势；三是传统行政模式过于专断和封闭，需要通过公众参与、协商民主来弥补；四是以硬法为主的传统管理模式存在弊端，如行政裁量权的滥用、行政手段的不友好性、规范的僵硬性与保守性等，需要与渠道多元、形式多样、动态供给的软法规制相结合。[2]管理向治理转变的全球化潮流，正在决定性地影响着中国的城市管理模式。

根据国家统计局网站公布数据，截至2016年年末，中国城市数量达到657个，常住人口城镇化率已经达到57.4%。城镇常住人口呈逐年增加趋势，未来中国还将有很大一部分人要进入城市工作生活，城市治理将在国家治理体系中占有越来越重要的地位。随着各种新技术的不断应用和信息化、网络化的不断发展，城市系统的运行管理越来越复杂，对城市治理的要求亦越来越高。让城市

---

[1] 莫于川，雷振. 从城市管理走向城市管理——《南京市城市治理条例》的理念与制度创新 [J]. 行政法学研究，2013 (3)：56—62.

[2] 姜明安. 软法：备受现代社会青睐的公共治理手段 [N]. 检查日报，2010-7-29 (3).

生活更加美好、宜居，其根本途径在于良好的城市治理。当前我国城市管理机制还不够完善，管理效果有待提升，一方面，政府在资金、力量上的投入不断增加，但市民对城市管理满意度并不高；另一方面，市民权利意识日渐增强，参与城市管理的积极性日渐提高。因此，以政府为单一主体的传统城市管理模式难以满足现代化城市的发展和要求，亟须在城市管理的顶层设计、管理理念、管理机制等方面实现突破和创新。2015年年底，中央提出推动城市管理向城市治理转变，这是城市管理困境的改革需要，是公众参与诉求的深远影响，也是适应信息时代的客观要求。引入治理的理念，有利于形成共识，达到更佳的效益，建立公众满意的城市管理模式，已经成为目前政府追求的重要目标。

"治理"的概念最初就源于城市问题，后来才被用于企业层次（公司治理）、国家层次（国家治理）和世界层次（全球治理）上。城市治理与城市管理相比既有延续性，又有超越性，体现了我国城市管理理念的重大调整和管理方式的转变。从主体上来看，"管理"是政府和国家对社会公共事务进行的单一性的、带有强制性的管理，而"治理"是以多元主体参与为中心，除了国家政府的管理，还强调鼓励和支持社会各方力量参与城市公共事务的服务和管理，即基层社区、社会组织、公私企业和公众也应在城市管理中发挥积极作用。由政府负责、社会协同、公众参与来合作行政，实现政府治理和社会自我调节、居民自治良性互动。从方式上来看，管理强调的是比较单一化的行政管理方式，而治理除了行政，还强调法治、德治、居民公约、网格化、信息化等多种治理方式，从而提高城市治理能力，适应城市发展。从方向上看，传统的管理只是单向式的、从上至下的管理，政府决策沿用城市政府组织的等级结构执行的过程，而治理强调的是双向的互动，政府制定公共政策时，要与不同的社会群体进行沟通、协商，"治理"是对单向度的"管理"理论的超越。[1]总

---

[1] 向春岭. 社会治理创新与新型城镇化建设 [M]. 北京：中国人事出版社，2014：76.

之，推动城市管理走向城市治理，需重新认识政府的角色，转变政府职能，由管理行政转向服务行政，"在服务中实施管理，在管理中实现服务"。

二、城市治理中存在的突出问题

自治区城市的快速发展与城市人口的不断增加，政府管理负担日益加重，公众参与意识不断觉醒，现有的城市管理能力难以适应城市化的高速发展，城市治理水平滞后于城市发展的需求，城市病层出不穷，阻碍了城市发展质量的进一步提升。

（一）对城市管理重视不够，战略地位还没有完全确立

"重建设，轻管理。"城市管理工作繁琐复杂难度大，财政投入大，见效缓慢，往往是等到情况恶化时才引起重视，相比之下城市建设有着效果明显、凸显政绩的特点，部分地方政府把主要精力、人力、财力投入建设上，导致城市治理水平不高，"三分建设，七分管理"的指导思想没有落到实处。管理是城市健康发展的保障，是规划和建设的重要手段，但实际中不同程度上存在着管理为建设放行的问题，一些城市管理运行效率不高，城市空间无序开发，交通拥堵问题严重，城市污水和垃圾处理能力不足，大气、水、土壤等环境污染长期存在，公共服务供给能力不足，城市病问题没有得到有效缓解。

重"地上建设"，轻"地下治理"。自治区很多城市地下管网建设和维护严重滞后，存在老化、落后、管理不到位问题，例如，地下排水管道由于口径小、后期维护不到位，大雨过后道路臭水积溢，遭遇"内涝"，有的地区管线用不了几年就得重新铺设，各种管线频繁重复开挖，出现了让百姓叫苦不迭的"马路拉链"现象，给居民的出行带来很多不便，浪费人力、物力、财力。其实地下管线在国外早已不成问题，巴黎、东京、伦敦、罗马、墨西哥、澳大利亚地下水道世界闻名。

"重大街，轻小巷。"一些城市表面繁荣，新区、主街道市容环境的治理并不差，但小街背巷、老区、"城中村"、建设工地、城乡接合部的环境就相去甚远。尤其是在城区出现的"城中村"，形成流动人口的聚集地，成为城市治理中对流动摊贩整治、食品安全监管、公共治安管理的难点地区，形成城市中的"高风险"地区。

（二）城市管理手段单一，缺乏持续性

城市由于人员密集、情况复杂、利益多元，城市管理中有许多屡禁不止的老大难问题，如乱倒垃圾、随意排污、车辆乱停、乱写广告、违章建筑等问题时有发生，妨碍市民生活，长期以来得不到根治，严重损害了市容环境和公共秩序，已经成为城市治理的一大瓶颈。目前，城管行政执法局主要将大量的精力花在突击检查、集中整治和事后查处上，有突击式、运动式的特点，行使"末端治理"的职能，城市治理依然被动滞后，缺乏前瞻、超前的主动治理。再加上具体执法中，大案要案很少，难以向公安、法院申请强制执行，管理威慑力不足，城市管理执法手段比较单一，主要依靠行政措施对管理对象施加影响，法律、经济、教育、技术、目标管理、咨询等综合手段运用少，使城市治理工作陷入治理—反弹—再治理的低水平循环治理怪圈，耗费大量的人力、物力和财力，却事倍功半。没有从根本上解决问题，势必增加城管工作的开展难度。

（三）政府管理负担较重，其他主体发挥作用不足

城市管理的根本目的是创造优良生活、生产、工作环境，促进城市经济社会全面协调可持续发展，是一项系统性的民生工程。自治区城市治理中凸显的矛盾和难题越来越多，一些看似简单的城市治理问题长期得不到解决。城市治理还未摆脱传统行政主导型管理的模式和框框，落后于城市快速发展的需要。

城市政府主要采取行政手段实现城市管理，维护城市运行，充当着"全能政府"的角色，决定一切，包揽一切，无形中为自己增加了许多负担，导致效率低下，治理成本高。城市治理主体单一，企业参与城市治理的途径及其作用有限，社会组织参与城市治理的数量不足，公众参与治理制度供给不足。此外，社会主体参与城市治理的意识不够，主动性不强，再加上城市治理载体和平台的不足，导致许多城市的治理工作社会参与不足，参与效果不理想。

（四）城市治理立法不健全，体制机制不完善

在地方层面，虽然有不少城市开展了立法，但仍徘徊于城市管理的旧有路径，细节上虽有修补，在民主行政和行政方式等关键问题上缺乏突破。

城市治理的顺利实施离不开城市治理体制的承载和支撑。自治区城市治理体制调整已经成为城市发展中无法回避的重大问题。由于城市治理工作量大面广，情况错综复杂，具体治理事项由多个部门承担，包括市城管、建设、环保、交通、规划、林业、公安、卫生、文化、国土、工商等部门和各区以及下属的街道（镇）和社区等都不同程度承担着管理城市的职能，各家都在管，但是部门之间职能交叉，职责界定不清，在实际中多头重复管理和相互推诿扯皮现象长期存在，职能没有理顺，相关部门将难管、不好管的事项移交给城管部门，而很多问题并不是城管一个部门可以解决的。需要引起警惕的是大量的城市问题不断积累，为城市危机事件埋下隐患，被人们称为"城市治理病"。

各有关职能部门间归口不一，壁垒森严，协调起来难度很大，配合力差，难以形成合力，增加了城市治理工作开展的难度，严重影响治理效率，尤其是应对突发性重大事件的联动应急反应能力差，因此，实践中改变各部门各自为政、分头执法、条块分割、自成体系的局面，形成指挥统一、互联互通、综合调配、行动迅速的危机治理系统是亟待解决的问题。

目前自治区建立了"两级政府、三级治理、重心下移、上级监督"的城市治理体制，城市治理网络虽然延伸到基层，但实际运作中治理重心下移的制度难以得到落实，市级城市管理部门权力过于集中，区、街道和社区处于有责无权地位，尤其是街道和社区在城市治理工作中的基础性作用没有得到应有的发挥。

三、破解城市治理困局，提升城市治理水平的对策

城市发展面临的复杂形势，城市承载功能的日益增加，对城市管理提出了更高要求，亟须完善城市治理体系，克服以往城市管理中出现的弊端，消除城市管理工作中出现的短板，以进一步提高城市治理水平，逐步实现从城市管理向城市治理的转型。

（一）确立城市治理的主导地位，保障城市健康发展

追本溯源，"重建设、轻治理"是自治区城市发展中出现的许多问题的症结所在，要切实克服"重建设，轻治理""先建设，后治理"的积弊。城市治理良好是城市健康运营发展的前提，地方政府作为城市治理的第一责任人，要强化其作为公共服务的生产者和提供者的职能，突出城市治理中的公共服务导向。改革考核机制，把民生福祉作为城市治理的最重要内容，把城市健康运行、人民满意作为新时期城市工作的出发点和落脚点，积极改善民生。新加坡之所以能成为"花园城市"，与其政府在城市治理方面强调以人为本、服务为先密不可分。建设重要，治理更重要。一个城市建设再多的道路，如果没有交通管治、交通规则，交通拥堵就不可避免。少一些观赏性和标志性的建筑，多解决一些城市治理中存在的问题，只有治理改善了，建设才能效益最大化。只有切实把城市治理摆到顶层设计的高度来审视、谋划和推动，才能真正实现治理的主导地位。

（二）建立城市治理长效机制，实现标本兼治

要想在治理中突破瓶颈，走出困境，达到标本兼治的目的，需从源头着手，转变治理理念，实现从"管理"向"治理"、"行政"向"服务"的转变，把治理、服务、监督融合在一起，建立长效的治理机制。既要利用行政措施对管理对象施加影响，也要综合运用经济、法律、技术、教育、咨询、目标管理等手段，要坚决杜绝以罚代管、暴力执法等执法违法现象，实行疏堵结合的政策，管中疏、疏中管，兼顾困难群众的就业谋生需求和方便市民生活的购物需求，这样才能有效缓解执法者与执法相对人的对立局面。

一是要民生先行。通过加大财政投入，加快农贸市场、便民超市、公益广告栏、垃圾转运站、停车场建设，为群众提供更加便捷的生活环境，而且长远来看也可以降低治理的成本、提升治理的质量。如在小区里设置公共广告栏疏导小广告，可以减少清除小广告的工作量。出台配套招商政策，加快相关市场建设，免费或低租提供给弱势群众，引导马路市场进便民市场经营，从根本上解决问题。

二是要科学合理规划。在城市建设的过程中，要做到开发一片、配套一片、完善一片，坚持主体工程与市政配套工程同时规划、同时建设、同时使用。在旧城改造的过程中，要配套建设城区各类便民服务场所，建设完善各类集贸市场，努力从源头上合理规划，统筹建设。特别是市政道路的修缮改造，要同步进行各类管线的改造，能入综合管廊的要入综合管廊，避免反复建设，同时使地下建设与地上建设一样完备。

三是要实现无缝治理。治理必须由市容治理向综合治理延伸，由重点时段治理向全天候治理延伸，由市区向城郊接合部延伸，由主干道向背街小巷延伸，由公共地域向居民小区延伸。将各种科技成果进行整合，高度集成应用于城市综合治理中。

四是要逐渐转向柔性治理。传统城市管理是以行政命令、制度约束为主导的管理。柔性治理依靠思想文化的灌输、价值观念的认同、感情的互动和良好风气的熏陶来达到治理的目的，维护治理主体的权益、体恤其需求、顾及其感受，体现人文关怀，充分保障人权，是一种能实现高效率与高士气良性循环的治理，如湖北城管举牌执法、列队执法、微笑执法、鲜花执法、换位体验等柔性管理新经验，应使其逐渐成为行政监管执法机关和行政公务人员积极运用的管理方式。行政强制的设定和实施，应当适当。城市管理相关部门应当根据违法行为的不同性质和危害后果，采取与达到行政目的相适应的行政执法方式，优先采用教育、劝诫、疏导等手段。这有利于形成和谐的政民关系，实现法律效果与社会效果的统一。

总之，从结果导向的问题式管理变为原因导向的预防式治理，才能真正实现标本兼治，才能真正建立城市治理的长效机制。

（三）创新城市治理模式，构建政府、市场和社会协同治理的城市治理新格局

大力推进管理模式改革，培育城市治理网络中的多元主体，构建政府机构、市场部门、社会组织及人民群众共同治理、相互协调、高效规范的城市治理新格局，从而减轻政府的负担，提高工作效率，提升公共服务的质量、效益、效率。这种治理模式有利于发挥政府、市场、社会这三个主体本身的独特优势：政府的权威公信、财政支撑优势，市场的运营高效、多元竞争优势，社会的个体诉求、公众监督优势。

首先政府需要从具体管理事务中抽身而出，统揽全局，全力以赴做好决策、控制、指挥、规划、协调、监督等宏观性工作。不论在什么时候，政府始终是公共治理的第一发起者和终极责任人，始终是城市公共服务的主要发包方和首席监管人。城市治理主体多元化并不意味着政府职能的减少或削弱，而是为了政府更有效、更低耗、更有序、更规范地承担作为公共服务提供主体的责任,可持续地保障全社会的人本化服务,有力地保障城市基础设施健康运行和公共空间秩序的良好活动。城市政府通过行政改革走上官民互信、政民合作、共同治理的新路径,行政管理方式从命令性、强制性、封闭性走向协商性、柔性、参与性。政府应该转变理念,把城市治理工作放在城市工作的首要位置,列入市党委、政府的重要议事日程,主动研究城市治理规划和政策,及时发现可能存在的问题和薄弱环节,加强对城市治理工作的保障和支持,引导各部门和社会各界切实提高重视程度和投入力度。

第二,发挥市场配置资源的积极作用。扶持专业的服务机构,提升城市治理的专业化水平,逐步开放城市治理的运营市场、作业市场、保障市场、监督市场。积极把市政建设等市场化,政府出资购买服务,外包公司负责实施。例如,美国城市绿化、园林、环卫等公共服务和管理,均实行服务外包,政府买单,专业化公司运营,城市人居环境井然有序。[1]同时政府购买服务也要区分对待,比如,要为提供纯公益化公共服务的市场主体提供货币化的补偿。

第三,大力培育城市社会组织。社会组织又称为非政府组织、非营利组织、第三部门等,城市社会组织主要包括志愿者组织、慈善组织、群众性文体组织、民间协会等。作为城市居民表达利益诉求、参与公共事务的平台,城市社会组织可以减少信息传递中的扭曲与消散,可以更加灵活有效地联系城市居民。要想使城市社会组织的功能在城市治理中得以充分发挥,最重要的是为其提供制度性保障,其参与城市事务的种类、参与的环节、参与的渠道等要进一步明确化、具体化和规范化。构建多渠道经费筹措机制,为社会组织参与城市治理提供支持。加大社会组织参与城市治理的宣传力度,提高社会影响力。政府在社会组织年度工作安排时可以推出参与城市治理的各类专项活动,并纳入

---

[1] 王胜. 从美国城市治理看我国新型城镇化与公共管理 [J]. 今日海南, 2016 (8): 43—45.

对社会组织的年终考评。通过对社会组织的培育，不仅能在城市治理中形成政府与社会的良性竞争局面，而且能极大拓展治理的深度、广度与效度。

第四，加强城市治理的公众参与建设，发挥人民群众和谐的动力源泉，激发社会组织的协调功能，全民参与，形成全社会齐抓共管的合力。人民群众既是城市管理者又是受益者，只有充分调动群众参与城市治理管理的积极性和创造性，才能使城市治理管理真正落到实处，使行政机关的决策建立在权衡各种利益诉求和共识的基础上，降低权力滥用的可能性。政府可以通过网络普及、媒体宣传、培训教育等方式，努力营造全社会共同参与城市治理的氛围和环境，增进社会各界对城市治理的关注和重视，切实强化参与城市治理的意识。增强城市管理工作的透明度，为社会公众制约和监督政府权力运行提供有效渠道，有利于遏制政府的自利性倾向。完善电子政务公开制度，市民可以通过相关信息系统随时查阅所需要的信息，同时发表自己的呼声，提出意见建议，如武汉市"城管革命""电视问政"及宜昌市"网格化管理"等成功经验很值得借鉴。特别是对于城市管理中的一些重大问题决策，坚持问计于群众，问计于专家，让群众和专家参与决策并进行有效监督。例如，美国大急流市把绿色发展理念引入城市治理，运用各种激励手段，动员市民身体力行、积极建言献策，全市有50%以上的市民参与智能绿色行动，现在该市已成为美国最环保的城市。健全完善公众参与渠道，拓宽群众参与城管的领域，建立市民听证、市民评议、民意吸纳、民意反馈等制度。营造全社会自我监督、自我治理的意识，形成城市治理的广泛群众基础。城市治理为多元主体提供了充分表达自身利益需求的规范化渠道，不过这种模式也要防止政府管控越位和规范缺位，防止市场价格失控和质量失范，防止社会诉求过度和监督过失。

（四）建立科学的城市治理体系，强化街道、社区的治理职能

统一全区各市城市管理机构设置，进一步理顺城管、规划、建设、环保、交通等部门和各区、街道、社区的城市管理与服务职能，制定城市管理部门权力清单、责任清单，并根据职能调整情况实行动态管理。将多头执法、扰民问题突出、专业技术要求适宜、与群众生产生活密切相关、执法频率高、与城市管理密切相关且需要集中行使的行政处罚权交由城市管理部门集中行使。相关部门要加强源头管控、过程监管，配合做好违法情形认定等工作。由各市政府牵头专门成立城市治理部门，由城管部门、环保、园林等相关部门主要负责人任组员，主要开展所在市城市综合管理的规划、协调、指挥、组织、监督、考评等工作，建立制度化的"大城管"体制和市相关部门、街道、社区联动机制，解决执法主体各自为政、效率低下等问题，可以先支持个别城市开展试点。

城市治理职责的下沉已成为国内城市治理创新和改革的大势所趋，基层公共治理机构将走向城市治理的前沿并成为重要主体之一。推进城市治理重心下移，强化属地化治理，是提高城市治理效能的重要途径。赋予街道相应的治理权、治理经费和治理设备，做到责权利相一致，区（县）治理部门可以下放相应的治理人员，对其工作进行协助、指导和监督。社区是最基层、最靠近百姓生活的平台，是城市治理的基础，以其为支撑点来组织城市治理，使其发挥应有作用事关城市治理全局。美国的社区治理做得十分出色，昆明市江北社区云大教工小区治理模式也是一个成功的治理案例。对比之下，自治区城市的社区建设显得十分不完善，社区治理的发展还有很大的提升空间和发展潜力。自治区应确立社区在城市治理中的地位和职责，并对其适当的授权，做到权责一致，费随事转；可以由社区居委会负责本辖区内日常治理的巡视、检查、监督工作，承担宣传教育、信息收集、劝阻违法行为等事务性工作，充分化解矛盾，反映人民利益诉求，发现问题及时向城管执法机关上报，彻底改变"能管的看不见，看见的不能管"的弊端；充分发挥社区的自治管理能力，城市管理部门对其进行监督考核,培育社区解决自身问题的能力,突破治理力量不足的瓶颈,从而建立起市政府统一领导,区(县)政府全面负责,街道办事处具体落实、社区居委会自治的城镇综合治理框架,相互衔接、合理分工,避免政出多头、互相推诿、高耗低效的城镇治理体制弊端,强化街道、社区党组织的领导核心作用,以社区服务型党组织建设带动居民自治组织、社区社会组织建设。

(五)提升法制建设水平,为城市治理提供法制保障和支持

大力加强对城市治理领域法制建设进展的调查研究,及时推动城市治理领域的立法调查研究和前期论证,健全完善地方城市治理法制体系,为依法推进城市治理工作提供强有力的保障和支持;全面掌握城市治理法制建设的短板和薄弱环节,有针对地对现有城市治理领域的地方法规进行修改完善,重点解决公众参与如何制度化、如何治理城市顽疾、行政执法力量的整合问题;研究制定城市治理领域法制宣传教育规划和年度计划,进一步加大对政府部门、企事业单位、广大市民关于城市治理领域法制建设的宣传教育力度,强化城市治理领域依法行政、依法治理的力度和强度,加大对城市治理领域各类违法违规行为的惩处力度,从而切实提升城市治理的法制建设水平。

虽然自治区城市治理还有许多不尽如人意的地方,但只要我们持续不断地改进完善工作机制和理念,把人的需求感受作为城市治理的出发点和落脚点,许多问题就可以迎刃而解,城市环境也将日臻完善,城市才能持续"生产"幸福,才能让生活更美好。

参考文献

1. 简新华，黄锟．2010中国城镇化水平和速度的实证分析与前景预测[J]．经济研究，2010（3）：28—38．

2. 费孝通．边区民族社会经济发展思考[J]．北京大学学报：哲学社会科学版，1993（1）：16．

3. 仇保兴．中国特色的城镇化模式之辩——"C模式"：超越"A模式"的诱惑和"B模式"的泥淖[J]．城市规划，2008（11）：9—14．

4. 厉以宁．牧区城镇化的新思路[J]．北京大学学报：哲学社会科学版，2012，49（1）：5—10．

5. 胡同春．论我国应稳步推进农村土地法律制度改革[J]．河南司法警官职业学院学报，2016，14（2）：76—78．

6. 贺雪峰．城市化的中国道路[J]．中国经济周刊，2015（18）：81．

7. 朱信永，高伟．新城镇化背景下的农村土地制度改革[J]．宏观经济管理，2013（3）：50—52．

8. 帅小林．我国农村承包地流转价格机制构建方略[J]．社会科学辑刊，2012（2）：105—108．

9. 高帆．城镇化的未来走向[J]．广西城镇建设，2010（6）：49．

10. 张飞宇，吴新海．关于我国城市土地经营的问题与对策分析[J]．科技创新与应用，2012（33）：122．

11. 刘守英．城市化进程中的土地增值收益分配[J]．中国房地产市场，

2011（12）：20—21.

12. 陈小卉. "十三五"农村土地制度改革对推进城镇化的影响：以江苏省为例［J］. 城市规划，2015（3）：29—33，41.

13. 张晓山. 城镇化建设与农村土地产权制度改革［J］. 上海国土资源，2013（3）：1—10.

14. 付桂军，曹相东，齐义军. 区域城市群水资源承载力研究［J］. 经济纵横，2015（2）：54—58.

15. 李广贺，刘兆昌，张旭. 水资源利用工程与管理［M］. 北京：清华大学出版社，1998：297—302.

16. 段文阁，韩俊丽，李强，冯晓梅. 干旱区城市水资源的可持续利用——以包头市为例［J］. 资源开发与市场，2005（3）：228—231.

17. 王传胜，尤飞. 内蒙古沿黄地区水资源利用矛盾的主要动因与缓解对策［J］. 自然资源学报，2002，17（5）：579—589.

18. 黄大英，王金茹. 面向二十一世纪北京水资源可持续开发利用［J］. 水文水资源，2000，21（1）：13—15.

19. 杨士娟，冯利华. 通辽水资源开发利用现状及对策［J］. 国土与自然资源研究，2007（3）：59—60.

20. 赵秀成，王力刚，蔺勇. 齐齐哈尔市水环境安全现状分析及对策［J］. 科技资讯，2008（27）：123.

21. 刘艳慧. 内蒙古水资源供求状况分析及评价［J］. 内蒙古统计，2008（2）：21—22.

22. 高瑞忠，李和平，佟长福，格日乐. 鄂尔多斯市水资源承载能力综合评价与分析［J］. 水土保持，2011（2）：139—142，147.

23. 王丹丹，宋健楠. 赤峰市水资源可持续利用研究［J］. 赤峰学院学报：自然科学版，2015，31（24）：42—44.

24．内蒙古自治区水利厅发布的2008—2015年历年内蒙古自治区水资源公报．

25．孟慧芳．内蒙古水资源现状及对策初探［J］．内蒙古水利，2006（3）：68—69.

26．赵明．内蒙古水资源持续开发利用方略［J］．干旱区资源与环境，2000，14（4）：32—36.

27．邓姝杰，崔锦龙．内蒙古水资源开发利用阈限分析［J］．资源开发与市场，2008，24（6）：510—513.

28．罗小勇，等．西部大开发与水资源保护［M］．北京：中国水利水电出版社，2008.

29．顾圣平，田富强，徐得潜．水资源规划及利用［M］．北京：中国水利水电出版社，2009.

30．顾烈烽，王川．西部大开发，水利是关键［J］．新疆农垦经济，2001（S1）：43—44.

31．中国水利学会．关于"西部大开发，水利要先行"的建议［J］．学会，2002（8）：39—40.

32．张威．中国水利未来发展道路探讨［J］．治黄科技信息，2009（2）：17—22.

33．顾浩．从九大城市看我国城市水务管理［J］．中国水利，2008（1）：49—53.

34．陈雷．水利建设与经济平稳较快发展［J］．求是，2009（6）：32—34.

35．朱玮．日本的水资源管理与水权制度概略［J］．中国水利，2007

（2）：52—54.

36. 包斯钦，金海. 草原精神文化研究［M］//吴团英. 草原文化研究丛书. 呼和浩特：内蒙古教育出版社，2007.

37. 董恒宇，马永真，王学俭. 论草原文化·第四辑［M］. 呼和浩特：内蒙古教育出版社，2008.

38. 马永真，巴特尔，邹万银. 论草原文化·第七辑［M］. 呼和浩特：内蒙古教育出版社，2010.

39. 扎格尔. 草原物质文化研究［M］//吴团英. 草原文化研究丛书. 呼和浩特：内蒙古教育出版社，2007.

40. 巩慧. 打造有韵味的城市：浅析新型城镇化进程中的文化建设［J］. 求知，2013（8）：36—38.

41. 李康. 国外和我国香港治理城市道路交通拥挤堵塞的经验［J］. 道路交通与安全，2006，6（10）：11—14.

42. 吕贞，武钧，闫振英. 呼和浩特市公共交通发展战略初探［J］. 内蒙古公路与运输，2011（4）：58—62.

43. 田洁，赵益平. 呼和浩特市发展公共交通的对策分析［J］. 内蒙古农业大学学报：社会科学版，2011，13（5）：97—98.

44. 李瑞敏，杨新苗，史其信. 国外城市公共交通财政补贴政策研究［J］. 城市发展研究，2002，9（3）：62—65，70.

45. 国务院发展研究中心课题组. 中国城镇化：前景、战略和政策［M］. 北京：中国发展出版社，2010：223.

46. 仇保兴. 应对机遇与挑战——中国城镇化战略研究主要问题与对策（第二版）［M］. 北京：中国建筑工业出版社，2009.

47. 鲍振东，曹晓峰. 中国东北地区发展报告（2010）［M］. 北京：社会科学文献出版社，2010．

48．蒋贵凰．我国发展中地区城镇化的动力机制研究［M］．北京：中国社会科学出版社，2011．

49．陈才，等．蒙东地区与东北三省产业对接与跨区域合作研究［M］．长春：东北师范大学出版社，2008．

50．石碧华．我国西部地区承接东部产业转移问题研究［J］．中国经贸导刊，2011（7）：21—25．

51．严正．中国城市发展问题报告：问题、现状、挑战、对策［M］．北京：中国发展出版社，2004．

52．王志宪．我国小城镇可持续发展研究［M］．北京：科学出版社，2012．

53．李苗．县域城镇化问题研究［M］．北京：经济科学出版社，2012．

54．刘俊杰．县域经济发展与小城镇建设［M］．北京：社会科学文献出版社，2005．

55．白炜．辽宁省县域经济发展模式研究［M］．北京：化学工业出版社，2015．

56．张秀生．中国县域经济发展［M］．北京：中国地质大学出版社，2009．

57．建设部课题组．新时期小城镇发展研究［M］．北京：中国建筑工业出版社，2007．

58．陈冲．城乡义务教育均等化的制度保障［J］．安徽职业技术学院学报，2011（3）：69—72．

59．姜鑫，罗佳．促进城乡义务教育均等化的国际经验及启示［J］．石家庄经济学院学报，2012（3）：83—87．

60. 唐伟，张驰. 对我国义务教育均等化的思考［J］. 大庆师范学院学报，2012（3）：121—123.

61. 郅庭瑾，尚伟伟. 新型城镇化背景下义务教育基本公共服务均等的现实困境与政策构想［J］. 华东师范大学学报：教育科学版，2015（2）：17—24.

62. 谷玉安. 城镇化进程中我国农民工社会养老保险制度研究［D］. 西南财经大学博士论文，2012（10）.

63. 马彦. 人口老龄化背景下养老保险制度面临的挑战及对策［J］. 当代经济管理，2010，32（6）：79—82.

64. 郑秉文，孙永勇. 对中国城镇职工基本养老保险现状的反思——半数省份收不抵支的本质、成因与对策［J］. 上海大学学报：社会科学版，2012（3）：1—16.

65. 天莹，武振国. 推进内蒙古新型城镇化建设研究［J］. 北方经济，2015（8）：25—27.

66. 荀平，刘真学，王立民. 面对我国城市规划现状的思考［J］. 城市开发，1998（5）：25—26.

67. 吴志强，李德华. 城市规划原理（第四版）［M］. 北京：中国建筑工业出版社，2011.

68. 汤茂林. 城市可持续发展的生态原则［J］. 城市环境与城市生态，1999，12（2）：38—42.

后 记

2013年以来，新型城镇化成为学术界研究热点。《内蒙古新型城镇化与特色城镇化研究》是内蒙古中长期经济社会发展研究工程重点课题，于2016年获得立项，为我们开展较为系统的新型城镇化研究提供了契机，也为今后进行更为深入的研究奠定基础。本项研究在2017年12月完成，鉴定结果为良好等级。

本书凝结了内蒙古社科院城市发展研究所全体科研人员共同的智慧。在课题框架讨论、资料收集、调研、撰稿和校对的过程中，每位课题组成员都付出了辛勤的劳动和汗水，额尔敦乌日图研究员对框架提出修改建议，李娜、山丹在数据整理和图表绘制，武振国、史主生在统一全书格式及校对等方面做了大量工作。本书的出版得到院领导关心和科研处同志的大力支持，在此一并表示感谢！

本书具体分工如下：引言由天莹撰写，第一章由李莹撰写，第二章由史主生撰写，第三章、第五章、第六章第二节、第七章第一节、第八章第三节由天莹撰写，第八章第一节由天莹、杜淑芳撰写，第九章由天莹、山丹撰写，第十章第二节由额尔敦乌日图撰写，第六章第一节由额尔敦乌日图、武振国撰写，第七章第二节和第十一章由杜淑芳撰写，第四章、第六章第三节、第十章第三节由武振国撰写，第八章第二节、第十章第一节由李娜撰写。本课题由我主持，我对全书框架进行策划，对全书进行了修改、完善、统稿。

城镇化发展问题复杂，需多学科交叉研究，涉及范围广、研究难度较大，由于水平有限，难免有一些不足甚至错误之处，恳请各位专家学者批评指正。

天莹

2020 年 5 月 8 日　呼和浩特